U0576569

总 主 编　李红权　朱宪

本卷主编　李红权　朱宪

近代蒙古文献大系

概览卷

◇ 第七册 ◇

中华书局

目　录

乌喇特前旗概况

璧赫瓦济尔　撰

一　沿革

乌喇特前旗为内蒙古乌兰察布盟所属之一旗，而其沿革与乌兰察布盟所属之乌喇特后旗，及乌喇特中旗，在历史上有密切连带关系，故吾人欲明了乌喇特前旗之沿革，同时不得不来检讨乌喇特中、后两旗之沿革。考乌喇特前、后、中三旗，原为元太祖弟哈布图哈萨尔十五世孙布尔海之后裔，当时也成为一个部落，游牧于呼伦贝尔地方，号所部曰乌喇特。游牧民族因逐水草而居的原故，乌喇特这个部落，后来逐渐的从呼伦贝尔，迁移到现在绥远省西北部的穆尼山前后游牧。因为此地方水草丰美，成为自然良好的牧场，后来布尔海将所部分为三部，即布尔海长子赖噶之孙鄂木布，幼子巴尔塞之孙图巴，曾孙色棱。于满清天聪七年，布尔海之各部率领其众，归属满清。顺治五年，各授以扎萨克，世袭罔替，以图巴掌理中旗，封镇国公；鄂木布之子鄂班掌理前旗，封镇国公；色棱之子巴克巴海掌理后旗，封辅国公。同时并将三旗属于乌兰察布盟行政区域内。三旗之简称：乌喇特前旗又名西公旗；乌喇特后旗又名东公旗；乌喇特中旗又名中公旗。此为三旗之沿革。至于乌喇特前旗，自满清顺治五年授以扎萨克以至现在，已有十四次世袭，只〔兹〕列举如下①。

二　疆域

乌喇特前旗疆域，向来无确实的调查。过去虽有关心边疆者，对于乌喇特前旗之疆域，略有记载，但大都为乌喇特三旗疆域之总面积，并非乌喇特前旗一旗之面积。查乌喇特前旗之疆域，以历来行政范围而论，东以发源于居延山之昆独伦河为界，接〔按〕此河在乌喇特前旗东北二百里，蒙古名曰喀喇木伦，西南流，会伊克及博河、齐齐哈纳河、惟山河三河之水入固阳南境，后又流入安北县南，出石门障（即昆独伦沟），从此入包头，流经包头城西，至召沟之南，入于黄河，西接阿拉善旗所属之磴口。以纳令脑包及甲奔河为界，北至狼山（即阴山）与乌喇特中、后两旗接连，南至伊克召盟之杭锦旗为界。全旗疆域成长方形，东西长约九百余华里，南北宽约一百四十余华里。全旗总面积约有一十二万四千余方里。

三　山脉

山脉西从阿拉善旗入境，为昆仑山之支系，在阿拉善旗境内，名曰贺兰山。此山经乌喇特前旗北部与中、后两旗交界，东西横贯，长约八百余里，成弧形状，山名为阴山，蒙名韩乌拉山，东至乌兰脑包即止。东南有乌喇山，系阴山之支脉，自昆独伦沟以东，称大青山，自昆独伦沟以西，称乌喇山，至西山嘴而止，长

---

① 原文如此，并未列举。——整理者注

约一百五十余里。全旗境内，山脉之高度平均约六百三十余尺。

四 河流

全旗境内最长之河流有二，一为黄河，二为五喇河（又名五加河）。二河流均由阿拉善之鄂鲁特旗以东傅家湾入境，分为二支。一支在旗北，名乌喇河（即古之北河），形如弓背，循狼山之南，迤东北行，至公义恒以东，河水又分二支，南支曰那令河，东行至察汗淖，复合为一，又东行至常秀堂，复流为二支，北支曰哈拉壕，东流至乌兰脑包以南之六分子桥，折向东南，行至红门图，又曲向南，经水泉子（亦名西水泉）附近之日波罗河，又经脚心滩南，注入乌梁素泊，又经卧羊台、长雅店、乌拉壕等地，南入黄河，绵亘七百余华里，河流宽度约一百余丈至二百丈，水深五尺至一丈不等。一支在旗南，名黄河，原与乌拉河为一支，由傅家湾起至康四店一带，循沙山河堤，此处河身被沙积压，势如土崖，断续计长三十余华里，河水不能流入，遂南迁，而为新河流，即今之黄河。黄河自傅家湾起，成弧形，北流经杨家河及黄土拉亥河，又东北经查汉库伦，又东经过马密免渡口，河水至此分为南北二支。南支较盛北支，东流至惠德成，复合而为一，从此河流偏向东南，经西山嘴，过土城子，此处别生一支，沿乌喇山南麓，向东蜿蜒而流，成抛物线形，名曰三湖河。东南流至毛口窑乡之西南、昭君坟之北，复会合于黄河，从此河水一直东流出旗境。此段流长约八百五十余华里，河宽平均约五六里，水深约二丈至三丈不等。境内除黄河及五加河外，尚有数条小河，如余〔余〕太河、乌尔图河，均系山沟之水积贮而成，流源在茂明安旗境内之敖而喜山。余〔余〕太、乌尔图两河西流，会苏尔哲河，注入黄河，境内西北并有卜尔洞海子及乌梁素海子，均系五拉河余水积成，但终年河水干涸时多。

五　沟谷

从北境阴山（即狼山）什探沟口起，至东境石那干口止，计有沟谷数十处，即大坝兔口。其口正当古时黄河北流折东处。此口为通新疆大道，东行有哈拉纳口，在杨家河之西北，可抵哈珀察齐泉。又东行即甲拉圪兔口与何他口，可通阴山后之巴彦善祠伊庙。东行有红脑包口，在黄羊木头正北，为直达塔齐勒克图鄂博之大道。东行为乌兰柏尔素口，在狼山口西北，为通木纳山，亦达哈拉山之大道。由勾形庙起，有小仅〔径〕亦可通山后乌兰伊尔盖，至八大庙之大道，即为乌兰口与西脑盖口。由广义成起，向北行，有小径可通山后狼山口，至乌拉海之大道（即柏汉图口）。又由东北勿兰壕赖向北行，有小径可通狼山，即东脑盖口，又有正道通山后，即狼山口。在阴山正中，山势险峻，自狼山口以东，有什兰纪口、葫芦斯图口、马池口、庆达水口（在千里庙之北）、乌兰布边口、韩乌拉口、马柜口、海流木沁口、乌兰石太口、乌吉蒙太口、乌补勒口、海流兔口，一直至石那干口为止。南境乌拉山东端有城塔汗沟，迤西有后口子，即昆独伦沟口之北，又沿毕气沟、康什壕西至哈德门口子。由此达西山嘴，经南官井、台不拉至大西滩，有路可通山前之梅力更庙、小庙子等处，皆为要沟。

六　土壤

全旗境内之土壤约分三种，有粘〔黏〕土、砂土、砂质壤土之别。按黏土呈赤褐色而性刚，砂土呈灰黑色，其中混杂砾石。

论土质则以黏〔砂〕质壤土为佳，但全旗境内而以砂土居多；其次为黏土，然南部靠近黄河沿岸及三湖河湾之土壤，皆因河水冲积而成，土质肥厚，耕种适宜。西部及北部多黏土，东部多黄土及砂土。总之，全境宜〔以〕种糜子、小麦及豆类、麻子、高粱等为最佳。至于阴山及乌拉山两侧，有残留土及扇状冲积土，残留土乃岩石之风化物，残积于山坡。其上层簿〔薄〕而粒子粗，多砾质，地势崚峭，不适农作物之栽培。山上残积之岩石风化物，由雨水之冲刷，流于山麓，积成斜扇状之土壤，谓之扇状冲积土，此种土往往与黄土混合。此为全旗境内土壤之大概情形。

七 召庙

蒙古民族因为笃信喇嘛教的原故，所以喇嘛教在蒙古各地不但盛行，而且掘〔攫〕有莫大之威权，由于此，蒙古各地建筑宏大巍严之召庙，几不胜数。查乌喇特前旗境内之召庙，以乌拉山前之梅力更庙为最大。此庙位置在梅力更沟内，故名为梅力更庙。其面积东西长约四五里，南北宽约七八里。此庙系满清光绪年所建筑，颇为宏大，内部建有诵经堂、讲经堂等，十分壮严华丽，其余库房共有九百余家〔间〕。此庙尚有七个仓，每仓有活佛一人，并有二个甲寺，此辈为喇嘛中有极大之威权者。而其仓一为哥哥仓，其活佛名为哥哥。按哥哥为梅力更庙之活佛，故亦称梅力更哥哥。二为巴格细仓，其活佛名为屈尔济。三为钩锡仓，其活佛名为钩锡。四为席速图仓，其活佛名为席速图。五为喇嘛亥仓，其活佛名为喇嘛亥。六为乃木齐仓，其活佛名为依木齐。七为达不格什仓，其活佛名为达不格什。其余二甲寺，一为伊克甲寺，是为喇嘛最高行政机关；一为玛尼甲寺，是为蒙人来庙拜佛之招待所。至于该庙经费之来源，一方面有布施之收入，二方面有庙田及附近各处牧场，养有牛、羊、马等牲畜，以此可补助庙内一切费用。此外梅力更庙并辖有二十四召。一、贾格尔气庙，位置在旗署之东南。二、苏不尔盖庙，位置在旗署之西。三、大不格庙，即在苏不尔盖庙西二里。四、哥哥哈达庙，位置在大不格庙之西。上述四庙均在乌拉山南部。五、得不生庙，位置在梅力更沟之北口。六、锡利圪庙，位置在乌拉山北之什那干沟之内。七、额尔德尼补洛格庙，位在乌腰图河西岸。八、余〔余〕太庙，位在大余〔余〕太城西北，依山而建。九、察汗补洛圪庙，距余〔余〕太城西北五十里山谷中。十、阿洛苏不尔圪庙，位在狼山南麓那彦沟之内。十一、木乃图庙，位置亦在狼山，距千里庙八十里之地。十二、哈留图庙，位在北小草地，距安北九十里依早木参滩内。十三、木盖图庙，位在乌拉山前昆独伦沟东北三十里山谷中。十四、召洛图庙，位在木盖图庙前五里山腰中。十五、乌特补洛圪庙，在乌喇特后旗境内。十六、七劳忽得特庙，在乌喇特中旗境内，距昆独伦沟五十里处。十七、千里庙，位在刻临河北境内千里沟内。十八、巴勒呼庙，在旗署西北沙漠苏沟内。十九、图默庙，位在台梁北。二十、阿洛锡利圪庙，在旗署之北。二十一、昌汉庙，在哈德门沟口南十里。二十二、贡诺庙，在乌拉山前，距旗署西南九十里。二十三、黑沙图庙，在旗署东北黑沙图滩上。二十四、玛尼图庙。各庙喇嘛共计约二千余名之多。

八　交通

境内之交通，可分为水陆两路。陆路以合少公中为枢纽，四通八达，甚为便利。交通之工具大都以牛马车及牲畜以及汽车来往，只将交通各路线分述于下。可通汽车者，有包宁汽车道，从包头起西行，沿乌拉山前，经合少公中、五原、临河，以达宁夏。此路系民国十四年冯玉祥所统之西北军所筑成，全路共长约一千二百八十里。包五汽车道，由包头起西行，经安北设治局至五原。此路亦为赴乌兰脑包通外蒙古之大道，全路长约五百三十余华里。包乌汽车道，由包头起西行，可达乌拉河，全路长约六百余里。包安汽车道，由包头起西行西山嘴、乌拉山后，可至安北设治局，全路长约二百五十余华里。上述各路皆由包西长途汽车公司之汽车通行，但汽车路因失修，更加雨水侵蚀，沿路各处除乌拉山南麓一段汽车可驰疾无阻外，其余各处坎坷不平，或流沙塞途，尤以入临河境内西出到宁夏一带最难通行。但近来包头主管机关以军队修理该路，交通日渐便利。其他陆路以牲畜来往者，自合少公中南行渡黄河，可以通达伊克召盟各旗，全路长约二百余华里。自合少公中东北行，可直达达尔罕旗之百灵庙，全路长约三百九十余华里。自合少公中东行至归化，全路长约四百余华里。至于水路，大都以黄河为中心，交通工具则有民船往来包头、宁夏间，以输运货物及粮食为最多。来往之民船，可分三种，有七站板船、高梆大船及小筏子，中以七站板船为最多。各船通行时间，每年以四月河水解冻起，至九月底结冰止，中间为船筏通行时期。各船之载重，七站板船下水可载重四万余斤，高梆船可载重二万余斤，小筏子可载重约八千余斤。船行速度，如气候优良，顺水船每日可行二百余华里，逆水船每日仅可行五十余华里。黄河除通行民船外，尚能通行较小之轮船。其余乌拉河亦通行民船，交通甚为便利。

九　气候

乌喇特前旗僻处绥西，地带在北纬四十度，惟以海拔较高，距海洋甚远，毗连戈壁沙漠，成大陆性气候，故寒热异常，雨量稀少。夏季温度甚高，在摄氏表三十四度，但入〈夜〉温度骤减。每日气候差在二十度左右，虽伏暑时，若遇风雨，则早晚亦寒。霜期极早，时有严霜，故农作物春耕秋收，每年收获一次。自降霜至清明为冰雪期，气温多在冰点以下。十一月至二月间，温度常低在摄氏表零下十余度，地面积冰，厚在二尺，河水冻结，至清明始解。雨量稀少，大都于五月至九月之间雨量比较多。终年多西北风，尤以春秋两季，时有狂风。兹将全旗境内各月气象观测结果于下：

平均 月份	摄氏（温度）	雨量（公厘）
1	2.59	5.32
2	6.29	2.97
3	0.65	5.84
4	8.39	7.55
5	15.51	27.31
6	20.89	74.43
7	24.89	84.25
8	22.40	100.40
9	15.90	91.40
10	8.89	25.78
11	1.09	14.09
12	3.37	50.08
总平均	7.37	442.85公厘（17.2717英吋）

十　水利

全旗境内因雨量甚少，故内地汉民移殖于该旗境内务农者，有"不靠天吃饭"的俗语，农作物差不多全靠渠道灌溉。考汉民于清道光年间初到该旗境内谋生者，仅以打鱼为生，以后遂渐试行种植，引黄河之水灌溉田地，大获其利。于是从内地移往垦殖者，接肿〔踵〕而至。即议开渠，一渠之成，往往需时数十年，费用数十万元，如甄玉、侯应奎、郭敏修、王同春之辈，父子相代，亲友共营，卒开成大〔大〕干渠十一道，其中除杨家河外，余皆为公有。小干渠有三十余道，尽属私有，又有蒙人三级扎布等所开之山水渠，亦有数道。每年汉民深凌其身，厚培其岸，灌田数千余顷，功程伟大，经营实非常易事。此后逐年迈进，直至民国成立以来，并设有包西各渠水利管理局，直隶、绥远省建设厅，并需大批经济，专为修理各渠用，故各渠近来颇为进步。

《边事研究》（月刊）

南京边事研究会

1937 年 6 卷 2 期

（张敬钰　整理）

致祭成吉思汗陵寝之概况

本会调查室　撰

一　成吉思汗史略

历史记载成吉思汗各有不同，考冯承钧著之《成吉思汗传》与《新元史》，皆记载成吉思汗生于宋绍兴二十五年乙亥（一一五五年），崩于宋宝庆三年丁亥，享年应有七十三岁。今观伊金霍洛成吉思汗陵寝所悬绘像，其史略谓其生年为六十六岁，兹录其原文于次，用供参考。

陵寝前所悬元太祖史略原文："元太祖青吉思汗，讳却特特木津（即帖木真），生于南宋高宗绍兴三十二年壬午三月二十日，崩于理宗宝庆三年丁亥八月十六日，享寿六十有六岁。葬于六盘山起辇谷，发祥于黑龙江之鄂诺河。其十世祖勃端察尔，生而状貌奇异，其后子孙蕃衍，各自为部，居乌桓之北，世奉贡于辽、金，而总隶于鞑靼。至其父伊苏克依，并合诸部，势愈兴盛。已而生帝、有异征，两手凝血如琥珀，将卜名，适有瑞鸟至其地，遂以特木津名之。后伊苏克依卒，谥曰烈祖〈神〉先〔元〕皇帝。时帝年幼，国政受制于族人泰楚特，令七部人凡三万攻之，帝与母氏鄂楞率部人为十三翼，大败泰楚特，遂灭塔塔儿，西至杭爱山，攻西夏，灭奈曼，平印度，俘俄罗斯祖巴齐马克，跨有欧亚两洲之地，其丰功伟烈，至今称道而弗衰。"

二　陵寝之史实

　　成吉思汗死后，距今已七百余年，其伊金霍洛之陵寝，相传在元世祖时已建立。先是成吉思汗生前，至斡难、怯绿连、秃剌三水发源之不儿罕合勒敦一山中，憩于孤树下，默察良久，起谓于众曰："死后合当葬于此。"故诸子从之。是地树木丛生，后人不复辨其葬地之所在，《元史》名其地曰"起辇谷"。又据《蒙兀儿史记》，于元太祖之陵寝曰："葬于克鲁涟木涟之侧起辇谷。"所谓起辇谷，则在克鲁伦河河曲之滨，西南距撒阿客儿合、里勒秃纳兀儿；东北距润〔阔〕迭兀阿剌勒，均不远。

　　现今伊盟之成吉思汗墓，其中颇有一段故事，堪资记述。《蒙古源流》曰：以辇奉枢，至穆纳之淖尔处，车轮挺然不动，时有苏尼特旗之吉尔根巴目尔者，历举鄂嫩、德里衮、布勒塔克、克鲁伦等地，谓：汗何以恋于唐古特，反将昔日部众蒙古等弃掷也。言毕，枢因徐徐动，遂至所卜久安之地。按穆纳之淖尔在今伊克昭盟内之郡王旗境，蒙人因辇曾停是处，以为系汗所留恋，而不欲去者，故就地建大庙（蒙文伊克昭译音，意即大庙，又俗称王爱召，在河西，距包头约六七十里），以后因庙名盟，即今之伊克昭盟之伊克昭大庙也。

　　据"达尔哈特"云，此为大伊金霍洛，葬太祖与其福晋；另有小伊金霍洛，就地西去数十里，葬太祖之二夫人与三夫人；还有四夫人之茔地，在准噶尔旗境内，亦称伊金霍洛（按伊金霍洛乃蒙文译音，译意当为"主之园地"）。当时并拨出五百户蒙人，为太祖守陵，因名此等蒙人为"达尔哈特"，世居陵寝之侧，专负守陵责任，亦即永远为太祖守制，百世而弗替。另设"吉农"，担任祭祀时之主祭，及管辖全部"达尔哈特"，相沿至今。

陵寝为相连之二蒙古包，嗣于民国五六年间，"吉农"与"达尔哈特"等，曾于包外建庙，以资保护。庙成未久，即因灾患连年，伊金霍洛，亦常受骚动，无识之"达尔哈特"等，竟归咎于在陵寝外新盖庙宇之故，提倡拆去。自是于民国十六七年间，始逐步破坏，现该庙仅存之遗迹，为一六角亭，内置六角活动转轴之法轮，贮藏经典，足供观览，余则只有砖砌成之平台，乃曩日寺庙建筑之下层基础也。

三　陵寝之形势

成吉思汗之陵寝，在伊金霍洛一沙坡之上。其地北距郡王旗约四十里。陵寝之二蒙古包，前后相连，其右有一小蒙古包，贮藏祭祀用物，均在以古砖砌成之平台上，壁供成吉思汗遗物，弓箭一副，右前方有一亭，藏经卷。其台之前、左、右三方，均有石阶梯，约各六七级，惟均显坍塌状。又陵寝二包，在大平台上之更高一层，即台上又砌约两尺高之平台上，台之大小，正可置放两蒙古包。

在此大平台之右方，约数十武，为宰马亭，系用泥土筑成之蒙古包一个，内设煮祭肉之大锅与灶。包前有古式木车一辆，大于平常牛车约三倍，并有灵罩式之大木架，平放包前地上，据云，此为每年三月二十一日（废历）大会前后，载运成吉思汗银棺，往返所用，缘大会会场在陵寝东北三里地之大洼中。陵寝之北，数百武外，东西横陈土屋数十椽，屋之前后，有榆、杨等大树数株，点缀风景。此种土屋，概为守陵者"达尔哈特"之居室，全体男女老幼，约百余人，均生活于其中，统归守陵长"达尔古"管辖。循此往北，乃一大洼，其宽约三里，长约十里有余，尚有少数水草，此外陵寝附近，但见明沙万里，一望无垠耳。

四　陵寝外型、装饰及成吉思汗之遗物

陵寝外型，为相连之二蒙古包构成，中有门可通，其外观稍呈方形，略异于普通蒙古包，并各有铜铸之顶，四周牵以绳（普通蒙古包概为圆形平顶），包内之建筑，亦较高大，包之方向，均面正南。

陵寝之外观，除其顶为特异者外，余均用双层毛毡盖成，颜色殊黑，盖已久历年代者。进陵寝第一包，四周空空，仅有布幔堆置左角，右角置一木长桌，原为存放乐器及供品者，时正举行祭祀，故少物陈列。第二包之情形迥异，正中上方列银棺，棺为长方形，颇类一箱，两端各有二环，各以一柄古刀连之。银棺前供成吉思汗之遗像，为皖人严肃所绘，高约三尺，宽二尺，以新式镜框装之，其像戎装佩剑，已见近时各刊物，栩栩如生，非常壮观，令人见之起敬。严某就像额并题有元太祖史略及颂词（史略见前节）。两旁有蒙、汉对联各一幅，蒙文为绥境蒙政会成立后所献，汉文为严所献，文曰："民族英雄传百代，政治思想第一人。"像之前，陈二小几，一纵一横，纵者列置花瓶、香炉及大小黄灯六个；横者面积较大，初只陈列酒壶、酒杯，其后陆续奉献之物，皆置于此，绥省府傅主席铸献之银杯九只，亦骈陈几上。又中央委员刘守中所献之银镜一面，上镌祭文，镜之直径尺余，因银镜有架之故，遂贴置于几之前面，并有大盆，亦置于几前。包内之空隙殊少，银棺与几、桌等之上方，有一绸幔遮住。包有四方木架顶支，其横梁高悬一直径约五寸之绿玻璃球，甚为美观。包内部之周围，悉挂虎纹帷帘，及毡条等物，亦颇雅致。包顶有天窗，光线尚佳。

　　成吉思汗之遗物，为吾人目睹者，有弓箭一套，及马鞍两个，马鞍式样甚古，上镌龙文边，连同龙头，俱为金质（只一马鞍有金质龙头）。据云，此种马鞍，有四个，距伊金霍洛东二十里，及郡王旗营盘（衙署）二十余里地方，各置其一。遗物之最神妙者，厥为大小剑（蒙文曰"速律定"）五柄。距伊金霍洛之西南约二十里，有"速律定霍洛"者，即藏剑之所，并亦住有"达尔哈特"，现约四五户，每年祭剑弗衰。内大剑一柄，相传为神赐予成吉思汗者，执之上阵，能反败为胜，今则深藏不动矣。另有小剑四柄，亦同置该处，每隔十二年，必出巡伊盟七旗一次，分（一）鄂托克旗，（二）乌审旗与札萨克旗，（三）郡王旗与杭锦旗，（四）准噶尔旗与达拉特旗四组。凡各剑巡行所到之处，蒙民敬供甚夥，实为"达尔哈特"之良好收入。盖蒙人以得睹成吉思汗之遗物为荣，并深信借此可以卜休咎也。

　　另有黄缎制成之蒙古包二个，为大会临时之陵寝，每届废历三月二十一日，守陵之"达尔哈特"预先即以特制之大轮车，用白驼挽之，由陵寝中请出银棺，移于会场临时之陵寝内，会毕移回，而黄缎制成之蒙古包，亦被收藏。

五　陵寝之官制

　　伊金霍洛成吉思汗陵寝之守护者，通称之为"达尔哈特"。其官制之规定，自元世祖时，即已有之，指定五百户蒙人，专负守陵之责。或谓此五百户人，乃成吉思汗亲近文武大臣之后裔，实则并无姓氏。在此五百户中，又分两部分：以二百五十户守祭，曰大达尔哈特；二百五十户守速律定霍洛，曰小达尔哈特。但历年既久，环境诸多变迁，此五百户"达尔哈特"，多已分散，直至现在，守陵寝者，只数十户，守速律定霍洛者，则五六户耳。其分散原因，多为生活关系，或以生齿日繁，清苦难支，或以人口减少，冀求变换环境，故目前伊盟各旗，几无处不有"达尔哈特"之踪迹。

"达尔哈特"，在蒙人中为特殊阶级，和一般人不同，普通蒙民，必分隶于各旗，"达尔哈特"，既为当初指定负守陵之责者，故不隶于任何旗，亦无负担。不过守陵者与负祭祀责任者，有密切之关系，遂由"吉农"管辖之。"吉农"（又译济农，即主祭也）负陵寝祭祀之全责，原由元室宗族任之，以地域及其他种种关系，截至前清光绪三十年以前止，"吉农"一职，向为郡王旗之札萨克世袭，乃嗣因挪用祭祀用银五百两，致祭典无法举行，经全体"达尔哈特"上诉清庭，奉谕改变成例，以后"吉农"一职，定由伊盟盟长，轮流担任，负祭祀经办之责。现任"吉农"为前任札萨克旗札萨克沙克都尔札布。

"达尔哈特"之组织，分祭祀与行政两种，均隶属于"吉农"，统归其指挥。属于祭祀者分八宫（蒙文曰耶木得台），其下计：（一）"台锡"，意为"太史"，乃"达尔哈特"首领之一，其职较大；（二）"台布"，意为"大夫"，参与祭祀之布置；（三）"斋森"，乃"宰相"也，管祭祀布置之全责；（四）"洪庆"，管乐之官，专司祭祀时奏乐，及灵堂前唱颂词；（五）"柯哈可"，司仪之官；（六）"图勒格尔"，祭祀前陈供祭品，祭毕司割分胙肉之官；（七）"哈莎格"，原为成吉思汗生前之护卫，今则担任祭祀时之维持秩序者；（八）"喀罗钦"，为陵寝之管钥官，并司煮马等胙肉之责。上述各官，每届祭祀，均一一参加，概为世袭职。

属于行政者，达尔哈特之上，设正副长各一员，蒙文为"达尔古"（即"长"字之意），长以下，设"大得目尔"六员，"小得目尔"十八员。每大"得目尔"管辖三个"小得目尔"，大小得目尔，合称为二十四衙门。凡此官吏，皆办理五百户"达尔哈特"日常生活上有关之各问题，除八宫之官为世袭外，而二十四衙门之主官（大小达尔古），则为轮流负责。现任达尔古，即八宫中之"洪庆"，惟八宫世袭，可以兼差，而今八宫，即以陵寝附近之八户人代表之。但凡属八户之兄弟，虽已散居于各旗，仍有当选"达尔古"之希望。兹试列守陵官制如下。

守陵官制之组织系统表

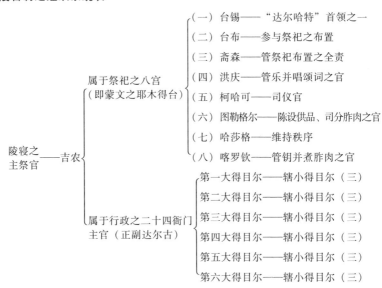

祭祀时，"达尔哈特"均冠带礼服，大多均为长袍，青缎马褂，惟冠概无顶，表示守孝之意，官制之中，除"吉农"有印外，余皆无之。五百户"达尔哈特"，每户年只出银一两，专供祭祀之用。先是，被指为"达尔哈特"时，即各分别赐予应得之牧地，以资生活，故较一般普通蒙古人，稍为舒适。凡"达尔哈特"所有之牲畜，只直辖之上级长官，可以使用，其余伊盟七旗，任何札萨克，不得动用，在财产上，尤多一层保障，数百年来，习以为常。惟自清末，贻谷到绥督办垦务以来，"达尔哈特"之牧地，在郡王旗境内者，亦多被丈放，以致牧地日蹙，几致无以为生，年来致祭陵寝者，日见减少，每年赏赐及祭物所获，每况愈下，其生活已渐形艰难矣。

六　致祭之沿革

陵寝之成立，已七百余年，过去致祭情形，虽载籍无考，但其祭典之能逐年举行，固可断定，盖无论与祭人数之多寡，或种类如何，而"达尔哈特"则每年必举行勿替。前清羁縻蒙人，极尽联络之能事，当时对蒙人认为最重要、最光荣之祭典，自当重视，且尊重"达尔哈特"守陵之任务，规定凡帝驾崩，全国人民均应戴孝，惟"达尔哈特"可免。民国以来，绥远省当局亦常派代表往祭，二十五年中央复指派代表参加典礼，实为民国以来之创举。

七　致祭日期及其意义

成吉思汗之祭典，可分四种，其中除许愿祭外，余均有一定日期，相沿成习，其意义大同小异，兹分述如左：

（1）大祭日期及其意义

大祭年有四次，即春、夏、秋、冬四季各一次，故又称为季祭：春季为三月二十一日；夏季为五月十五日；秋季为九月十二日；冬季为十月三日（均依废历）。此四次祭祀，所有典礼，在规定上原无二致，致祭人员、礼仪及音乐，祭品之种类多寡等，完全相同。惟春季一次，例须举行大会，参加祭祀与经营商业之蒙汉群众，一时聚集，为数常在数万至十余万人以上。会场临时以帐房形成街市，极为热闹。成吉思汗之银棺，此时亦由陵寝包内请出，迎至大会预设之黄缎帐房内，以供蒙汉群众之瞻仰。自三月十八日起至二十七日止，为大会会期，以二十一日为正日。各旗札萨克常全体参加，二十五年中央与地方政府之派代表往祭，亦为此时。其他夏、秋、冬三季，典礼相同，惟不举行大会耳。

当去岁举行祭典时，绥地一般报纸之登载，咸以三月二十一日为成吉思汗之诞辰，嗣经询诸蒙人，知诞辰之期，尚远在十月一日，蒙人亦照常致祭，而每年此四次之大祭，不外蒙人对于其祖先之陵墓，一种规定之祭扫与纪念而已。

（2）年祭日期及其意义

年祭分除夕祭与元旦祭二种，前者在十二月二十三日（废历，下同）举行一次，除夕之日再举行一次，两次之祭祀情形均同。至元旦祭，则元旦日举行之，祭祀情形，与除夕同，惟正月初三日又有小祭，则供祭之绵羊数，减三分之二，与月祭时之情形同。

年祭自十二月二十三日，以及除夕，又元旦以及一月三日致祭之意义，完全与内地岁暮岁首祭祖之意义同。此祭，七旗札萨克或亲来，或代表参加，除郡王旗以地区邻近关系，常于十二月二十三日祭后回去，除夕又来，至元日祭完回去，初三再来外，其余六旗以道途较远，每于十二月二十三日祭过，即行离开，若除夕再来，则须初三日祭完方回也。

（3）月祭日期及其意义

月祭日期，在每月之初一日举行之（惟一月在初三日），其祭祀情形较为简单。

月祭之意义，仿佛为例定之一种祭祀，与内地之初一、十五日之祭祖、祭神同。惟此祭多由"达尔哈特"举行之，郡王旗以外，各旗远来参加者殊少。

（4）许愿祭之日期及其意义

许愿祭之日期，并无一定，小之一人之祈福、求寿、祛灾，均可许愿，大而一旗或伊盟全盟，凡遇天灾、匪祸或疾疫流行等，常由各札萨克，共同许愿，事后又共同决定日期还愿，是之谓许愿祭，其意义至明，而日期则无一定也。

八 致祭时之礼节

（1）致祭人员及服装

大祭（季祭）之人员，以"吉农"为主，惟"吉农"常仅于春季大会时莅临，亲自主祭，其他三次季祭，多派代表参加。但无论为"吉农"亲自到会或为派遣代表，季祭之主祭人，总以"吉农"及其代表为当然之主祭者。正祭过后，其他蒙人，随便叩头，或献牲畜为祭物，或仅备哈达均可。年祭，伊盟各旗札萨克，常派代表前往，惟因道路之远近不一，到达不无先后，但郡王旗与札萨克旗，因距离甚近之关系，其代表均能按时到达。故年祭之主祭者，不外各旗札萨克之代表，其他致祭之人，则全为负守陵责任之"达尔哈特"，至于各次月祭，则仅由"达尔哈特"致祭，郡王旗亦派代表参加。

无论季祭、年祭或月祭，主祭者，及重要之参加致祭者，及今为止，其服装仍为顶戴花翎，惟月祭中，"达尔哈特"之服装则稍异。盖"达尔哈特"之官，如"达尔古"等，概为有冠无顶者，其他各处之服饰则同。

至于许愿祭之致祭人员，若为一盟之许愿，则主祭者自为盟长；若为一旗之许愿祭，则以该旗札萨克为当然之主祭人。小之为一家许愿，则家长主持，为一身许愿，则届时必亲至陵寝叩头。
而其服装，亦因许愿祭范围之大小，而有差别，大抵仍不外穿前
清时之礼服。若许愿者为平民，则随便长袍背心，或短服亦可。

（2）致祭物品

致祭物品，无论季祭、年祭或月祭，大致相同，只不过有多寡
之别，兹分述之如下。季祭之期，典礼极重，哈达用五色，牲畜
则须牝马一匹，绵羊九头，并香烛、奶酒等物，为致祭成吉思汗
时之祭物最多者。年祭则于十二月二十三日，与除夕祭及元旦祭，
均采用绵羊九头为礼，惟无牝马，哈达亦不必全用五色。月祭之
祭物，更为简单，哈达只用一色，牲畜则为绵羊三头。无论其为
一月初三日，或其他各月之初一均同，至于香烛及奶酒等，则年
祭与月祭均用之。

二十五年中央与地方机关之代表致祭时，采用五色哈达，牺牲
则为牝马一匹，绵羊八头，其他香烛、奶酒等均齐备，较蒙人举
行之季祭，实不相上下，盖亦为最隆重之仪式。许愿祭之祭品，
则无一定，要看当许愿时之诺言如何而定。有时依然用九绵羊、
一牝马，和五色哈达，有时亦仅用绵羊与纯色哈达，若为平民之
许愿祭，往往只一哈达，而无别物。不过领导行礼之"达尔哈特"
处，则须另予酬敬。

凡蒙人每次举行祭祀时，无论季祭、年祭、月祭，其所需之祭
物，概归守陵之"达尔哈特"备办。盖"达尔哈特"原有五百户，
每户年出银一两，供购累次致祭之牲畜，及其他祭物，或供品之
用。若遇费用不足时，亦可请准"吉农"之命，派人分赴各处募
化。代表致祭者，牲畜与哈达，由致祭之代表出银备制，至于香
烛与奶酒等，仍由"达尔哈特"供给。

（3）致祭礼仪及音乐

致祭时概行跪拜礼，有时三跪九叩，有时一跪三叩，俱由襄赞祭祀司仪之"达尔哈特"指导，彼等有八宫之组织，个别担负祭祀时之种种任务，如宰牲、司仪、举牲、读祭文、唱颂词、割胙肉、管钥、司厨及准备供品等，无不各负专责，井井有条。另有喇嘛念经、奏乐，及专供祀用之乐队等。致祭者先于陵寝前二三丈远，设席长跪，其后出入陵寝，为数颇繁，除行走时，必须起立外，其他时间，概为长跪或叩首，自始至终，从不曾有起立休息之机会，季祭举行一次，须费时约二点半钟。

祭祀之程序，有如下述：（一）献哈达；（二）举烛；（三）焚香；（四）供牲；（五）奠酒；（六）唱颂词；（七）祭灶；（八）祭神鞍；（九）祭弓箭；（十）分胙肉。此等程序中，只奠酒一事，在规定中凡九次，每次均须入陵行三跪九叩之礼，余为分胙肉，致祭者长跪陵外，襄赞祭祀之八宫，则于陵寝内分胙肉，且分且吃。

致祭时之音乐分两种。一为专供祭陵用之音乐，"达尔哈特"之八宫组织中，有所谓"洪庆"者，专司奏乐及读颂词。奏乐者共只四人，立于陵寝外，持古代乐器，乐器一名"号尔"，其形类琴，但已历久而不能用，一名"凯勒格"，为木签式，有类于戏曲中之鼓板，不过签数较多。乐队虽为四人，今只用古乐式，其一已不能用，故乐队之为乐队，徒有其名。彼四人另有一种责任，即不时唱歌词以侑神。其歌词为：（一）"大哉我主，北征致欧，东西臣服，南辖中土，大哉我主"；（二）"大哉我主，雄视人寰，'速律定'剑，为天所颁，大哉我主"；（三）"大哉我主，仗剑疾走，所向无敌，酷爱斯土，大哉我主"等（杨令德君译文）。概均为赞颂成吉思汗之功勋者。

另一种音乐，则为喇嘛所奏。"达尔哈特"中，亦有喇嘛，至参预祭典者，则为八名，或十二名。所用乐器，与普通大召庙喇嘛所用者同。其名称如下：（一）布勒；（二）桐钿；（三）冈亭；（四）卑斯库勒；（五）仓尔；（六）斯勒丁；（七）孔勒格。

致祭礼仪，无论季祭、年祭和月祭，大致相同，仅有繁简之别。季祭之礼最隆盛，哈达且须分五色，而年祭次之。遗物则只在保藏处，由负保藏责任之"达尔哈特"，分别祭祀。参与祭典之喇嘛，亦无定规。月祭则更简单，奠酒仅举行一次。至于音乐，则除季祭时，有两种音乐外，年祭时若无喇嘛参加，已减少为一。月祭即有喇嘛，亦无喇嘛之音乐也。

《蒙藏月报》
南京蒙藏委员会
1937 年 6 卷 5 期
（朱宪　整理）

西套阿拉善旗现势鸟瞰

窦震寰　撰

　　宁夏省属西套阿拉善旗，汉时本张掖、北地二郡辖地，其后历代均编置郡县，设卫戍守，迨前清初叶，始为阿拉善额鲁特蒙古游牧地。民国肇兴，划归宁夏护军使管辖，十七年冬，始改隶宁夏省。该地当内蒙古河套之西，南临祁连山脉，北毗外蒙戈壁，东接绥远、宁夏，西邻额济纳旗以通新疆，面积辽阔，约五十余万方里。全域适处西北高原之中，绥、蒙、甘、新环列四境。该旗境内遍地沙砾，而地当西陲腹心，与西北各省安危，关系甚大，是故年来某方处心积虑在该地活动甚力，不容忽视。而我国内人士，以该旗四周山势峻嶒，戈壁横亘，交通梗塞，对内中情况，多不明了。作者旅居绥、阿交界，漂泊西蒙，已历数载，爰将阿拉善旗现状，概述如下，以饷国人，想亦为关怀西陲边事者所乐闻也。

位置形势

　　西套阿拉善旗，全部位于西北高原中心，当贺兰山之西，额济纳河以东，祁连山脉之北，外蒙阿济齐拉分山以南，四围环绥、宁、甘、新、外蒙数省区，幅员广袤，约当江苏全省二分之一。自绥战爆发，国人视线，咸集中于绥东，对于西套阿旗多未注意，实则西套阿拉善旗，虽属一旗，无论以面积、人口、兵力，均远逾于热、察、绥之一盟，矧又地居西陲腹心，绾毂绥新交通中枢，实为西北诸省安危所系之区也。

历代沿革

阿拉善旗，汉属北地郡西境，及武威、张掖二郡北境地，后汉末废，晋为前凉张轨，后凉吕光，北凉沮渠蒙逊所据。唐属河西节度使，广德初，陷于吐蕃，宋景德中，陷于西夏，元属甘肃行中书省，明仍之。清初叶，为阿拉善额鲁特蒙古游牧地，始祖名拜巴噶斯，元太祖弟哈布图哈萨耳十九世孙也。拜巴噶斯五传至额驸阿宝，以平准噶尔部屡战功绩，封多罗郡王，乾隆三十年，宝子罗卜藏多尔济，复以平回部有功，晋封和硕亲王，旋诏谕世袭罔替，自为一部，不设盟，直隶理藩院。民国初年，曾归宁夏护军使属辖，十七年冬，改隶宁夏省。

政治教育

阿拉善旗，自昔为直隶中央之独立旗，札萨克（蒙古语，旗王之意）和硕亲王以下，置东西协理二员，总管五员，分驻三道河、大滩、四坝、天兴元、磴口五处。旗以下为佐（形同内地之区），阿拉善旗，共分八佐，佐置佐领一员，为蒙旗亲民之官，又置骁骑校一员，辅助佐领处理佐内一切事务，领催若干名，分领兵丁，保护游牧，至蒙民诉讼，民事归之总管，刑事则归王府处理。阿拉善旗现任札萨克达理札雅，年三十三岁，居北平多年，学识优良，富于政治思想，明了世界大势，喜骑马、射击、摄影，阿旗教育，年来经达王竭力倡办，现亦大见起色。目下磴口有小学校一所，学生百余人；四坝小学一所，学生百余人；定远营小学一所，学生八十六人，分四级，各校学生蒙汉籍并收，蒙汉文并授，定远营小学校长为达王之叔塔旺策林，校内设备，一切均采用最新式，自校舍、器具、学生服装之清洁整齐而言，实不亚于京、沪一带之小学。近闻达王为普及阿旗教育计，决定于定远营等处增设小学及女子小学各一所，刻已开始筹备，大约今春即可正式成立，开学授课。

定远营一瞥

定远营在贺兰山之西麓，距宁夏省会约二百二十里，为阿拉善旗王府所在地，其地围山带水，乔木葱蔚，不啻沙漠中之世外桃源。城系用砖石筑成，周三里余，王府及达王亲贵、台吉、喇嘛等，均住城内，西关、南关为汉商住户所在，东关有蒙民数十户，北关无居民。统计定远营共有蒙汉居民一千四百余户，大小商号三百余家，城内一切建筑构造，宛如内地，非复蒙古景象，西套蒙旗居民，均集趋该地贸易，实西套戈壁中唯一仅有之大市镇也。

物产丰饶

西套阿拉善绝非一般人所想象之不毛之地，"无烟煤"之生产，遍于贺兰山麓，有数处现已开采，定远营之北树德昌地方，且有石棉矿。定远营附近，土质肥沃，灌溉便利，现时开垦之地，已有一千三百余顷。吉蓝泰池之盐，及笔架山之甘草，年产均达百数十万担。贺兰山、合黎山之森林，绵亘千数百里，为西北各省所仅见。羊毛年产约一百五十万斤，至畋猎、药材、牛马牧畜业之产品，更不可悉计，倘能经营有方，则朔漠千里，亦不难化为塞北繁盛之区也。

交通商务

阿旗境内，流沙较多，故交通颇感不便，自绥新汽车开驶后，沿旗之北境，与外蒙毗接处行驶，流沙较轻，往来绥、新内地之商旅，咸称便利。定远营与宁夏省会之间，前年曾新筑汽车路，由宁夏省道管理处汽车，载客往返行驶。由定远营去宁夏，人马向行小道，直越贺兰山，路险而陡，约一百六十里，汽车路绕行偏南三关口之山沟，较平顺易行，多六十里，一般商旅，多取道汽车路。定远营之南原有商路，经定远驿、斜里克得伦，逾贺兰山缺，可至中卫。定远营城内，早经设置邮务代办所，去年秋，某方浪人，曾就该地架设无线电台，汽车、飞机，亦不断前往。贺兰山沿山一带山口，均由蒙古兵把守，对出入客商，经严诘后，始发予入境证，否则客店不准留宿，即由僻径混入，若无入境证，旅店亦不敢留。商务方面，定远营现有大商号四十余家，普通商号、小贩二百五十余家，商人捐税负担，比较各地为轻，唯以近数月来，受某方走私货物倾销之影响（皆自阴山后草地以汽车载运），几致一落千丈，某方走私之猖獗，亦可谓无孔不入矣。

古迹名胜

（1）洪羊洞：在贺兰山北端东麓，阿贵召附近，洞可容十余人，洞前有井泉一，相传为宋将杨业埋骨处。（2）汉武威故城：在今武威城北三百里，阿旗戈壁中。（3）汉揖次故城：在今白亭海之北，已湮没沙迹中，遗迹可寻。（4）唐沙陀国故都：在今民勤县西北，长城之外，甘肃、阿旗交界处，城现已颓废，仅留残余城垣，高四尺许，四周已尽被流沙埋没。（5）西夏陵墓：由定远营出三关口，在贺兰山东麓，有西夏皇陵。（6）秦长城。（7）汉火燉：作者去秋旅行阿拉善旗，由定远营间贺兰山，东北迄绥境乌拉山，丛峰连亘，山中不断发现古代颓废长城及烽火燉。长城系用石筑成，多留片断残迹，烽火燉亦系用贺兰山红石砌成，作者询之当地居民，谓系战国时所建筑，用以防胡骑南侵，以地带考之，亦颇近理。

居民户口

计有蒙民二万八千四百七十二户，十三万四千七百六十人，喇嘛僧七千三百人，汉商、农民四千二百三十五户，二万一千五百八十人。阿拉善旗蒙民，均属额鲁特种蒙古，人皆头大面黄，目小耳大，鼻低颊黑，西人名之加尔玛克种。蒙民生活，尽恃游牧为生，逐水草而居，冬日就阳，夏日就阴，总不聚居一处。至于汉人，除少数商户外，大多均在贺兰山西麓，定远营、窑坝、头道河、二道河、三道河一带地方，引用山水灌田，种植五谷，经营农业为生。年来甘省受"赤匪"蹂躏，灾患频仍，宁夏亦以农村破产，民不聊生，独西套阿拉善旗，以四境交通不便，耸峰阻障，境内盗匪绝迹，民殷物阜，颇有上古凿井而饮、耕田而食之风，宁、甘两省人民，咸视该地为世外桃源，争赴阿旗谋生，此亦阿旗人口近年逐渐增多，日臻繁荣之一原因也。

二十六·二·十五·于绥西

《蒙藏月报》

南京蒙藏委员会

1937 年 6 卷 6 期

（程静　整理）

外蒙行政区划之沿革

信　孚　撰

外蒙行政区划，在国内许多专书上，自然也曾研究过，现在试就行政区划的名称加以考察，对于蒙古人民的习性，多少也可以窥测一二，想来不是全无意义的吧！

展开国内出版的蒙古地图，便能看见多种旗名，如左翼前旗、中右末旗、右翼后旗等。此等旗名，是通用于内外蒙古。不熟悉蒙古事情的人，到底不明白这些所谓"旗"，究竟是部落的名称呢？抑或是指哪一地方的地名呢？"旗"的意义究竟是甚么？

提到这点，我们就想到前清统治蒙古时，曾模仿满洲的所谓"八旗军制"，在蒙古也设"旗制"，满洲八旗的意义，是把满洲所有的壮丁编为八队，每队各授以黄、白、红、蓝等八色的军旗，因此就称为"满洲八旗"。

根据这种习惯，满清政府，也将满洲旗制适用于内外蒙古，而以蒙古人编成旗军，使之担任蒙古边疆的国防。

普通是把蒙古分为内外两部，靠近我国本部的地方叫内蒙古；戈壁（沙漠）以北的叫外蒙古。这是便于称呼的命名，蒙古人自己，是不分内外的。以前，称外蒙古的区域，在蒙古人所谓"喀尔喀"之外再加入科布多区域，蒙古人不用外蒙古的名称，一般都叫喀尔喀，这是指车臣汗、土谢图汗、三音诺颜汗、扎萨克图汗四部；而所谓"部"，是同族或一族的集合的意思。

内外蒙古的王公贵族，不是成吉斯汗的后裔，就是成吉斯汗重臣的子孙，而在成吉斯汗的后裔中，又有出自大汗的直系子孙与出自大汗兄弟的旁系子孙。其中以直系子孙的王公最有势力，而且是最受尊敬的。

上述喀尔喀四部的王公贵族，皆属于直系子孙，所以受其他王公的崇敬，而他们也以直系子孙为无上光荣而夸耀。喀尔喀四部的王公，为了不辱其祖先成吉斯汗的勋名，有一种强烈的意识，即是守护防卫大英雄诞生之地的鄂嫩河，意思是对抗外敌。至于喀尔喀名称的起源，因上述四部每年向在喀尔喀会盟，故名之。

满清政府将外蒙古分为上述四部，再加科布多而成五区，派遣驻库伦办事大臣驻节库伦以管辖之，并担任监督及警备外蒙的责任。

如前所述，满清政府，既将外蒙划为许多"旗"而编成"军制"。此种"旗"，依地域的区划成为"军管区"，同时也是"行政区"，因而在各旗有管辖军队的队长与办理行政事务的行政机关。满清政府时代派驻库伦的办事大臣，主要的是负边境防备的任务；关于外蒙的行政、司法及税务等，只在名义上是监督，实则行政上的事务，在各旗是以蒙古人组织之行政机关，处理各旗的行政事务。

各旗有衙门，在称为"扎萨克"的旗长之下，有各样的官吏，执行"旗"之行政事务。旗长对于"旗"的行政，几有绝对的权力，旗长也是本旗的王公，并且是世袭，王公的部下，办理"旗"行政的官吏，过去都是由王公任命的。

自一九二四年外蒙古成为特殊状态后，所有行政区，名称与内部行政组织，都起了根本的变化。

"旗"是汉文译语，蒙古语叫"毫希孤"，其意义为王公的领地，旗名如中右末旗或左翼前旗等名称，除公文上使用外，通常蒙古人是不用的。蒙古人呼"旗"均冠以该"旗"扎萨克之姓名，而外蒙当局，现已将旗名暨上项称呼废除，而以新名称代之了。

　　此种"毫希孤"，即在"部"之下划分而成的行政区。换言之，"部"是被分成许多的"毫希孤"。"部"这个名称，蒙古语叫做"爱玛克"，"爱玛克"有两种义意：一为种族，同族或宗族；一为区分，地方，州，省或管区等，对"毫希孤"而言，"爱玛克"还是使用的地方的译语。

　　依地域的顺序言："爱玛克"是最大的行政区，其次是"毫希孤"，"毫希孤"又划分为"苏门"，"苏门"再分为"巴克"，"巴克"更分为"阿尔奔"。兹将外蒙行政区系统列左：

　　爱玛克——毫希孤——苏门——巴克——阿尔奔

　　上面已将"爱玛克"与"毫希孤"说过；现在试把"苏门"、"巴克"、"阿尔奔"等略加说明。

　　所谓"苏门"，汉文译为"佐领"（队长）。满清政府，依军制仍分为"旗"，以壮丁百五十人编成一"佐领"。"苏门"，蒙古语为矢，或弹药和中队两种意义。"苏门"，在战时，有能动员壮丁百五十人之力量，而以游牧民百五十户至二百户构成一"苏门"（蒙古男子十八岁至六十一岁有服兵役之义务），百五十人编成一中队，以六"苏门"即九百人编成一大队。可是现在已经废止这种编制方法，另行划定区域而编制，因此"苏门"，便又成为新的行政区。

　　"巴克"和"阿尔奔"，也是根据军制上的分划。"巴克"可动员壮丁五十人，"阿尔奔"可动员壮丁十人。"巴克"约分五六十户，"阿尔奔"则为十户至二十户不等。"巴克"，蒙古语为小队，小集团等意义，"阿尔奔"是蒙古语，即"十"数之十。

　　如前表所示，外蒙行政系统虽分五级，但其行政区划之中心，乃在于"毫希孤"，即所谓"旗"是。

　　蒙古民族，本营逐水草而居的游牧生活，他们的全部财产就是牲畜。大批牲畜的饲料为水与牧草。外蒙地域广大，但大部分为不毛之地的沙漠，因此，若有水草之地，本旗人谁都可以放牧，而在此等游牧民之间，也时常有争夺牧场的事件发生，为了防止这种纷争，对于游牧的范围，就不得不加以限制。例如甲"毫希孤"的人，不能侵入乙"毫希孤"的牧场，超越自己的牧场而侵入邻地的牧场，对方是绝对不允许的。所以逐水草而居的蒙古人能够游牧的境界，限于一"毫希孤"以内，而此种境界在有山川的地方，多利用天然的山河以为分界，在旷野沙漠地带，无天然物作为境界时，就把蒙古有名的"鄂博"，设置于一定的距离以为分界线。

　　现在外蒙，既废除以前所用名称，起而代之的，则是就各地方有名的山或河川之名来命名了。

　　兹将新旧地域名对照表列于后：

新名称	旧名称
汗肯特乌拉	车臣汗
博克多汗乌拉	土谢图汗
齐齐尔里克满达尔乌拉	三音诺颜汗
汗台希里乌拉	扎萨克图汗
杜尔伯特	科布多

注：蒙语乌拉即山。

　　上述各部的境界，大体上还是照以前的"部"界一样，不过齐齐尔里克满达尔乌拉与杜尔伯特，较以前地域稍有增减。齐齐尔里克满达尔乌拉，加入前活佛直属地"希亚比拉尔"（寺领之意）；而科布多西部地方，已改由地方当局管理，所以现在杜尔伯特，较以前科布多区为小。

　　"毫希孤"之数，在上述五"爱玛克"中究有若干呢？历来时有变更，兹举一例为证：

	（一） 麦斯基著《现代蒙古》	（二） 卓宏谋著《蒙古鉴》	（三） 最近调查
博克多汗乌拉	二一	二〇	二二
汗肯特乌拉	二六	二三	二七
齐齐尔里克满达尔乌拉	二四	二四	三〇
汗台希里乌拉	二〇	一九	二一
杜尔伯特	——	——	一八

　　最近调查数字是否可靠尚难断言，惟大概数字是这样分划的。

　　在划分行政区之外，一九三一年又另有经济区域的划分。此种新划分，是以外蒙之经济状况为基础而划定的，外蒙五"爱玛克"共分十三经济区，即（一）东部区，（二）肯特区，（三）东戈壁区，（四）南戈壁区，（五）中央区，（六）农业区，（七）弗斯固尔区，（八）阿拉汗干区，（九）乌布尔汗干区，（十）阿尔泰区，（十一）杜尔伯特区，（十二）科布多区，（十三）札蒲亭区。

　　经济区之"区"字，本系"爱玛克"的译语，因"爱玛克"已用于行政区划，所以译为区字，以示分别。

　　前述行政区之名称，多以当地有名的山或水为名，若就改正后的名称来看，最多数是以山为名，其原因是由于蒙古人多崇拜山神，民间对山神的信仰尤深。当家族有不幸，或大量家畜患流行症的时候，他们都相信是山神作祟或怒发，一定要招请喇嘛僧来作祈祷。举个最显著的例，比如对外蒙的乌兰巴多尔市南端的"圣汗山"（即博克多汗乌拉）的信仰，这个山在外蒙成为最神圣的一座山，而为蒙古民众畏敬崇拜的中心，圣汗山一带地方，无论人的踏入或采伐树木或猎捕禽兽，皆在严禁之列。博克多汗乌拉就是因为这个山而得名的。又汗肯特乌拉亦因北部有汗肯特山脉而得名，其余可以类推。

　　杜尔伯特起初本沿旧名，称科布多。后因这个区域内，有种种少数种族杂居着，而其中以杜尔伯特人占人口中之最多数，所以采同种族之名称而改为杜尔伯特。

《蒙藏月报》

南京蒙藏委员会

1937 年 6 卷 6 期

（孟昕宇　整理）

察北概况

杨塞生　撰

在一般人的心目中，以为察北便是指口外（张家口）六县，其实除六县外，还有很多的其他的行政单位，全部察北差不多占了全察的十分之九还强。那么它的行政区分怎样呢？

行政区分：察北包有一盟、六县、八旗群，八旗即：右翼，左翼，商都，明安等四牧场，和正蓝，正白，镶黄，镶白等四旗，合称察哈尔部八旗。察北六县即张北，沽源，多伦，宝昌，康保，商都。一盟即锡林郭勒盟，这盟的面积最大，不过与察哈尔省府的关系不很密切，诚属憾事。

民众生活：察北六县境内差不多全是汉民居住，虽有少数蒙民，事实上已完全汉化了。这六县的汉民大部分是由晋北和察南迁来的，他们都是被生活压迫着，而流浪到这里，以谋求糊口。起初谁也没打算在这里安居乐业，长久过下去，所以大家常是春来冬去，而所到的范围也很小。民国成立以来，一方面因政府的提倡（驻兵垦荒），一方面人们也渐觉得口外物产的丰饶，于是汉民迁入的人口大增，而垦地的面积也随之扩大。虽然人民的生活颇苦，但较之人口稠密、耕地嫌少的内地，糊口的机会，究竟要多些，故并不因此而减少努力。谁想他们正在惨淡经营，向外发展的时候，忽然不知因何缘故，一枪也没放，便无声无息地拱手让人了。

　　至于察省八旗群，蒙民们以畜牧为主业，但在垦地一天天发展的情形下，牧场便一天天缩小起来，所以他们现在差不多都退到六县辖境以外，而尽量向北移动。可是他们的生活也一天天汉化了，并且每年不断的派遣学生到内地来求学，以造就改良蒙民生活的人材。尤其近几年来，趋向汉化尤为积极，不只派学生求学内地，而各旗群也设立小学了。

　　最后谈到锡盟，这部分是位置察省最北部，与内地相隔较远，而且交通不便，所以人民生活更为简单，可谓为纯系原始时代的畜牧生活，对于汉人尚抱着一种敌视的心理，虽画在察省地图里，而与察省行政可谓毫无关系。但不论锡盟或八旗，蒙民因受喇嘛教的迷醉，生殖率锐减，医药法太幼稚，不但人数日减，而且健康日差，此诚我蒙古同胞前途之绝大的隐忧，政府当局，应有以善其后。

　　重要物产：牧畜——"风吹草低见牛羊"，因为察北是一片水草丰富的草原，所以牧畜业特别发达：（1）有名的口马，就出产在这里。不论锡盟，八旗、张北等六县，到处都产良马。不过因为没有政府的提倡（例如绥远的赛马会），所以在报纸上看不到"口马"这两字，实际国内骑兵的官马，大部由此而来。（2）绵羊：因为绵羊的价值较廉，豢养较易，所以绵羊的豢养在察北不单是蒙民的主业，亦为汉民的主要副业，不论贫富，每家都要养几只或几百只。目前因外蒙、新疆，已遭封锁，内地大批的羊毛、羊皮、羊肉，便多半出自此处。（3）黄牛：被称为短腿的沙漠舟的黄牛的用途，在蒙民可以取乳供食料，可以拉车运碱盐；在汉民因为有大批骡马的使用，故很少用于耕作上的。但近来因常遭匪患，骡马早被抢掠一空，所以现在不论耕田、运粮，都要用牛了。晋、冀两省的耕牛，也多由这里来的。

　　农业——察北既是一片大好的牧场，同时也是一块可耕的农田，雨水虽苦不可靠，土壤虽也未见肥沃，但未经过长期的开发，地力颇为有余，堪以发展干旱农业。自察哈尔建省以来，随着汉民的增多，而农田的面积也一天天在扩大，把牛羊群慢慢移向北边去了。这里主要的农产品是莜麦，这是察、绥一带的特产，在关里提出莜麦这个名词，大家都听不懂，哪里想到这正是察北三宝之一（按察哈尔三宝是莜麦，山药蛋、羊皮袄）。莜麦不单为本地人的主要食品，也是晋北、察南以及陕、宁一带的主要食粮，自从去冬察北被侵占后，这一带的食粮便大感恐慌。莜麦除了人食之外，还是良好的喂马料。其次察北的山药蛋（即马铃薯），不但是日常的食料，并且还能造酒，如能好好培植，将为工业上必要的原料之一，酒精工业尤富有希望。酒精不但为化学工业等之所需，将来酒精代油炉汽车改良完成后，对西北公路交通，尤有莫大的帮助。小麦的产量也很可观，因为察北的气候和土壤，还可勉强适合小麦的生产，如能加以改良，不难成为我国重要的小麦产区。

矿产——假如你初到察北，举眼一看，真是童山濯濯，满目荒凉，到处的山上只有石头，连一颗小树也见不着。但在这平凡的童山之下，有着大量的宝藏呢：（1）泥煤和碎煤：在察北的每个山脚下，都可以掘出泥煤（亦名红煤），这是一种价值最廉的燃料。现在主要的开采地在张北。碎煤和大同所产的质料相同，可惜因了交通不便，采法陈旧，所以迄难发展。（2）盐：谁都知道，盐不单是我们日常生活离不开的东西，而且还是工业上主要的原料，尤其是近来，列强努力扩张军备，盐更被视为极重要的原料。当芦盐被强圈和被强买之后，我们大家都很气忿；哪知道这与芦盐不相上下的察北滩盐——池盐，也被人随手拿去了呢！在察北的每一个角落，只要四周有一圈土山，中间必有一块盐池。锡盟乌珠木沁的大青盐尤为有名。它的销路，远达东北及华北各省，堪为察、绥、晋、陕的食盐供给地。但从前年日占察北起，口盐的输入，便受了不少的限制，人们大感食盐的缺乏，恐怕将来还有更大的限制哩。

当地现状及其重要性：谁都知道中苏间的交通，除了由东北乘火车外，陆路交通，则张库（由张家口到库伦）路是独一无二的交通线。虽然自中苏断绝通商关系后，此路曾一度失其重要性，但在今日中苏关系日趋好转时，将来它在军事交通上，占有怎样大的价值，是不言而喻的了。察北对整个西北是占着居高临下之势的，地面向西北倾斜入戈壁盆地，向西无天险可守。以察北为根据地，向西进兵，有如银河下泻，毫无阻隔。我们千万不要以为去年绥东的抗战是靠了地理的优势而胜的，这乃是由于我军英勇的抵抗所致。最后我们特别提出来的是，察北居民性多强悍，骁勇善战，尤精骑术，若把这些同胞给以相当的军事训练，则不难成为卫国的劲旅。

当我们概括的知道了被强占的察北，在国防上占着如何重要的位置后，我们来讨论是不是用政治手段可以收回呢？自被强占迄现在，察北实际没有来过多少日本兵，在日本以华制华的策略之下，仅为少数的伪军所统制。虽然有去冬的绥战，而参战的伪军，大都是由各地现招的乞丐、化子之流，还有一部分是本地的土匪。最近因为匪伪的反正，以及绥东的抗战，使得日寇对伪军，大怀疑虑，故将大部伪军由前线纷纷撤回。这并非日本表示亲善，而要还给我们的察北，相反的，正表示着暴日要用强力来巩固他的统制。我们知道日本永不会以实惠和中国做交换条件，何况察北在军事上、经济上，又占着那样重要的地位呢。所以我们的结论是：用政治方式是不会收回察北的，用"经济提携"决不能把察北换回来，唯有我们乘着敌人内部不稳的时候，调动全国大军进驻察北，逐彼丑类，然后被蹂躏了的领土才有恢复的希望。

《禹贡》（半月刊）

北平禹贡学会

1937 年 7 卷 8、9 期合刊

（丁冉　整理）

记察绥盟旗

杨向奎　撰

第一　盟旗之分划

察哈尔省本由察哈尔盟而得名，蒙人之发音为 Jakbar，其意义为"边疆民"。即《明史》之插汉儿部，至清始改为察哈尔。今日之察哈尔省约百分之七十为汉人，辖十六县、三设治局及锡林郭勒盟五部十旗，察哈尔部左翼四旗，四牧群及达里冈崖牧场而成，据曾世英君推算，全省面积凡二十五万八千八百十五方公里，据二十三年省会公安局调查，人口凡二百六十五万三千余人（缺多伦），平均密度每方公里仅得十人强。

蒙古人的社会，据一般社会学家的研究，说它是一种封建色彩加味的亚细亚的生产社会。这并不是典型的封建社会，一些封建色彩是清人给他加上去的。在这种社会制度里，其单位最小的为"旗"，以上有"部"有"盟"。"盟"在蒙人读作 Chigolgan，"部"为 Aimak，"旗"为 hoshigu。此等名称之含义及其来源，今不能细说，特记今日之盟旗组织如次。

1. 锡林郭勒盟

锡林郭勒盟，蒙名为 Sil-in GoL，原为盟内东部河流之名，亦即今日之所谓锡林郭勒河者是。本盟地域占察哈尔省东北部过半，位于大兴安岭之西北，自北纬四十二度到四十七度，东经百十一度到百二十度之地，为内蒙最大之［旗］盟也。其面积约一九八，〇〇〇方里，东北与呼伦贝尔之索伦接界，西南与绥远省之乌兰察布盟相接，南与察哈尔部及照乌达盟相接，而北方则隔沙漠以与车臣汗部相接，乃蒙古高原之东南端也。在东南部因兴安岭纵贯南北，缘边之高度乃至四千呎，西北向沙漠高度减为三千呎左右。故境内河流除若干例外皆向西北流而没于沙漠。湖沼之有名者为达里泊及大布苏诺尔。

本盟分为五部十旗，如下：

（1）乌珠穆沁部　二旗

　　1. 乌珠穆沁左翼旗（东——）

　　2. 乌珠穆沁右翼旗（西——）

（2）浩济特部　二旗

　　1. 浩济特左翼旗（东——）

　　2. 浩济特右翼旗（西——）

（3）阿巴哈那尔部　二旗

　　1. 阿巴哈那尔左翼旗（东——）

　　2. 阿巴哈那尔右翼旗（西——）

（4）阿巴噶部　二旗

　　1. 阿巴噶左翼旗（东——，又名阿巴嘎大王）

　　2. 阿巴噶右翼旗（西——）

（5）苏呢特部

　　1. 苏呢特左翼旗（东——）

　　2. 苏呢特右翼旗（西——）

以上乌珠穆沁部、浩济特部、苏呢特部三部六旗的札萨克（即管旗务之王公）全是元太祖成吉思汗之嫡裔子孙；阿巴噶部、阿巴哈那尔部二部四旗则为成吉思汗的兄弟布格博格勒图的裔孙。

乌珠穆沁部分左右两旗，亦或以东、西名之。其左翼旗在本盟之最东北部，东西约二百里，南北约二百八十里，户数为一，五〇〇，人口约八，〇〇〇。现札萨克为郡王多尔济。本旗之人口以牧畜为主业，在去年其所有畜产之数额如下：

牛	四五，〇〇〇头
马	八〇，〇〇〇头
羊	一〇〇，〇〇〇头
山羊	一二，〇〇〇头
骆驼	一〇〇头

而每年产羊毛约十三万五千斤，在东北方索伦临界地方又产良好木材。

右翼为本盟中最大之旗，现札萨克为索诺木拉布丹，是本盟的盟长。本旗广袤东西约二百八十里，南北约四百九十里，户数为三，五〇〇，人口约二〇，〇〇〇。为一望千里的广阔草原，牧草丰美，非其余所及也。在旗的西北部有著名产盐池大布苏诺尔。故本旗以牧畜业占第一位而采盐业占第二位。其畜产数目大略如下：

马	一二〇，〇〇〇头
牛	八〇，〇〇〇头
羊	二〇〇，〇〇〇头
山羊	三〇，〇〇〇头
骆驼	二〇〇头

每年约产二十七万五千斤之羊毛。本旗之牧畜业实为内蒙之冠，而饲马特盛，山后之马颇为名高，体秀而力强者也。

浩济特部亦分两旗。左翼旗之现札萨克为松津旺绰克。本旗东西约百十里，南北约四百九十里，户数为一，〇〇〇，人口为六，

○○○。本旗因与西乌珠穆沁接界，故大布苏诺尔盐池为二旗所共有，他旗之欲采盐者须纳相当之税物也。

右翼旗现札萨克为桑达多尔济，本旗东西约百里，南北约四百九十里，户数约一，○○○，人口约五，○○○。两旗均以牧畜为主业，以牛马为最多，其略数如下：

牛	四○，○○○头
马	六○，○○○头
羊	一○，○○○头
骆驼	一○○头

每年产羊毛约十一万斤。在本旗南部尚有自外蒙古及呼伦贝尔方面流亡来的布里亚蒙人约三百五十在此居住，形成一特殊部落也。

阿巴哈那尔亦分两旗，其左翼旗之面积，东西约百里，南北约四百二十里，占盟中丰沃之地，现札萨克为阿克栋阿。在本旗有贝子庙，极有名，有喇嘛三千，常住者亦至千五百名之多，将来可成为内蒙古之经济中心地。右翼旗东西约七十里，南北约四百二十里，户数为一，○○○，人口为六，○○○。现札萨克为索特那木诺尔布。两旗产业均限于牧畜，地味丰饶，牧草繁茂，就中以东阿巴哈那尔王府附近为旗内最大之牧地。羊毛年产达七万一千斤左右，其畜产数如下：

牛	三○，○○○头
马	二○，○○○头
羊	六○，○○○头
骆驼	八○头

阿巴噶部亦分两旗，其左翼旗现札萨克为布特伯勒。广袤东西约百十里，南北约四百二十里，户数约三，○○○，人口约一○，○○○。右翼旗现札萨克为松诺栋鲁布，旗地大部分为沙漠，广

袤东西约七十里，南北约三百五十里，户数为一，〇〇〇，人口为五，〇〇〇。两旗之唯一产业为牧畜，其数目如下：

马	三五，〇〇〇头
牛	二五，〇〇〇头
羊	八〇，〇〇〇头
骆驼	五〇头
羊毛	八八，〇〇〇斤

苏呢特亦分两旗，其左翼旗现札萨克为林沁旺都特，户数为一，八〇〇，人口约一〇，〇〇〇。广袤东西约百四十里，南北约三百五十里。右翼旗之现札萨克为德穆楚克栋鲁布，乃锡林郭勒盟副盟长，亦即近来称兵倡乱报纸所常见之德王也。旗之广袤东西约二百八十里，南北约三百五十里，大半为沙漠。户数为二，二〇〇，人口一三，〇〇〇。本部两旗本以牧畜为主业，但近来西苏呢特旗西南境方面有汉人从事农耕，亦有黍、粟、蔬菜之产。因为多沙漠地带，所以游牧也不甚适宜，其牧畜数目如下：

牛	二五，〇〇〇头
马	二〇，〇〇〇头
羊（山羊）	六〇，〇〇〇头
骆驼	一〇〇头

此外尚有盐湖数处产岩盐、曹达等。

2. 察哈尔盟

察哈尔盟在锡林郭勒盟的南方，约占察省南部地域三分之一，原来称内属蒙古，于民国二十三年改为盟制，因原非盟制，故与锡林郭勒盟等内部构造有多少不同。在明末彼林丹汗自号为插汉儿汗，后其子额尔克孔果尔汗降清，而其地位在内蒙二十四部之上，但于康熙十三年，亲王布尔尼因呼应吴三桂之叛，遂被清廷削爵而夺其自治权，乃编为八旗而各置总管，在察哈尔都统下直隶于中央政府。本牧地东为克什克腾，西为归化土默特，北为锡林郭勒、乌兰察布两盟，其南则隔长城而与河北、山西相连。又与旧太仆寺左右两翼及内务府所属商都、明安等牧地相错综。其所属八旗如下：

左翼四旗：

正蓝旗　厢〔镶〕白旗　正白旗　厢〔镶〕黄旗

右翼四旗：

正黄旗　正红旗　厢〔镶〕红旗　厢〔镶〕蓝旗

其位置正蓝旗最东，顺次而西以至厢〔镶〕蓝旗。上述四旗之外又有太仆寺四牧场，于民国十七年亦改为旗，故今为十二旗，其左翼四旗及牧场四旗属察哈尔省，右翼四旗则为绥远所管辖。

察哈尔十二旗群非如锡林郭勒盟之有世袭札萨克，乃于各旗有一总管，管理各旗内行政、教育、警察、财政、军备、司法等事。各总管皆为平等。每一旗为由若干之"佐"所合成，在先时以百五十户为一佐，今日已无一定之数目。各旗佐数亦不一定。旗的行政组织如下：

$$\text{旗总管}\left\{\begin{array}{l}\text{正参领}\\\text{副参领}\end{array}\right\}\text{佐领}$$

各旗总管由省政府任免之，旗总管下有正副参领各一，辅佐总管掌全旗事务。每佐有一佐领，原来本为军制，故佐领之下有骁骑校及护军校等。每佐领率有七十名兵，半为护军，半为马甲（豫〔预〕备兵），各旗平均有十五六佐，故每旗有兵八百四十以至千四百上下。近来八旗总管及人口如下：

旗　名	总　管	户　数	人　口
左翼正蓝旗	音德贺	一，九〇〇	九，一〇〇
左翼厢〔镶〕白旗	贡楚克拉什	九〇〇	七，四〇〇

旗　名	总　管	户　数	人　口
左翼正白旗	图勒巴图	一，五〇〇	八，二〇〇
左翼厢〔镶〕黄旗	穆克登宝	八〇〇	九，一〇〇
右翼正黄旗	达密凌苏龙	二，一〇〇	九，二〇〇
右翼厢〔镶〕红旗	巴勒贡札布	六〇〇	八，三〇〇
右翼正红旗	富龄阿	七〇〇	一〇，〇〇〇
右翼厢〔镶〕蓝旗	克鄂齐尔	八〇〇	七，五〇〇

正黄旗之达密凌苏龙总管即此次抗战匪伪乱事之最出力者也。

此外有牧场四旗，在清代为国家的牛、羊、马等牧场，民国十七年以来亦改编为旗制，与以上官制八旗同，其组织如下：

（1）太仆寺左翼牧场旗 ⎰ 厢〔镶〕黄旗
正白旗
厢〔镶〕白旗
正蓝旗
骟马群

（2）太仆寺右翼牧场旗 ⎰ 正黄旗
正红旗
厢〔镶〕红旗
厢〔镶〕蓝旗
骟马群

（3）明安牧场旗 ⎰ 正白牛群
正黄牛群
厢〔镶〕黄牛群
正黄牛〔羊〕群
厢〔镶〕黄牛〔羊〕群
正白羊群

（4）商都牧场旗 $\left\{\begin{array}{l}\text{左翼旗}\\\text{右翼旗}\end{array}\right.$

以上各旗内部行政系统亦繁简不一，今述之如下。

1. 太仆寺左翼牧场旗

总管 $\left\{\begin{array}{l}\text{翼长（四旗）}\\\text{翼长（骟马群）}\end{array}\right\}$协领—委协领—牧长—牧夫—护军—

牧丁

以上四旗翼长即当副总管地位，协领每旗各一，委协领每旗各二。

太仆寺右翼牧场旗组织与上同。明安牧场旗则为：

总管—协领（每旗一名）　协领以下与上同。

2. 商都牧场旗则为：

总管 $\left\{\begin{array}{l}\text{左翼长—副翼长}\\\text{右翼长—副翼长}\end{array}\right.$

协领以下与前者同。以上四牧场旗之总管人口如下：

旗　　名	总　　管	户　　数	人　　口
商都牧场旗	特穆尔博罗特	二，〇〇〇	一〇，〇〇〇
明安牧场旗	尼玛鄂特索尔	三，〇〇〇	九，六〇〇
左翼牧场旗	善济弥图普	一，七〇〇	七，七〇〇
右翼牧场旗	色楞那木济勒	五〇〇	二，二〇〇

以上合计共七，二〇〇户，二九，五〇〇人，男子占百分之六十，而一半为喇嘛。此四牧场旗为汉人居住最多者。

达里岗崖牧场在察省之最北部，与蒙古为邻，本为明安牧场旗所管辖也。

现在四牧场旗养官马约八千，每年以十之一纳于政府。在以先尚养牛、羊、骆驼等，民国以来因需马急，乃全部养马矣。

以上诸旗乃在察哈尔省境内者，今进而论在绥远省诸旗如下：

绥远省因清季为绥远将军驻节地而得名，与热河、察哈尔同为旧内蒙古地，因皆在瀚海沙漠之南，故称"漠南三省"。绥远省现辖一市（包头），十六县，一设治局及乌兰察布盟四部六旗，伊克昭盟一部七旗，察哈尔部右翼四旗，归化土默特旗等。全省面积据曾世英君推算为三十万四千零五十八方公里。人口据二十一年民政厅调查为二百零一万二千余人，平均每方公里仅得七人弱。

3. 乌兰察布盟

乌兰察布盟，占绥远省北部，恰如锡林郭勒盟之在察哈尔省之地位。"乌兰察布"本为盟内四子部落旗内地名，为蒙古语 Ulan Chab 之音译。本盟分为四子部落、茂明安、乌喇特、喀尔喀四部，共分为六旗。今分述之。

（1）四子部落部广袤东西约二百六十余里，南北约二百八十里。本部祖先为元太祖弟哈布图哈萨尔十五世孙诺延泰。部为一旗所成，即名四子王旗，现札萨克为潘弟恭札布，旗由二十佐领而成，旗内乌兰察布为会盟之地，此乃盟名之由来也。

（2）茂明安部广袤东西约百十余里，南北约二百一十里。本为元太祖弟哈布图哈萨尔十四世孙锡喇奇塔特之子孙。部为一旗所成，现札萨克为贝齐米特林泌高尔罗。

（3）乌喇特部广袤东西约二百四十余里，南北约三百四十里。哈布图哈萨尔十五世孙布尔海始来此地游牧，部为三旗，即：

a. 乌喇特中旗（中公旗），现札萨克为巴宝多尔济，现为乌兰察布盟副盟长。

b. 乌喇特前旗（西公旗）。

c. 乌喇特后旗（东公旗）。

三旗之游牧地与王府相同，布尔海三分其所部，子孙承嗣者也。中旗有佐领十六，前旗十二，后旗六。

（4）喀尔喀右翼部广袤东西百四十里，南北百五十余里。本部为一旗，俗称达尔汉旗，现王为云端旺楚克，乃乌兰察布盟之盟长，亦即内蒙自治政务委员会之委员长也。

4. 伊克昭盟

伊克昭为蒙古语 Yeke joo 之音译，joo 又为当于蒙语 Sume（庙）字义之西藏语音译，即"大庙"之意也。本盟为鄂尔多斯一部七旗所成，东、西、北三面皆沿黄河，南隔长城而与宁夏及陕西相接。其七旗如次：

（1）左翼中旗，在中央部东方之地，俗称群〔郡〕王府，由佐领十七而成。

（2）右翼中旗，在盟内西南部一带地，通称鄂托克旗，有佐领八十四。

（3）左翼前旗，在盟内东北端，俗称准噶尔旗，有佐领四十二。

（4）左翼后旗，在盟内中部的东端，俗称达拉特旗，有佐领四十。

（5）右翼前旗，在盟内东南部，俗称乌审旗，有佐领四十二，现札萨克阿拉坦鄂齐尔为本盟副盟长。

（6）右翼后旗，在盟内西北部，俗称杭锦旗，有佐领三十六。

（7）右翼前末旗，原属于右翼前旗，清乾隆元年因人口增加之故乃别设一旗，俗称札萨克旗，现札萨克为沙克都尔札布，为本盟盟长，又内蒙自治政务委员会副委员长。

5. 土默特部

"土默特"为蒙古语 Tumet "一万""无数"复数形的汉音译。本部为一旗所成，在察哈尔右翼旗西以归绥为中心的地方，包括现绥远省之归绥、萨拉齐、清水河、托克托、和林等县，由六佐领所编成，无世袭王公，而为政府任命之官吏，即总管是也。现总管为荣祥。部民约一万，大多为定住营农业者，最近数十年间大部忘掉蒙古语而完全汉化矣。

第二 社会之构成

在蒙人社会里大约分为贵族、平民、家奴（奴隶）三阶级。其中之贵族概为博尔济特及乌梁海两系统所出，大别如下：

1. 成吉斯汗的子孙，分南北二派。
2. 成吉斯汗弟哈萨尔所出。
3. 成吉期汗弟别里克台所出。
4. 成吉斯汗弟斡楚因所出。
5. 成吉斯汗功臣济拉玛所出。
6. 元臣翁汗所出。
7. 元臣孛汗所出。
8. 称为辉特的一族，系统不明。
9. 称为唐努乌梁海之别一派，属于哒咀蒙古。

这些贵族，在前清曾封为亲王、郡王、贝勒、贝子、公（镇国公、辅国公）等爵位，此外又有台吉、塔布囊等身份。此全依当初家系之高下，部众之多寡，或功劳之大小而分封。以上王公中之支配旗务者称为扎萨克，即管旗王公是也。其余则为闲散王公。此外因功而赐世袭职者又有子、男、轻车都尉、骑都尉、云骑尉等五等爵，乃所谓下级贵族也。

以上所谓一般贵族，尚有特殊贵族之喇嘛，此与前者同有支配奴隶之权力者也。此无一定系统，社会地位亦多不如前者之高，这些贵族全属只知消费而毫不事生产者。

以下为诸王公、台吉等传世的属下人阿尔巴图和台吉之降为平民者、家奴之独立者所构成之一阶级，即所谓平民是也。有特定的权利义务，关于户口、婚姻、优恤、赋役、兵役皆有定制，对于旗长有绝对服从的义务，不许随意脱离旗籍。虽然说是平民，然而和我们观念中的平民亦有不同，他们负有牧养札萨克的家畜的义务，女儿到十六七岁得在王府负使役，又或嫁娶、葬祭时有纳赋义务，又有当兵的义务；差不多和封建制度下农奴相似，但须认清此尚非奴隶，是基础的生产阶级也。

所谓奴隶阶级者无户口，无兵役义务，对于札萨克不负丝毫义务，但对自己主人则负有无限义务也。此等多为战役之掳获者，子子孙孙永为奴隶，生杀之权操之主人，又为馈送及买卖如物之对象。总而言之，家奴地位与物类无异。

今将此三阶级之关系图表列如下：

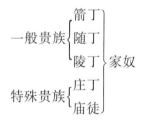

以上之箭丁、随丁、陵丁、庄丁、庙徒即平民阶级。箭丁可任管旗章京以下小官，随丁为贵族的从者，亦可任同上小官，陵丁为贵族陵墓之看守者，庄丁之地位与陵丁同，比前二者稍低，庙徒于所属寺院及庙主纳一定税金，服差役，亦得任为下级官吏。

第三　政治组织

社会构造为社会本身之内容组织，其表面构造则为政治组织。如前所述每旗之最高首领为札萨克，其办公之地曰印务处。大要分为二科，科内有科长、科员分任各项职务。二科一管直接行政事务，一管札萨克一家一切事务和王府（印务处）之器具材料、金钱出纳，以及杂务、祭典、仪式等。每旗在札萨克之外尚有如下重要职员：

1. 管旗章京
2. 协理台吉
3. 梅伦
4. 掌印札兰或参领
5. 管箭章京
6. 副管箭章京
7. 笔帖式
8. 领催

其职务则协理台吉、掌印梅伦、掌印札兰、笔帖式等为直接办理行政事务者；和硕达、手达、大台吉、副管箭章京、领催等则为统辖台吉者；旗民之统辖者则为管旗章京、管旗副章京、札兰章京、管箭章京、副管箭章京、领催、屯达、什长等。

协理台吉为札萨克的辖佐人员，因旗之大小而置二人或四人，由旗内王公、台吉中选用。而由台吉中选拔总辖旗内台吉者则为和硕达。其助理此项事务者则称大台吉。

掌印梅伦（一名）受协理台吉或管旗章京之命而掌旗务，掌印札兰（一名）则为其辅佐人员。

笔帖式即书记，掌文簿之事。

领催为主计人员。

管旗章京，每旗一人，直属于札萨克，管辖旗民及平民，或与协理台吉同掌旗务，直〔职〕司法狱及税关之事，辅佐之者则为管旗副章京。

札兰章京古为军区上等人员，指挥佐领统辖兵员，每六佐领设一人统率之，又办理军区税租之事。

管箭章京为一佐领之统率者，直接办理旗务之地方官，办理租税、户籍，及传达上司命令等事，位在骁骑校上。副管箭章京即又名骁骑校也。

屯达为终身官，即村长之类，什长为十户之长。

拜生达管理札萨克一家及王府事。其下有哈班、包衣达等。

在各旗内一佐领平时有五十名兵，战时则有百五十名，佐领亦累增。

协理台吉、管旗章京等高级职员皆由台吉干才中选拔，由札萨克申于盟长，再请政府许可。参领和佐领亦由台吉中选补。

盟为由一旗乃至数旗之集合团体，但并不直接干预旗中之事，关于重大事件则由各札萨克共同处理之。旗有旗长，盟亦有盟长、副盟长，但旗虽有札萨克，而不设盟，直辖于政府特命之地方官者，则有青海蒙古、西套蒙古等是。

盟长、副盟长由札萨克中选拔之，常处于札萨克之监督地位，故其势力驾于他札萨克上，为盟内之最有力者也。

边疆之学向不为中朝人士注意，清季以来虽因《元史》之学而及于西北边疆地理，然终无大成绩而造成一时之学风。反观东邻日本，则由所谓满鲜又至满蒙，笔之所至，枪亦随之，由鲜而满而蒙，将底于何处！今幸国之将士，杀敌守土，然我辈读书之士，犹不能于枪先到处而笔随之，殊可慨惜！尤令人惭愧者，则笔者之写此文，因居异域之故，又未得不采日文书，本篇大部取材即在吉村忠三于民国二十四年出版之《内蒙古》一书内也。

二十五年十二月二十四日

《禹贡》（半月刊）

北平禹贡学会

1937 年 7 卷 8、9 期合刊

（朱宪　整理）

冀察的现状

静　园　撰

去年上季，很多南方的朋友接二连三的写信给我，要我即刻离开北平，说南方的空气紧张到了万分，国防前线的北平，恐怕不久就要牺牲在敌人的飞机和大炮下。我当时因为信来的太多，心里也着实有点害怕，万一发生不幸的事变，自己将怎么办呢？南方来的同学们，聚在一块时，总是讨论这问题，是回呢？还是不回？当然，各人有各人的看法和想法，因此有的人主张回，有的人主张不回。主张回的人们，后来是有一部分真的南归了；至于那些不主张回和那些想回而事实上不能回的人们，终于在风雨飘摇的古城里，度过了那危急的季节。到现在，这座古城里，弦歌之声，依然如故。历史的演变，本来是令人不易捉摸的；不过，把摆在眼前的现实弄清楚以后，过去和未来的演变，也不难了解和推测其一部分了。

冀、察自二十三年中央军南调后，行政上虽说是直属中央，其实除了司法和教育以外，一切都已"特殊化"了。在地方当局的意思，以为是出于不得已；其实"物必先腐，而后虫生"，地方官吏果真没有割据的野心，任何特殊局面也无从产生。我们知道，华北特殊局面的制造，完全是由流氓大家土××一手所包办而成。假使地方官吏稍为拿出一点正气，这种流氓，从何向他进攻。土××不曾在太原活动过的吗？但是现在山西和河北比较，其情形相差如何，我们一看就知。

特殊化以后，敌人第二步的要求是地方自治，表面上的名词就是明朗化。这一下却引起了北平青年学生的愤怒，游行示威的结果，地方当局也有点却步了，不过地方当局终究没有明白表示过他们的态度，这也是引起敌人进攻的一个大弱点。他们不仅不明白的表示态度，而且在行动上，往往做出一些"亲者所痛，仇者所快"的事来。因此敌人的进攻，更加积极，利诱、威迫、挑拨、离间，想尽方法来达到华北明朗化的初步——冀察明朗化。两广事变时，敌人曾乘机大肆活动了一次；然而中国人终竟是中国人，冀、察的明朗化，仍然未曾如所预期的达到目的，虽说地方当局也曾为他们效了不少的劳。

谈到地方当局，我得把目前冀、察的领袖人物说一说。宋哲元的出任艰巨，本来是他自己的愿望，同时也是某方的愿望。在他初出马的时候，正是华北局势最紧张的时期，以他的物望和政治经验而论，担当这种艰巨的局面，我们很难相信他能支持多少时候。然而宋氏政权，却一直延长到了今天，这不能不令人惊奇。宋氏本人没有什么了不起的本领，部下的人材也不多，而且自萧振瀛走后，亲信的人物都是些武夫，除了有一股蛮干劲以外，什么也谈不上。不过宋氏对用人方面，却十分谨慎。北洋时代的旧官僚，虽说延揽了不少，但意在收买人心，至于言听计从，那是很稀少的事。宋氏也很知道政治舞台，终非网罗人材不能支持，于是除了"枪杆旧交"的袍泽如秦德纯、张自忠、刘汝明等以外，不得不另外想法延揽能为己用的人材，南宛受训的大学生，有一部分是被吸收进去了。现在正在举办的莲池讲学书院，这座书院，恐怕要算是他的最基本的干部人村〔材〕训练所了。宋为了收买人心，除了敬遗老，矜贤节以外，对尊孔一事，特别提倡，恢服〔复〕祀孔大典，每年亲自主祭，并极力提倡中小学读经，据说他这次到张垣，除了政治任务以外，就是躬与孔庙落成典礼。他对青年的态度，并不算坏，学运发生以后，前后被捕的不下数百人，但都只受了点虚惊，从未有人吃过怎样的苦，并且没一个人判过罪，虽说有些青年的行动和言论越出了轨外。

萧振瀛是宋氏部下比较有为一点的人物，不幸因了意见不合而走开了，这是宋氏的一个大损失。现在他部下的第一红人要算秦德纯。秦氏是行伍出身，虽说有陆大的资格，实在的学问，却很贫乏。去春德国收回了沙尔，秦氏到一德籍友人家道贺，说德国人因大战失败，割了亚尔萨斯和罗林与法国，不到二十年，居然又收回了。读了《最后一课》那篇文，真使人佩服德国人的精神。他把沙尔当作了亚、罗二州，同时把《最后一课》当作了德国人的文章。堂堂特别市长，把一个小学生都知道的国际大事也弄不清楚，岂不笑坏人的肚皮？刘汝明、冯治安和张自忠等，本是军人出身，除了服从长官，尽军人本职以外，他非所知。要是宋系军队完全统一于中央之下的话，他们三人倒很有点希望。绥东之役，很多人主张冀察出兵察北，断伪匪后路，当时刘汝明、张自忠等，都很赞成，卒因未奉到长官命令，没有动作，到现在还有人惋惜这件事。

冀察当局对于中央的态度怎样，因为他们从未明白表示过，局外人很难揣度。不过就他们两年来的行动来观察，也可以看到一点轮廓。在最初，他们的抱负似乎还不小，因此对中央方面，多所苛求；后来鉴于外力压迫的太厉害，几乎使自己立不住脚，于是又不得不亲近中央，借重整个国家的力量，来支持冀、察的危局。不过接近中央的目的，是为了维持个人的政权，超乎这范围以外的事，似乎没有同中央合作的必要。最显明的倒是走私问题。中央方面，费了九牛二虎之力，来制止走私，只要地方当局，稍加协助，问题很容易的就可解决；然而冀察当局不惟不协助政府缉私，反而在重要城镇设立税收机关，征收私货卡税后，任其通行。破坏国家行政，助长走私风气，果深具国家民族关〔观〕念的人，谁肯出此！其次是冀东伪组织问题。伪组织的成立是具有国际背景的，想取消它，就要牵涉到外交，这是中央的责任。我们对地方当局，并未存这种奢望。不过防止伪组织的扩大和宣传，无论就哪一方面说，地方当局，应负其责。但事实上却不然，伪组织的各级傀儡，可以公然在平、津各地活动，较高级的倪〔傀〕儡，并且与地方当局时有应酬，地方最高当局，也曾到过伪组织的"首府"。这些举动，不管是私人的或非私人的，总而言之，不能令人不对地方当局抱遗恨。言论界的印刷物，稍有不当，就受停寄、停刊的处分，而冀东伪组织的布告和宣言传单，却可以不受禁止。我亲眼看见好些冀东〈伪〉政府的布告在非伪组织的辖区内张贴了一个多月没人撕掉。而青年学生印发几张反对华北自治的宣言，却被禁止散放以外，还要捉人吃官司。拿这两件事来对照一看，怎不令人痛心！

　　惟自陕变以后，国府的基础更加巩固，领袖的人望更加崇高，因此促成了全国的精诚团结，冀察当局的向心力，也日渐加大了。三中全会，秦德纯曾亲到南京参加。这对于中央与地方间的疏通，有很大关系。我们只要看华北著名汉奸报纸近来对地方当局的种种攻击，就可想到地方当局态度的转变了。同时去年盛传的"华北中日经济提携"的什么"四大原则、八大方案"等，除了见诸实行的几条已无法取消以外，其余的都已暂且搁置了。这种态度的改变，也许是受了一般舆论的影响。不过从舆论界的立场来说，这种改变，去理想的境地，还差得远远。假如地方当局竭诚翊赞中枢，维护行政的统一，则现在所要做的事，最低限度包括有：（一）积极协助政府缉私；（二）取消一切变相税收机关；（三）遵行中央法币政策；（四）断绝与冀东伪政府的往来，并禁止其在平、津各地带活动；（五）外交事件，一切听命于中央，不要作局部的谈判；（六）设法于最短期间，收复察北。这些事体并不是怎样难做的，只要地方当局有决心。然而我们的地方当局，到现在似乎还没有考察到这些事，整日所忙的，仍然不外那些对某国的无聊应酬。所以目前冀察当局在表面上的改变态度，我们还不能认为满足，将来演变如何，是我们目前所最焦虑的。

　　其次要讲到冀、察的人民。冀、察人口总共有三千多万，除了察北的大部分是属于蒙古人以外，其余都是汉人。因为地理的关系，出产并不十分丰富。但是冀南的木棉和冀、察两省的煤矿，却占有极大的经济价值。日本所要求的"华北经济提携"，重要的就是植棉和开采煤矿。冀、察人民生命所系的，也是木棉和煤矿。除了这两种大量出产以外，其余的都谈不上。因此人民的生活程度，较南方人差得多多。居处的简陋和衣食的粗糙，远不及南方人民的享受。但是大多数的人民都很安贫守己，只要能勉强生活，不管生活在水平线下多少深，他们都过得去。两斤黑面三条蒜，用来补赏〔偿〕一日的劳动，也就足够了。肚子饱了，也从不想着身外的问题。老爷大人、男女学生、××鬼子，在他们眼里，都不过是另外一个社会里的人物，他们觉得除了纳粮完租以外，不必与这些人发生什么关系。因此"打倒××帝国主义"也好，"华北防共自治"也好，在他们看来，这是与他们无多大关系的人们，彼此之间的嘶闹，高兴听一听，不高兴闭门睡觉，天塌下来也懒得去管。从南方来的人，初次看到这种情形，没有不觉得奇怪的。处在国防前线，身受切肤之痛的冀、察人民，为什么反比长江一带的民气消沉得多？这实在有点令人难解。不过，要找出它的原因来，也就不难。大概说来，这种堕〔惰〕性的造成，是由于两个原因：一是贫穷；一是无知。因为无知，才失掉了他们的国家观念和民族意识；因为贫穷，才养成了他们偷闲苟安和不管闲事的心理。所以宋委员长也好，宣统皇帝也好，甚至××国人来坐紫禁城也好，只要不找上自家的门，一切都可以不过问。贫穷和无知，直接造成了冀、察人民的颓废气习，间接造成了冀、察内面的特殊化。改造冀、察的现象，固然要从多方面下手；但是，根本又根本的办法，还是如何提高人民的生活程度和知识程度。否则纵然冀、察完全中央化了，而本身内在的隐忧，比外患更要严重，前途是依然危险的！何况冀、察处于国防第一线，人民的生活与知识，处处影响到对外问题，如何早想办法，解决这个问题，以奠国防的基石，这是我们对中央及地方政府的热切的希望。

最后还有两句话要说，即冀、察是特殊化了，但只限于局面的特殊。它依旧是中华民国的领土，它依旧受着中国人的统治，我们要化特殊为正常，我们有的是方法，有的是门径，只看我们大家的决心怎样。绥远以前不是特殊化了的吗？由于大家的努力，现在却回复到正常了。一切事都在自己，自己有了计划，有了决心，不说冀、察的正常化，就是东北的收复，也不过是一个时间的问题，有什么困难？有什么希奇？

二六，四，二七，于清华

《中兴周刊》

武昌中兴周刊社

1937 年 7 卷 17 期

（朱宪　整理）

内蒙古的社会

靖 远 撰

内蒙古境内，本包括着热、察、绥、宁四个省区，但靠近内地各处，多半被同化了，纯粹保有蒙古气味的，只有锡林郭勒盟和乌兰察布盟了。他们的社会组织，约分三个阶级，就是王公、喇嘛、黑人（即不出家为喇嘛者）。王公〈是〉握有绝对威权的阶级，喇嘛也是坐养尊处优阶级，黑人，就是最下贱的平民阶级，平民又迷信服从于佛教，诸事不求改进，希望天灵的默佑，以致他们的社会状态，也就入于长眠的时期了。

蒙古是个封建的社会，不但他们的王公，是天黄〔潢〕一系，就是那些活佛，也是一脉流传，没有争执的必要，至于其他的执事人们，都是承荫龚职的，所以他们的阶级制度，厘分甚严，如果你是黑人，生下来就带着贫而贱的，到老也不会减少一分，黑人在黑暗的地狱里，都有些蹈常习故的传统性，所以会相安无事。其实这种制度，却省掉不少的觊觎心和幸进心，更可省却许多圈定的麻烦和反感。

未到过蒙古的人，以为蒙民既没有土地私有权，又是一个游牧民族，必定没有贫富的悬殊，其实这种测料都错了。蒙古人民，终岁劳苦，不得温饱的人们，比比皆是，只有少数的人阔绰罢了。那些人的摧残小民，虽不及内地的土豪劣绅的厉害，但是加在无智屈服和不善生计的蒙民身上，却也感受觉有"毒蛇猛虎的痛苦"，记得在阿鲁科尔泌旗的地方，有一家农民，因为受着摊派过重，一时担不了，要请求减轻或延期缴纳，那些如狼似虎的人，如何肯依，那个窘迫可怜的蒙民，计无所出，遂生厌世之念，结果忍心底把他的发妻，和十五岁的女孩，六岁的男孩，一并杀死，自己刚要饮刃自尽，幸为怜〔邻〕右救护。咳！无知的可怜虫，惟有自杀，实在令人酸鼻，我们就此一点看来，可知蒙人感受环境不良的痛苦，不亚于内地呢。

蒙古的人民，日处于淫威屈服之下，并有寂灭的佛教，拘囿他们的一切，但是他们民族的强悍，和耐苦的精神，实令人惊佩而觉得有希望。他们的生活，日常多以绞〔跤〕绊及赛马为乐，童年乘马，不备鞍镫，犹能驰骋如飞，习惯移人，于此可见，倘国家能利用他们的特性，训练蒙古骑兵，当能较世称有名之"哥萨克"马队为佳。

蒙古地广人稀，本是生活容易的地方，不过蒙古的当局少知提倡，而那些小民们，又不善生计，以致他们的经济地位，竟至低落枯竭，殊为可惜。

《福建公教周刊》
厦门鼓浪屿天主堂
1937 年 9 卷 5 期
（丁冉　整理）

察北风土记

张其昀　撰

察哈尔省以长城分为南北二部，察北为塞北之一部分。明初永乐帝曾几次亲征塞外，皆经察北之地。他曾问一位侍臣金幼孜（江西人）说道："汝观地势，远见似高阜，至则〔即〕又平也。"他又说："塞外风景，读书者但纸上见，未若尔等今日亲见之。"又说："人未经此者，每言塞北事，但想像耳，安能得其真耶？"永乐帝说明高原形势，可谓要言不繁。蒙古是一大高原，由多数侵蚀平原（Peneplane）和盆地组合而成。一般言之，甚为宽平坦荡，海拔约在一千二百公尺以上。在此高原之上，偶有丘陵与盆地的变化，但相差也不过二三百公尺，且坡度皆甚徐缓。元邱处机诗云："地无木植惟荒草，天产丘陵没大山。"清关宁诗云："天如覆釜晴光远，地似层波去路长。"其他若"跃马长城外，方知眼界宽"等名句，都是很好的写实文字。前人尝谓，雪景至于塞外，苍茫万里，一望无垠，曾无溪山竹石、茅屋板桥少为点缀，此诚空明洞远之至，为雪之大观也。

邱处机谓地无木植，亦是实情，通俗所谓蒙古草地，地理学亦称为塞北草原。其原因在于雨泽稀少，树木不能生长。河流亦因水量缺乏之故，不能畅流入海，大都半途而废，潴于盐湖。蒙语称盐湖曰"淖尔"，古代地志特称曰"泺"。张北县之安固诺尔，乃辽代之鸳鸯泺，即其著例。张鹏翮云："水哉水哉，在塞外何其贵，在中原何其贱耶？天下有以少为贵者，水且然矣。"农田固然靠水，牧场亦赖水利。前人诗云："遥见马驼知牧地，时逢水草似渔村。"淖尔不问大小，都是难能可贵，多伦又称多伦诺尔，诺尔即是淖尔。

蒙古高原的南边，地势突然变迁，界限至为显明。"出塞"的情绪，即由旅行至此，获有深刻印象而起。塞的本义为关塞，足见其地势的险要。高原边缘常因断层作用形成峭壁，或称峻坂，仅赖少数山沟为上下交通要道，当地称之曰坝，如张家口北面之韩努坝与神威台坝，其最著者。从前曾在上述二坝测勘铁道路线，据报告书所言，工程上困难程度，当不亚于南口北面之居庸关，从坝下至坝上，大有行路难之叹。此地附近的高原峻坂，即历史上著名之野狐岭。张家口（万全县）海拔八百公尺，上岭至张北县即升至一千三百六十公尺。同样情形，绥远省会归绥有大青山耸峙于北，其山口曰吴公坝，亦为塞外交通要道。世称张家口曰东口，归绥曰西口，比较东西二口之位置，及其军事上的价值，颇有意味。

因高度与纬度之关系，塞外冬季甚为严酷。当十一月里，江南各地还是秋天，塞外温度已降到摄氏零度以下。气候学家以温度为划分四季的标准，即在摄氏二十二度以上为夏季，十度以下为冬季，介于其间为春、秋二季。据张家口附近西湾子（海拔一一六七公尺）的气象纪录，其地冬季之长达一百八十五天（自十月十三日至四月十五日），夏季仅三十天（自七月五日至八月三日），其余春季八十天，秋季九十天。由此可见塞北之冬竟居全年之半，最冷时温度降至摄氏零下三十度至四十度。元周伯琦九月一日（阳历当在十月）还自上京（多伦），途中纪事诗云："九月滦阳道，寒烟暗远坰。有山皆积雪，无水不成冰。"塞外十月已入冬令，所咏自是非虚。又前人诗云："北陆初寒自古称，沙陀三月尚凝冰。"盖阳历四月尚属冬令，至五月间方为春季，但早暮犹寒，惟亭午日色较为暄暖。塞外夏季甚短促，洵为消暑胜地。

元代以北平为大都，多伦为上都，每年四月（旧历）驾至上都，至八月间开马奶子宴后，即驾返北平，其夕往往有霜。据西湾子纪录，平均早霜为九月十九日，平均晚霜为五月九日，平均无霜日期仅一百三十二天。易言之，一年中霜期之长有七个半月之久，而无霜期即农作物生长时期，仅四个半月而已。其最早降霜日期在九月十五日，最迟降霜日乃在五月二十四日，其绝对无霜日期不过一百十三天而已。多伦在长城北三百里，初霜日期自然更早。塞外农事，五月方能播种，至九月收获，每年仅有一熟，作物须以耐寒、早熟者为宜。

土壤分布视乎气候状况而定。张家口以北，因气候寒冷，蒸发迟缓，土壤含腐殖质极富，生产力高，其上层色黑，下层有炭酸钙聚积，称为黑钙土（Chernozem）。黑钙土原是世界上最肥沃的土壤，可是因为天时限制，往往不能发挥固有的耕种价值。塞北黑土遍地芳草，至最近数十年，始着手放垦。自张北县附近至张北城北二百里，因雨量渐减的缘故，土壤中有机质较少，底土亦有碳酸钙聚积，称为栗土（Chestnur soil）。栗土带也是向东西延长，与黑土带平行。此带耕地渐见零散，为移民最北部分，如再加推进，因气候的限制，已不宜于耕种。至栗土带以北，雨量更稀，土壤呈浅灰色，含有机质极少，是谓漠境土（Grey desert）。其地因气候干旱，虽表层亦呈强烈的石灰性，为强碱性土壤，内有小盐湖颇多，耕地绝迹，但碱地生草，放牧最宜。要之，黑土带农业较盛，栗土带耕牧并用，汉蒙杂居，漠境土仅供游牧之用，纯为蒙人区域。民族分布所受自然环境的影响，显然可见。

草原带雨量稀少，殊为农业之障碍。据西湾子纪录，全年雨量仅三百五十公厘，七月份雨量最多，约占四分之一，五、六、七、八四月所降雨量约占全年四分之三。但每年雨量多寡不一，变率甚大，常苦旱灾。又在一年之中，各月雨量分配，亦逐年多所参差。往往春雨为难，以致下种愆期，或秋雨连绵，则收获不足。冬季虽无作物，若积雪过厚，草地悉被掩埋，牲畜食料断绝，死亡甚多，易成雪灾。古史纪匈奴事，常称某年大风雪，畜多饥饿死，国力大损，不复能大寇等语。最近如民国廿四年冬、廿五年春，蒙地连降大雪，积深尺余，灾情奇重。

口外三件宝，山药蛋、莜麦、大皮袄。此三者，乃口外衣食原料，诚为人民之宝。莜麦性耐阴寒，为察北主要作物，用以代小麦面。莜麦面颇适口，且耐饥，劳动界食之最宜，惟在磨粉时，须先将麦粒炒热。马铃薯俗名山药，形如卵，故名山药蛋，与甘薯同为根作物，前者多种于山地，后者平地较多。当地习惯以马铃薯制粉或粉条，与莜麦面并食。察北糜子亦甚普遍，糜子一名穄，与黍相类，黍即黄米，有黏性，糜子粒较黍稍大而不黏。性耐干燥，为沙漠边缘之作物，其米炒熟，为蒙人日食必需品，糜子面可代小米面。至于经济作物，以油菜、胡麻为主，成熟期皆不长，由张家口输出，供榨油之用。燕麦为天然生长之牧草，人不能食。蘑菇亦系野生，一名沙菌，所谓"菌出沙中美"是也，运售口内，称为口蘑，味甚鲜美。据近时研究，甜菜（即糖萝卜）耐盐力颇高，适于塞外土质，绥远天主教堂试种此物之结果，亦认为有推广价值。

察哈尔尝称为中国之阿真廷（Argentina），此喻其畜牧业之前途。目前察北牧业之缺点，在平日不知收存牧草以御岁寒，若能广种燕麦、苜蓿等牧草，则饲养牲畜之数，定可增加数倍。牲畜有牛、羊、马、驼四种，牛乳可供饮料及奶食，惜目前制造奶酪方法幼稚，不适于大量出口。蒙古羊肉风味绝佳，而羊毛大抵粗劣，属于制毯用价值最贱之毛，但在世界市场上其需要仍甚大。

故奶酪、毛织、制革等工业之发展，当可为察北经济开一新纪元。皮货行销内地者，以羊皮为最多，本地人所披大皮袄大都不挂布面。野牲皮以狐皮为大宗，色红毛厚，亦为名产。马匹则有关军政，前清时在察北设有御马厂数处，民国以后仍有军政部所立之牧场。蒙古马短小精悍，极耐劳苦，短程每日可行一百公里。七百年前，蒙古骑兵赖以扫荡欧亚，最近俄国骑军亦曾参用蒙古马匹于欧洲大战，博得极好之声誉。口外草地在春、夏、秋三季为牛马运输时期，冬季运输必赖骆驼，大率每百余驼为一群，称为队商，在汽车路未通行以前，塞北交通尽是队商路。

蒙地全部财产，皆寄于畜牧，其他资源极少，可举者仅有池盐，察北乌珠穆沁旗即以产盐之故较为富裕。有名之达巴苏诺尔，即在乌珠穆沁右旗与浩齐特左旗之间，每年产盐至三十万石，以牛车或牲驮运至多伦，销行热、察二省，是谓青盐。《五代史·四夷录》云："阿保机使人告诸部大人曰：'我有盐池，诸部所食，诸部知食盐之利，而不知盐有主人可乎？'"以地望考之，确指此处。白盐产于苏尼特右旗、二连等处，味淡销滞，仅供本省之用。察省最大之盐湖曰达里泊，古称鱼儿泺，又名捕鱼儿海子，乃因其产鱼类而得名。地当多伦以北大道，元代于湖畔置应昌城，顺帝北遁，殂于应昌，即是此地。塞外矿业未兴，仅张北县西境土木路有煤田，用土法开采，供附近销〔消〕费。复以薪炭缺乏，普通皆以兽粪为燃料。

察北民族分布与土壤、农垦之关系，已见上述。自前清光绪年间，始开办蒙垦，分设县治，至今已成立者有六县及三设治局（各县局概况与交通，参观拙著《张垣道里记》，载于《申报周刊》）。目前汉人分布限于已设县局地方，人口约五十万。此等垦户大都为山西移民，口操晋音，直至多伦附近则操北平音，与热河语同调。农民生活甚为简陋，其地少木材而北风劲，所住土屋皆甚低，不但乡间少砖房，即城内亦不多见。以羊皮袄为衣，山药、莜麦为食。所幸地旷人稀，收粮较内地多，若无苛政，民生勉可温饱。

蒙族又可分为二区，即察哈尔部十二旗群与锡林郭勒盟十旗。其不同之点，前者已设县治，蒙汉杂居，各蒙旗设有总管，从前归察哈尔〈都〉统管辖，现受省政府委任，称为内属游牧部。后者迄未开垦，各旗王公仍行世袭制度。锡林郭勒盟为内蒙古东四盟之一，察哈尔部本无盟之组织，至民国二十三年，蒙古地方自治政务委员会成立后，始改组为盟，以昭一律。八旗之地，半属绥远，在察北者为东四旗，在绥东者为西四旗。西四旗土地现虽改隶绥远，蒙民仍由察省治理。省政府于各旗设有小学，以教育蒙人子弟。八旗之外又有四群，皆系国立牧场，今直隶于军政部，因所用牧官、牧夫均系蒙民，自成部落，合称为十二旗群。各旗交界之所，无山河为识者，叠石为标帜，名曰鄂博。总计察北蒙族人口八万五千人，内察哈尔盟八旗二万三千，四群二万五千，锡盟十旗三万六千。

汉蒙关系，至为密切，经济上农牧互易，以内地之炒米、面粉、烟酒、茶糖、绸缎、铁器等物，易蒙族之各种牲畜、皮张、蘑菇、奶食之类，实为双美互利之道。所谓游商者，即以车载杂货往牧地行商，以物易物，凡蒙人家常日用，皆仰给于此。大宗货物则集中于张家口与多伦，再至天津出口。蒙人不擅工艺，即如皮靴、毡货等，亦由张家口作坊供给。蒙人信喇嘛教，多伦之汇宗、善因二大寺，为内蒙最大之喇嘛庙，其活佛曰章嘉呼图克图，现由国民政府册封为蒙旗宣化使。章嘉活佛半年驻多伦，半年驻山西五台山，以此关系，蒙人多不远千里至五台山进香。多伦为历史上之一光荣都市，在滦河上游，元代称为上都。我们虽不能在此述说多伦有趣味的故事，但要而言之，二千年来，尤其近七百年来，因经济上、政治上种种关系，蒙古族久已为中华民族之一分子，永远不能分离的。汉蒙同胞能紧密携手，是中国前途一大保障。

《国闻周报》

上海国闻周报社

1937 年 14 卷 4 期

（李红权　整理）

绥境各盟旗的概况

兰生智　撰

一　前言

溯自"九一八"事变以还，东蒙沦陷，藩篱尽撤。而与东蒙毗连之西蒙，因而亦日感处境恶劣，危机日增。所以一部分受有相当教育的蒙古青年王公领袖有鉴于此，乃倡导内蒙古自治运动。当时高呼内蒙自治口号最激烈的一个人，即为东蒙之锡林郭勒盟副盟长，兼苏尼特右翼旗札萨克德木楚克栋普鲁氏。德氏今年三十五岁，幼时曾受教育于归化土默特旗。德氏本为该旗之外甥，通晓汉语、蒙文、英文，为人刻薄，作事精悍，抱负不凡，尝以成吉思汗第二自居，慨然有恢复蒙古民族过去光荣历史之雄图。德氏平时颇留心时事，鉴于东蒙之沦陷，复恐西蒙踏其覆辙，乃连结西蒙各盟旗，组织内蒙古自治政府，在中央政府指挥之下，以应付外来之忧患。于是在民国二十二年九月间，德王即邀请各盟旗王公领袖于乌兰察布盟之百灵庙，讨论组织自治政府事宜，复派代表络绎晋京请愿。中央得讯，乃派黄绍雄、赵丕廉二氏赴蒙巡视。黄、赵二氏至蒙，制有内蒙自治方案，准察、绥两省境内之盟旗，各在所辖境内，分设一自治机关。当时蒙古各王公分赞否两派，乌、伊两盟之各王公为赞成派，德王所领导下之各王公为反对派。结果，中央照德王一派之希望，合锡、乌、伊三盟及察哈尔十二旗群、绥远土默特旗、宁夏阿拉喜〔善〕旗以及土尔扈特等三盟四旗，共组织一百灵庙内蒙古地方自治政务委员会。遂于民国二十三年四月二十二日，在百灵庙举行该会的成立大会。多年来酝酿之内蒙古自治运动，于是乃告一段落。

自该会成立以后，屡次开会，而西蒙各王公，罕见出席。迩来内蒙地位日渐危亟，又兼前岁"共匪""猖獗"于陕化〔北〕，有进而侵扰内蒙之企图，西二盟感受威胁尤甚。绥境各盟旗的王公领袖鉴于非力图团结，殊不足以防共自卫，而百灵庙之蒙政会辖境太广，团结殊难，势非另组织一自治机关，不足以御侮图强；于是绥境各盟旗的王公领袖，共以此意一致向中央吁请，中央亦感于今日西盟的处境，实是危险万分，确需要此种组织，乃准照所请。于今年一月二十五日，明令发表各处会之人选，并制定《绥远境内蒙古各盟旗地方自治政务委员〈会〉暂行组织大纲》，同时公布施行。绥境蒙政会于焉乃诞生。

绥境各盟旗北控外蒙，南邻晋、陕，西接宁、甘、青、新等省，实居我国国防的最前线。从古北族肆扰，皆凭陵于此。岂不但为西北的重地，抑且是中原的屏藩。然而盟旗实力薄弱，组织散漫，百业不振，实不能尽其国防最前线攘外卫内之责。虽近有绥境蒙政会之组织，然成立伊始，一切均未上轨道。吾人憧惕于外患之日亟，益觉今日绥境蒙政会所处地位，不但可以左右日、俄二帝国主义的存亡，抑且是收复失地、复兴中华民国的维系。然而绥境各盟旗的实况如何，深知者殊少。盖因塞北荒芜，交通阻塞，既不易深入其地考查，又乏记载的书籍。撰者有鉴于此，乃以半年来考核之结果，草创是篇，俾唤起国人对于该问题的注意焉。至于谬误之处，因作者材疏学浅，再所难免，深祈海内贤达，不吝指教。

二　沿革

绥境各盟旗在秦汉以前，均为昆夷、戎狄及北胡之地。至秦灭六国后，始有郡县之设置。然而世事仓〔沧〕桑，文献湮远，关于秦时在该境内设有何郡？何县？名目纷繁，无从考核。及至汉唐，备置有州郡。汉有定襄、云中、朔方、五原四郡。唐初，除乌兰察布盟及东五县外，均为关内道地，设有夏、胜、丰、宥等州。迄至辽、夏各代，仍沿唐制。及至元代，并金、夏，置下州，分设大同、净州、宁夏等路。明代废州、郡，建为卫。套内及大青山以北，均为蒙族所据。明〔元〕朝初年，元太祖仲弟哈萨尔，占据于青山以北（即今乌兰察布盟等六旗之地）。明初在绥境内虽设有东胜、玉林、云川、镇房、宣德等五卫，旋即为察哈尔王子谙达所占，筑城于丰州滩，名其城曰归化（即今之绥远省城）。太祖十五世孙达延汉复据于黄河之南，是为伊克昭盟等七旗之地，该部落居民，纯以游牧为生。明末不复内属。清代崛兴，清天聪八年，太宗征察哈尔，土默特旗部众，闻风悉降。于是清初即在该地编为左右二翼旗，以将军、都督等官辖之。其后青山北之喀尔喀左翼旗，及四子王部落、茂明安旗、乌拉特等六旗，以及黄河以南鄂尔多斯二翼旗，亦先后来归。清庭〔廷〕乃立盟旗之制，设札萨克统治之。又划青山以北喀尔克等六旗为一盟。即今之乌兰察布盟是也。复划黄河以南鄂尔多斯等七旗为一盟，即今之伊克昭盟是也。总计：清时在黄河以南、青山以北，共设有两盟十三旗及土默特旗等三部落。清朝中叶，在绥环〔远〕内设有十二厅，属归绥道，并隶于山西。民国肇兴，改厅为县，建为绥远特别区。于民国十八年一月，复以两盟、十三旗、十六县、二设治局及土默特旗建为省。所以乌、伊两盟十三旗及土默特旗均包在绥远省境内，故吾人称该境内的各盟旗，以"绥境各盟旗"称之。

绥东右翼四旗，本与察哈尔部十二旗群为一系统。及至民国十八年，察省亦由行政区建为省，乃将右翼四旗区内所设之丰、凉、兴、陶、集五县划归绥远统辖。但是右翼四旗因为系统的关系，及管理方便起见，仍由察哈尔旗群统辖之。自从前岁冬季察北失陷以后，右翼四旗各贤达之王公，不甘服逆，乃呈请中央将该四旗划归绥远省统治之，中央乃准如所请，已有明令发表。故此四旗——正红、正黄、镶蓝、镶红亦在绥境蒙政会统辖之内。

考此四旗在明末清初时，其酋长谙达起于塞外，为明之患。后更有达来孙者，驻牧宣府，惧为明所并，乃迁近长城一带，号称察哈尔（为接近长城之意），是为察哈尔为名之始。传至达林汗，雄武大略，兵强马壮，东拒满洲，为明屏藩。迨满清兴强后，这一部落卒为清所并。汗乃逃亡于青海。及至其裔布尔尼谋叛，旋又被诛，清乃收其故土，建为内属游牧部，被辖于都统等官，至清季中叶，在每旗内设有佐领辖之。所谓右翼四旗者，缘在察省境内有左翼四旗，互相对称。清时将右翼四旗，辟为右翼牧场，属右太仆寺。至民国以来，仍以"右翼四旗群"相称，未更换各

〔名〕词。

三　地势概观

　　绥境各盟旗的地势情形，概而言之，为一千公尺左右波状起伏的高原地带，踞长城以北，瀚海以南。阴山山脉横亘于中部，贺蓝〔兰〕山屏于西。而阴山山脉，崭岩峭壁，状甚峥嵘，下临归化平原，一若天然屏障。惟赖巨沟急涧，破山而出，为历代北通蒙古之孔道。阴山之北，倾斜迁缓，渐入戈壁沙漠；阴山之南，倾斜甚急，攀登不易。

　　河流以阴山南麓的黄河为最大，浩浩荡荡，一泻千里。其源始于青海巴彦克拉山之北，越甘、宁二省，东注而下，经鄂尔多斯部西界，转向北行，至省嵬山麓分为二支：一支即今黄河之正干，东行经鄂尔多斯部的北境，及乌拉特部的南界，亦即古之所谓南河是也；一支即黄河之故道，循阴山山脉北行，经乌拉山南麓，折南而下，亦即古之所谓北河是也。二支流行至五加渠相会合。临河、五原、安北均位于此二支流之间。故此三县即称之为“河套地带”。河套有八干渠，水量均佳，益农不浅。古称“黄河为害，惟富一套”，信非虚语。

　　阴山北麓，多小溪。水道皆向北流，或潴于盐湖，或涸于沙漠。其中有一较大之乌兰察布河，位可镇（武川县之县城）乌兰花大道之东，乌兰察布盟之名，即由此而来。

　　全境内的湖泊，较为著称者有二：一曰腾格里湖（天湖之意），在鄂尔多斯右翼旗境内，即古之申屠泽。斯湖周围有百余里，为全境内第一大湖。次为乌里素海子，在五原东南，为五加河所停潴而成。其次在四子王旗东北境内的察汗泊，右翼前旗境内的太监泊，亦颇著称。

全境内的沙漠，以西部及北部为多，东部罕有。盖因西部及北部之地势，土质较东部为隆起而干燥之故也。沙漠地带，每至春夏，狂风骤起，砂砾飞扬，天昏地暗，不辨晦明。其位置一夕有数迁，今日斯地为青草丛生之地带，明日即可成为一片一望无际的荒沙。在沙漠地带旅行，甚为困难，车马行入，辄多陷没沙涡中，不复得出。惟骆驼行入无碍，故称骆驼为"沙漠之舟"，因沙漠地带之交通实赖之以行也。

四 气候及土质

气候之影响于地理环境甚大，某一个地方的气候是温抑是寒，即可卜知某一个地方的地势情形、物产状况，同时借此亦可料知该地人民之文化程度，且可约略的窥其前途之盛衰。蒙古民族以游牧为生，逐水草而居，相沿数千年不变。论者多以其未能与近世文化相衔接，致形落后。但是蒙古地方的气候不佳，确是使其文化程度落后之最大原因。就以绥境各盟旗而言，全境内的沙漠几占全面积的三分之一，空气干燥，雨量很少，一年之中，最多不过落十几次雨，且有终年不落雨之地带。每至春夏，狂风骤起，飞沙走石，遮天盖地。风定沙落，往往堆集成山。风势稍缓，亦病晦蓲〔霾〕。严冬之际，大雪飞扬，冰坚如石，雪深没人，历七八月，始能融解。阴山之北尤寒，阴山之南较温。古人所谓"积雪没胫，坚冰在须"，此正是塞北严冬时之景象也。然夏日炎热亦甚，气候之变幻极速。初则碧云洗空，轻云数点，忽而云聚雨集，俄而倾盆大雨，下降不停，又忽有疾风卷地，黄沙满天。其变化之神速，诚令人有揣测不知之感。总之，全境内纯为大陆性气候，寒暑俱烈。十一月至次年一月为最冷，华氏表常在零下二十五度左右。六月至七月最热，其温度，常达至华氏表九十五度以上。

惟到夜半，忽又转冷，常须披裘度夜。昔谓"北风一起，八月飞雪，春风一夜，千树梨花"，此即极言蒙古地方，在夏秋之季气候变幻之神速也。

至于土质，除沙漠地带，纯为不毛之砂砾外，余则多为黄土质，其中含有细砂很多。盖因黄河上经青海、甘肃、宁夏三省奔腾而下，历绥境多湍冲黄土，水为黄色，黄河之名，即由此而来。据张其昀君言："黄土之成因，为西北风自亚洲内地沙漠搬运而来，然亦有河流之沉淀者，实具风与水二种作用。"黄土内含有极丰富之有机物，最为肥沃，颇宜耕种。然蒙民不谙农事，沃野千里，草莱没人，诚为天然之牧坊。故蒙古地方的畜牧事业特别发达，即受此自然环境的影响也。

五　面积及人口

我国的统计事业特别落后。就以构成一个国家的主要因素人口与土地而言，我国现时的人口究竟有多少？全国的土地面积有多大？迄今尚无精确的统计数字。至于蒙古地方的土地面积与人口数目，倒〔到〕底有多少？更为不得而知。盖因蒙古地方僻处荒野之塞外，幅员辽阔，人口稀少，交通阻隔，实不易调查也。撰者为研究此问题起见，穷数日之力，多方搜集材料，竟将绥境各盟旗的土地面积与人口数目，参酌出一个比较确实的数目。兹列表于下，借供参考。

1. 乌盟六旗土地人口统计表

旗别	土地面积	人口	
达尔罕旗	一，二〇〇方里	八〇〇（户口）	五，二五〇人
四子王旗	二，一〇〇方里	一，二四〇	九，二〇〇
茂明安旗	五〇〇	一九二	九九〇

旗别	土地面积	人口	
中公旗	一五，〇〇〇	五〇八	六，二五四
西公旗	一五，〇〇〇	一，一四〇	六，七六〇
东公旗	一五，〇〇〇	二六八	一，三九五
总计	四八，八〇〇	四，一四八	三〇，三三九

2. 伊盟七旗土地人口统计表

旗别	土地面积	人口	
达拉特旗	五八，〇〇〇方里	六，六二四（户口）	三三，一二〇人
准格尔旗	四三，二〇〇	五，四〇〇	二七，〇〇〇
乌审旗	四二，〇〇〇	二，二二四	一一，一二〇
札萨克旗	三，〇〇〇	七六六	三，八三一
杭锦旗	八三，八〇〇	一，七二二	八，六一〇
鄂多克旗	一七八，八〇〇	八一七	五，三五二
郡王旗	八，八〇〇	八二〇	四，一〇〇
总计	四一七，六〇〇	一八，三五六	九三，一三四

注：上表系根据绥远省政府二十二年的调查，及其他书报参考而来。

3. 绥东右翼四旗，开化颇早，与归化土默特旗相仿佛。其境界东至左翼四旗，南至边城，北至大青山，西至土默特旗。因该四旗原隶属于察哈尔十二旗群，各旗内的土地面积及人口数目，迄今亦无精确的统计数目。惟从简〔间〕接调查所得的材料来观，吾人亦可略窥知各旗的大槪情形。该境内现设有五县——丰镇、兴和、陶林、凉城、集宁。各县所隶属之旗地，在凉城为镶蓝、镶红旗地，在陶林为镶红旗地，在丰镇为正红、正黄两旗地，在集宁为正红、正黄、镶蓝等旗地，在兴和为正黄等旗地。现将绥东五县的土地面积及人口数目列表于下：

县别	面积	户数	人口
丰镇	三〇，六〇〇（方里）	四四，三五七	二五五，三三五
凉城	三六，〇〇〇	三八，五一〇	一九二，六一〇
兴和	一一，二〇〇	一六，九三七	九二，六八一
陶林	四〇，八〇〇	九，〇六六	四二，二三九
集宁	二七，二〇〇	一一，四三二	六九，一一四
总计	一四五，八〇〇	一二〇，三〇二	六五〇，九七九
县别	蒙族户口	藏〔蒙〕民	蒙人地亩
丰镇	二七三	六三五人	四一，五六三亩
凉城	一八八	八一〇	九七，二〇〇
兴和	一二六	四三八	五六，八三〇
陶林	五四三	二，四四八	一八二，六八五
集宁	二九〇	二，三〇〇	四二，五〇〇
总计	一，四二〇	六，六三一	四〇三，五七八

注：上表见二十五年十二月三十一日《绥远日报》。

据上表统计：绥东五县蒙民地亩共四千零三十五倾〔顷〕，占五县土地面积约一百九十五分之一，蒙旗户口共一千四百二十户，蒙人共六千六百三十人，占五县总人口之九十八分之一。由上观之：该五县内之蒙族，地小人少，实力薄弱。以弹丸之地，很少之人民，居于四面楚歌的环境中，而不受如狼似犬的帝国主义之压迫威胁，吾不信也。而能秣马厉兵、抵御外侮者，亦诚讳言也。所以自察北失陷以后，该四旗即吁请中央划为绥远省管辖。中央俯顺蒙民意见，已有明令允准。自是蒙、汉间的感情日趋于融洽。近来该四旗又筹备组织绥东四旗驻绥办事处，以便传达消息，接洽公事。以后该四旗与绥省府之关系日臻于更密切、更亲善，自无庸言。

4. 归化土默特旗，面积颇广，计东西长约九百余里，南北宽约六百余里。惟该旗汉化颇早，远在逊清中叶，全境内的土地均已开垦。现有之土地，分属于归绥、武川、和林、萨县、托克托、清水河、包头等七县。因该旗均已设县，故其土地面积，恕余不列。兹将该旗的人口数目列表于下：

旗别	甲数	佐领数	户数	丁数
土默特右翼旗	六	三〇	五，〇二五	三〇，二一八
土默特左翼旗	六	三〇	五，〇二四	三〇，二一八
总计	一二	六〇	六〇，〇四九	六〇，四三六

注：上表系根据绥远省政府民众教育馆二十二年调查的报告。

总观上面四个统计表，我们可以看出各旗内最普遍的现象即是地广人稀。除土默特旗境内的土地均已开垦外，其他各旗内的已垦地较未垦地实为多。已经开垦的地方设县管辖，未开垦的地方则由盟旗管辖。爰自清末办垦以来，各旗内开垦的地亩日多，放垦固为蒙民所不愿，以为侵蚀盟旗权利，损害蒙人生计。然蒙民未知放垦后，尚有荒价可收，犹有岁租可得，蒙民之权利并未失。然而彼此间未能明了于此，迄今不幸之垦殖纠纷，时有所闻。盖盟旗与省县间，彼此能谅解，能和睦能团结，则可抵御外侮，保卫疆土。苟彼此不能谅解，不能和睦，不能团结，则可使敌人个个击破，两败皆亡。希冀绥境蒙、汉间深明于此是幸！

至于各盟旗的人口，从数字上看，现有二十余万人。然自逊清以迄现今，并未增加。据贺扬灵君民国二十二年的调查，乌、伊两盟及土默特旗的人口数，在清初为二十〈八〉万九千零五百人，现有一十九万七千三百一十九人。在二百八十九年间，竟减少了九万三〔二〕千一百八十一人。不到三百年竟减少了这么多的人数，几乎要到一半，这是多么骇人的一件事；如果再过二百年以后，乌、伊两盟及土默特旗的蒙人，即有灭迹的危险；这是如何严重的一个问题，深祈国人对于这一个问题要特别注意。

六　绥境蒙政会及各盟旗的政治组织

1. 绥境蒙政会的政治组织

关于该会内部之组织，在今年一月二十五日国府明令公布之《绥远省境内蒙古各盟旗地方自治政务委员会暂行组织大纲》内已有明白的规定，即会内设秘书、参事、民治、保安、实业、教育、卫生等七处，并由委员长就各盟旗佐领人员中选派十八人任参议员，代表各盟旗接治或办理事务。惟当该会开成立大会时，各委员均感事实上的需要，又添设"防共训练委员会"。另由秘书处、实业处，划出财政、建设两部分，设财政委员会、建设委员会。又特设"绥东四旗剿匪司令部"，该部内的职员由绥省府委任之，俾与省地方政府连系，而不害及原有地方行政及军事管制。各处设处长一人，秘书四人，参事四人，科长十二人，委员四十人至六十人。委员会设主席一人，常务委员限由全体委员中遴选之。各处、会并设主任一人，其人选由各该处处长、委员会主席或常务委员保存〔荐〕之。处以下设第一科、第二科，科内职员由各旗推荐四人，交全体会议中决定。兹将该会内部组织之系统列表如下：

A 绥境蒙政会组织系统图

```
                                                            ┌─ 秘书处
                                                            │    （每处以下设第一科第二科）
                                                            ├─ 参事处
                                                            ├─ 民治处
国民政府    绥远省境内蒙    绥远省境内                        ├─ 实业处
        ── 古各盟旗地方 ── 蒙古各盟旗 ── 委员长 ┤          ├─ 教育处
行政院      自治政务委员    地方自治政                        ├─ 保安处
            会指导长官      务〈委〉员会                      ├─ 卫生处
                                                            ├─ 防共训练委员会
                                                            ├─ 建设委员会
                                                            ├─ 财政委员会
                                                            └─ 绥东四旗保安司令部
```

B 绥远省境内蒙古各盟旗地方自治政务委员会现任重要职员一览表

一　委员长　沙克都尔札布（伊盟盟长）

　　副委员长　巴宾多尔滨（乌盟盟长）

　　　　　　　阿拉坦鄂齐尔（伊盟副盟长兼杭锦旗札萨克）

　　　　　　　潘德恭扎布（乌盟副盟长兼四子王旗札萨克）

二　委员　齐色特巴拉珍尔等二十一人（正副盟长均在内）

三　秘书处　处长：阿勒坦鄂齐尔

　　　　　　　主任：贺耆寿

四　参事处　处长：沙贝子

　　　　　　　主任：鲍印玺

五　民治处　处长：林发僧格

　　　　　　　主任：那僧散齐尔

六　实业务　处长：领济克色庆占巴勒

　　　　　　　主任：奇天命

七　教育处　处长：荣祥

　　　　　　　主任：经天禄

八　保安处　处长：潘德恭扎布

　　　　　　　主任：奇凤鸣

九　卫生处　处长：孟克鄂齐尔

　　　　　　　主任：僧格林沁

十　防共训练委员会　主席：康达多尔济

十一　建设委员会　常务委员：图布陞吉尔格勒

十二　财政委员会　主席：鄂齐尔胡雅克图

十三　绥东四旗剿匪司令部　司令：达密凌苏龙

　　绥境蒙政会之会址，按国府公布之《绥远省境内蒙古各盟旗地方自治政务委员会暂行组织大纲》内第四条规定："本会会址设于伊金霍洛。"考伊金霍洛地在伊盟郡王旗境内，位于包头之西。由包头渡黄河西行，须十日可到达，距包头约有三百余里。伊金霍洛，蒙语意为"主之营"，即系元太祖成吉斯汗陵寝之所在地。惟该地距包头太远，交通甚为不便利。经蒙政会于去年六月二十六日举行"建筑会址会议"，经全体委员公决"本会会址暂定为公庙子"。撰者按：公庙子在乌盟西公旗境内，西距乌拉山十五里，西南距河套四十余里。踞包乌（包头至乌拉特前旗）公路之中，交通甚为便利，出产亦颇丰。附近除黄河两岸植有红柳数十里外，乌拉山中尚产松柏等森林及煤炭等矿产。昔孙中山先生曾言："南京有高山，有深水，有平原。此三种天工钟毓之处，在世界大都会之中，诚难觅如此佳境也。"公庙子南凭黄河，西倚乌拉山，交通之便利，物产之丰富，实不逊于南京。闻该会已派经天禄等前往勘察完竣。现已开始兴工建筑云。

2. 绥境各盟旗之政治组织

　　绥境各盟旗之政治组织，除土默特旗久已汉化，分科办事，与内地之"科"、"局"组织无异外，其余各旗，悉皆于旗之上设有盟长及副盟长各一人，总揽全盟内之政务。盟长之下设有札萨克、佐领若干人，治理各旗内之政务。各官员均为世袭，作官者，世世为官，作平民者，永为平民。这就是内蒙封建社会之特色。兹将各旗内之政治组织系统表胪列如下：

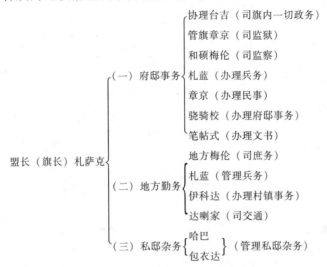

盟长（旗长）札萨克
- （一）府邸事务
  - 协理台吉（司旗内一切政务）
  - 管旗章京（司监狱）
  - 和硕梅伦（司监察）
  - 札蓝（办理兵务）
  - 章京（办理民事）
  - 骁骑校（办理府邸事务）
  - 笔帖式（办理文书）
- （二）地方勤务
  - 地方梅伦（司庶务）
  - 札蓝（管理兵务）
  - 伊科达（办理村镇事务）
  - 达喇家（司交通）
- （三）私邸杂务
  - 哈巴
  - 包衣达 ｝（管理私邸杂务）

　　土默特旗之政治组织，为旗政府制。即设总管一人，掌理全旗事务。下设二处、三科、二股，分别办理旗务。各科平常办公来往的文件，悉用国文。盖因该旗人民，久已汉化，所言者为汉语，所读之书亦为汉文书籍，能操蒙语，能懂蒙文者，反而甚少。故于旗政府总务处内，特设一蒙文翻译员，以备必要时翻译蒙文公事。兹将该旗之政治组织系统列表如下：

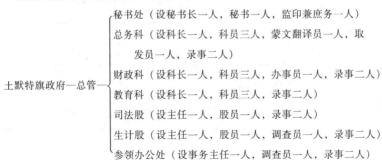

土默特旗政府—总管
- 秘书处（设秘书长一人，秘书一人，监印兼庶务一人）
- 总务科（设科长一人，科员三人，蒙文翻译员一人，取发员一人，录事二人）
- 财政科（设科长一人，科员三人，办事员一人，录事二人）
- 教育科（设科长一人，科员三人，录事二人）
- 司法股（设主任一人，股员一人，录事二人）
- 生计股（设主任一人，股员一人，调查员一人，录事二人）
- 参领办公处（设事务主任一人，调查员一人，录事二人）

各旗内之统辖王公

A 乌盟六旗

旗别	统辖王公
四子王旗	潘德恭札布
达尔罕旗	扎栋札布
茂明安旗	莫特凌沁忽尔瓦楞
东公旗	额尔克色沁札木巴拉
中公旗	林庆僧格
西公旗	石拉布多尔济（石王已物故，现尚无继承人）

B 伊盟七旗

旗别	统辖王公
准噶尔旗	博彦巴达尔呼
郡王旗	图布新济尔格勒
达拉特旗	康达多尔济
杭锦旗	阿拉坦鄂齐尔
鄂托克旗	噶勒鄂减勒玛旺札勒札木苏
乌审旗	特固斯阿木固郎
札萨克旗	鄂齐尔呼雅克图

C 绥东右翼四旗

旗别	统辖王公
正红旗	鄂斯克济勒格尔
正黄旗	达密凌苏龙
镶蓝旗	孟克鄂齐尔
镶红旗	巴拉贡札布

D 土默特旗

旗别	总管
土默特旗	荣祥

七　军备概况

绥境各盟旗之实力甚为薄弱，其原因颇多，要者因为各旗间各自为政，不能切实的团结之故也。旗之上虽有盟长，拥有统治各旗之权，然而盟长只能处于监督之地位，并无任何权力。一旦有事，欲集各旗长官于一堂，使一盘散沙之各盟旗，变为坚固之团体，一致对外，抵御外侮，短时间内实为不可能之事。二则各旗人口日渐衰落，百年来有减无增。以"自然同化"的原则来论，此实为最危险之事。关于这一点，前已有说明，兹不赘述。其次则因为各盟旗兵力薄弱，枪械窳旧。官长缺乏指挥能力，而兵丁又均为义务差，终年不给饷，服务期间仅由统属之旗下供给伙食而已，故兵卒之生活甚为寒苦，而平时又乏训练，一旦临战，其战斗力之薄弱，于此可知矣！

每旗兵额，多至一千，少至二百一百不等。所用之枪械，亦均为十七八世纪之窳枪旧炮，新式枪械在各盟旗内很少。军队之最高长官即为札萨克，下设东西二协理。以下更有管旗章京、东西梅楞、参领、佐领、骁骑校等官。惟土默特旗久已设县，保安事宜全归省县办理，故无兵丁，此与其他各旗迥异之处。兹将各盟之兵额及枪数列表如下：

盟旗别	旗别	兵数	枪数
乌盟	四子王旗	二八〇人	二五〇枝
	达尔汗旗	五〇〇	五〇〇
	茂明安旗	六〇	四〇
	西公旗	二〇〇	二〇〇
	中公旗	三〇〇	三〇〇
	东公旗	一五〇	一四〇

盟旗别	旗别	兵数	枪数
伊盟	准格尔旗	一，〇〇〇	一，〇〇〇
	郡王旗	二五〇	二〇〇
	达拉特旗	六〇〇	八〇〇
	札萨克旗	一八〇	二〇〇
	乌审旗	三〇〇	一九〇
	鄂托克旗	六〇〇	五〇〇
	杭锦旗	四八〇	九九〇
绥东四旗	正红旗	一五〇	不明
	正黄旗	二三百人	不明
	镶蓝旗	百余人	不明
	镶红旗	百余人	不明

（注：上表系根据民国二十二年绥远省政府的调查及其他书籍参酌而来）

八　教育现状

绥境各盟旗，僻处边陲，交通不便，风气闭塞，文化晚开，人民视读书为畏途。上至王公，下至平民，其思想之顽固与守旧，与昔无异。因之彼等视学校之创设，及学生之所学，均为逆天背理之行为。蒙人既有此种观念，所以率皆不欲使其子弟入学。如有学校之创设，亦横加阻碍；考其因：蒙人以为读书是与喇嘛教之教义相背，换言之，即彼辈以为读书是犯罪的。而一般王公又一唯以愚民政策为得计，恐怕一般青年求得了充实的知识，起来要推倒他，已任王位。故在蒙古地方从无学校之设施，纵有，亦为一二所私塾而已。安设在王公府邸里，专为一般王子王孙而立。使这一些孩童，读几本由满、蒙文译得之《百家姓》、《三字经》

等书，以备将来继承王位。至于一般平民子弟，从无求学的机会。惟土默特旗因所处之地位优越之故，一切均习汉风，教育尚较发达。绥东四旗，因昔受治于察省十二旗群，教育现状，实与乌、伊两盟十三旗并无差别。

近年来一部分较有觉悟之蒙古人士，均以为此种愚民政策，是故〔固〕步自封、自趋于灭亡的政策。凡未经近代文化洗礼之民族，绝不能生存于弱肉强食的二十世纪的世界上。因而彼辈莫不殷殷希冀蒙人知识程度提高，俾列入于近代领域之林。中央亦以为促进蒙旗教育，为今日刻不容缓之事。所以教育部已有推进蒙旗教育详细的计划与步骤，勒令各盟旗着手施行。且于绥垣设立国立蒙旗师范学校一所，专为培养蒙旗小学师资之场所。如此蒙旗之教育于最近的将来，实不难大放光明。兹将各盟旗之教育现状分述于下。

1. 乌兰察布盟　乌盟位于绥省之北部及西北部，共有六旗。全盟之教育现状，一言以蔽之：殆无教育之可言。四子王旗及达尔汗旗，昔年聘有汉商在王府附近设有私塾两所。近闻此两处私塾亦于前春停办。乌拉特三旗（中公旗、东公旗、西公旗）于民国十五年在包头共设有"三公旗小学校"一所。当时该校实际负责人，即为贺级三君，贺君为西公旗官佐，办事颇为认真。当民国十四年，适值贺君任乌、伊两盟联合会副会长。鉴于乌、伊两盟教育之建设，实为最迫切之事，因而呈请绥省都督（李鸣钟）召开王公会议，商讨兴办学校事宜，当时决议三旗共同在包头设立小学校一所，至于经费，由每旗各拨学田五百顷，招人租耕，所得之租金，即充为学校之经常费。惟中、东两公旗，对于创办举校之事，始终表示不大满意，所以学田亦不拨给，以致学校不能开办。后来只由西公旗拨学田五百顷，将收入之地租银为办学之用费。并呈请蒙藏委员会，按月拨给补助费二百元。于是该校遂于民国十五年秋季正式成立。开学后，仅有西公旗学生二十余人。因学生很少、经费充足之故，所以一切开支甚称充裕。于民国二十年秋季，又增设高级一班，该校遂更名为"乌拉特三公旗公立两级小学校"。当时该校成绩颇佳，实开乌、伊两盟兴办学校之先声。嗣后贺氏物故，继起掌校务者为其子贺守基氏，惟该人不谙办学原理，又乏理财常识，掌职不到一年，竟重债高叠，丧其父时为该校惨淡经营之成绩。该旗王公为发扬盟旗文化起见，又更贺守基氏。特派额勒克多尔济为该校校长。额氏办事亦颇能尽职，惟其本人不精通汉文，一切交际事宜均赖一般投机取利之商民去办理。因而学校的学田抵押偿债，学款又被侵吞。最后学校经费之来源，除蒙藏委员会按月补助之二百元外，其余已付缺如。后来西公旗之纠纷突起，额校长出亡，该校遂于民国二十三年停办。最近石王又将该校重新恢复，自兼校长。校内实际负责人为鄂枢中氏，鄂氏为中央政治学校附设蒙藏学校中学部毕业生。（此文脱稿时，遽闻石王已物故，该校复陷于飘荡之状态中矣。）此外中公旗亦办有私塾一所，学生有二十余名。教师均为归化土默特旗之老先生。学生所读之课本，亦为满、蒙文所译得之《百家姓》、《三字经》、《论语》、《大学》等书。

2. 伊克昭盟　伊盟位于绥省之西南，全境共有七旗，仅准格尔旗境内有同仁两级小学校一所。该校之创办人为奇子俊子，奇氏曩年曾参加过国民革命军，后任监察院委员，复兼准旗西协理，平时即颇具有改革旗务之热心。乃于民国十八年返旗，募集经费创设该校。自兼校长，招收学生八十余名，聘请教员四人，分编四级。课程之分派与学生所读之课本，与内地小学悉同，惟复增英语、蒙文二科。自该校创办后，一切生气勃勃，前途本有无限之希望。不料民国二十年准旗内发生政变，奇氏亡命，该校遂致停办。后又于民国二十二年恢复。现在该校之校长为奇宏智氏，学生有四十余人，学校之经费甚称拮据，每月只有蒙藏委员会补助之二百元，以外毫无进项。

此外达拉特旗，亦有私塾一所，学生十余人，专授蒙文。近闻前年秋季该旗又于才登地方设立私塾一所，聘汉商任教职，预备日后将要改为正式小学。郡王旗及杭锦旗，亦各有私塾一所，每所只有学生四五人。至于其他各旗，实连私塾也无，殆无教育之可言。

3. 土默特旗　本旗设治甚早，汉化颇久。旗内在清光绪末年已创设学校，至今仅有中学一所、小学九所。不过各校因经费拮据之故，均先后停办。中学于前年秋季复课，校长由荣总管自兼。该校的实际负责人为经天禄氏。全校学生有五十余名，过去每月的经费仅有二百元。从去年三月始，教育部由边疆教育经费项下按月又补助二百元，于是该校情况，顿即转佳，开支亦称裕如，前途诚有无限量之希望。

至于小学教育，仅设于归绥文庙街者为一完全小学校，学生有二百余名。该校历史最长，于清光绪三十三年即成立。至于该校之经费，按月由本旗煤炭税项下拨给，以外每月复由蒙藏委员会补足二百元。闻其余八校于最近亦可先后复课，惟因经费拮据，因陋就简，纵然复课，亦只是勉强维持而已。

4. 绥东四旗　曩年在各旗王府所在地，各设立国民小学一所。于民国九年，又将正黄旗国民小学改为省立第二高级小学，全校共有学生六十余名。其他三旗所立之国民小学，亦各有学生二三十名云。总观这四个小学校，均因经济、人材两缺之故，亦只是勉强的维持而已，所以该四旗之教育现状，一言以蔽之：尚谈不到"教育"二字。

此外中国国民党中央政治学校，为推广边疆教育起见，曾于民国二十三年在包头设立有分校一所。内分简易师范及小学两部，小学部招生以蒙籍生为限，全校共有学生一百七十四人，去年夏季又招收初中生一班，约四十余人。该校教职员大部分均为中央政治学校蒙藏班（今改为蒙藏学校）毕业生，就连该校之主任张镇临氏，昔日亦为中央政治学校附设蒙藏学校之教务组长。该校经费甚为充足，一切设施蒸蒸日上。兴办以来，未及二年，学校校规之严肃、学生勤苦之校风，已遍闻全国。如此该校前途之发展，诚有无限量之希望。

前年秋季，教育部指派蒙旗教育视察专员郭莲峰氏，至绥视察返京后，教育部根据郭氏的见意，拟筹设国立蒙旗师范学校一所，以培养蒙籍师资为宗旨。旋以察北失陷，绥东告紧，遂改"国立蒙旗师范学校"为"国立绥远蒙旗师范学校"，校址亦设于绥垣（现设在绥远大马路南新民学校旧址内），俾减少外来之影响。学生修业之年限，暂定为四年，所习课程大致与普通师范学校相同，以外另增设蒙文、医药、畜牧、兽医及附产品制造等科目。学生之膳宿费均由学校供给。该校之经费每年有二万五千元，直接由教育部拨给。招生以绥境蒙籍生为原则。该校校长现为经天禄氏，前曾晋京觐见过教育部长王世杰氏，面商一切。经氏返绥后，即开始招生，现已录取师范生一班，补习班一班，另外录取成绩较劣者数十人，编为高小一年级。闻于去年九月一日已正式开学矣！

九　交通及贸易

在游牧生活状态中的蒙古民族，本无贸易之可言，只不过是在某种时期内，因为外来工商业品的侵入，于是遂发生了物与物或是物与货币交换的现象而已。然而某一个地方的工商业繁荣与否，恒以某一个地方的交通是否发达为断。绥境各盟旗僻处于重峰叠嶂的塞外，沙漠横亘，人烟稀少，交通的不发达，于此可知矣！

所以在绥境各盟旗内，这种物与物或是物与货币交换的现象亦甚微渺。

绥境各盟旗内的交通，以平绥铁路为其主干线，全线长约五百六十余哩。至于公路，在各盟旗内罕有开凿。公路未达之处，多借牛马车或骆驼队为运输之工具。全境内的交通线网，共有四大干线，兹列于下。

1. 平绥铁路　由北平至包头，车行一昼夜可达。

2. 绥新汽车路　从绥远至迪化，共有南、北、中三路，北路沿内外蒙古之交界处向西行，此路现被赤俄所操纵，已不能通行。至于南路，因沿途水草不丰，不宜行驼，故来往旅客，皆多取道于中路。中路全线共长约六千三百余里，从归绥起程，经百灵庙、东公旗等地，需时约二十四五日，即可到达。沿途共设十五站，每站均有驻兵卫护。绥新长途汽车公司，系由商人创办，股本有三十万元，汽车预定要行驶三十辆，现时到绥行驶者只有二十辆。公司设于绥垣，在天津、迪化两地亦各设一办事处。

3. 包宁公路　由包头至宁夏，路共长一千二百余里。

4. 归绥至库伦汽车路　此路由归绥起程，北行经武川、善旦等地而达库伦。全线共长约二千三百八十余里，共设三十四站。沿途水草颇丰，甚宜行驼。若骑驼空行，由归绥至库伦，约二十日可到。

此外大道有自四子王旗经固阳、茂明安旗至中公旗大路，及自达拉特旗经杭锦旗至鄂托克旗大路，以及包头至乌拉河等路。

至于绥境各盟旗的商业状况，由于交通的不便利，以及其他原因的影响，实无商业之可言。除了土默特旗有耸高之洋楼，有很大之洋行商店，一切交易情形与内地无异外，其他各旗根本就无坐定之商铺，大多为行商，所谓"出拨子"（即小贩）、经纪人（即中介人），即是这一类行商的别名。彼等以茶业、火柴、布匹、仁丹等物运至蒙古地方，卖价甚昂。归时即可白银盈囊，牛马成群。各盟旗的输入品，多为茶业、布匹、糜米、烟草、洋烛、火柴、砂糖、鞘刀、木碗、长靴、洗面具以及鸦片、仁丹等药品。输出品以羊毛、牛皮、兽皮、岩盐等为主。

附：西北蒙古商品货物进出口之机构表

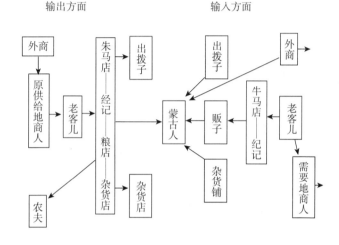

十　物产状况

1. 畜牧　绥境各盟旗，除土默特旗久已放垦，旗民多为务农者外，其他各旗的蒙民尚在游牧的生活状态中。故畜牧为蒙人的第二生命，蒙人的财产以及其所希望的，尽在于此。然而关于各盟旗牲畜的数目，我们很难得到一个精确的统计数字，因为向来就没有人作过这种统计的工作，纵有，亦只是指绥远全省，或是指整个的西北而言。据贺扬灵君民国二十四年的统计，绥境各盟旗境内的马共有五六，一〇七匹，牛共有九七，二九六头，羊共有七〇六，二二八只，驴共有一四，四六六匹。（上面的统计数字，因贺君所根据的材料亦很旧，故亦不甚真确。）

2. 盐产　绥境各盟旗境内盐湖星布，所产食盐及天然碱，冠于全国。而尤以鄂尔多斯旗的盐湖为最多，产盐亦最丰。其中以鄂尔多斯盐湖为最大，周围约八十余里，每年产盐约达二万斤，盐质洁白而晶莹。采取甚易，无晒煮之劳。号曰"鄂盐"者，即该地所产之盐也。斯盐多输入绥远以及其他各地销售。

3. 其他产品　如羊皮、羊毛、驼毛等产品，实为我国产量最多的地带。每年出口的数目，亦占我国出口额的大宗。此外为乌拉山的林产、矿产、药材等的产量亦颇丰富。

十一　财政及金融

在游牧社会中的蒙古民族，本无货币可供使用，纵有商业行为，亦只是以物换物而已。所以在各盟旗内，从无银行之设施，亦未尝见有所谓货币流通于蒙古民间者。一部分与汉人来往之蒙民所使用的钱币，亦多为国币，或是省银行所出的钞票。现将各盟旗内的财政状况分述于下。

1. 各盟旗的财政收入　其收入的方法，有土地荒价的收入，地租及城镇基地的租税，以及盐税、牧场税等的收入。

2. 各盟旗的财政支出　各旗内的财政支出，都没有一定的数额，任札萨克以及其纨袴之徒的挥霍消费。因而一般王公剥削于蒙民的银粮也就没有定额了。而其用途多用在札萨克费用项下，其次即用在王府官吏的薪俸，及军警费、教育费等项下。

蒙古王公对于旗民有生杀予夺之权，横征暴敛，恣意压榨，在各旗内已成了极普遍的现象。旗署所属的官吏，对于蒙民的苛征，更是暴过虎狼。而一般负征收之责的旗属官吏，行至蒙民毳幕内，面孔狰狞，鞭敲槌打之事，时有所闻。所以蒙民所受的重税苛征之苦，实不能以笔墨形容矣！要想发达蒙古的经济，改进蒙民之生活，非先废除苛捐杂税、减轻蒙民的负担不为功。深望负治蒙之责的当轴诸公注意及此是幸！

十二　生活习俗

1. 喇嘛教之盛行　蒙古社会中本无强固的宗教信仰。自元世祖忽必列进踞中原后，有西藏喇嘛八思巴来谒。世祖封八氏为国师，定喇嘛教为国教，蒙人自是才有正确的宗教信仰。考喇嘛教本系释教的一派。其教义，主张灵魂不灭，劝人独善其身，虔修来世。凡能积德累功者，死后即可升往西天乐府，即再至阳世，亦可生享富贵。蒙古人民因多生于飙风狂号之塞外、荒野偏僻的沙漠之中，既无耳目声色之娱，又多风吹雨打之苦，辄闻喇嘛教为来世享福享乐之预约，故蒙人多景从之。因而蒙人尚武勇悍之精神消失殆尽，而当喇嘛者又不事生产，只知消费，禁止娶妻，幻想将来。此为蒙民生计日趋于窘迫、蒙古人口日渐减少之最大原因，亦为蒙古民族之最大致命伤。

2. 精神生活　蒙古地方的物质建设，可以说一点也谈不上，故公共娱乐场所亦毫无，蒙人平时只有歌唱、摔跤、赛马等娱乐而已。歌唱为蒙古地方最普遍的娱乐。每当酒醉淋漓，辄聚四五人，弹奏胡笳，引吭高歌，其乐也，大有弃尘忘俗之概！摔跤、骑马在蒙古地方，无论壮丁妇孺，皆能为之。每值隆重之典礼，或是盛大之宴会时，多举行之，以示庆祝。蒙人尤善骑术，其技术之精冠于全国。盖蒙人自幼即习成马上之生涯，故每次参加各地之赛马会，所向无敌，多获盛誉而归。盖因蒙人性好斗，富有尚武之精神，体魄又剽悍雄伟之故也。

3. 物质生活

A 衣　蒙人服装，迄今仍沿满清旧制。故一般人所穿之衣服，多为无叉长袖长袍。日用以避寒，夜用以代被。冬日常着不罩以布面的羊皮袍。夏季则常穿布衣，外套以背心，其颜色有红、紫、黄三种。蒙古妇女之服装，与男子所着者悉同，惟其背心常镶以边，耳常缀以金银或砆石之饰物，此种饰物笨重异常，但饰物之雕刻绝精，其价有值数千元者。

B 饮食　蒙人之食品以羊肉、炒米、黄油等为主。其他肉类以及米麦等粮副之。至于饮料，有奶茶、乳酒、酪浆之类，古语云"膻肉酪浆，以充饥渴"一语，可将蒙人饮食之特征形容至尽矣！

C 住　蒙人之住宅甚为简单，除了一部分喇嘛居瓦屋楼阁外，其余上至王公，下至平民，皆以羊毛毡、驼毛绳、柳树干合制成之蒙古包为住宅。其形犹如天幕，圆形尖顶，大抵与行军之帐棚相似。此种毳幕迁移甚易，无须车载马拉之劳，只要一驼，即可将全部房屋驮往他去。蒙人所以能夏就阴，冬就阳，逐水草而居，迁移不定者，实基于此种住宅便于迁徙之故也。

D 行　蒙人行旅均赖马匹，步行固非为蒙人之所长。纵马驰骋，恰为彼等之绝技。蒙地平坦，跨马疾驰，一日之间可行二三百里。

4. 风俗民情

A 葬丧　蒙古葬式约有三种：一、土葬，其葬法与内地略同，惟葬时须请喇嘛诵经；二、火葬，即将尸以火焚之，烧其骸灰，制成饼形，送于灵塔中收藏之；三、野葬，即将尸弃于山巅或谷底，或沙漠之中，任鸟兽虎狼之啄食，直至吞噬殆尽而后已！

B 婚姻　蒙人多早婚，孩童四五岁时，即由"父母之命，媒妁之言"为之订婚。孩童至十五六岁时未娶嫁者，在蒙地罕有。蒙人订婚时所需之聘礼，通常以马二匹、牛三头、羊二十只为最普通。至结婚期，请喇嘛择定吉日，由男家通知给女家。迎亲之日，新郎骑马佩弓矢，驰至新妇家，未至包围时，新妇家男女老幼皆出而相迎。既而新妇出户外，跨马巡自家屋包驰骋三周，然后随新郎驰至男家，焚火祭天，礼拜佛像，宴会而礼成（本节详细情形，请参看《蒙藏月报》四卷六期拙撰《蒙古风俗之一般》一文）。

十三　尾语

绥境各盟旗，位于我国西北部。北控外蒙，南襟晋、陕，西与甘宁、青、新等省互相衔接。东由平绥路直达平、津，与冀、察等省唇齿相依，呼应相助，砺山带河，形势甚为险要，实为我国西北国防之总门户。吾人以为绥境各盟旗若存，东北虽失，西北虽危，将来尚有挽救之根据地。绥境各盟旗若亡，不独东北失土不能收复，西北数千万方里之沃野，亦要随之丧失。即整个的中华民国，亦有随时灭亡之危险！盖绥境各盟旗之于我国，犹如头颅之于身体也，未有头断而身可存之理。惜国人未能注意及此，一向对蒙以"怀柔"之政策，致铸成今日垂危的状态。比日来漠南频传惊报，塞北屡奏烟烽，绥边告亟，敌机连日轧轧的盘旋于我领空。倭寇既以坚甲利兵夺去我满洲，复以"一面交涉、一面窃盗之政策"窃据去我察北六县，迩来更进而犯我绥蒙，狼子野心，奢望何止？

同胞乎，同胞乎！莫言侵扰绥蒙者匪也，不足以剿灭也，实乃某方为其后盾也。绥蒙以弹丸之地，羸弱之兵力，如何能抗此欧美皆惧的倭寇。非我四万万同胞真正的团结起来，以我们的鲜血，灌溉在那塞北的原野上，不足以挽救今日的危机。

吾人最后痛哭陈词于我内地同胞者，曰：今日的绥蒙，实乃南宋时的襄阳也。襄阳没，南宋偏安之局，亦随之亡。苟绥蒙失，我内地十数省焉有永存之理乎？为今计：惟有我内地同胞速起来，予绥方以实力的援助，有力者速起来解除绥民的倒悬，有财者速输粮饷，以济绥边前线上的饥军。如此始克歼灭伪匪，挽此狂澜。深望我内地同胞勿学诸"朝屠羊，老牛过而见之，漠不怜悯而予以援救，夕屠老牛，已无呼救处矣"的故事。同胞乎！同胞乎！其醒诸！

一九三七，二，一八，脱稿于金陵晓庄

《时事月报》

南京时事月报社

1937 年 16 卷 4 期

（朱宪　整理）

内蒙盟旗的情势

小学高级用社会教材

何健民　撰

一　教学要旨

内蒙的危机是和九一八事变有一贯性的，所以东北三省失陷以后，不久热河又被敌人侵占，热河被占后，继之多伦失守，察北沦陷，察北问题还没有完全解决，绥东、绥北却又同时告急了。从上面种种事实的表现，可知日人力谋并吞华北的野心，无一时一刻不在那里积极进行。田中义一在他的奏章里说："日本如欲征服中国，必先征服满蒙。"日本前陆相荒木也曾说过："如果日本不能在满蒙建立势力范围，日本将无法实现其最大理想。"什么是日本的"最大理想"呢？无疑地，他的最大理想就是征服中国。现在日本在东北的势力范围已建立好了，接着为实现其"最大理想"，自然又要向蒙古建立势力范围了！所以内蒙的地方情形怎样？内蒙的政治组织怎样？内蒙能否再给日人来建立势力范围？这许多问题都是大家要急求明了的。

二　教学资料

（一）内蒙的范围和沿革　内蒙包括现在的热河、察哈尔、绥远三行省，因在蒙古地方以南，所以称内蒙古。再就三省地势说，热河、察哈尔偏在东部，故称东蒙。绥远偏在西部，故又称西蒙。民国三年，热、察、绥是三个特别区，到十七年九月，才改为行省的。

（二）内蒙的盟旗　清康熙时，将内蒙分为哲里木（在东三省境内）、昭乌达、卓索图（在热河省）、锡林郭勒（在察哈尔省）、乌兰察布、伊克昭（在绥远省）等六盟，共四十八旗，二十五部。每盟设盟长，每旗设扎萨克，以统辖本盟、本旗的行政事宜。大约盟如同省，旗如同县，还有部、群等名称，则等于特别区。据说称盟的意思，是清初定三年为盟会的时期，到了盟期的时候，朝廷派大臣去巡视边疆，检阅军队，点查户口，这是政府和边疆联络的一种办法。此种办法，历清末至民国，迄未废去，不过有的原属蒙古游牧地带，现已改置县份，逐渐变成地方正式行政机关了。

内蒙盟旗分布略图

（三）盟旗设县的经过　民国成立以后，蒙民逐渐归化，汉人移殖尤多，因将各旗逐步改为县治。如：热河省的朝阳、阜兴〔新〕、平泉、建平、凌源五县，是原属卓索图盟中的各旗；察北的张北、沽源、多伦、宝昌、康保、商都六县，原属察哈尔部；绥东的丰镇、兴和、集宁、陶林、凉城五县也属察哈尔部，现都已先后改成县治了。所以将来汉蒙的交通愈便，汉蒙杂居的人数愈多，则此种畸形的盟旗组织，就逐渐可以消灭。

（四）东蒙沦亡后各盟旗的情形　内蒙分六盟，但从热河失陷后，称东蒙的哲里木盟、昭乌达盟、卓索图盟，便入日军的掌握，日人得了这几盟地以后，就实行其侵略手段，将兴安岭为中心，划为四个"兴安分省"：以黑龙江一部分地分为兴安东分省、兴安北分省，哲里木盟地为兴安南分省，昭乌达盟地为兴安西分省，后因盟旗反对，只将一部分地方划入。

（五）西蒙各盟旗的近况　日本除在东蒙积极建设，以作军事根据地外，又到西蒙各地从事活动，引起西蒙王公的独立，而对于主持蒙政会会务的德王，更竭尽威胁利诱之能事，因之此种酝酿已久的蒙古伪组织终于二十五年五月二日在日人威迫之下设立了！地点在嘉卜寺，名叫"蒙古军政府"，推德王为总参军，下分四部，计军政部长李守信，财政部长卓世海，外交部长陶克陶，参谋部长包悦卿。所有财政、外交、参谋三部的实权，均操在日顾问的手里，并利用德王、卓世海等在蒙古境内招兵，作为"征服蒙古"的主力，经多日之准备，所以后来有察北伪匪军进犯绥东、绥北的事件发生了。

（六）内蒙和国防的关系　内蒙问题的演进，已到最后的严重关头了。将来的结果怎样，确是值得我们注意的问题，因为内蒙关系我们中国极大，内蒙一失，则西北边疆完全受人控制，所以现在我全国上下，对于绥东、绥北的剿匪军事，都非常注意。

三 参考资料

（一）日本积极侵略东蒙 在一九三三年热河失陷后，称作东蒙的哲里木哲、昭乌达盟、卓索图盟便入日军的掌握。日人为便于统御计，乃以兴安岭为中心，划为四个"兴安分省"：（1）兴安东分省，以黑龙江省的布哈特地方为中心，派布哈特王鄂伦春为省长；（2）兴安北分省，以黑龙江省的海拉尔为中心，派前呼伦贝尔都统贵福之子凌陞〔陞〕为省长；（3）兴安南分省，以哲里木盟为中心，派图献图王业喜海顺为省长；（4）兴安西分省，以昭乌达盟为中心，嗣因蒙旗反对，仅将西喇木伦河以北的昭乌达盟六旗划入。在卓索图盟则设一蒙务局。以上四省一局，统归兴安总署管辖。兴安总署总长是哲里木盟盟长齐默特散帔勤〔勒〕，次长是日本人菊竹实龙。兴安总署隶属于伪国务院，职掌兴安各分省的一切行政并蒙古旗务。（注一）

（二）日本侵占东蒙后又积极侵略西蒙 日人既占东蒙后，即以东蒙作为侵略西蒙的根据地，而怂恿西蒙王公的独立。兹将重要事实叙述如左：

（1）民国二十三年四月二十三日蒙民组织蒙古地方自治政务委员会——二十三年西蒙的许多王公青年，要求蒙古自治。经德王和南京政府洽商的结果，于四月二十三日在百灵庙组织了一个内蒙地方自治政务委员会，委员长为乌兰察布盟盟长云端旺楚克，副委员长为伊克昭盟盟长沙克都尔札布，及锡林郭勒盟盟长索诺木喇布坦，而在蒙政会筹画一切掌握大权的却是秘书长德穆楚克栋鲁普（为锡林郭勒盟副盟长，即德王）。

（2）二十四年九月间伪军占据察北六县——二十四年九月间伪军李守信率部西侵，沽源、宝昌一带战事曾延长十数日之久，后几经交涉，察北沽源、宝昌、康保、张北、商都、化德等六县我驻军完全退出，另编保安队驻守，维持地方治安。嗣后日方又要求察北六县，由蒙古保安队驻扎，六县行政权仍属我方。当时开至察北的李守信部伪军并未撤退，而形成一种特殊局面。

（3）二十五年二月因德王被日人包围，蒙政会中又分化出来一个绥境蒙政会——德王既被日人包围，无法摆脱，蒙政会的其他要员，便想脱离这个恶劣的环境，遂于廿五年二月二十一日由蒙政会保安处科长云继先等联合职员百余人，率官兵千余人脱离百灵庙，在归绥正式成立一个绥境蒙政会。可是绥境蒙政会成立以后，德王更感到孤立，而益增其受迫组织傀儡政府的便利。

（4）二十五年五月二日，德王在日人威迫之下成立"蒙古军政府"——二十五年五月二日，德王在察北嘉卜寺（现改为德化县）成立"蒙古军政府"，由德王为总参军，下分四部，计军政部长李守信，财政部长卓世海，外交部长陶克陶，参谋部长包悦卿。军政部辖有四军，第一军长由李守信兼，第二军长由德王兼，第三军长由卓世海兼，第四军长由包悦卿兼。（注二）

（三）蒙旗设县举例　民国成立以后，蒙民逐渐归化，汉人移殖尤多，乃于其地设为县治，今将察哈尔部各旗及县名对照列表于后，以示一例：（注三）

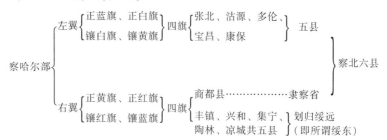

四 指定作业及复习问题

（甲）指定作业

一、参考别种书籍，研究内蒙人民生活的情形。

二、画内蒙形势图。

三、画内蒙各盟分布图。

四、解释盟旗的意义。

五、参考别种书籍，研究日本侵略东西蒙的情形。

（乙）复习问题

一、内蒙的范围有多大？其沿革怎样？

二、内蒙分多少盟旗？其来历怎样？

三、内蒙各盟旗的分布情形怎样？

四、盟旗设县的经过怎样？

五、东蒙沦亡后及各盟旗的情形怎样？

六、敌人积极侵略下的西蒙情形怎样？

七、内蒙和国防的关系怎样？

（注一）见《文化建设》第三卷第一期。

（注二）见《国闻周报》第十三卷第三十五期。

（注三）见甲种《中华析类分省图》说明（武昌亚新地学社出版）。

《中华教育界》（月刊）

上海中华教育界杂志社

1937 年 24 卷 10 期

（丁冉 整理）

今日之外蒙

永启修明　记　史天行　译

一

在中国辛亥革命那年，外蒙古曾酝酿过第一次独立，旋又借俄国革命的骚动，发生了第二次独立运动。一直到一九二四年（即民国十三年），蒙古人民共和国，终于宣告成立了。

外蒙古的人口，有八十多万。它的地域，除原有的阿国蒙古、喀尔喀蒙古以外，并包含西部科布多蒙古，面积计一百五十五万平方公里。独立前，是包括唐努乌梁海在内，而总称为外蒙古。唐努乌梁海亦已独立，自成脱巴人民共和国。原有的外蒙地域，在旧制度下分为四部四盟，就是：克鲁伦巴尔和屯盟，车臣汗部，阿林盟，土谢图汗部，齐齐尔里克盟，三音诺颜汗盟〔部〕，扎克原河毕都里亚诺尔盟，及扎萨克图汗部。科布多蒙古又分七部，就是：杜耳伯特部，辉特部，新土耳务特部，新和硕特部，扎黑生部，明阿特部，及额鲁特部。共和国成立以后，关于地域的分划，大体仍袭旧制，只是名称都改新了，内中有很小部分，稍为变更。原有盟部的行政组织，都一律改为苏维埃式的地方行政制度。兹把新旧地域的划分，对照如下：

新行政区名	旧行政区名
汗肯特乌拉	车臣汗部（克鲁伦巴尔和克〔屯〕盟）
卜克多汗乌拉	土谢图汗部（阿林盟）
齐齐耳里满特林乌拉	三音诺颜部（齐齐耳〔尔〕里克盟）
汗台希里乌拉	扎色克图汗部（毕都尔虽诺耳盟①）

二

蒙古人民共和国的宪法，乃一九二四年十一月在库伦召集的国民会议通过而颁布的。那次的会议，还有最重要的，就是开始把首都库伦的名称，改为乌兰巴图尔和特——赤色勇武之都。

《共和国宪法》的第一章，就是把劳动国民权利宣言为题，而有这样的规定：

一、蒙古为独立人民共和国，主权属于劳动国民，而由国民会议及由国民会议选出之政府行使之。

二、蒙古人民共和国之目前国策，除剿灭封建残余势力外，建立民主制度新共和国。

三、依照立国原则，政府根据以下的方针施政：

（1）土地、森林、水泽及其他土壤，皆为劳动国民共有，私有权概行废止。

（2）一九二一年革命以前所缔结之国际条约及借款，一概认为无效。

（3）政府采取经济统制政策，国外贸易由国家经营之。

（4）为保护劳动人民阶级，及防止内外反动势力之发生，组织蒙古人民革命军，对劳动者施以军事教育。

---

① 前文为扎克原河毕都里亚诺尔盟。——整理者注

（5）劳动者之言论、集会、结社，均绝对自由，政府须保障与援助之，并须努力增进劳动者的知识与普及义务教育。

（6）旧王公、贵族之称号及其特权，一律废除之。

（7）鉴于全世界劳动阶级，俱从事于资本主义的消灭及社会主义的建设，蒙古人民共和国之对外政策特别注重全世界的被压迫劳动阶级之利益，并且期望和他们作根本的合作。

（8）对于资本主义国家，可以保持友谊关系，然如有侵害蒙古人民共和国者，则绝对予以抵抗。

三

《蒙古人民共和国宪法》第二章以下的内容主要是关于统治组织的部分，兹述其大略如下：

一、蒙古人民之最高权力，属于大国民会议。闭会后由小国民会议行使之。小国民会议如在闭会期间，由小国民会议之常务干部会及政府行使之。

二、大国民会议由总部、都市、农村及军队代表组成代表会，每年依照人口比例选举之。

三、大国民会议规定每年举行一次，由小国民会议召集之。此外，依一定程序可临时召集议会。

四、小国民会议由大国民会议选出，其行动由大国民会议负责。

五、小国民会议监督最高行政机关，执行大国民会议之议决案及党法。

六、小国民会议每年至少召集二次，选举五人组织常务干部会及选举其他政府阁员。

七、政府执行一般国务，由主席、副主席、军事委员会及

　　经济委员会委员长，以及内务、外交、军务、财政、司法、教育、农商各部长及审查院院长组织之。

　　上面是关于规定统治组织的大纲，此外有关于选举权、被选举权、编制预算及国旗□之规定（国旗亦为红色），一切都脱胎于苏维埃体制。其中如大小国民会议、常务干部会及政府的各项阶段，和苏联的苏维埃中央执行委员会、干部会及人民委员会议等之组织颇为相似。

　　下为蒙古人民共和国政治机构表：

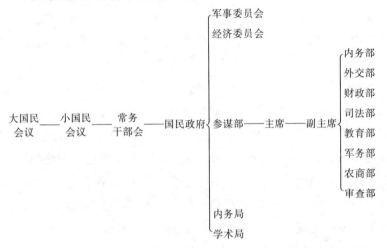

四

　　在清末民初间的蒙古第一次独立运动，无疑地是帝俄促成的，其指导精神及政纲等倒未必含有浓厚的革命色彩。迨一九二一年以后，第二次的蒙古独立运动，渐渐侵入红色的势力，不久就完全成了在苏联保护之下。近来苏、蒙二国关系，不论外交、军事、经济、文化等各方面，都有共产党在活动，结成不可分离的形状。以下再叙述关于外交、军事等方面最近的情势。

苏、蒙二国关系的正式公文往还开始，源于一九二一年十月五日成立的《友好条约》，自缔结条约以后，两国除互相承认各自独立外，并决定外交机关的交换以及树立邦交诸事项。此后，苏联政府为求蒙古政府在政治上、经济上以及社会生活上能实在建设苏维埃体制起见，曾向蒙古提出七项要求，不久就得到蒙古的允诺。苏联更为了要使外蒙彻底苏维埃化起见，复于一九二三年二月二十日于莫斯科成立《苏蒙秘密条约》。此项条约不仅予苏联以经济上的特权，复规定苏联军队得驻扎外蒙，协助蒙民保全领土及维持秩序。及至一九二四年蒙古人民共和国正式成立之后，苏蒙二国的关系，已经不是单纯的条约上的邦交，以及只有经济提携等限度，实际上，苏蒙二国已变成两位一体了。

"满洲国"的成立，以及华北方面的紧张事态，使苏蒙二国的关系愈为凝固。蒙古人民共和国主席兼外交部长互丹，率领军政部长多米托里以下多人，于一九二五年十二月十一日应聘到莫斯科，经月余，于一九三六年一月二十日返抵"赤色勇武之都"。氏对于目前新局面，迭向苏联政府、党部、军部各方领袖会见、折冲、协议对策。苏蒙双方当局对日本积极推行大陆政策，已力加戒备。关于构成联合抗日的阵线，据说决定有具体的办法。

现在蒙古拥有十五万余的兵力，如果全体动员的话，可增加至三十万人。其中以骑兵最著名，空军亦发展得极速（国内可战争用的飞机，闻实数已达五百架）。军士器械皆系最新式，多由苏联供给。国内以东部桑贝子方面为军事根据地，而展开东部国境防御阵线；指挥及其他技术方面，负责者多为苏维埃联邦的军人。

小国民会议于一九三六年三月下旬开第二十次会议时，曾确认政府的外交政策。那时才发表订定《苏蒙互助条约》的事实。前面所提到的，如苏联军队须负责保全蒙古领土等，早已见于一九二三年《秘密条约》的军条款中。然而新的《互助条约》为求应付"满蒙国境"的新局面，而更加强二国间军事的协助关系，因而名义上虽是《互助条约》，实际上，乃是苏蒙防守同盟条约的缔结；这与苏联对法、捷克、西欧各国所订的互助条约，是迥不相同的。

五

苏联在外蒙独立之初，它在外蒙经济上享有独占权，一九三三年《苏蒙秘密条约》，曾有这样的规定：

（1）外蒙政府宣言将无领主的土地给予蒙古贫民及苏联农民居住与耕作。

（2）外蒙一切矿区允许苏联专家雇用蒙古人开采之。又全蒙矿业须经苏联矿业组合承办。

（3）外蒙政府得招请苏联实业家开发富源，振兴实业。

（4）外蒙政府得参与苏联劳动组合，创设关于劳工事项之各种制度，以便保护劳动者。

外蒙与苏联的贸易，是逐年的向上增高，从一九二三——二四年度三百四十七万四千卢布，中间仅八年的时间，到一九三一年竟达六千六百十七万卢布，有十九倍的惊人发展。试看下面的贸易表：

年　度	输　入	输　出	共　计
一九二三——二四	一，五〇四	一，九七〇	三，四七四
一九二四——二五	二，七六九	三，五八五	六，三五二
一九二五——二六	三，六七〇	三，七三五	七，四〇五
一九二六——二七	四，六三三	七，五五三	一二，一八六
一九二七——二八	七，五四六	一二，〇八九	一九，六三五
一九三〇	一七，八一九	一九，七四五	三七，五六四

续表

年　度	输　入	输　出	共　计
一九三一	三七，三四三	二八，八三三	六六，一七六
一九三二	四一，三九五	一九，二七八	六〇，六七三
一九三三	三八，五六二	一七，三六九	五五，八三一
一九三四	四四，八〇六	二〇，五六一	六五，三六七
一九三五	四六，一〇二	二一，六八九	六七，七九一
一九三六	四九，二〇二	二二，八五二	七二，〇七四

关于苏蒙二国之经济贸易关系的逐年向上发展，一九三六年一月三十日第七次全联邦苏维埃大会席上，贸易人民委员会阿别·罗坚果里氏把它和脱巴人民共和国放在一块，看如下的报告，更可明白：

唐努脱巴及外蒙的国外贸易，几乎完全是苏联的，这种事实，苏联和这二国通商，正表示着经济关系愈为密切，将来更有极好的发展，苏联对于这些共和国的经济建设，曾予以很大的助力，从这里可知不无相当收获。

苏联的经济力量，特别是使唐努脱巴与外蒙之国民经济恐慌日渐减退，这是很值得注意的。

在苏联的对外贸易中，据说外蒙占第四位；但是在苏联与欧洲诸国之经济关系渐趋浓厚时，将来或不免有所变动吧？

（本文译自《国际情报》第二卷第四期，世界语本，莫斯科出版。）

《民意周刊》
汉口民意周刊社
1938 年 4 期
（朱宪　整理）

陷落后之绥远情形

作者不详

（榆林通信）记者去岁由绥远随军退出至山西河曲，顷由河曲经府谷、神木，到达榆林，兹将绥远情况，报告读者：

当日寇及蒙伪军侵入绥远之后，无耻汉奸等组织所谓地方维持会，在敌人唆使下，组织所谓"逆产查封委员会"，所有公务及地方士绅之逃亡于外者，皆按抗日论，没收并查封其家产。绥远新旧城中，贴查封字样之纸条，封闭门户者，比比皆是。其后德王等傀儡组织所谓"内蒙联盟自治政府"，改绥远为厚扈市。所有集会，先举行向东方遥拜仪式，参加者奴颜婢膝，醒龊不堪。敌人对维持会中之汉奸，欺凌侮辱备至，有捆缚令书"卖身文契"者，对日人表示其"忠诚"，言之令人齿冷。

敌军奸淫掳掠，无所不为。有勒令叔嫂行淫，引以为乐者。某次，有少妇行至通衢，遇日兵十数人，勒令少妇裸体。彼等鼓掌大笑而去。因敌人奸淫妇女，引起人民反抗事甚多。包头北门外回民曾因此聚众殴打日兵数人。绥远女子师范学生李彩霞女士，以切菜刀劈一日兵。日兵不敢离开铁路线活动，故沿铁路旁各村受害亦最深。绥、包中间之萨拉齐县城北数十里有一村名"纳太"，村长刘某，年五十余岁，人称"纳太刘"。某次有日兵七人至村，将全家妇女自四十五岁以下十二岁以上者完全奸淫，刘愤与子侄辈持刀将日兵七人完全杀死，当得其枪械。刘乃招募村民，聚集三四十人，沿铁路劫杀日兵，最近已聚众八百余人，宣称"专杀日人"。日人派大队追击，"纳太刘"则率众避走山中，出没无常，劫杀日兵甚众。日人境〔竟〕亦无法。"纳太刘"声势现在极大。其他各村类似刘者，揭竿而起，亦颇不乏人。

绥南清水河县迄未陷落，地方保卫团不时与在托克托县及和林县之匪伪军磨擦。匪伪军人数并不多，往往三数百人，即号称一团，开驻一县，三数日即往返一次，表示其兵数之多，实则故布疑阵而已。马□□部现驻□□□□①，准旗与萨、托两县接壤。马部与托县匪伪军夹河对峙，如能进攻，则托县之匪伪军必逃窜无疑。匪伪军骚扰民间，自在意中，但奸淫行为，尚较日兵为少，其中，并公开对人民诅咒日寇，表示极愿反正，如国军反攻，绥远军反正者当不在少数。

绥远、包头两地，商家所存皮毛、烟土及各项货物，日人悉数没收，价值在千万元以上，专车运出绥境，商民叫苦连天。金融方面，有所谓察南银行者，设在绥远平市官钱局旧址，行使伪国各种纸币，人民对绥远昔日之本地钞，视若重宝，日兵则往往故意以冥镪购物，并令找贴法币，商民因此受害者更多。绥、包两地，近年来建设极有进步，本为繁庶之区，近数月来，则傍晚即无行人，直等于死城。敌军〔境〕入境时，往往勒令人民手持欢迎小旗，跪列街旁，公务员则使跪于城楼以上，种种欺凌，不堪言状。

（一月十六日）

《蒙藏旬刊》

中央宣传委员会蒙藏旬刊社

1938 年 145 期

（丁冉　整理）

---

① 　本篇之"□"为原文所有。——整理者注

绥远的近况

异 羽 撰

绥远沦陷于敌人的手中，已经四个月有余了。在去年的十月中旬，敌人攻下归绥和包头的时候，也正是我军在山西忻口一线，痛击敌人正紧张的时候。因此，敌人在攻占归、包两地之后，不敢逗留，把主力撤到山西去，绥远只留下少数部队及伪军维持现状。四个月来，敌人没有前进，我军因种种关系，也没有作大规模的反攻。最近，记者在此晤到由绥西和榆林来此的朋友，谈到绥蒙种种情况，今为读者作如下的报道。

一　暴行种种

敌人是在去年十月十四日占领的归绥，十七日占领的包头。

敌人在占领之后，首先是检查行人和住户。在检查时，特别注意军人和知识分子，他如果看见留着长发，穿的是制服，就认为是知识分子。军人的标准是光头，身体强壮，穿的衣服类似军服，和衣服上是否有皮带的痕迹。检查的时候，前面一个倭寇搜检行人或住户的周身，后面一个倭寇持着步枪，以刺刀比拟着被检查者的脊背。搜检完毕之后，如果认为你是知识分子或军人，搜检的倭寇把头一摆，后面的就一刺刀把你穿死。后来，也许是敌人以为这种残杀的方法，给市民的反响太大了，就用在平、津所惯用的那种恶毒办法，把认为有抗日嫌疑的人秘密逮捕，残杀之后，装在麻袋里，用汽车抛置在大青山下的山沟中。农民们发现了麻袋，不知是装的什么，还以为是发外财了，及至打开一看，才知道成堆的麻袋中，却装着血淋淋的尸体。

敌人的部队占领归、包两城后，除了一部分外，大多数是驻在居民的家中。因而，奸淫抢劫，到处发生，成为不足为奇的事件了。倭兵在街上遇见行人，就以刺刀比拟着行人胸口，以另一手指比作圆形，嘴里叽哩咕噜的逼着要钱。最初，谁也不知道是什么意思，都莫知所措，所以死在刺刀之下的不知有多少。后来，知道倭兵的用意了，遇到这种情形，只有赶快尽其所有的拿出来。

包头在去年年底曾将城门关闭三天，声言按户搜查抗日分子，实际上是挨户搜查财物，大规模的劫掠而已。归绥旧城时常发生抢案，敌人宣称，归绥的盗匪太多，但据由归绥逃出来的同胞说，这些盗匪就是所谓神圣的"皇军"，他们任意地侵入住宅，劫掠财物，居民不敢抵抗，而且不敢声张。归绥丰业银行的经理王赞庭，由房顶上掉下来撞死了，据敌人宣布说，王赞庭为避盗匪躲上房顶，不慎摔死，实际上是敌人索款不遂弄死的。

包头城的城门，由四个倭兵、四个伪军守卫着，老百姓出入城门时，必须脱帽向倭、伪军鞠躬，表示恭敬忠顺，否则打骂人随之而来，如稍加反抗，便丧了性命。因为这种种暴行，闹得绥远人民惊慌不安，忍气吞声地切盼国军反攻，驱逐倭寇出境，这决不会成为很久远的事情吧。

二　汉奸活动

凡到过归绥的人们，谁都知道有个"南古丰轩"饭庄和"言记"、"复兰斋"这两个水果杂货店，这三个商家的老板们，在敌人占领归绥的最初期间，尽了很大的汉奸作用。他们和商会主席贺逆秉温，欢迎倭寇，为倭寇作内线，屠杀同胞，组织维持会等，确实做了不少伤天害理、丧心病狂的勾当。但维持会组成之后，贺逆并没得着会〈长〉的位置，倭寇反把这个位置给了李春秀。李逆是新城的旗人，从前在阿王部下当过副官长，警察局长是李小陵，归绥县长是康仁山，李逆是个小官僚，康逆是蒙古人。这些汉奸们，都是被鸦片烟熏没了灵魂的地痞流氓，于今在敌人的驱使之下，来残害自己的同胞。

包头活动最力的是商会的董五三，维持会成立的时候，把包头市二三百家商店，不论大小，都被胁迫着承认为会员。许多善良的商人，在敌人和汉奸的两重压迫之下，只有默默承认，不敢抵抗。包头在敌人占后，就被改为特别市，市长是李逆守信的伪第四师师长刘纪光，包头县长是刘澍。

归、包两地的报纸，在敌人占领前，全都停刊了。敌人到后，在包头出了一个《新包头》，在归绥出了一个《蒙疆日报》，这两个报纸，都是由甘心出卖灵魂的汉奸从中支持。《蒙疆日报》的编辑就是从前绥远的报人关焕文。在敌人将到未到时，许多不愿做亡国〈奴〉的文化人都准备逃走，而关逆却表示迟疑，于今果然做了汉奸了！

三 伪统治现状

伪蒙古自治政府设在归绥新城的省政府旧址，主席是云王，副主席为德王。云王因为年老多病，在过去就不愿与闻外事，但因为他在绥蒙各盟旗中，爵位最高，资格最老，德逆不得不拥他为傀儡，以资号召。现在云王只派他的侄子沙贝子在归绥应付，大权完全操在德逆一人之手。

伪政府之下设有总务、政务、军务等处，军〔年〕号袭用成吉思汗纪元。伪旗帜的四分之三是蓝色，其余的四分之一是红、黄、白三色。李逆守信为伪蒙古军总司令。他的部下号称十师，其实只有几千人，大部分驻在归绥、包头、萨县、武川等县。他的总司令部设在包头前晋军七十师师部的大厦中，以包悦卿为包头警备司令。李逆的部队是以包头为中心，其他各县只驻一两百人，归绥驻的倭寇较多，约三四百人，包头仅有几十个人，至于铁路线以外的各县，只是伪军中有几个倭军指挥官而已。

因为我军与敌军对峙在包头与五原之间，包头的警备也因而格外紧严。敌军在城外设有三道防线，第二道防线中且设有电网、地雷，敌人的防线在包头西三十五里的马池村附近。这一防线由李逆守信的游击队担任。伪游击队的总司令是李根车，第一路司令为森盖林庆，第二路司令为色林布，第三路司令为三罗汉。李逆根车曾在赵承绥部骑兵中当过团长，后被撤职。在绥局危急的时候，挺进军司令马××将军委他为游击司令，不图他竟投到伪军中去了。

最近，敌人把各县的维持会取消了，各县的行政由伪县长负责。归绥市改为"厚和特"特别市，市长由贺逆秉温代理。据说，贺逆与李逆春秀逐鹿此席，竞争甚烈，将来还不知鹿死谁手，归绥有改为"巴耶"县（与厚和特同为蒙古语）之说。于此，可见蒙逆德王在敌人的卵翼之下，要作威福之一斑了。

敌人的统治力量，只达到沿铁路线的各县，离铁路稍远的县份，有的敌我平分春色，有的完全在我军的手中。在绥远刚被敌人陷落的时候，十八县局中，五原、临河、清水河、东胜各县，及沃野设治局，完全在我军的手中。其后，又连着克复了安北和固阳。托县是敌我两军隔黄河对峙着，最近的消息，我军已克复磴口，这是在包头以东三十里的车站，这样，已把敌人归绥和包头之间的交通线切断了。

四　沦陷后之蒙旗王公

蒙旗王公中，明达之士固然不少，但眼光短浅、敌不住敌人势诱利迫的也大有人在。这次绥远失陷，蒙逆德王便跑到归绥，召集各旗王公开会，借图实现蒙古帝国的幻梦。但土默特旗的总管荣祥，随我军退走了，绥境蒙政会的正副委员长沙王和阿王拒不赴会。德逆虽曾以要以飞机炸平杭锦旗相恫吓，阿王也不为所动。资望最高的云王称病不出，只派了沙贝子前往应付。这一切给了德逆以无限的打击。

我军由绥北的大庙子和包头撤退的时候，四子王旗的潘王和达拉特旗的康王，不仅明目张胆的附逆，而且派兵四出截击我们的军队。潘王也是绥境蒙政会的副委员长之一，归绥和包头两处的市民，谁都知道这位"无赖"王爷，他对吃、喝、嫖、赌、吹，都有很大的兴趣，但在满足他的欲望之后，他并不照价付款，所以市民们看见它〔他〕就皱眉头。我军由大庙子、嘉卜寺后撤时，他的蒙旗保安队截击我军石玉山部，因为损失不大，和地势关系，没有和他计较。他现在常驻归绥，成为德逆的主要帮凶之一。

达拉特旗在包头的西南，相距不过几十里路。马占山将军的挺进军由包头退东胜的时候，康王的团长森盖林庆，带领蒙古保安队四出截击，马将军便命令去年反正的井德泉部队，包围康王府，把康王扣获了，森盖林庆便投到李逆根车部下，当了第一路游击司令。康王现在还没有三十岁，但每天非有几两白面，绝不能过瘾。这样一个萎靡不振的人，作出这样荒谬的行动，无疑地是受了德逆的引诱和胁迫。因此马将军把他留在哈拉塞加以训勉，最近据说已交给中央负责当局了。

除了潘王和康王之外，还有东四旗的总管达密凌苏龙，他的行动也是很出人意外的。在前年绥东抗战的时候，每次我军出击，都有达总管在前引路，因为绥东的地势，他是特别熟悉的，但在德逆进归绥时，他却首先表示欢迎。东四旗的位置，就在集宁、丰镇之间，一般人认为达总管态度之所以突变，是受了环境胁迫的关系。

现在，鄂托克旗的沙王和杭锦旗的阿王，已正式就了中央任命的蒙旗正副宣慰使的职务，土默特旗的荣祥总管也就了宣抚使署的秘书长。最近，敌人方面因沙王、阿王抗不赴会并就任中央职务，派日伪军二三百名，乘汽车三十余辆，以检查电台为名，去杭锦旗。据说，阿王已经被胁迫到包头去了，敌人并声言要去鄂托克旗。我军为保护沙王起见，已进驻该地了。鄂旗的司令章文轩和乌盟东公旗的奇天命，都没有受敌人和德逆的欺骗，至今和我军保持着很好的关系。如果我军决定反攻，他们一定成为驱逐倭寇的先锋。很明显地，蒙旗各王公，除了极少数以外，绝没有甘心附逆的，他们都知道敌人的恶毒政策和欺骗行为，对于他们的将来绝无前途。不过，我们对于国内少数民族问题，多少还因袭着清代和民国初年的精神，因此给予敌人以挑拨离间的机会，削弱了民族团结的力量。其次，各蒙旗的实力微弱，缺乏政治上的认识，经不起敌人的威迫利诱，各王公，每在事变的紧急关头，表示动摇迟疑，其主要的关键在此。

五　攻击与反正

归绥、包头虽然被敌人攻陷了，我们的军队并没有离开绥远省境。现在，在绥西归门××将军指挥的，除了他的××师外，还有井××部、石××部、王××部、安××部，和绥远国民兵李××部。其中除了国民兵和中央军外，都是绥东挺战及去年反正的部队，他们在去年向察北出击，收复商都、嘉卜寺、尚义等地时，都曾立下过汗马功劳。

在绥南，现有××军副总司令邓××将军在陕北坐镇，挺进军与日伪军隔河对峙。此外，还有绥远地方人民所率领的地方武力——自卫军，及白××的蒙古保安队。自卫军大部分在绥南，一部分在大青山里；蒙古保安队是德王附逆时，一些不愿附逆的蒙古青年，将百灵庙德逆的保安队带出，归还中央的。

现在，敌人的游击队盘据在包头西卌五里的马池村一带，我们的防线在西山咀以东，前哨则在公庙子的东面。四个月来，虽没有主力的反攻，但零星的攻击，从未停止过。

去年年底，我军安××旅，在公庙子附近向李逆根车的游击队进攻，将李逆打个落花流水，曾一度将马池村占领，终因安北县城大佘太尚在伪军之手，当即撤回原来阵地。但在这次攻击中，李逆根车部队中的曲步霄和田子忠却趁机反正了。绥远的有志青年，还有许多混在伪军中，他们正埋头鼓动工作，准备反正，如果我军进攻，步曲部反正的，当大有人在。

安北县失守后，我们将县府由大佘太迁往扒子补隆办公。旧年年除夕的前一天，我们的游击队由武俊峰率领，围攻县城，声言要回大佘太过年，城里的人民群起响应，帮助消灭伪军，就在除夕的夜里将县城攻下了。在民军的欢腾庆祝中，将伪县长捉住"磨"刀了，固阳县城在不久以后也被石玉山旅攻下。

李逆守信的部下，也都在酝酿着反正，他们看见许多反正部队的弟兄们能够痛快地斩杀倭寇，以报平素虐待之仇，不禁心中发痒。有一次倭寇命令绥南的伪军向我攻击，伪军打电话给自卫军，要求我负责军官谈话。他们表示，为了命令，不得不打，但希望彼此向天放枪、不打自己的同胞，使他们应付倭寇的命令。结果，这次的战斗就在这样扮演之下结束了。

　　经过几月来的埋头工作，绥西各县和伊盟中东胜、沃野的汉蒙民众都有了广泛的组织，绥远民众及流落在外的人民，都希望在这春回冰解的时候，配合着各线，向敌人作有力的反攻。

二月廿五日，西安

《蒙藏旬刊》

中央宣传委员会蒙藏旬刊社

1938 年 146 期

（李红菊　整理）

内蒙现况掇拾

史耀青　撰

蒙古地域平广，虽间有沙漠不毛之地，但多为土质肥饶、宜牧宜耕之区，宝藏蕴蓄，储量丰富，若能善自开发，实为取之不尽、用之不竭之宝库。人民则勇敢刚毅，体格强健，且能刻苦耐劳，尤善骑射，今若加以新式之训练与装备，即可成无敌不摧之〔摧之〕劲旅。而在国防上之地位，更为重要，西可连络苏联与我国之交通，东可御日伪势力之侵入，进而赖以为我国收复失地之根据。由此观之，诚为西北之门户，全国之屏藩也。顾蒙古在我国虽如此重要，但因蒙古人民知识梗塞，封建思想根深蒂固，军阀暴吏横征狂敛，于是民不聊生，辗转待毙！中央又因国力不充，不暇顾及边防，侵略者乃得施其挑拨利诱之计，外蒙遂投至苏联卵翼之下，内蒙大部则被倭寇巧取豪夺而去，其在中央领导下者，已残余无几，今几全部沦夷矣！呜呼！广大平原将为日苏角逐之场，无量宝藏将为敌人侵我之资，予于万分痛心之际，谨将内蒙见闻之所及，竭诚略述一二，以供关心边事者之参考。

清代治蒙政策之失着

满清知蒙古为一不可侮之民族，决不能常予羁縻，一旦崛兴，江山将被颠覆，遂由嫉妒而畏惧，由畏惧而施其杀人不见血之

"愚民政策" 矣。

此种愚民政策之实施，在政治上仍以旗为地方单位，设一旗长治之，旗属于盟，盟则设盟长一人节制所属各旗，直属于中央，旗长、盟长均为世袭制，即所谓王公者是也。此种金字塔式之统制办法，使下级人民非常痛苦，终日为特殊阶级作奴隶，毫无自由及过问政治之权利。该时之王公昏庸已极，而清廷犹以美女、财帛诱王公于北平，居以华堂大厦，再封以红顶、黄马褂，使其沉醉于酒色之中，不复存发奋图强之雄心。

其次对于佛教则尽力提倡，不惜大量银钱，在蒙古各地建筑庙宇，作麻醉青年之机关，专吸收蒙古优秀青年子弟，出家诵经，使其闭门修行，以求来生幸福，并赋于〔予〕一切超越权利，此为清室消灭蒙古民族最毒辣之办法。然蒙古人民未能洞悉其奸，遂被引入泥淖之中，趋于灭亡之路。

复次对于蒙古之教育摧残尤甚。首先将蒙古所藏之文献，下令由蒙古聚之北平，并制定蒙人不须参加科举考试，借以减少其求知之欲望，更由朝廷编辑消极不堪之蒙文书借，供青年诵读，使消灭其民族意识。而以满文作为求学子弟必读之课程，以同化蒙古民族。

实行愚民政策之结果，使蒙古人口锐减，且多颓废无能，生活毫无改进，以致引起强邻侵略之野心，蒙古惨酷命运之根苗，即植于此时矣。

民国以来蒙古之处境

满清末叶，对外战争，屡遭失败，内则革命势力日益膨大，政府已无力统制蒙古全部，但有一般蒙古王公，头脑简单，惟恐其特殊阶级随清室而崩溃，所以极力压制青年，不使稍有排满而响应革命之举动。至辛亥革命爆发，满清覆亡，蒙古青年大受刺激，颇愿在各族争取解放之战线上，共同奋斗，同时对蒙古之剥削阶级，亦有一鼓荡平之势。不幸，中央势力，鞭长莫及，而国内军阀余孽，犹内争不已，至惨败后，内地已无立足之地，乃转以蒙古为纵横之场。于是，蒙古人民不但充王公之牛马，兼受军阀之蹂躏，蒙古青年不但受王公之嫉妒，更遭军阀之屠戮，此种痛苦，或非内地人士所能明了者也。

迄民国十七年国民政府迁都南京，遂将内蒙改为行省，上至省府主席，下至科员，均由汉人充当，该辈若能善加指导，开诚相待，增蒙人内倾之心，则对国家之贡献，亦非浅鲜。惜乎人非其选，治非其术，未能稍抒蒙古人民之痛苦。又因语文不同，上方之法令不能下行，人民之痛苦不能上达，于是人民与地方政府，形成水火不容之势。洎乎抗战开始，内蒙遂夷为异域矣！

窃尝论之，蒙汉之隔阂，坐于文字差别者至大。夫无论任何民族，对其本族之文字，未有不喜爱者，蒙古何独不然。蒙人学蒙文易学而又适合环境，然政府所设学校，往往强使蒙人顿时攻读汉文，而其教科书之内容，又特别富于以汉族为本位之文字，以此种读物，使对于中华民族无正确认识之蒙古青年读之，势必易生误会，而激起对汉人极度之反感。然若以蒙文读本，供蒙古小学之用，慎选教材，同时渗以国内各族相依为命之关系，及三民主义对弱小民族伟大之处，借使知团结一致、共同奋斗之必要，如是则蒙古青年必踊跃赴内地求学，相互沟通意见，打破隔阂。然因汉文为蒙古人民所不欢迎，以致蒙古地方不能遍设小学，蒙人子弟既未在小学毕业，自无更至内地受教育之资格，双方固执之成绩，洽与侵略者绝好之机会。试看外蒙脱离中央后，普通教科书均为蒙文，但青年对马克斯主义，皆有相当了解。今则伪满亦编著大量蒙文书籍，充作小学之教材，而一般学生均能讲一套

"日蒙亲善"之理论，由此可见文字教育关于民族团结之重要也。

　　蒙古人烟稀少，土地荒僻，人民以蓄〔畜〕牧为营生，不知垦殖事，富源尤未能开发，所以内地过剩人口，苟能移往蒙古协助垦殖荒田，振兴实业，不但可使蒙古繁荣，抑且增我边防之力量。中央有鉴及此，曾明令举办，但因疆吏办理失当，反罗恶果。例如热河境内最先开垦，其法将牧地全由政府没收，再由政府重价转租于农民，结果，不过将土地由王公手中转至军阀私囊而已！不但蒙民生活无法维持，即由关内移往开垦之同胞，亦为军阀作佃农奴隶，尚有不堪剥削者，多投入军队或挺而走险，关外土匪猖獗之原因，盖即在此。其后内蒙各地，又施行军队武装屯垦制度，将大部蒙民驱至沙谷不毛之域，将其遗地划为垦区，然彼时之军队，多为"绿林"出身，及食鸦片、游手好闲之流，对于劳苦之开垦工作，当然不能胜任，结果自不待言。后来内地农民移往开垦，虽获有相当效果，但蒙人已被逼入绝境。所以移民坠〔垦〕殖，必须在"共存"条件下，帮助蒙古人民生活之改进，如此始能得到屯垦之效果；不然，争夺时起，适足以加深蒙汉之鸿沟而已。

结　论

　　蒙古为我国之一部，蒙族为中华民族之手足，当此国运艰危、势如累卵、团结民族急于星火之际，俯察蒙古之现状，不能不钦佩苏俄谋我方法之阴毒，不能不承认日本侵略手腕之高明，全国同胞尤不能不痛自检讨过去对蒙政策，以定将来对蒙之方针。笔者生于蒙古，而在内地求学数载，深感中央对蒙古之关心，及三民主义对国内弱小民族之伟大。惜因王公头脑固执，军阀从中作祟，以致中央德意，未能惠及蒙民，然蒙古同胞对中央向存好感，且期望甚殷，所痛恨者，乃为王公、军阀，此吾敢断言者也。切望中央处于家长之地位，挽救蒙古民族之厄运，协助蒙古求政治、经济、教育之出路及发展，使与内地能并驾齐驱，然后始有真正之团结可言。尤望同胞注意者，即蒙古绝不能视为化外，尤不能视为蒙古民族甘愿脱离祖国而作异邦之傀儡爪牙，现在情况之所以如此者，皆环境使然，此应特别体念者也！不见伪满境内之义勇军乎？悲歌慷慨，常与敌创，而供职于中央之蒙族同胞，不惧险阻，共济时艰。由此可见蒙古同胞爱国之赤诚，盖亦未尝后人，待有机缘，必能执戈向敌，站在中华民族解放之战线上，坚强团结，共同奋斗，以毁碎侵略者之梦想，而重返祖国，在同一政府，同一领袖，同一主义之下，与国内各族亲切携手，迈进于无疆也。

《边声月刊》

芷江边声月刊社

1938 年 1 卷 1 期

（朱宪　整理）

外蒙现势概述

王学孟　撰

一

在全面抗战刚进入第二阶段的时候，外蒙出兵消息，曾经引起国人一时的兴奋。然而随着时间的推移，经过长久的期待，事实给我们证明：希望终成为失望，幻想到底是幻灭。

但是外蒙土地毕竟是中国的领土，外蒙人民毕竟是中华的儿女；为着整个国家民族的独立生存，外蒙同胞不会而且不能放弃他们对于祖国的责任。民族解放的号角，终会苏醒了他们所受毒素的麻醉；民族抗战的怒焰，经会焚毁他们一切外铄的枷锁。在国家至上民族至上的精神感召之下，他们终会自动的来参加这次保卫祖国的神圣抗战。我们在企望与期待之中，当然要加强对于外蒙的认识。

二

为要明了外蒙的现势，我们不妨追述外蒙两次独立的经过。

外蒙自满清康熙年间平定以后，即为我国朔方惟一的藩属。清廷为要经营外蒙，便在库伦驻有办事大臣，在乌里雅苏台设置将军，在科布多设置参赞大臣，而对于库伦的哲布尊丹巴呼图克图，仍维持其过去的尊严。不过满清政府对于蒙古民族是施用愚民政策，他们认为汉蒙沟通以后，势必增加满人统治的困难。所以禁止汉蒙通婚，禁止蒙俗汉化，禁习汉文汉字，甚至教授或代书汉文的人，也要严加处罚，内地汉商到蒙古经营商业者，必须先得理藩院的许可；而居留期限，则以一年为度。并绝对禁止汉民到蒙古垦荒。这种封闭的政策，使蒙古民族大受其害，而蒙古民族削弱的结果，徒使帝俄的东进政策，顺利进行。清廷感我北方藩篱的孤弱，乃先后废止开垦蒙地的禁令，取消汉蒙不得通婚的法律，奖掖汉人携眷赴蒙，准许蒙人学习汉文。这样由"封闭"转变而为"开放"，并非为外蒙古民族自身利益打算，而是为满清天下作巩固北方藩篱之计，当然谈不到蒙古民族问题的解决。况自道光以后，用人失宜，历任大员，多属贪墨庸愚。兼以俄人从中挑拨，怂恿离异，以致蒙情日益涣散，时想酝酿独立。到一九一一年，辛亥革命爆发，中国政府，因内部政局纠纷，无暇顾及边疆，外蒙乃乘机独立。他们宣言说："今内地各省既皆相继独立，脱离满清，我蒙古为保护土地、宗教起见，亦应宣布独立，以期万全。"并由四盟公推哲布尊丹巴呼图克图为蒙古独立国皇帝。

俄国既怂恿外蒙乘我革命而独立，于是在民国元年九月，更进一步引诱外蒙私订俄蒙协约。中国政府虽曾声明否认，并于民国二年十一月五日签订中俄声明文件，俄国承认中国在外蒙的宗主权；但是俄国在外蒙的地位，几乎与中国相等，俄人势力，便在外蒙开始膨胀了。

外蒙签订俄蒙协约，以为由此便可以成为独立自主的国家，初不料缔结条约以后，格外受俄人的剥削。于是渐知俄国究不可亲，而中国实则可靠。及至俄国发生革命（一九一七年），国内土崩瓦解，外蒙人民，愈觉俄国之不可依恃。且白俄失败后，欲假外蒙为根据，作孤注一掷，外蒙风声鹤唳，一夕数惊。活佛莫知所措，于是召集全蒙王公会议。公决归政中央，于一九一九年十一月十七日，呈请中央撤消自治，中国中央政府，俯顺蒙情，对于哲布尊丹巴呼图克图汗应受的尊崇，以及四盟沙毕等应享的权利，均一仍旧制。这是外蒙第一次独立的经过。

但是外蒙撤消自治之后，库伦王公复勾结俄人，煽动活佛，以谋二次独立。一九一九年冬间，白俄谢米诺夫（Semeuaff）及安冈恩（Ungeum）逃出西伯利亚，借日本的援助，企图占领外蒙以作进攻苏联东部的根据地，一九二〇年二月，攻陷库伦，占据恰克图、科布多等地，外蒙有志之士，乃组织人民革命党，召集蒙古军队，组织蒙古临时国民政府。并会同苏联驻远东红军，将谢米诺夫所部剿灭。于是外蒙政权，乃入于蒙古人民革命党的掌握。

当时外蒙人民革命党的口号，计有三条：（1）驱逐白俄以建立独立的蒙古；（2）取消债务；（3）摧毁王公和喇嘛的势力。所以在一九二一年获得胜利之后，人民革命党即宣告独立，自称外蒙自由共和国，一九二四年复改为蒙古人民共和国。这是外蒙第二次独立。

在外蒙两次宣告独立的经过中，都有俄人势力在幕后支持，这是无可讳言的事实。不过第一次独立运动，未必含有浓厚的革命色彩；而第二次独立运动，则已侵入红色的势力。苏联红军曾进驻库伦达五年之久，而截至现在为止，世界各国，也只有苏联承认外蒙是一个独立的国家。不过苏联对于中国在外蒙的主权，始终未加否认，当外蒙新政府成立时，曾致电蒙藏院说："我蒙古政府与中国政府，实无隔阂之事。"又说："我蒙古政府当派全权代表，驻赴中央，共议多数人民永享平安之计。"同时一九二四年中苏协定第五条也明白规定："苏维埃社会主义联邦共和国政府承认外蒙古为中华民国领土之一部，并尊重中国在该领土内的主权。"

一九三六年，苏蒙缔结互助公约时，苏联也有类似的声明，谓在苏蒙互助公约并不违反中苏协定的精神。所以在法理上，外蒙仍为中国领土之一部。

三

现在从外交、政治、军事各方面加以检讨，以明外蒙的现势。

外蒙的外交关系，简括的说，就是对于苏联的关系；因为到现在为止，世界各国，只有苏联承认外蒙是一个独立的国家。外蒙自二次独立后，与苏联正式公文的往还，开始于一九二一年十月五日所缔结的友好条约。该条件〔约〕中，除互相承认各自独立外，并决定外交机关的交换，以及两国邦交的树立。此后复于一九二三年二月二十日在莫斯科成立苏蒙秘密条约，该约中曾有这样的规定：

（1）外蒙政府宣布一切森林、矿产及土地，以后均归国有；凡无人占领之土地，均给蒙古贫民及苏联农民居住、耕种。

（2）外蒙天然富源，禁止私有；一切矿区，允许苏联实业专家雇用蒙人开采。

（3）全蒙矿业，归苏联矿业组合承办。

（4）苏联军队，得驻扎外蒙，协助蒙人保全领土。

此项条约不仅予苏联以经济的特权，并规定苏联军队得驻扎外蒙，协助蒙人保全领土。这当然对中国主权有极大的损失。中国政府于一九二四年间先后派遣王正廷、顾维钧与苏联谈判，除议定中苏协定外，苏联复立一声明：自帝俄政府以来，凡与外蒙所定之一切条约，无论将来或现在，均不承认其有效。但是在中国中央政府势力所不能到的区域，单靠外交上的折冲樽俎，毕竟不能挽回既失的权利。

一九二四年蒙古人民共和国正式成立，苏蒙二国的关系，已非单纯的条约上的邦交。实际上，蒙古政府，在政治、经济以及社会生活各方面，均已苏维埃化。所以在社会的体制上，苏联与外蒙已变为二位一体了。

一九三五年十二月十一日，蒙古人民共和国主席兼外部长互丹，率领军政部长以下多人，应聘莫斯科，对于伪满洲国成立后，华北局势的紧张状态，向苏联政府党、军各方领袖，交换意见，并协议对策。及至一九三六年三月十八日，苏蒙互助公约正式发表，该公约内有下列两条重要的规定：

第一条：苏联或蒙古人民共和国之领土，如受第三国家或政府之攻击威胁，则苏联及蒙古人民共和国应立即共同考虑发生情形，并采用防卫及保全两国领土所必需之各种方法。

第二条：苏联及蒙古人民共和国政府，承认两缔约国之一国受军事攻击时，相互予以各种援助，包括军事在内。

苏联互助公约的缔结，多少有与一九二四年中苏协定的精神相互违背之处。按中苏协定，苏联承认外蒙为中国领土之一部，并尊重中国在该领土内之主权。现在苏联不经中国中央政府的同意，径与外蒙订立等于军事同盟的互助公约，当然为中国政府所不能承认。不过在当前的局势之下，中国既不能以实力保障外蒙，对于这具有特殊作用的苏蒙互助公约，在不否认中国宗主权的原则范围以内，当然我们也不愿过于苛责。

至于外蒙的政府体制，是根据于一九二四年十一月国民大会通过而颁布的《蒙古人民共和国宪法》组成的。《共和国宪法》第一章，有下列主要的规定：

一、蒙古为独立人民共和国，主权属于劳动国民，而由国民会议及由国民会议选出之政府行使之。

二、蒙古人民共和国之目前国策，除剿灭封建残余势力外，建立民主制度新共和国。

三、依照立国原则，政府根据以下的方针施政：

1. 土地、森林、水泽及其他土壤，皆为劳动国民共有，私有权概行废止。

2. 一九二一年革命以前所缔结之国际条约及其借款，一概认为无效。

3. 政府采取经济统制政策，国外贸易由国家经营之。

4. 为保护劳动人民阶级，及防止内外反动势力之发生，组织蒙古人民革命军，对劳动者施以军事教育。

5. 劳动者之言论、集会、结社，均绝对自由，政府须保障与援助之，并须努力增进劳动者的知识与普及义务教育。

6. 旧王公、贵族之称号及其特权，一律废除之。

7. 鉴于全世界劳动阶级，俱从事于资本主义的消灭及社会主义的建设，蒙古人民共和国之对外政策，特别注重全世界的被压迫劳动阶级之利益，并且期望和他们作根本的合作。

8. 对于资本主义国家，可以保持友谊关系，然如有侵略蒙古人民共和国者，则绝对予以抵抗。

这是《共和国宪法》第一章中对于劳动国民权利的宣言，自第二章以下，其内容是关于政治机构的组织，兹略述其概要：

一、蒙古人民之最高权力，属于大国民会议。闭会后由小国民会议行使之。小国民会议如在闭会期间，由小国民会议之常务干部会及政府行使之。

二、大国民会议由总部、都市、农村及军队代表组成代表会，每年依照人口比例选举之。

三、大国民会议规定每年举行一次，由小国民会议召集之。此外，依一定程序可临时召集会议。

四、小国民会议由大国民会议选出，其行动由大国民会议负责。

五、小国民会议监督最高行政机关，执行大国民会议之议决案及宪法。

六、小国民会议每年至少召集二次，选举五人组织常务干部会及选举其他政府阁员。

七、政府执行一切国务，由主席、副主席、军事委员会，及经济委员会委员长，以及内务、外交、军务、财政、司法、教育、农商各部长及审查院院长组织之。

以上是行政组织大纲的规定。兹表解如下：

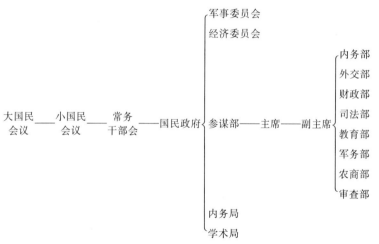

说到军事方面，外蒙的兵役法，是采取全国皆兵制。凡男子十八岁到四十五岁，均有当兵义务，全国人口据最近调查，已由五十余万增至八十一万余人。常备兵额，已达十八万五千人，到战时实行总动员，随时可超过三十五万以外，至于军队的素质，最近十几年来，在苏联红军的影响之下，经过充分的政治意识的灌输，以及现代化战斗技术的训练，已把外蒙的战儿，锻炼成无坚不摧的铁军。而飞机、坦克车等近代武器的配备，均为苏联最新的出品，战斗〈力〉极为强烈。空军技术人员，亦达五千五百余人，均由莫斯科航空学校或苏联教官训练而来，所具的技能，较诸苏联航空人员，未尝逊色。至于外蒙的骑兵，在东亚大陆上，一向是有名的轻骑儿，是勇敢驰驱在万里平原中的骄子。他们神勇的技术，素来夸耀于世界。外蒙人民是以游牧为生的，所以他们地域的熟识，骑术的轻快，给养的简单，射击的准确，在作战的时候，都是特殊的优点。而其骁勇好斗的强悍性格，至今仍保存着成吉斯汗时代的雄风。我们回想到七八百年前元初诸帝统率大军进兵东欧的史迹，益信日本大陆政策将在这里粉碎无余。

此外，外蒙政府在苏联的协助之下，已把贵族、喇嘛的势力摧毁无余。一切社会改革都呈现飞跃的进步。生产建设的激进，境内交通的开辟，宗教迷信的取缔，以及各级教育的发展，已使外蒙社会焕然一新。较之满［行］清施行愚民政策的时代，显然已突进到另一世界了。

四

最后就地理形势上，来说明外蒙在东亚大陆战争中的地位。我们知道中日战争，是根源于中国民族解放运动与日本大陆政策之间的矛盾。可是日本的大陆政策，不仅包括中国的全部，而且包括苏联的东部西伯利亚。日本要进攻苏联，在地理上，除由伪满洲国进攻海参威〔崴〕及赤塔等地以外，便是由我国察、绥、外蒙直捣贝加尔湖南岸各地。不过苏联在西伯利亚的防御工程，异常坚固，日本进攻，颇属不易。而且单独由伪满进攻苏联，则伪满便在苏联包围之中。倘若日本由察、绥夺取外蒙，便可于数小时以内，由恰克图直达乌丁斯克，横断西伯利亚铁道，隔绝东部西伯利亚与苏联本部的交通，而使苏联在东方的军事设备，全归无效。反之，外蒙如由乌得循张库汽车路进兵察、绥，夺取万全、大同、归绥等地，则华北整个战场，均在其控制之下，抗战形势，将发生极大的转变。我们希望外蒙同胞深切地认识自己所处的地位，千万不要辜负了祖国同胞一片热诚的期待。

《边声月刊》

芷江边声月刊社

1938 年 1 卷 1 期

（李红菊　整理）

外蒙达尔哈特区域之现状及达尔哈特民族（Darhats）之由来

王金绂　撰

达尔哈特民族住居于外蒙西北，鲜有人注意。一八六〇年（清咸丰十年），俄人喀斯特连曾游历其地，对于其一切情形，始略有称述。一九二七年（民国十六年），苏联人散瑞耶夫奉本国学术研究院之命，赴达尔哈特区域详加调查，广事搜集，该地之状况，始得大白于世，裨益于学术界者至宏。鄙人年来拟就一般人所漠视之外蒙，作一较为翔实之研究。苏联廿年以来，对外蒙特加注意，前后由政府资遣专门学者，来蒙调查者，不下十余次。其所得之资料，当然可贵。敝人最近搜得苏联人对于外蒙之珍贵著作多种，拟分别编译，作研究外蒙问题之一助。此篇则大部分系采自散瑞耶夫所著《达尔哈特民族调查报告》一文。

一

　　达尔哈特区域，位于普利阔索郭利地方。是地在库苏古尔泊之西，面积约二万方公里，南北长二百五十公里。北为乌鲁达巴（即乌留克达巴），西至布萨别勒赤尔河河滨。河分两支，潆流于达尔哈特境内，河源在达尔哈特之极南部。东部乌连河至巴占山之间，因地界不明，达尔哈特民族与杭嘎乌梁海民族时起纠纷。此处计有流入库苏古尔泊之河流四，即胡达那郭勒、托霍莫克郭勒、黄郭尔伯斯及胡拉嘎郭勒是也。自巴占山至杭嘎庙，四十公里，至乌连郭勒，八十公里，乌连郭勒至哈特黑勒，一百公里。达尔哈特民族，夏季多移居西北部达尔哈特庙附近及赤士奇特郭勒河流域，冬季则移至东南部哲格雷克山与左司同光河之间，及库苏古尔泊之西南角。哈特黑勒之达尔哈特人自东南迁往西北，必须经过哲格雷克山，山路崎岖难行。自哈特黑勒起程，多在五月末六月初，沿库苏古尔泊西岸而行，六月末始达达尔哈特庙。自哈特黑勒至达尔哈特庙，计一百四十公里。此一带高山清流，错杂其间，缀以苍松翠柏，风景极佳。

　　达尔哈特地方之居住区，为哈特黑勒、杭嘎、达尔哈特庙。哈特黑勒为一少数俄人之居留区域，位于库苏古〈尔〉泊南岸，鄂格河河源。有住房三十余处，分列鄂格河两岸。河之左岸，并有蒙古政府所设之机关，如邮政局、蒙古消费合作社支店、兽医处、蒙古酒专卖处等。邮政局于一九二七年二月以前辖隶于伊尔库斯克（Irkutsk）邮政总局。房舍尚系俄帝制时代蒙俄商人所筑，后由蒙古政府内政部所接收。由此至伊尔库斯克可直通电报，惟通电库伦，则须绕道伊尔库斯克。在邮政局对过，为兽医处，系木制大房一所，职员皆系俄人，成绩亦佳。达人对于家畜传染病之预防及治疗，不甚注意。一九二七年夏有沃木斯克（Omsk）兽医专科学生来此实习，于医治畜兽之外，又对达人宣传卫生事项，达人对之反漠不关心。蒙古消费合作社支店密迩兽医处，职员亦系俄人。蒙古酒专卖处，系一九二七年春季创办，所售之酒，皆来自阿尔唐布拉克酿酒厂。此厂系蒙古共和国国营，多消〔销〕于俄人及殷富之达人。此外尚有西伯利亚国家贸易局设立之普利阔索郭利账房，专办收买畜兽事务。账房位于鄂格河右岸，房舍系前中央联合会、伊尔库斯克联合会及铁工厂、货栈等旧址，有职员三十余人。账房职员并组有苏联商业职员协合会，隶于库伦苏联职业联合会。协合会在当地，并负教育责任。账房在达尔哈特庙及杭嘎均设有办事处。账房之前为码头，有轮船一只往来于杭嘎、哈特黑勒之间。库苏古尔泊两岸颇饶风景，西洋某著作家比之瑞士，惟泊中时有飓风，无异海洋，船行其间，颇为困难。距账房不远有苏联航务局，其东南有蒙古海关，系一中国式之小房，围以栅栏，规模甚小。

　　杭嘎居民人数，较逊于哈特黑勒。设有西伯利亚国家贸易局之办事处，惟一职务在购买畜兽，输往苏联。距杭嘎不远，有索伊窝特喇嘛庙，为此一带有数之巨刹。办事处之旁，为蒙古海关，所有自苏联运来之货物，及自蒙运往之货物，均须经过此关。自杭嘎至达尔哈特庙，通有车路，计程九十五公里。

　　达尔哈特庙，为达尔哈特地方居民最多之地。距库苏古尔泊六十五公里，高山环绕，涧溪纵横，风景甚佳。山巅积雪不融，皑皑如画。此地天气高寒，四季降雪，有时降雨，亦系雪接近地时所化者。庙附近皆为自南部迁来之达尔哈特帐幕，为数达四十。附近水草丰肥，为牧畜最佳之地。庙之东北，系高山，松柏甚夥。喇嘛多于秋季前往采取松实及核桃，其产量较伊尔库斯克西南同勘尚丰。庙之西北有小山，缺水泉，居民寥寥。庙之东南亦为高山，山峰长年积雪。达尔哈特庙，即位于盆地之中。庙分两区：一为庙区，一为商业机关区。庙之建筑，盖在十八世纪之末，为西藏式，周围有喇嘛住所数十处。每处住所，均围以高栅栏。内部修饰整洁，于东南方开门。门之对面为短榻，系喇嘛休息及读圣经之处。榻右置圣像，像前置经数册。帐幕内之右方，专为招待喇嘛之处，左方则系招待平常客人之处。幕中设一俄式铁炉，以长烟筒通至幕外。窗孔嵌以玻璃框，故雨点不易打入。较富之喇嘛，恒另搭帐篷，作为厨房及佣人宿舍。庙区之内，亦有殷富之达尔哈特人居住，以达尔哈特和顺之首领索嫩达沙为首，伊有仓房四个，内储珍品甚多。门前修有木甬路，幕系一平台，极似西藏之庙宇。此首领仅来此办公时始居住，平时则住于牧场。此区内有大小喇嘛千余，每日除日常之工作外，并排演关于宗教神话戏剧。排时以三千六百方公尺之地方，收容大小喇嘛百余，并伴以海螺，由年长喇嘛乐师为之指导。喇嘛内计有达尔哈特、索伊窝特及少数哈尔哈人。此外并有窝钦布里雅特人前往就学者，惟彼等专有庙宇。窝钦喇嘛在达尔哈特另有专人护管，名布尔汗赤，彼深谙哲理及蒙藏历史。商业机关区在庙区东南，有毡幕两所，内设达尔哈特和顺管理局。幕之一所为办公兼住宿之地，一所为厨房及佣人住处，幕内设短榻、毡毡〔毯〕等。执事者，于膝上置木板，即以代书桌；皮袋装毛，用以代椅。墙贴布告，中悬列宁像，管理局经费由国家供给，局员七，一为主任，即达尔哈特之富户索嫩达沙也，局员皆选自殷富之家，盖因寒家难有识字者。距管理局不远有海关，内民军四人，主任亦系达尔哈特人。其附近设一普通小学，房舍为〔一〕俄式。室内无黑板、桌、椅等，儿童均坐于木板上听讲。旁附阅书室，壁悬新蒙古革命领袖，如才林多尔志、苏和巴托尔、然木察拉诺、巴托洛夫诸人之像。校内学生不足二十，以有七千达尔哈特人地方，入学者，仅此十余，其教育之不振可知矣。除学校之外，尚有蒙古中央消费合作社、西伯利亚国家贸易局办事处、绒毛股份公司等，皆以收买家畜、绒毛为主。华商店六处，华商营业特殊之权，虽日消失，而经营得法，营业尚属不恶。

二

达尔哈特人大部分以牧畜为业，亦有兼营渔业者，惟为数无几。其角兽——即牛，可分萨尔雷格——牦牛，蒙古〈种〉，海那克——为蒙古牛与牦牛之混合种三种。三种之中以萨尔雷格种为最佳：毛厚而长，身躯亦高大，重量可达二十布达（一布达合中国营造库平制二七·四四六四七七斤）。蒙古种体重较小，且不适于达尔哈特之气候，故多牧于山谷间。海那克种，为数甚少，冬季放牧于山下牧场。一二月极寒时期，则以秋季预储之干鱼为饲，大约掌大之鱼一尾，可供一牛竟日之需。羊及小牛之类，于冬季则以帐幕改造暖棚居之；牛、马等较大之畜，则露地畜养，多择大山崖下避风之处居之，故其家畜倒毙者甚多。每于八月间人民皆赴山谷、森林间割草，晒干，储备冬日饲养较小家畜及孕牛之用。达尔哈特之马与喀尔喀马无异，惟体干较高，马齿易老，推厥原因，盖因草根坚硬，马食须力曳之，日久则齿易动摇。骆驼为数甚少，仅富户始饲养之，至多亦不过五六头耳。畜羊者甚多，因山多草，饲养较易故也。达尔哈特人行路多骑马，亦因山势、河流不适于行车之故。近来，始有苏联人及布里雅特人在此使用车辆。达尔哈特人搬运什物多用牛，用骆驼者甚少。其中等人家多饲养驯牛数头，专为搬运什物之用。非有紧急需用，绝不肯售出。达尔哈特人牲畜买卖之事亦极少。自蒙苏边境封锁之后，与同勘、伊尔库斯克之交易关系几乎断绝。在蒙收买牲畜之机关，仅付现款半数，余款则以货物抵销。此种情形，以中上户所受损失为最大：因彼等售出牲畜数十头，须以半数价额购买无用之货物，因此影响牲畜事业之发展甚巨。兹将本区每户所畜牲畜数目，列表于次：

牲畜种类	富户（头）	中等户（头）	贫寒户（头）
马	三〇〇——四〇〇	五〇——六〇	一——二
角兽（牛）	二〇〇——三〇〇	四〇	五——六
羊	八〇〇——一〇〇〇	二〇〇——二五〇	一〇——一五
骆驼	一——二	二——四	无

依上表所列，中等户之资产，约当贫寒户数倍。全区贫寒户占全人口百分之五十，富户仅占百分之一二，余皆为中等户。其民风颇厚：赤贫之人，可无偿向富户借用马匹，而富户则视为当然。在欧战前因"沙布隆"之殊典，生活极为优越，一切租税均豁免，现犹梦想博克多格根再世，仍恢复以前之生活。其人民对于蒙古共和政府及苏联皆甚怀疑。一因蒙苏边境封锁，苏联人可以来蒙，蒙人无过境执照不能赴苏——同勘；二因"和顺"办事人员，于伊等完税时期，即与当地各商务机关协议，停止收买牲畜，并强迫达人交畜抵款。牲畜以低的估价收受，再以高价售出。用是达人联合数村，另行组织"和顺"，推举村首办理公众事宜，以反"和顺"长官。

达尔哈特人结婚甚早，男子十七岁即可婚配。男女对于婚嫁不能自由选择，须由家长作主。对于男女生年属相极为注意。如女生于羊年，男生于狮年，因狮可食羊，则不能结合。至其家族之间，则极和睦，所有事物，皆由夫妇共同解决之。尊老育幼，各尽其职。年长之尊亲，在家庭中权势极大，子侄辈应绝对服从之。其人亦廉洁诚实，待人亦有礼貌，如远途旅行，到处可得食宿。盗贼之事，甚少闻见，间或有之，亦系邻族索伊窝特人所为。达人率皆面色青黄，体格魁伟，一望可知为一健壮之民族。生产率与死亡率，均极少。其地多飓风，冬季时降大雪，故人必居于帐幕之内，窗孔封闭，烟气满幕，故人多染目疾。又因水中所含物质过杂，患瘰疬者亦不少。其他如染传染病、花柳病者，则甚少。因达尔哈特人对于淫荡者，皆极轻视故也。患病者，多由喇嘛以西藏药品为之治疗。

其普通人之帐幕与喀尔喀同，间有用树枝所制之棚及草棚，则皆为寒户及索伊窝特人所居。其所用碗具，皆系苏联及中国之出品。茶罐有木制、铜制两种。木制者，为达人自作；铜制者，则购自华商。达人之食品，为牛奶及茶。奶制之物，多于冬季食之。奶皮、酸奶、奶干等，仅供宾客夏季食用，本人食者甚少。其奶制之物，有四种：

（1）比司列克——系将牛奶煮至沸点，再置于阴凉地方，俟其发酸凝结成块时，拧去其汁，取其奶干，味极甘美。

（2）阿鲁勒——系用羊奶制成。其制法与比司列克同。仅于煮沸时，所出奶皮，故带酸味。此物为落齿老人之佳良食品。

（3）阿立克——系用马乳制成。上中户人家，恒有乳马二十五头至三十头，将乳取出后，加入酵母，数小时后即成。其味甘肥，多饮亦能致醉。达人招待宾客或家族团聚时，均饮以此物。

（4）阿力昔——系奶制之酒，其味不佳。

（5）托萨——系由牛乳中取出之油，灌入肠中，留作冬季食用。

达人对于肉类，仅冬季食之。食肉之时，不加盐，有时佐以面条，面条用水或奶合成，味极难食。面包固不食用，然有时用面合油制成食物食之，盐与糖用者极少。所余〔食〕之茶，多购自华商。用一卢布二十戈比购绿茶砖一方，击成碎块，置罐中摇之成粉备用。贫寒不能购茶之户，即以桦树根代之。薪柴无须特为采伐，夏季拾集地上之枯枝，即已足用。冬季则由妇孺拾取牲畜便粪，用以暖幕煮饭。达尔哈特人之服饰，多用红色及蓝色材料，其形式较喀尔喀人之衣服，只多一黑色或绿色绒领而已。冬季于衣服缘边镶以皮毛。夏季内着蓝褡裢布汗衫及短裤，外着长衫，系以腰带。男女装饰相同，每人并带小荷包一，内装鼻烟壶，此为达尔哈特人及蒙古人敬客必须之品。足下无论男女老幼均着皮靴，头上则戴以毡帽，帽前镶以小兽之毛尾，或丝球。男子头上均梳发辫，胡须多不薙去。女子则梳辫两个，辫梢系于一处，置于头顶或垂肩上。

三

据达尔哈特老人索嫩达沙、嘎伊林格伦称，库伦博格〔克〕多格根第一时代，在和顺爱尔结赤王地方，有夫妇二人，子七人；夫名前干巴托尔还塔衣日，妇名札拉尔还塔依日。因前干性固滞，时与众人争吵。一日其父训之曰：“我难为汝之父，更难为汝之首领；汝可任择牧场以居。”当赠与帐幕十份及仆从等，并告之曰：“此去对于牧场五处可自由选定，设由我指定，必难使尔满意。”五处牧场，计有高原区、矮林区、多水区、平原区、森林区。前干即领命率仆从携帐幕十、马三百匹及角兽多头离去。三日后，前干又将其父之斑马涂以他色窃去。其父发觉，怒甚，咒之曰：“此后永世罚其无嗣。”前干行至一处，即现在之柴士奇特，其北为完广；后又行一处，夜梦群羊，遂名其地为和泥阿郭勒。此地北距达尔哈特庙约一百公里。一日，前干偶登高原，见一鸟，唱以柴柴之声，遂统名其地为柴士奇特，并久住于是。此后日益蕃殖，部落渐多，帐幕亦增至三百。只以其父之咒语，终乏后嗣，乃赴西藏往求达赖喇嘛。彼时达赖尚称“爽札木萨”。前干至藏，献银五百两、貂皮百张、狐狸二十个、水獭十个，在鲜木布拉庙叩求达赖喇嘛赐以子嗣。达赖当允赐与子嗣二人，男命名为格列克，女命名为结日塔阿海，当由掌子嗣之布尔汗给予纯金佛像一尊。前干归后一年生一女，又一年生一男。因以达赖所命之名名之。前干欣喜之余，复遣使献达赖贵重物品多件。达赖收受礼物之后，并告以此子应充喇嘛，复赐名为格伦呼图克图，女应充尼僧。至其子女长成，前干夫妇即相继逝世。此时忽有一柴木干然木〔布〕者声称："汝格列克应为喇嘛，因姊系尼僧，不当领导群众，汝之财产均应付我。"遂将人兽等物攫去。格列克欲将财产索回，遂驱马匹、貂皮等物往见柴木干然布，并云："请将我之部属给还一部，我使彼等充博克多格根之'沙布隆（即部落之意）'。"柴木干然布允之。此时蒙古完都尔格根第一——即库伦之乌尔嘎胡图克图——诞生不久，格列克往谒，称："我之部属已蒙达赖喇嘛派定，及先父辛劳，始得蕃殖，万望庇护，收为'沙布隆'，以扩张黄教之信仰。"格根遂收归自己统辖。格列克去后，一日宿于鄂根河畔，什物被人窃去，醒后语同行人曰："此必我自己人所为。"因将貂帽抛去，此地遂得名为布尔干嘎札尔——距哈特黑勒一百公里，泉水甚佳，全蒙驰名，病人前来就医者甚多。格列克一日宿于沙河，有人拟将其截获，因其已他去未果。时有札衣茶者，将此情形报告于库伦博克多格根。逾数年博克多格根密派人至达尔哈特侦察，始谙其实情，遂遣使至和顺爱尔结赤王地方，见柴木干然布，令其将部属交出，柴木干然布不允；又越数年柴木干然布赴库伦谒博克多格根，格根仍令其将格列克部属交出，柴木干然布仍未允，归途忽跌伤胯骨，就医于萨拉达巴，三年未愈，乃遣使赴西藏，求于达赖喇嘛。达赖云："汝病无大喇嘛之特许，不能痊愈。且来世转生之形体，复更恶劣，以惩今世之恶。"使者归报，柴木干然布觉悟，乃持贡进谒博克多格根，请将部属交还。

博克多格根云："汝领达尔哈特三年，尚得平安无事，汝可免去罪恶。"柴木干然布归部，病即愈，达尔哈特遂成库伦博克多格根之部落矣。厥后柴木干然布偶去达尔哈特杂衣桑，在乌鲁山（即乌留克达巴，位于库苏古尔泊之北八十八公里，蒙苏边界地方）被一孟凯者所执，囚送乌梁苏台阿木班裁判云云。此为达尔哈特民族由来之第一说。又有谓达尔哈特在库伦胡图克图第三时代，系因兵役派往乌蓝巴托尔北一百五十公里之错木伯勒托卓落地方，嗣以食料缺乏，遂迁回普利阔索郭利。此为第二说。蒙古某喇嘛根据《西藏记事》，断定达尔哈特民族系于一六八七年（康熙二十六年）即二百四十年以前，清代初年，自和顺爱尔结赤王地，迁往普利阔索郭利。自普利阔索郭利并未移往他方。此为第三说。又据俄人多勒别耶夫叙述达尔哈特之种族史，云："达尔哈特从未独立自成部落。其首领结立克诺音及其妻结日塔阿海，最初纳贡于库伦胡图克图第一完都尔格根，后为'沙布隆'。"此为第四说。又据考证，结立克诺音及结日塔阿海，以达尔哈特人自古难驯，遂以之赠与胡图克图。结立克诺音死后，葬于达尔哈特察察因果拉山，并按年致祭罔替云。此为第五说。

总之，关于上述古代达尔哈特民族史，得有两种疑问：（一）达尔哈特人何时及自何处迁至普利阔索郭勒？及何人为之统率？（二）达尔哈特人何时并因何故改归库伦胡图克图之"沙布隆"？按前述《西藏记事》所载，达尔哈特人系于一六八七年迁至普利阔索郭利，多方考证，想系来自库苏古尔泊以西和顺爱尔结赤王地方，果尔则详核十七世纪末年西部蒙古民族史，不难洞悉达族及其他民族迁动情形。彼时正为满清皇帝与额鲁特民族之噶尔丹在中亚争雄之际。噶尔丹之威名曾布满于布里雅特。据此则达尔哈特与额鲁特亦有相当之关系。此外关于达尔哈特民族尚有十七世纪之末某达尔哈特僧人所著《藏文记载》可资考证。据该书所述，达尔哈特与黄教同为一源，祖先即为古代住天吉斯河之卓诺克，与达尔哈特之布哈诺尧那为兄弟行。达尔哈特之确实历史系统，缺乏相当记载，而民间传述又复彼此相跂〔岐〕，殊难得到准确结论。

达尔哈特人坚称，其与乌梁海人同出一源，证诸事实，亦不无相当理由：（一）达尔哈特黄教徒讽咒常用乌梁海语。（二）胡克乌梁海人承认达尔哈特人系其亲族。（三）达尔哈特老人及黄教徒均承认其民众为蒙古人。但现在之达尔哈特民族已混有多种，如：爱列特（即额鲁特）、哈里雅特、满日拉克（或属布里雅特）、苏尼特（或属古蒙古种）等。总之游牧民族之组合，绝非平谈〔淡〕而无波折者，在达尔哈特民族未归附库伦呼图克图之先，本为西蒙古战争结果滋生之部落。考库伦胡图克图第三时代，在喀尔喀地方，有勇士三，即志日尔、郭壁及巴括尔是也。额鲁特亦有勇士二，即噶尔丹与沙拉巴托尔是也。两族相约会战，遂各率部众遇于汗呼凯，两军夹河为阵，喀尔喀之郭壁驻兵处，适额鲁特兵卒汲水之所。某夜额鲁特汲水之人，为喀尔喀勇士射毙，遂易着其衣，暗藏利器，持水桶径达额鲁特驻兵处，刺杀噶尔丹。沙拉巴托尔闻讯，乃率众避于山岭林木丛蔚之处。喀尔喀勇士追至，见林中有炊烟，知为沙拉巴托尔驻地，乃于相当距离，用盔帽绘郭壁像以诱之。遂执沙拉巴托尔。沙拉巴托尔处死，士兵亦被击散。沙拉巴托尔额〔将〕死时，曾嘱勿将其骸骨投于佛门用器之内。喀尔喀勇士于抵库伦后，竟以之制成喇嘛吹笛。未几，战胜额鲁特之喀尔喀勇士郭壁，告于库伦胡图克图曰："此后，库伦如有大灾变，余必速至。"语毕即去，不知所终。斯时蒙古除喀尔喀〔哈〕以西沙依特、茶达尔王、阿马尔沙南三额鲁特部落外，皆投诚于满清。此三部落初欲抗清，后沙衣特突变宗旨，向清自首，并指告他二部之叛逆。清即派重兵往剿，阿马尔沙南等不得已，避于冰山坑内，时有效劳满清之额鲁特人郭木伯然布，告奋勇追寻阿马尔沙南。用剑刺击，仅及其马尾，阿马尔沙南始得逃逸。于穿跃冰山之际，回枪击杀郭木伯然布之马，郭木伯然布检视枪弹内有一函云："俟额鲁特溃败，余再来杀汝，留置额鲁特诺尧纳之枪，余来日再取。"此枪至今尚存于一爱列特人之手。阿马尔沙南竟率众取道中戛里西去。彼有子十七人，爱列特恐阿马尔沙南报复，惶乱无宁日，而阿马尔沙南则已安然落居于西方矣。满清复派兵追茶达尔王，茶达尔王自霍果尔勒经达尔哈特赴霍克，因达人误指路途，于乌衣古勒（即乌梁海）迷途，遂在土鲁特（距杭嘎寺十二公里）被执身死。同时有一护士名古勒宰者，携一黑锅，正驰奔山谷间，被达人射断系锅之绳，锅遂落地，锅为铜制，今尚存达尔哈特寺院内。库伦胡图克图第四生于列同地方，曾由郭壁护送至喀尔喀，故郭壁应为此胡图克图之父执。又据俄人施士马列夫称述，达尔哈特因效劳满清，追护茶达尔王有功，故得归附为"沙布隆"。

前项记载，果与事实无讹，则满清与额鲁特战争之时，达尔哈特亦为主角。据余（散瑞耶夫）等推测，达尔哈特于十七世纪之末（或系一六八七年），因受额鲁特之压迫，自和顺迁至普利阔索郭利，亦即十八世纪中，所以响应满清号召之原因也。茶达尔王，想即柴木干然布也。惟更有进者，库伦胡图克图因捕获沙达尔王（即茶达尔王）之功，满清曾特颁奖状以鼓励之。又据俄人阔特维赤考证，沙士马列夫之记述，不与事实完全相符。因康熙年间完都尔格根时代，达尔哈特人仅迁于普利阔索郭利，即现居之地，并未因茶达尔王叛逆而归附库伦胡图克图为"沙布隆"。仅知茶达尔王与达尔哈特酋长结立克诺音，系处于反对地位。而现在达尔哈特竟将茶达尔王之名颠倒为柴木干然布。又据俄人多勒别耶夫称述，结立克诺音为结日塔诺海之夫，亦与事实不符，因阿海

（即阿哈，系公主之意），非其妻，应为其姊妹。至达尔哈特酋长将部落及人民完全献与库伦胡图克图，系因宗教关系，更未可尽信。因彼时达尔哈特尚未有佛教传入，其所以然者，盖结立克诺因（即格列克）为使达尔哈特民族免除兵役及额鲁特之侵略，而得满清及库伦胡图克图之保护，始为"沙布隆"也。达尔哈特名称之取义，即免除纳税及兵役之民族。但据达尔哈特人之解释，则谓达尔哈特（达尔翰）系铁匠之意，因彼时此地曾住有铁匠二人故也。如是则此地制铁事业应发达，但事实上适与相反。

达尔哈特民族又可析为后列各单位民族：

（1）哈拉达尔哈特；

（2）乌哈达尔哈特；

（3）沙尔奴特；

（4）巴尔奴特；

（5）鄂列特；

（6）朔诺特（朔那特）；

（7）卓塔；

（8）满日拉克；

（9）哈拉特（布拉特）；

（10）霍尔洛马（霍洛勒灭）；

（11）哈拉胡拉尔；

（12）察于胡拉尔；

（13）乌洛特；

（14）苏尼特；

（15）哈尔奴特；

（16）鄂诺特。

霍尔洛马及哈拉特，据达尔哈特人称，系来自布里雅特者。据俄人波塔宁称，满日拉克亦系来自布里雅特。朔诺特族是否系布里雅特种，尚属疑问。至若沙尔努特、巴尔努特、苏尼特则均为蒙古种，鄂列特则为额鲁特种。据达尔哈特人统计其民族人口，布里雅特与额鲁特人，可占全人数三分之一。如此计算，则蒙古人数仅七千，余则均属乌梁海人矣。

达尔哈特民族之成立，可断定为十七世纪之末，满清与额鲁特在中亚战争时，蒙古民族往来迁移之结果。此民族之大部分，为受额鲁特影响之蒙化乌梁海（索伊窝特）人。小部分为布里雅特、额鲁特、哈尔哈等蒙古民族。至达尔哈特占用蒙古语文之时期，则因无确实证据，难以断定，兹就其方言考证，而得后之结果。

达尔哈特之方言，极似额鲁特语，而又杂有喀尔喀及布里雅特语音。至于乌梁海语，则仅黄教徒讽咒时偶一用之。刻据俄人白申考察，同勘索伊窝特人于十八世纪，尚沿用现在下乌金斯克区域山林间喀尔喀人之语言，若然则达尔哈特人于十八世纪应曾沿用喀尔喀语文。同勘索伊窝特现名为窝钦和卓（阿拉尔布里雅特人称为和卓特），达尔哈特人承认彼辈系其直系亲族，而于二百年前，离去达尔哈特，迁往窝钦山岭者。至其所以迁往之事实，则达尔哈特人无有能道之者。余各窝钦索伊窝特与同勘布里杂〔雅〕特之语言、帐幕形式等一切习俗莫不相同，黄教徒之服饰亦与喇嘛同，惜一般学者殊少注意及之者。阿拉尔布里雅特人有娶窝钦女子者，而窝钦人娶阿拉两〔尔〕布里雅特女子者，尚未一见，足见窝钦与阿拉尔人之关系密切也。又据俄人喀斯特连考证，同勘索伊窝特（即窝钦和卓）系达尔哈特之伊尔奇特种，共有人口二百，即现在组成布里雅特蒙古自治政府同勘之窝钦和卓单独部落。余（散瑞耶夫）意窝钦和卓住于窝钦山林间，对于古代传说，必尚能保留，若能加意研究，则对达尔哈特人之古代考证，更可得若干珍贵资料云。

四

达尔哈特之黄教（与喇嘛教中之黄教异）极神秘，有非理智所能解释者。据云，人皆有一灵魂，为被鬼魂摄去，人即死已，故人患病，即由其家眷招请教徒为之祈祷，并设法驱逐鬼魂。人死即成鬼魂，恶人之魂为伯霍勒达，存留于地上或地下；善人之魂为札然赤那尔或称前格列，居留于地上或天堂。鬼魂之生活与人间无异。达尔哈特人并称皂上亦有小鬼魂，形如小儿，体小似手指。因恐冒犯，故相戒不可将污秽之物投掷火中。又因其喜食，故常与以奶、肉，但酒则绝不献与，恐其因醉而发生火警。黄教徒多半为巫卜，代人占测未来事务。伊等迷信之事极多，为帐幕之窗孔不可启之过半，手不可摸扶门限等。兹将黄教神秘传述数事记后。

（1）巴格拉者，一著名女教徒，住于阿嘎尔河河干，生子女各一，子名伯尔郭特伯，性极凶恶。某次窃一牛，事发被人追踪至日布海特黄瑞地方一高山上，彼一变而为鹰，飞至山岭，追者不能攀登，遂往询其母。其母曰："吾子最喜吸烟，若于山下堆烟叶焚之，彼即闻香飞下。"如法行之，果被射获。解送乌兰巴托尔（即库伦）裁判，但无论如何惩治，皆不能致其死命，嗣彼自行拔刀置于脖项始死。其母闻之，怒此山未能保护其子，因呼雷将山轰碎。其女为结日特伯之妻，一日，因其翁公将伊招怒，自行剖腹而死。此二人葬于古尔巴克。和顺远近民众，均以奶食品致祭，至今弗替。

（2）沙拉札林，亦为达尔哈特黄教徒，自布里雅特携回一女教徒为妻，途中宿于天吉斯河畔。因乏食粮，遂招布里雅特鬼魂二，命其取送肉食。此鬼适为其妻之亲属，遂持半牛以献。此时，一布里雅特人之牛忽然倒毙，将皮剥去，仅余全牛之半，盖其另半牛即为鬼魂献与沙拉札林者。其后二鬼即长住达尔哈特，是为布里雅特鬼。如有病人、病兽，即以羊肉、奶酒等物祭之。其供奉仪式，即宰羊一，连骨同煮，供于鬼魂之前，讽咒后，由参加之人分食此肉。其偶像系以兔皮制成，贴以杂色之条，惟无黄色者。其偶像多置于幕内或林中。

（3）作诺克哈日者，为一有名之黄教徒，火烧、剑刺、箭射，均不能致其死。一次彼于古尔斑赤巴山作法九日，忽由天祭〔际〕降铜刀一，继又降一鬼，其状似人而鹰口，臂生翅，头生角，状至可畏。后世如人畜患病，即祭以肉、奶。其供奉仪式，一如前述。鬼像亦可定制，皆为铜质，高八公分至十四公分不等。

（4）有某教徒窃骏马一，后即发现鬼魂二：其形似人而小，同于玩具。其偶像系用毡制成，置于帐幕内，发〔供〕奉仪式如前。

（5）一达尔哈特人游牧于奇尔吉兹地方，有奇尔吉兹鬼魂附其马鬃上，抵达尔哈特，即居其地。此鬼不制偶像，仅于马鬃束毛。其供奉之法，系于马前置白毡一方，用以代桌，上陈糖果、牛乳制物等（不用酒肉）。教徒讽咒后，即将祭品分食。惟束毛之马，妇女禁止骑用。

（6）古时霍郭尔格地方（在达尔哈特西），有教徒苏格达耶日勒者，其更夫名唐吉藏吉。某日天晴无云，忽被雷击，达人引为奇异，是后凡马之被雷击毙者，皆弃于远方松柏树枝之上，并预先将其肉切成碎块，以饲禽兽。

（7）二十年前有然嘎札林者，左肩生松树，高十二公分；右肩生杉，高与松同；口中突出大牙四：二向下，二向上。称述者曾所目睹，有达尔哈特人欲觕其牙，则牙利如刀，将手刺伤，因而致死。

（8）达尔哈特人迁至普利阔索郭利后五十年，有乌梁海鬼魂来达尔哈特。其偶像用皮毛及木料制成，悬于帐慕〔幕〕之内，其供奉仪式如前。

前述之鬼魂中，有一部分曾为盗贼，其理颇费思索。至于供奉之仪式，与西伯利亚西北部相同。其原始所以如此供奉之意义，殊少研究者。兹欲研究，须先注意其举行时之情形：（一）供奉须在初夏时期；（二）参加之人，于讽咒时，均食供肉一块；（三）持供肉欲食之先，如参加者为布里雅特人，则高呼"阿胡利"，如为阿尔泰人，则高呼"沃普库鲁衣"。按布里雅特于病人垂危之际，则呼"沃普库鲁衣"，或"阿胡利"，其意为招魂，可无异议。游牧时代以前，以夏为一年之首，宰割牲畜，必高呼"沃普库鲁衣"，或"阿胡利"，以招神鬼之灵，其制盖自古相沿以至今日。兹余（散瑞耶夫）再将达尔哈特所见之神鬼偶像，举数例以述。

在错陈泊有毡幕一所，主人为多尔日，壁间悬一偶像，系伊祖母出嫁时之像，携自乌哈达尔哈特母家者，像贴于蓝色褡裢布上，布宽二十公分，长六十公分，布之下端剪成穗形。像高约八公分，帽上及两肩均插鹰羽九。帽及两袖，系黑貂皮制成，腰间束一横带，系用红布制成。上连金丝线之背带两，口眼镶以铜块。身躯系用皮裁成。此外多尔日尚有偶像三，系伊母四十年前携自察干胡拉尔者，偶像与前所述者略同，惟胸前多一皮领，又如前神秘传说之第七项所述，肩生松、杉。于图画上，则带以鹰羽，此物似有重大意义存在者。兹余（散瑞耶夫）再述一关系历史之发现，即黄教灵魂庙是也。缘一九二七年，余（散瑞耶夫）在列宁格拉得时，布尔达阔夫语余在达〔达〕尔哈特地方哲格雷克，有一黄教庙宇，但伊未能亲往视查。而余现在达尔哈特庙西二十公〈里〉轻〔经〕错陈泊附近，见此同样之庙宇。庙位于疏松林内，形似西伯利亚式之仓房，长四公尺，宽三公尺，高二公尺，门东南向，系自左向右开者，适与普通帐幕之门相反。其内部陈设为：

（1）东墙角置枯松枝一根，上置白布一方，内书藏文。

（2）中央有隔扇一，上悬长六十二公分各种颜色马尾及羊毛于红布编成之长条上，隔扇亦封闭。

（3）隔扇之曰〔旁〕，四方高矮桌各一，高桌在前，矮桌靠墙，桌上置一泥碗，及一祭神用食奶食物之用具，名为"塔萨尔"。

（4）桌旁置一大木盘，为祭神置肉之用。

（5）门外之影壁边际置一木棒，带以杂色布条。

（6）铁头木箭，箭尾之翎羽，亦为木制。

（7）用羊毛编制之鞭。

（8）铁环三枚，穿于一小圈上。

（9）木头木箭，箱〔箭〕羽亦木制，两端涂以黑油，中间涂红色。

（10）小铁弓一。

弓簸〔箭〕等物，据余（散瑞耶夫）理想，必系最初黄教徒驱逐恶鬼所用者。庙内鬼魂供品以奶食为主。统计达尔哈特全境，此种庙宇共有三处：一为前述者，一在哲格雷克，一则地点未详。庙之建筑，据云系仿喇嘛寺样式，但余未敢深信。前已言此庙极似西伯利亚仓房。据达尔哈特人称，庙之建筑已有一百五十年，考达尔哈特与俄人接触仅在前世纪之中，在此以前未有他方文化输入，故此庙之建筑，纯为本地艺术。至庙之来源如何，亦有〔有〕研究之价值。

黄教教徒非尽人可为，须其祖先曾充教徒，始能承继。兹介绍一教徒小传，即可明了其梗概。有巴格达尔者，生于察干胡拉尔，系一私生子。母为教徒，能用咒语使人患病，死后即沦为鬼魂。其子于三十一岁以前，曾为喇嘛，不时患病，喇嘛均不能医治。嗣后察视圣经，知彼有教徒之分，须充教徒，否则即死。因此拜一名茶格达〈杂林〉者为师，习技二年，至三十四岁举行卒业仪式。先于帐内插一松枝，上系布条，嗣由其师讽咒，用松枝沾水击打教徒。后再由新教徒持桦木枝一束，于鬼魂偶像前痛哭。礼毕将松枝及桦木均插于教徒先人之坟墓上，并系以布条。教徒献其师马一匹、数卢布，以为酬报。

那得马特者，为一女教徒，生于窝诺特，现年二十七岁。其事迹更为新奇，其父为教徒，因精神错乱而亡，其母为尼。彼十岁时，有彼已卒之堂兄，于梦寐中介绍一青年为彼之夫，彼拒绝之；其兄竟用诸方法以陷害之。一日梦彼在牧场牧羊，青年竟自一高松树上爬下，将彼奸污。至十二岁遂为教徒，并为此青年之妇，并产生三子，均在梦中始能晤面。人鬼之间能发生夫妇关系，盖纯属心理作用，即姜切尔林格所谓"超越世界"也。那得马特长年为鬼物所缠，因以致病，后得黄教教师之助，病始霍然，青年夫婿亦自此不再来矣。因酬师马、牛、羊各一。达尔哈特黄教徒极多，到处可见，教徒死亡，从前多葬于林内，埋以树枝，缭以短垣，生前用品均行殉葬。现在则置诸林间或原野，用饱野兽之腹。

至巴格达尔住室所陈设之物，亦不一而足。其帐幕西面墙上挂有宽绸数方，上贴鬼鬼〔魂〕偶像，第一幅为伊外公那嘎察家属，有其母与二女郎、一男童、一女童及其外公。其母之像，系用白铁制成，头戴貂帽。第二、第三两像则由黄铜制成，余皆为红铜，像高约九公分。此幅系巴格达尔之母携自察干胡拉尔者。第二幅为其师茶格达杂林之家属，共九人。据巴格达尔称："此幅为一百五十年前之物，已曾代表若干人物矣。如余（巴格达尔）死后，余之后人将此像送于林内，数年后持回，即为余之偶像矣。"第三幅则为沙尔奴特之木连嘎偶像，北面墙上为乌西哈旦鬼魂像，系箭头上一马首，传系保护婴儿驱逐恶鬼者。西北之对面，供有各种佛像。帐幕之内，均为偶像。佛像之旁则为后列各种教徒衣饰用品：

（1）衣饰为喀尔喀式短衫，山羊皮制，以羊皮条代纽扣。背有鹰羽两束，讽咒时扇之如两翅。羽下一环，系以杂色布条，旁有长六十六公分杂色长条两束，每束各三十。

（2）帽为红色所制，宽九公分，围长五十三公分，直径可得十八公分。形似长条，戴时围于头上，脑后系以绳。前檐密悬六公分长之短条，上插鹰羽十七。额际钉以铜制之人面像，如图一，两旁钉以红铜所制之耳。

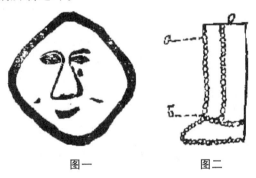

图一　　　　　　　　　图二

（3）靴为羊皮制，如图二，极粗笨，两旁为缝口，前边 a、b 钉带，共十一枝。上口有皮条，为穿时牵拽之用。

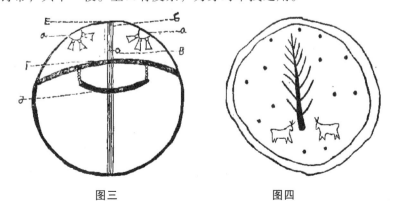

图三　　　　　　　　　图四

（4）皮鼓直径六十二公分，厚十八公分，为干马尾松木制成。鹿皮为面，中间直穿鼓柄。鼓内穿以弓状之横木棍。木棍两端，距鼓墙十三公分地方，系皮条二，端头系长二十六公分弓状铁棍一。鼓内上边钉有马掌状铁耳环二，环上钉以小喇叭（共六枚）。鼓内柄上距横木棍约四公分地方，钉一铜环，环上系有马尾鞭及木槌，槌上系铜环九，可以击打鼓面。如附图之三，即鼓之内面图，a 为马掌状铁环及喇叭，b 为鼓柄，B 为系槌之环，r 为弓状横木棍，d 为皮条所系之铁棍，e 为鼓墙。鼓之皮面以红漆绘杉松一株，两旁绘小星十三，山羊两只。周围绘一圆圈，如附图四。鼓之围墙则钉以马掌或鹿掌二、羊掌二十一，按马之骨节排列之。缘边以丝线，作为马筋，俾教徒得此马形之力，游行阴界。

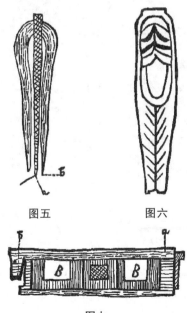

图五　　　　　　图六

图七

此外，余（散瑞耶夫）于女教徒那得马特处见一物，名为"胡尔"，如图五。此物为钢铁制成，长十公分半，中间铁条之尖 a

连一曲针。用时将马掌状之端头，用牙衔之，以手拨动中条，即
可发出音调。此物盛于马形匣内，此匣为一匣盖、一匣底合成。
匣盖之上绘树一株及一卵形之物，如图六。匣底无绘图，如图七。
"胡尔"之曲针，伸入马首（图之 B 处），匣底上部挖有凹处。为
置"胡尔"之地（图之 a 处）。匣后育〔有〕马尾，匣中有穿空之
孔（图之 B 处）。按"胡尔"，吾国北平及河北省东部亦有，用法
亦同，惟无精致之匣以盛之。

《西北史地》（季刊）

西安西北史地学会

1938 年 1 卷 1 期

（王芳　整理）

蒙古种族之系别及其分布

曾崇慧 撰

前言

蒙古地方人种，代有变迁，向称复杂，且与汉、满两族及西伯利亚土人，间有血统混合者。现栖于内外蒙古及呼伦贝尔等地之人，概分三大族，最要者为蒙古族，其次为通古斯族，又其次为汉族，此外有别于蒙古之鄂托克等小族及回族，居最少数，要皆为中华国族之一部，就中自以蒙古族居其主位。近数十年来，彼斯拉夫族、大和族，挟其优越之势力，骎骎侵入，继续移殖于蒙古地方，几有喧宾夺主之概，是固为我国民族生存上一大危机，抑亦由我民族意志之消沉而致然也。但从法律上观察，若辈在未依法归化、取得我国之国籍以前，吾人只能认其为"外侨"，不能认为蒙古土著之新种族也。至蒙古地方原有各族之起源及演进之详情，让之历史学、人类学之考究，姑不具举。兹述其种族之系别及分布之地域如下。

一　种族之系别

（一）蒙古种族可分下列四种：

（A）喀尔喀种 此种人身体修伟，骨骼坚强，面扁平，颧高鼻低，肤色黄赭，为元代后裔，姓博尔济吉特氏。其人朴质勇敢，民众组织，一勒以军队之法，且自幼驰猎，习骑射，故骑兵尤精。元代初起，得以并吞邻部，入主华夏，几乎混一欧亚；前印度之莫卧儿帝国，亦此族所建立；即清代之成功，先后得其助力实多，在历史上具有光荣之种族也。

有巴尔呼者（巴尔呼，一作巴尔虎），亦属喀尔喀人；惟依其归附之先后，有新旧巴尔呼之分。清康熙年间投来者，曰旧巴尔呼，或曰陈巴尔呼；乾隆年间投来者，曰新巴尔呼。

（B）额鲁特种 一作厄鲁特，亦云鄂勒特，即所谓喀尔满克蒙古。此种人躯干强壮，头大发黑，目小鼻低，颊宽面平，肤色黄黑，纯粹之蒙古种也。喀尔喀种，尚具有汉、满两族及俄罗斯、土耳其等血统之混合种，而此种人则保持其种族之原质。额鲁特旧分四大部，部自为长，名曰四卫拉特，卫拉特即《明史》所谓之瓦剌也。兹将四卫拉特各部及其历经变迁之情形，列叙于后：

（1）准噶尔部，即魏源之《圣武记》所谓绰罗斯部，盖准噶尔与杜尔伯特，均姓绰罗斯，元臣孛罕之裔也。此部在四卫拉特中最称强悍，执诸卫拉特之牛耳，而为其会宗；蹂躏喀尔喀，扰攘西北者将近百年，枭杰之才辈出，如巴图尔浑台吉、噶尔丹、策旺阿拉布坦、噶尔丹策凌等，其著者也。

（2）杜尔伯特部，一作都尔伯特，元臣孛罕之后，姓绰罗斯氏。此部在四卫拉特中最称安顺，其人能耕能牧，与准噶尔同族而驯桀不同。有辉特者，势最微，附隶于本部。

（3）土尔扈特，元臣翁罕之裔，其姓不著，其中有新旧土尔扈特之分，以渥巴锡率归之旧部为旧土尔扈特，即乌讷恩素珠克图四路盟及额济纳旗等是，以舍陵所属旧部为新土尔扈特，即青塞特奇勒图盟是也。

（4）和硕特部（一作霍硕特），姓博尔济吉特氏，元太祖弟哈布图哈萨尔十九世孙顾实汗之裔也，本属喀尔喀人，惟以顾实汗之祖博贝密尔咱始称额鲁特汗，遂为四卫拉特之一。其安插哈弼察克之和硕特，与新土尔扈特同由俄国来归，则称新和硕特。

以上四部，为最初之四卫拉特。明崇祯年间，准噶尔部恃其强，称霸诸卫拉特中，土尔扈特汗和鄂尔勒克与之交恶，挈其部族徙牧俄罗斯属额济勒河流域，以避其锋；于是以附属杜尔伯特部之辉特列为四卫拉特之一，而四卫拉特之集团分子一变，而成为以左之四部：

（a）准噶尔部（仍旧）；

（b）和硕特部（仍旧）；

（c）杜尔伯特部（仍旧）；

（d）辉特部（新立），辉特姓伊克明安氏，元臣扎巴甘墨尔根之后裔。

以上四部，乃土尔扈特北徙后之四卫拉特也。土尔扈特部徙俄境以后，因其生活环境不同，宗教亦异，至和鄂尔勒克六世孙渥巴锡（一作乌巴什）为土尔扈特汗，乃于乾隆三十六年率所部由俄来归。其时准噶尔部已于乾隆十九年平定，凡其残余之部众来归者，则称为绰罗斯或额鲁特，不复著准噶尔之旧号，因此鄂鲁特亦有新旧之分，在乾隆十九年以前，陆续内附者，为旧额鲁特；十九年以后安插者，为新额鲁特。至是所谓四卫拉特者，遂行分化，数其名则有六部，其部名如下：

（一）和硕特；

（二）土尔扈特；

（三）杜尔伯特；

（四）辉特；

（五）绰罗斯；

（六）额鲁特。

以上六部，传统至今，迄无变动，是不惟四卫拉特之集团又一变而分散，因而四卫拉特之旧号，不复存在，即"额鲁特"原为诸部之总称者，且同时与诸部平列而为其分称矣。如《大清会典》谓："游牧阿拉善之和硕特一旗，亦曰额鲁特之号。"亦此例也。后之图籍有称阿拉善额鲁特者，有称阿拉善和硕特者，学者间往往怀疑，莫知孰是，其实额鲁特为其总称，和硕特为其专号，均无不可，惟自有《大清会典》前项之说，以称阿拉善额鲁特者较为普通耳。吾人考卫拉特种族，无论其分化若干部，当然仍以"额鲁特"冠其诸部之总称，同时须知额鲁特又可为诸部分称之用，学者庶于其名称，了无疑义矣。有扎哈沁及沙毕那尔者，亦皆属于额特鲁种。

（C）乌梁海　《明史》之兀良哈，其人自称曰动瓦。躯干魁伟，骨骼坚强，头大额耸，而平鼻低，目小眉浓，发髭遒黑，臂长胸突，肤色黄而黦，以渔猎为业，称〔亦〕有从事耕牧者，强悍残忍而好斗，其语言与喀尔喀人异，而文字则同。清初征服之，就地分编为旗，视同野兽河鱼，听其自生自灭，未尝置理，遂为俄人蚕食。民国七年，唐努乌梁海之役，土人起而内应，与我协力驱逐俄人，曾一度收复故土，则其爱国保种之忠勇气概，未可以其人僿野而少之。明阿特人，亦出于此族。亦有谓乌梁海人，属于通古斯族者。

（D）布里雅特　本蒙古种，复含有萨贝加尔土人之血液，其体格、面貌、肤色等，与喀尔喀人相仿，语文习俗亦与喀尔喀人无异。其人聪秀，富有种族思想，鉴于成吉思汗之往迹，常思建一独立之蒙古国；挽〔晚〕近布里雅特青年，多受俄国高深教育，其智识较喀尔喀人为优。除在俄属西伯利亚建立布里亚特蒙古共和国外，民国十年，外蒙古第二次独立，出于布里亚特人之动机为多，以与喀尔喀人同种关系，故能团结一致，努力合作，至今外蒙古党政机关领袖，多属布里亚特人，如现掌外蒙政治最高权利之达什达瓦，即其一也。

以上喀尔喀、额鲁特、乌梁海、布里亚特四者，皆属蒙古种。此外尚有别于蒙古之六鄂托克部，及古罗格沁人，均栖息于外蒙古地方，在喀尔喀、额鲁特、乌梁海三部之间，而各成一部也，附述于后：

（甲）六鄂托克部

（一）大和托辉特；

（二）小和托辉特；

（三）哈柳沁；

（四）托斯；

（五）奢集努特；

（六）明阿特。

以上六者，统称六鄂托克。其中之明阿特人，原出乌梁海，而加入六鄂托克之集团，犹之和硕特原属喀尔喀人，而加入四卫拉特之集团，同一例也。厥后，前清令明阿特分出，另设一旗，属科布多管辖，其余五鄂托克之人，则分隶于扎萨克图汗部之中左翼左旗、中左翼末旗、中右翼末次旗等四旗所属游牧。

（乙）古罗格沁

此种附属于土谢图汗旗，居于卡伦附近，以打牲为业也。

（二）通古斯族　通古斯即东胡之转音，俄罗斯语为喀穆尼汉。秦汉时之东胡，汉以后之鲜卑，隋唐时之靺鞨，唐末之契丹，宋之女真等，皆属此族，满清亦由此族而兴。此族至今，间有与蒙古种混血之部分，其与蒙古族同隶于呼伦贝尔者，有索伦、达呼尔、鄂伦春、毕拉尔及满洲五支系，分述于次：

（A）索伦　一名素莪罗，契丹之遗族，杂有蒙古种血，身体长大，骨骼坚强，头部椭圆形，面圆鼻低，额宽颧秀，细眼黑睛，额广口大，发黑须少，肤黄色，旧为打牲部。清康熙三十年编入旗籍，名曰索伦兵队，其兵数有一千六百三十名，附以达呼尔、陈巴尔呼，共编八旗，曾北征俄罗斯为前驱，极骁勇。雍、乾以还，伊犁、卫、藏诸役，靡不从征，均以勇敢著称。有海兰察者，以战功特起，知名于时。咸、同间，蒙古僧格林沁平捻豫东，麾下西丹精卒（西丹，谓尚未正式入伍者），尤称劲旅。有谓康熙时议定《尼布楚条约》之较为胜利，即由索伦人之活动使然也。是则索伦人非徒勇也，抑且智矣。

（B）达呼尔　亦名爱门人，俗称打狐狸，或作打虎力，又称达呼里，亦为契丹之苗裔，杂有蒙古血统者。身体高，骨骼粗，面扁平，亦有细长者，眼斜发黑，初为打牲部，即〔既〕为定居之畜牧，且有进于农业之倾向。清康熙二十八年，编入八旗，雍正十年，编制索伦八旗以内。其人生齿庶富，在通古斯族中，开化最早，不仅辽朝为其组立，辽亡则仕金仕元，皆有建树。厥后造成后辽，及今又立呼伦贝尔政厅，掌执政权，其文化政治，颇有悠久之历史也。

（C）鄂伦春　为索伦之别部，纯粹通古斯族也。身体矮瘦，头大而前部压颈，额广鼻短，面平颧秀，鄂〔颚〕部突出，眼睛茶褐色或黑色，发黑须少，肤带淡暗色，亦属打牲部，又呼为使鹿部，即元时所谓之林木中百姓，清初所谓之树中人也。性甚愚悍，居无室庐，散处深山，迁徙靡定，衣皮食肉，有步及猛兽之能。武器射击，无不命中，殆称绝技，勇鸷与索伦人相近，其兵制有马队、步队二种。清同治初年，吉林马贼猖獗，吉林将军调鄂伦春马队五百名往剿，一战而定，其勇猛善战如此。惟利用"沃利恩"（即四不像）以为乘载，与之同居潮湿之地，多患疥癞而死。其育儿初生一二月，以皮兜悬树上，出恒三五日不归，啼饿以死与果兽腹，弗计也，故其生殖因之不繁，久之恐有灭绝之虞。

（D）毕拉尔　为鄂伦春之别部，亦打牲部落也。其人身体、骨骼、面貌、习惯等，与满洲人相类；性情生活等，则与鄂伦春人相若。

（E）满洲人　此种人躯干不甚高大，额广颊高，目大发黑，须髯稀疏，男女丰姿秀雅，性朴直，重廉耻，有尚武之风。清代定制，凡满洲人编为八旗，幼习弓矢，长服兵股〔役〕，平准回、征廓尔喀、定台湾及大小金川诸役，满洲兵无不戮力行间，厥后武勇之气，亦日凌替矣。满洲语言文字，仅有呼伦贝尔一隅，至今习用，余则大部深染汉化，以精研汉字书义而著名于时者，正复不鲜，此乃随清室入关者为然，非所论于居住蒙古地方之满人也。

（三）汉族　汉人之移居内外蒙古而成其土著者，皆与蒙古毗连或附近各省，如河北、山东、山西、陕西等省人为多，其他省之人亦间有之。其移往之原因，不外左之四端：

（A）农垦，有由蒙古王公招佃，以垦辟其旷土者；有农民自由前往耕作以谋生计者；此皆河北、山东、山西、陕西等省之人，缘蒙古人不知耕种，非利用内地农民不可。

（B）经商者，则以河北、山西两省人为最多，所谓"津帮"、"西帮"是也。数百年来，津、西两帮垄断蒙古商场，树立坚确不拔之势力，并掌握全蒙古金融之大权，非伊朝夕矣。近自外蒙古革命，所有该地之华商根本，被俄人一旦摧残殆尽，取而代之，其损失达数千万元云。

（C）谪戍，系流窜充军之民。前清文武大小官吏，以罪获谴，发往阿尔泰军台效力，因携妻孥前往戍所，不复还乡者，此南北各省人偶有之。

（Ｄ）征人，系历来从军之士卒，流落于蒙古者，以山东、河北及安徽等省人为多，其他各省亦间有之，尤以民国十年外蒙战争失败时为最，溃散不能归还者，无不淹留于蒙古地方，久之遂成为土著矣。

此外尚有少数回族，在蒙古佃农为业，非昔日突厥回和阗移来。其人种用回语，奉回教，后渐趋蒙古化，习用蒙语，并有多数信仰喇嘛教者，但于婚丧礼节等，仍略具回教之仪式。

二　各种族分布之地域

蒙古各族，在本国分栖之地甚广。本节以内外蒙古、西套蒙古，及清代所谓内属蒙古之各游牧部，如察哈尔、归化城土默特及呼伦贝尔等地为范围，其游牧新疆、青海两省者，则附述于各族之后，以资一贯之研究，兹分叙之。

（一）蒙古种之喀尔喀族，各部分部之状况如左：

（甲）外蒙古四部落，皆元太祖十六世孙格埒森札札赉尔台吉之后，依四部落之位置，由东而西言之。

（1）车臣汗部　本部所属喀尔喀二十三旗，跨克鲁伦、敖嫩等河游牧，东接呼伦贝尔，西抵肯特山及察罕齐老图，北至温都尔罕接俄国界，南抵塔尔衮柴达木，接瀚海。

（2）土谢图汉〔汗〕部　本部所属喀尔喀二十旗，跨土喇哈拉，及鄂尔坤下游等河游牧，东至肯特山以西，迄于翁金河，北抵楚库河，南暨瀚海（其附隶本部之古罗格沁人，已详于前，现属本部之库苏古尔乌梁海部，另详于后）。

（3）三音诺颜部　本部所属喀尔喀二十二旗，跨鄂尔坤、色楞格两河上游，及拜达里克、推河、翁金等河而游牧，东自博罗布尔哈苏鄂伦，西至库尔萨雅索郭图额格岭，北至齐老图河，南至齐夕尔里克抵瀚海（其附牧之额鲁特二旗详后）。

（4）札萨克图汉〔汗〕部　本部所属喀尔喀十八旗，跨坤桂、札盆、济尔哈及旁德勒格尔特斯上源等河而游牧，东至翁衮、西尔哈、勒朱特，西迄喀喇乌苏、额埒克诺尔，北抵特斯河，南至阿尔察喀喇托辉（其附属之五种鄂托克人，已详于前，辉特一旗，另详于后）。

（乙）内蒙古六盟

（1）哲里木盟　本盟有科尔沁、札赍特、杜尔伯特（此与四卫拉特之杜尔伯特同名异族）、郭尔罗斯四部，皆元太祖弟哈布图哈萨尔之裔。其栖息之地，在辽宁柳条边外，索岳尔济山以南，跨嫩江及东西二辽河诸流域。分属辽、吉、黑三省，略当本盟各旗及辽宁省之洮南、洮安、辽源、双山、通辽、昌图、康平、开源〔原〕、梨树、安广、怀德、瞻榆、突泉、镇泉、法库等县，吉林省之长春、农安、长岭、德惠、乾安等县，及黑龙江省之大赉、泰来、景星、安达、肇州、肇东等县境内。

（2）卓索图盟　本盟除喀喇沁三旗及土默特左翼一旗，皆为元臣济拉玛之后，姓乌梁海氏，非喀尔喀族外；其土默特右翼、锡哷图库伦、喀尔喀各族，皆为元太祖后裔。其栖息之地拥有傲木伦霍济勒、库昆诸流域。属今热河省，略当各本旗及朝阳、阜新、绥东等县境内。

（3）昭乌达盟　本盟有敖汉、奈曼、巴林、札鲁特、喀尔喀、克什克腾、阿噜科尔沁，与哲里木盟之科尔沁，同出一宗，亦为元太祖弟哈布图哈萨尔之裔，至翁牛特则为元太祖弟谔楚因之后。其栖息之地，跨老哈、西辽、达布苏图、新辽诸河流域。属今热河省，略当本盟各旗及绥东、建平、赤峰、围场、经棚、林西、林东、开鲁等县及鲁北、天山两设治局境内。

（4）锡林郭勒盟　本盟有乌珠穆沁、浩齐特、苏尼特、阿巴噶、阿巴哈纳尔王部，前三部皆元太祖十六世孙图噜博罗特之裔，后五部皆元太祖弟布格博勒格图之裔。其栖息之地，跨有锡林、鸡林、乌尔虎秃河等河流域。东自苏克斜鲁山，西至特莫格图，及陀克陀瓦托罗海，抵乌兰察布盟界，南接察哈尔部，北连瀚海，属今察哈尔省。

（5）乌兰察布盟　本盟乌拉特、四子部落、茂明安、喀尔喀四部，前三部皆元太祖弟哈布图哈萨尔之裔，后一部为元太祖十六世孙格勒森札札赉尔浑台吉之后。牧地当河套以北，阴山左右，跨有锡喇、爱布哈、塔尔浑及哈达满勒等河。属今绥远省，略当本盟各旗及武川、固阳、大余太、五原等县境内。

（6）伊克昭盟　本部有鄂尔多斯七旗，皆元太祖十五世孙达延汉〔汗〕之裔。地处河套之内，东、西、北三面均临黄河，南抵陕西省长城边界。属今绥远省，略当本盟各旗及东胜、五原、临河等县及安北、沃野两设治局境内。

（丙）察哈尔部　《明史》称曰插汉，乃元裔小王子之后。清初编为八旗，分左右两翼，翼各四旗，左翼有正蓝、镶白、正白、镶黄四旗，亦曰东四旗；右翼有正黄、正红、镶红、镶蓝四旗，亦曰西四旗；又有商都、明安、左翼、右翼四牧群，合两翼八旗四牧群，亦曰十二旗群。其分驻之区，在独石、张家、杀虎三口外，北与阿巴噶、阿巴哈纳尔、苏尼特、四子部落等部相接，东抵热河省围场、经棚二县界，西至归化城土默特界。

左翼四旗及四牧群，属今察哈尔省，略当张北、多伦、沽源、康保、商都等县及化德、崇礼、尚义等设治局内。

右翼四旗，今划属绥远省，略当丰镇、集宁、陶林、兴和、凉城及察哈尔省之商都等县境内。

此外有属于新疆省之察哈尔——清乾隆三十九年，平定西域后，曾移察哈尔人户一千八百三十七人，驻防伊犁、喀尔巴哈台二处，伊属编为八旗，塔属仅一佐领，今已成土著矣。

（丁）归化城土默特　有左右翼二旗，元太祖十六世孙阿尔坦之裔，与卓索图盟土默特右翼旗，同一部族。栖息于大青山之阳，拥有黑河、紫河两流域，东抵察哈尔及四子部落界，西接鄂尔多斯部，南至山西省边〔城〕界，北与乌兰察布盟、四子部落、喀尔喀右翼、茂明安等旗接壤。属今绥远省，略当归绥、萨拉齐、清水河、和林格尔、托克托、武川、包头等县境内。

（戊）巴尔呼　分驻于呼伦贝尔及察哈尔两处；驻呼伦贝尔者，陈巴尔呼跨在海拉尔河，冬日沿河之上游，夏日沿河之下流，逐水草而居。新巴尔呼当伊敏河西岸，及乌尔顺河、达兰鄂罗木河之间，驻察哈尔者，即与察哈尔人同游牧，除镶蓝旗外，其余七旗，均有巴尔呼人附牧。

此外青海省尚有喀尔喀一旗，现游牧于乌兰木伦上游群科滩地方。此蒙古喀尔喀分布之大略情形也。

（二）蒙古种之额鲁特族，各部之分布状况如左：

（甲）和硕特蒙古境内有阿拉善和硕特一旗，游牧于河套以西，当贺兰山阴，龙头山北，有清代安插察哈尔之和硕特，与察哈尔人同游牧。有哈弼察克新和硕特，当科布多城南，游牧于哈弼察克河与布尔干河之间（哈弼察克和硕特，原属科不〔布〕多，现隶属于新疆省）。

此外在新疆省焉耆县有中路和硕特三旗，即巴图塞特奇勒图盟，游牧于珠勒都斯河一带。在青海省有和硕特二十旗，周环青海及盐池，并跨黄河南北布喀、柴达木、大通、哈克图、布隆吉尔、乌兰乌苏各流域而游牧。

（乙）土尔扈特蒙古境内有额济纳旧土尔扈特一旗，在合黎山西北，当居延海之南，跨坤都伦河而游牧，属今宁夏省。有布尔干河新土尔扈特所部二旗，自为一盟，即青赛特奇勒图盟，在科布多城西南，当金山之阳，乌龙古河之东而游牧（因亦名乌陇〔龙〕古土尔扈特，现划隶新疆省），有清代安插察哈尔之土尔扈特，附牧于察哈尔正白旗。

此外在新疆省者，有旧土尔扈特东、西、南、北四路，即乌讷恩素珠克图四路盟。东路在库尔喀喇乌苏城南，即乌苏县境，跨济尔噶朗河游牧，故亦称济尔噶朗土尔扈特，或称库尔喀喇乌苏土尔扈特。南路在喀喇沙尔城北，即马〔焉〕耆县境，跨珠勒都斯河游牧，都〔故〕亦称诸〔珠〕勒都斯土尔扈特。西路在精河县境傍精河东岸游牧，故亦称精土尔扈特。北路在今和什托罗盖设治局辖境，当布伦托海之西，萨里山之阳，霍博克萨里地方而游牧，故亦称霍博克萨里土尔扈特。

又青海省，有土尔扈特四旗：（一）南前旗，现在西倾山黄河曲处；（二）南中旗，现在博罗冲克克河上源一带；（三）南后旗，现在亹源县北川河之上源；（四）西旗，现在湟水上游洞科尔寺一带。

（丙）杜尔伯特有左翼十一旗，右翼三旗，各附辉特一旗，为左右二盟，曰赛音济雅哈图。在科不〔布〕多境内，当金山之东，其领域以乌兰固木为中心，东自萨拉陀罗海、纳林苏木河，西迄索郭克河，北达阿斯哈图河，南至喀喇诺尔齐尔噶图山。

（丁）辉特在蒙古境者，有附于札萨〈克〉图汉〔汗〕部之辉特一旗，当济尔哈河东岸游牧，有附于杜尔伯特部之辉特二旗，与杜尔伯特左右翼各旗同游牧。

此外，在青海省有辉特一旗，现游牧于黄河西岸，希呢诺尔之东。

（戊）额鲁特，此为分部之额鲁特，多属旧准噶尔部之遗族。有附于三音诺颜部者二旗：一曰额鲁特旗，其牧地跨济尔玛台河、鄂尔坤河之间；一曰额鲁特前旗，其牧地当塔尔米河北岸。有科布多属之额鲁特，游牧于布克图和硕以西，至都鲁诺尔间，南至布古图和硕布音图河，北抵习集克图河、济尔噶朗；又科布多属之札哈沁，亦为额鲁特，游牧于萨拉布拉克以西，迄于布尔干河。有移驻呼伦贝尔之新旧额鲁特，在喀尔喀河、东宽翁河一带。有安插于察哈尔之新旧额鲁特，附牧于镶黄、正白、正红、镶红、正蓝五旗，以镶黄旗内为最多。

　　此外，在黑龙江省有伊克明安额鲁特一旗，跨呼裕尔河及通肯河而游牧；有安插于热河之额鲁特，附于热河驻防，曰镶黄旗；后又分出一部移驻伊犁，是为伊犁驻防额鲁特上三旗，与伊犁驻防额鲁特下五旗，合为八种，皆属旧准噶尔部。沙毕、那尔额鲁特亦附入下五旗内。上三旗在特克斯、察林塔马哈一带游牧；下五旗在霍诺海崆吉斯、哈什一带游牧。有驻塔尔巴哈台之额鲁特，即自伊犁分移而来，游牧于巴尔鲁克齐尔等处。

　　（己）绰罗斯，此为旧准噶尔族。在内属蒙古游牧部落者，有安插察哈尔之绰罗斯，与隶属察哈尔之新额鲁特，同附牧于镶黄、正蓝等旗内。

　　此外在青海省者，有绰罗斯二旗：一曰绰罗斯南右翼头旗，现驻牧于共和县，郭米恰卜恰河一带；一曰绰罗斯北中旗，现驻牧于青海之东，湟源县水峡一带。

　　（三）蒙古种之乌梁海族，旧以其人所在地名分为三部落：曰唐努乌梁海，曰阿尔泰乌梁海，曰阿尔泰诺尔乌梁海。除阿尔泰诺尔乌梁海于清同治三年《塔城界约》划属俄罗斯，及向归俄罗斯，及向归俄属[①]之乌梁海人外，兹就我国所属乌梁海分布之现状，分述如左：

————————

　　①　原文如此。——整理者注

（甲）唐努乌梁海当萨彦岭以南，迄于唐努山阳，特斯河以北，凡库苏古尔湖域，及乌鲁克木河干支各流域，皆其栖息地也。南与喀尔喀之扎萨克图汉〔汗〕部及额鲁特之杜尔伯特部各游牧衔接，东、西、北三面，皆与俄罗斯接界。

其东环居库苏古尔湖乌梁海一部，自章哈山以东，在清宣统三年，外蒙古第一次独立时，无形划归喀尔喀后路土谢图汉〔汗〕部所属，今已二十五年矣。

（乙）阿尔泰乌梁海傍阿尔泰山附近游牧，其旧日牧地本广，东自都鲁诺尔，西暨巴尔哈斯诺尔，南至巴噶诺尔，北抵卡伦接俄属哈萨克界。嗣以哈萨克内徙，借地安插，于是乌梁海牧场，现缩至科不〔布〕多河上源之鄂依古尔查布噶尔托尔、博诸流域。其部众有七旗，原隶科不〔布〕多，民国七年，划隶新疆省。

此外有属于科布多之明阿特，系出于乌梁海族。其栖息之地，自齐尔噶图山以西，迄于茂噶、逊都里山以北，至于察罕布尔噶素、乌兰布拉克，东、西、北三面皆与杜尔伯特毗连，南接科布多属之额鲁特界。

又卓索图盟喀喇沁三旗，及土默特左翼一旗，亦皆出于乌梁海。喀喇沁三旗驻在地，跨老哈河上游及大凌河源。土默特左翼驻在地，介岳洋河与伊玛图河之间；统属今热河省，略当平泉、建平、凌源、阜新等县境及各本旗境地。

（四）蒙古种之布里雅特，则属于呼伦贝尔，在克鲁伦河下游，呼伦湖附近一带，及根河下游，皆其栖息之地也。

（五）通古斯种之索伦人，于呼伦贝尔为巨族，其游牧生活之地，当海拉尔河南岸，跨伊敏河与扎敦河之间；若合布特哈、墨尔根，及呼伦贝尔等处之索伦人而言，则东自齐普器儿，西至索岳尔济山麓，南至喀尔库勒，北至哈拉布尔霍，其间皆此族栖息地也。

（六）通古斯种之达呼尔人，游牧于布特哈迤北，及西兴安岭山麓一带，嫩江右岸诸支河之流域，逐水草而游牧，近有定居一处，从事农业之倾向。在呼伦贝尔者，以郭、孟、敖三姓为巨室，分居南屯、北屯。

前（五）（六）两款所述之索伦人、达尔呼人，清康熙年间，编入八旗兵丁，有分驻齐齐哈尔及伯都纳者。乾隆二十九年，又将索伦、达尔呼兵丁，移调一千零十八名，驻防伊犁，索伦兵在奎屯萨玛尔地方游牧，达呼尔兵在霍索果斯科河一带居住。

（七）通古斯种之鄂伦春人则穷守荒山，居无定所，多在漠河上下及珠尔干河一带山中散处；且其习惯耐寒恶热，夏秋则沿中耳河两岸捕鱼，以便休息，冬春则入雉鸡场山一带游猎，以谋生活，由珠尔干河为其出山道路。

（八）通古斯种之毕拉尔人，此种为数向不甚多，亦无定居，散处于呼伦贝尔及布特哈一带山林游猎。

（九）通古斯种之满洲人居于蒙古者，以壤地相接及婚姻互通之自然关系，在东部内蒙古及呼伦贝尔杂居者为多；又以在清时出仕或征戍之故，蒙古西北部，亦有满洲人之散处或遗种云。

（十）汉族多从事于农业，凡开垦之处，皆为其耕作生活之地，蒙旗设有县治者，即由于其垦务之发达，垦务愈发达，则汉人之蕃殖愈盛，故旗县交错之区，移居之汉人，往往逾于其地原有之蒙古人口。在东部内蒙古者，多为山东、河北两省农民自然之移殖；在西蒙垦种者，则多为山西省之农民，每年结队荷锄而行，春往冬还，盖山西人不惮远行，而乡土之念又甚重，无留异乡之心，故携眷移居者甚少，外蒙之垦务，因以不及内蒙之发达。其在蒙古经商者，凡内外蒙古及呼伦贝尔各镇乡，足迹无所不至，所至则驼队毡幕，麇集成市，语言生活，均与蒙古相习，居贾行商皆有之，以河北、山西两省人为最多。其从前发遣及从军流落者，多在外蒙，而发遣者，则偏于阿尔泰军台一路。

（十一）回族，此种人有在科布多地方者，即俄人所谓之和阗人，栖息于奇尔吉兹泊之西北，从事耕种，而非游牧，为杜尔伯特部之佃农，而纳其农产物以为地租；又有在呼伦贝尔及内蒙古各部者，皆属少数，与汉人杂居耕作。

《西北月刊》

1938 年 1 卷 1 期

（朱宪　整理）

外蒙古的过去和现在

郑春冰　撰

一　弁言

外蒙古之脱离我国，宣布独立，已有十余年历史，在国人的心目中，对此广大领土，不甚明了。尤以隔了一片沙漠，漠北民众，在"赤化"政策下积极奋斗的呼声，国内难于听到。且自外蒙人民政府成立后，更采取锁国政策，除与苏联保持密切联系之外，对其他任何国家，概不往来，一切政情消息，更讳莫如深。迄年前我国全民抗战发生，我政府为联络外蒙一致抗战起见，于是双方各派代表，于去年十二月中旬在西安数度谈判，结果甚为完满，外蒙当局嗣即发表通电，取消独立，加入全民战线。然物换星移，外蒙在此十数年中，雄飞突进，全非昨比，爰将外蒙社会，做一简单检讨。

二　历史上的外蒙

按外蒙古一名，系与漠南之内蒙古相对称，其地实由喀尔喀四路及唐努乌梁海、科布多二部合成，东接黑、辽、热、察，南界绥、夏、陇，西邻新，北通俄属布利亚蒙古自治共和国、阿依德自治州，及伊尔库次克、叶尼塞斯克、多木斯克三省。该地人民，自远古以来，即为游牧民族，逐水草而居，迁徙无定，种族因之混杂异常。外蒙与我国关系，发生极早，清初，方确立为我国领土。在历史的纪载上，如夏之獯鬻，周之猃狁，秦、汉之匈奴，唐之突厥，宋之契丹，皆游牧此地及漠南内蒙一带，与我国对抗，时常侵扰北方。匈奴之患尤烈，终秦之世，未克臣服，汉时方先后遣大将卫青、霍去病、窦宪征伐，匈奴除大部分西奔之外，余下的遂建幕庭于现在外蒙喀尔喀地方，但已势孤力弱。迨铁木真崛起于漠北斡〔斡〕难河流域（即今敖嫩河）不及廿年，征服附近各国，遂建都于喀剌和林（在库伦西南六十里），后置北岭省统治杭爱山以北地方，喀尔喀遂成蒙古族根据地。元亡以后，元代后裔，均遭驱逐于大漠南北，分裂为鞑靼、瓦剌对立的形势，斗争不已，及至铁木真十五世孙达延可汗立，才统一各部，使其三子巴尔苏及长孙卜赤管辖漠南，使其幼子格埒森札赉尔统治漠北，总称其部曰喀尔喀。格埒氏并将部众万余〈分〉为七旗，分左右两翼，使其七子各领一旗。格埒氏之孙阿巴岱，因往西藏谒达赖喇嘛，得其经典归，部众服其智，立为汗，称之曰土谢图汗，此即土谢图汗之始。土谢图汗据有土拉河流域，其东有车臣汗，西有札萨克图汗，当时称之为喀尔喀三大汗。清天聪六年（一六二八）①，皇太极平定察哈尔部，遣使至喀尔喀告捷，车臣汗、乌珠穆沁等部，遂贡呈驼马，以示通好。顺治六年（一六四六）②，苏尼特腾机思反，率部越沙漠，与土、车二汗，共谋发动，清朝派豫亲王率军征讨，大破外蒙联军于欧克特山。腾机思归顺，喀尔喀各部亦奉表谢罪，十二年更遣子弟来朝，遂于外蒙设八札萨克

---

① 天聪六年应为 1632 年。——整理者注
② 顺治六年应为 1649 年。——整理者注

统辖，仍分左右翼。康熙二七年（一六八八），西蒙准噶尔部噶〈尔〉丹汗率兵东侵喀尔喀地，该地人民因信奉喇嘛，势力衰弱，且内讧常起，故不能抵抗，遂弃牲畜、财产，倾国逃避漠南，举族送款，向满清乞降。康熙三十年，清圣祖亲至多伦诺尔抚辑喀尔喀部众，并征讨噶尔丹，噶大败，退据科布多，后服毒自裁。漠北各部多降，遂编为五十五旗。雍正三年（一七二五），额附策源〔凌〕以从征噶尔丹，因功加诏，率近族十九札萨克另编一部，谓之三音诺颜，乾隆十五年（一七五〇），增至八十四旗，附牧辉特一旗、厄鲁特二旗，以后北方唐努乌梁海及科布多二部，渐次内附，因将外蒙古编为五盟一部，共一一〇旗。兹将外蒙各盟、部、旗状况表列如次：

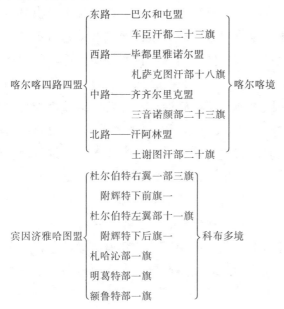

喀尔喀四路四盟
- 东路——巴尔和屯盟
    - 车臣汗都二十三旗
- 西路——毕都里雅诺尔盟
    - 札萨克图汗部十八旗
- 中路——齐齐尔里克盟
    - 三音诺颜部二十三旗
- 北路——汗阿林盟
    - 土谢图汗部二十旗

（喀尔喀境）

宾因济雅哈图盟
- 杜尔伯特右翼一部三旗
- 附辉特下前旗一
- 杜尔伯特左翼部十一旗
- 附辉特下后旗一
- 札哈沁部一旗
- 明葛特部一旗
- 额鲁特部一旗

（科布多境）

唐努乌梁海五部五旗——唐努乌梁海境

各盟设正副盟长各一人，各旗设一世袭之札萨克，使统辖各盟旗土地、人民。清时，派定边左副将军驻乌里雅苏台，统治外蒙

近代蒙古文献大系·概览卷

行政事宜，其下设定边参赞大臣、乌里雅苏台参赞大臣、科布多参赞大臣等职，以分治之。后因库伦通商日盛，遂设库伦钦差大臣。该大臣除处理蒙、俄通商外，尚管土、车二部行政。民国以来，外蒙纠纷日起，官吏亦先后更迭，四年任命陈箓为都护使，外蒙独立取消后，官制改为西北筹边使，以徐树铮为长官，九年九月改为库乌科唐镇抚使，惟自第二次独立运动发生后，外蒙各地遂无中国官吏了。

三　苏俄之经略外蒙

俄、蒙发生关系，已有数百年历史，先时，不过往来通商而已，对蒙尚未有何野心。及彼得秉政，国势蒸蒸日上，积极向外发展，然经一八五三年克里米一战，俄国西进政策遂告绝望，不得不转步向东亚大陆进展，倾力经营我国之满蒙。迨西伯利亚铁道完成，俄国在太平洋的势力，日见扩张。不料一九○四年与日开战于满洲，竟一败涂地，其在满洲苦心经营的结果固为日本所得，即在太平洋称霸的计划，亦全为日本的炮火打散。俄国至此，乃一面平心静气与日本订立三次协定、四次密约，以维持两国势力，一面挑煽外蒙脱离中国，以保持西伯利亚铁道的安全。一九一一年，乘中国内政纷扰时候，遂拥戴活佛哲布尊丹巴呼图克图为"大蒙帝国"皇帝，发表独立宣言。翌年（一九一二）十一月三日，俄派参赞官廓素维慈与库伦伪外蒙政府订立俄蒙修交条约十七条。俄国并将该协约通告北京政府，北京政府即派陆征祥与俄交涉，结果于一九一三年十一月五日签订中俄声明文件五项，即俄国承认我国在外蒙三〔之〕宗主权，我国承认外蒙之自治权，并规定我国不得干涉外蒙内政、商业，不得驻兵、移民于外蒙。俄国除领事馆、卫兵以外，亦不能驻留军队及干涉外蒙之统治等等，然事实上，俄国卵翼外蒙，依然如旧，我国因内争未息，对外蒙事件，亦敷衍过去。迨欧战起，俄遂实行掌握外蒙政治、经济等大权，从事剥削，以弥补浩大军费；继之，俄国革命发生，帝制颓〔倾〕覆，在外蒙流通之俄币，价格暴跌，布尔塞维克党对蒙又开始"赤化"，诸王公、喇嘛均起恐慌，活佛遂召集全蒙王公会议，结果，主张归顺中央。民国八年十一月向中央请愿，取消自治，更恐苏俄乱党入蒙捣扰，请求我国派兵驻节该地，愿以特殊权利，让归我国，仅要求保有蒙人应用自己语言之权。徐氏对彼等要求，均加准纳，并宣布中、俄、蒙所有协约均归无效。派徐树铮为西北筹边使，然徐所率边防军，大部驻屯京畿附近各重要地方，与直系对抗，谁料战争结果，皖系失败，徐被褫职拿办，改派陈毅继任，然兵少力弱，无补于事，况外蒙人民经徐氏一度压制，已日生反感！

民国十年二月，被红军击败之白俄党谢米诺夫，因得日本援助，遂据外蒙边界一带，企图恢复帝制，其部将温琴（Somon）率领白俄军约二十名与蒙匪联合，进犯库伦。西北军旅长褚其祥、团长高在田，率残部逃恰克图，都护使陈毅亦只身溜至赤塔，外蒙各地遂先后为白俄所得，重拥活佛为君主，组织外蒙政府。然当时外蒙之亲俄分子，在赤俄庇护之下，于外蒙各地秘密组织军队，游说蒙人，此辈多留俄青年学生，倾向社会主义者。二月，于恰克图开第一次外蒙国民革命党大会。三月，党军六百名与赤军联合进占恰克图，旋攻陷库伦，八月六日将温琴俘掳，旋由苏俄当局处以死刑。白俄势力逐渐消灭，外蒙古临时革命政府遂产生于库伦，仍以活佛为君王，以收拾人心。然活佛至此，全为傀儡，一切实权，均操于亲俄分子之手。不久，活佛逝世，政府遂宣布不许转身，又于民国十三年六月颁布共和国制，宣布外蒙为人民共和国，十一月召集全国代表会议（即大富拉尔旦），议员共九十余人，加入者，计喀尔喀四路，及科布多一区，会议结果，制定宪法五十条，分为二部：（甲）关于劳动国民权利；（乙）关于军事根本法则，大体规定外蒙为独立共和国，一切权利，属于劳动大众，废止封建的政教，认土地、矿藏、森林、湖川及其他的资源为国有，总之，该项宪法的基础是和赤俄共趋一致的。

历史上的行政区域的盟旗制度，至此，亦遭废止。当时将全蒙分为十二个行政区，其下设苏蒙（Somon）、巴格（Baga）、阿尔班（Arban）。以十蒙古包为一阿尔班，五阿尔班为一巴格，三巴格为苏蒙，外区共设三百二十四苏蒙。兹将十二个行政区列下：东部区、肯特区、中央区、农业区、可苏哥尔区、后汗加伊区、前汗加伊区、杜尔伯特区、科布多区、阿尔泰区、南戈壁区、东戈壁区等。用比例选举法，由各区代表，组织全国代表大会，为国家最高权力机关，大会闭幕，由中央执行委员会（即所谓小富拉尔旦）执行职务。外蒙政府下设总理一人，副总理二人，军务总司令，外交、内政、军事、畜牧、农业、卫生、司法、工商、交通、邮电、财政等部正副部长各一，组织国务院。此外，尚有直属于国务院的五个特别机关，即：1. 蒙古国民党中央委员会；2. 蒙古青年党中央委员会；3. 国务检察院；4. 国民合作公司中央委员会；5. 蒙人研究班。

本来王公、喇嘛，对于"赤化"有无限戒心，当库伦为赤党占领时，王公喇嘛都惊心动魄的等候死期之宣判；谁料新政府反拥戴他们为外蒙领袖，这在他们是引为意料之外！虽然，取缔喇嘛、王天〔公〕的命令，老早就公布了，但政府对他们尚□妥协态度，未加任何压迫。及至活佛死后，急进派主握政权，对这些贵族阶级便实行取缔了，寺院的牲畜、土地没收了，政教宣布分离了，甚至偶一不慎，又有遭受逮捕的危机。王公、喇嘛在窘急之余，为顾全生命、势力，遂互相结合，与倾向苏维埃的左翼作剧烈的抗争。一九二七年，蒙人为解决两派冲突起见，召集临时国民大会，以投票表决，他们竟大获胜利，操纵党政大权。这时候的外蒙，显然有恢复革命前的状态的可能！封建的残余势力与新兴的资本主义正渐渐的长成起来。

左翼青年党失势后，遂与俄籍顾问及军官勾结，挑煽军队及人民变乱，更于恰克图将右翼国民党领袖汤巴多尔基刺杀，捷然、白乔等亦被迫下台。左翼领袖根顿遂起而操握大权，迨一九二八年末，赤色空气又笼罩整个的外蒙了。

四　外蒙社会

左翼既握政权，政府行动遂与苏联作密切的提携，实行急激共产化政策，复规定自一九三一年至一九三五年，为外蒙社会主义五年建设计划，虽有蒙人加以反对，但因得苏联援助，进行尚见迅速。在这短短的十数年间，外蒙便由单纯游牧生活，一跃而为现代的农、工、商业生活；从原始的粗劣的技术，一跃而为机器而电器的运用，实使人惊异！兹将外蒙社会，略述如下。

（甲）农牧

蒙人以牧畜为主，不知农耕。在外蒙从事农业者，多为汉人及少数之俄人而已。迨外蒙政府成立，提倡农业，一九二九年创立国营农场，由俄国运来耕种机，在库伦、恰克图附近从事农业试验。同时，指定以北部西伯利亚附近，鄂尔坤河流域、哈拉河流域、三音诺颜及科布多等地为农耕地方，奖励蒙人从事农业。其奖励办法要项为：（1）凡蒙人从事农业者，无代价给予耕地；（2）政府对从事农业之蒙人不征收何等租税；（3）贷与耕具及种子；（4）限制汉人租借耕地。

对于私有之牲畜事业，亦积极使之共同经营化，当时农牧总数为十六万五千户，贫农七万九千户，中农七万三千户，而五年计划中则规定于一九三三年起，应有中农、贫农中百分之五十五（即九二，〇〇〇户）成共同经营化，牲畜总数在一九二四年为一三，七七六，二九〇头，预定至一九三五年增至二五，〇六〇，〇〇〇头。

在一九二九年统计，占全蒙人口百分之八十三的农民，只有百分之四十五的牲口，而占全蒙人口百分之十七的王公、喇嘛，却占有百分之五十五的牲口。到一九三五年，这种贵族阶级的牲畜已完全消灭！仅寺院尚保存有牲畜总数的百分之一的牲口而已。据一九三三年第七次大富拉尔旦记录，外蒙牲畜总数为一九，五三〇，〇〇〇头，至一九三五年增至二二，三七二，四〇〇头。平民每人经营牲畜，在一九二〇年为五十〈头〉，至一九三五年增至至一百十五头，虽没有达到预定数目，然以地方硗瘠之蒙古，有这样进展，不为不速了。

（乙）工业

外蒙原无工业可言，即日常用品，大部分仰给我国。迨一九二四年以后，在俄人高声疾呼"发展蒙古工业"、"提高生产率"的呼声中，始有几个基本工业出现，并得外蒙政府拨款补加，方得继续支持。兹将外蒙各工厂状况表列如下：

工厂	创办	资本（元）	生产额（元）	所在地
机械工厂	一九二九	四一四，一四〇	二二五，八八五	库伦
砖瓦工厂	一九二八	二五〇，〇九五	一七五，〇〇〇	库伦
酒精工厂	一九二九	一五六，五七〇	八二，〇一五	库伦
喀拉伊煤矿	一九三二	八三，九九〇	八五，〇〇〇	喀拉伊郊外
材料工厂	一九二九	一四九，九三五	五二，八六〇	伊洛河畔

工厂	创办	资本（元）	生产额（元）	所在地
制革工厂	一九三二	八九三，三五〇	四九三，五〇〇	阿尔泰来勃拉克
制毯工厂	一九三二	八四八，〇〇〇	三八〇，〇〇〇	库伦
制毡工厂	一九二九	三〇二，〇〇〇	六八五，〇〇〇	恰克图
洗毛工厂	一九三二	九九五，〇〇〇	二，三四六，〇〇〇	恰克图
制靴工厂	一九三二	一一六，〇〇〇	一，一五〇，〇〇〇	恰克图
羊毛工厂	一九二八	三三六，〇〇〇	四九二，〇〇〇	库伦
共计		五，九七二，九八〇	七，一九四，二六〇	

这些工厂最大的可容四五百人，规模小的便只有数十人，所有计划及机师，全由俄人包办，就是工厂的一切机械，亦都由俄国运来。

（丙）商业

外蒙政府对于商业政策，是废止私人营业，实行国家统制贸易，自一九二九年以后，即本此方针着手施行。凡营业商人，均课以极重的捐税，此种捐税共有七八种之多，计营业税、进口税、人头税、印花税、户捐等，都是照累进税率的原则征收。

所谓国营贸易制度，一言蔽之，即对俄贸易是也，主持此种贸易的，是由苏俄及外蒙政府设立下列几个机关办理：

1. 蒙村可布（Monsentkop）蒙古国民中央消费合作社；

2. 村托尔蒙固（Zentrosojus）俄蒙贸易有限公司；

3. 蒙古工商银行；

4. 蒙古运输部；

5. 苏俄石油输出同盟代表部。

在一九二七年，占贸易总额百分之六十五的私营贸易，到一九三〇年便减少到只存百分之四了，且自一九三〇年以后，近东国家如土耳其、波斯等采用了严重的输入限制，苏俄商品的出路，因之大受打击，不得不向外蒙倾销。至于中苏贸易，亦自满洲事变后日加锐减，例如一九三一年的中苏贸易额为七千九百六十五万余海关两，但俄蒙的贸易额却为一亿九千八百五十一万余海关两，是以，苏俄对外蒙市场，已认有相当重要，积极排除了中国、日本、波斯、阿富汗等国的对蒙贸易，而成独占之势。一九二九以后数年，俄蒙贸易有如左表：

对苏贸易表（单位千卢布）

年度	输出	输入	合计	差数
一九二九	一五，二七六	一〇，〇四六	二五，三二二	（十）五，二三〇
一九三〇	一九，七四五	一七，八一九	三七，五六三	（十）一，九二五
一九三一	二八，八三三	三七，三四三	六六，一七六	（一）八，五一〇
一九三二	一九，二七八	四一，三九五	六〇，六七三	（一）二二，一一七
一九三二	一三，四七一	三五，二四六	四八，七一七	（一）二一，七一五
（一四—二四）一九三四	二〇，五六一	四四，八二〇	六五，三七一	（一）二四，二四九

于此，可见俄蒙贸易是如何的在进展着，而且，是入超逐年增加。

（丁）文化

外蒙固有文献，遭满清浩劫，消灭殆尽矣，故蒙人智识低下，头脑简单，其易受诱惑，虽在意料之中，但其顽昧头脑，亦使"赤化"政策感到绝大障碍，蒙古红军总司令德米特曾这样叹息道："……看见飞机来了，不相信人们是能够飞行，他们只相信每日祈祷的神方可以在天空中往来。听见留声机奏着蒙古歌曲，则非常惊异，触之以手，察之以目，总觉得万分奇怪……"亦可见当时蒙人之愚昧。

自从外蒙政府成立后，遂着重国民义务教育之推行，一九二四年制定国民教育大纲，规定凡国民无贫富之差别，一律有受教育之权利。并派遣学生赴俄及欧洲各国留学，现有国民小学七十校，学生三千五百余人，中学六校，学生约五百名，大学一校。此外，尚有司法养成所、簿记专门学校、工业专门学校、教育学院、兽医学校、戏剧学校等十数〔十〕校。

赤俄在库伦设有蒙人研究班，以研究外蒙政治、经济、文化，同时复积极向蒙军宣传"赤化"思想，主持此项任务的，是俄人主持之赤军俱乐部，及图书馆。一九三五年赤军俱乐部有一百四十所，图书馆六十所，尚有活动电影队三十，活动收音机二十。

（戊）外蒙在国防上的地位

日本之侵略我国，间接的是对俄、蒙〈一〉种进迫的计划，这是昭然若揭的。自九一八事变以来，日本兵力由满洲而侵入热河，而晋、绥，对俄的包围的战线已成！苏满、满蒙接壤数千公里，烽火频传，两方冲突事件，至今不下百数十件。远如哈尔哈庙事件、呼里木特事件、珲春事件，近如张高峰事件，都〔有〕含有重大的意义。外蒙的得失，于我国是有极密切之关系，但关系苏联边防更来得严重！

苏俄除增派重兵驻屯边境之外，对于外蒙之援助，亦不遗余力，在库伦建筑有巨大飞机场，及可容二万人之大兵营，同时，设立航空学校，训练外蒙青年。且蒙人素以勇悍名于世，尤擅骑射，在未来的抗战上，必有一番轰轰烈烈的战绩，可预言也。

《现代中国》

广州现代中国出版社

1938 年 1 卷 8 期

（李红权　整理）

外蒙之经济建设与文化建设

洪长祥　译

　　本文译自日本满铁产业调查室出版的《苏维埃联邦事情》，是由俄文转译成日文的，文内材料比较丰富，而且新颖。叙述封建时代的外蒙古，社会阶层里的贵族及寺庙，是有无上的权利。经济制度完全建筑在他们剥削的基础上，根本谈不到文化。近三十年来的社会演进，促成外蒙古逐渐脱却封建制度，达到今日的状况。本文特别着重外蒙古与苏俄发生关系后的经济建设与文化建设，说的很详细。自抗战开始以后，国人对于外蒙古现况，非常关切注意。因此，译者特将此篇文字译出，以供国人研讨当前外蒙问题的参考。

译者附识

　　研究外蒙古"人民共和国"的革命斗争及建设的过程，不论在理论上或实践上都是有很大兴味的。外蒙古"人民共和国"的最大成功，是明白的证明了列宁及斯达林所指导的，关于脱离帝国主义桎梏的被压迫殖民地的民族的解放方法，与关于依靠他们而获得民族的独立与经济的文化的提高的条件，是正确的。蒙古的经验完全证实了所谓"在殖民地及附属国上之巩固的胜利之获得，若不与各国的解放运动及西欧各先进国的无产阶级运动实行提携，是不可能的"（注）。

　　（注）斯达林，《马克斯主义与民族问题》，一九三四年党出版所出版，一六二页。

　　外蒙古人民大众，一面依靠苏维埃联邦友谊的援助，一面在过去十五年间用一切的方法以巩固其国家的独立，为了国家之革命的改造，为了灭绝封建主义的基础，为了发展国家的生产力及民族文化，曾努力的斗争而获得胜利了。

在一九二一年革命以前，都知道，外蒙古——中国的边疆——是最落后的最隶属的国土之一。国民经济——工业、内外贸易、国家预算、关税、邮政及电信——完全在外国尤其在中国资本手中。为蒙古经济根本的——在革命以前，为平民大众的唯一生活资源的游牧，尚且完全隶属于外国资本之下。又外蒙的农业——非常幼稚的，也差不多完全为外国资本所支配。在外国企业（家内工业的皮行工业、洗毛工厂等）里，每一昼夜的十二至十四小时工作的平民贫农，与在蒙古的中国劳动者，同样的得到少到不能维持生活的工资，其中妇人和儿童是特别被榨取的。

此外不亚于上述的压迫平民大众的，是一般的贵族及特殊贵族（寺庙贵族）。全体平民，在一切的情形下，使他们为贵族隶属，并且被贵族们强制的尽各种无数的义务与公课。在游牧上，为蕃殖畜生群的根本条件之一的牧场，归一般贵族分有地（旗）的首领王公完全处理或支配，王公按自己的利害，随便把平民由这一个地方移到那一个地方，或限定夏季及冬季的投牧场所，或为了自己的种种目的（如狩猎、耕地，及牧养自己所有的畜生群等），把平民驱除，而收用了领土的一部。贵族，对于牧场之封建的独占的处分权，一方面依靠固有的裁判及在蒙古中国人统制者的军事势力，一方面强迫平民使他们从他们的牲畜群里贡献家畜与畜产物，又使他们履行各种义务（如拉马车、邮政、军事等）。在现物义务里最苦的，就是乌尔顿（驿递）义务，这种义务所占的比例数，如在一九一五年，在平民里征收的租税及公课中，占全部价格百分之三十以上。所谓驿递义务，就是一切隶属的平民，即纳公课的平民，为中国人及蒙古人的官吏，一般及特殊的贵族、喇嘛和商人们的一切的旅行，在大概三十公里间的地方，于一定期间无报酬的供给马、骆驼及马车的义务。还有，平民对于旅行人尽食宿物的无报酬的义务。驿递义务，又为了贵族与官吏旅行的时候，离开道路，而由帐棚到帐棚也有的。驿迟〔递〕义务，一面相互连接国内的各地区，一面是国内旅客交通的根本手段。

男性人口有百分之四〇以上，在寺庙内过喇嘛生活。下层喇嘛及其他层喇嘛一样的脱却生产活动，而过着以平民作牺牲的寄生生活方式，是上层喇嘛的——寺庙内事实主人——奴隶。除了含地方意义的小寺庙二六〇处外，这样的寺庙在蒙古，就现在尚有六百多处。

寺庙中所聚集的家畜，至少有全国百分之一。若再算上庙宇与贵重品等，大约至少有全国财产四分之一。寺庙还不满足榨取尽各种义务与纳税的隶属斜比那耳（庙徒），又把自己所有的家畜，用债务奴隶的条件，贷与平民，使饲养之。寺庙的维持，现在（据一九三四年的材料）尚且要蒙古"人民共和国"的国民，每年担负二千七百万道夫力克（注），但是一方面国家的全预愿〔算〕，例如一九三三年是二千二百万道夫力克，一九三四年的全输出是二〈千〉五百万的道夫力克。

（注）道夫力克——蒙古民族的货币单位，分为一〇〇蒙哥。一道夫力克约当一卢布。

喇嘛教对于蒙古与以极有害的影响。就是他们在平民之间，主张服从，主张向贵族及外国的压迫者盲目的屈服。喇嘛教为国家生产颓废的重要原因，抑止蒙古人口的增大，是因为把约有半数的男性非度着独身生活不可的缘故。蒙古的喇嘛教，始终——现在喇嘛教之层者，一方妨害国内普及脱离宗教的教育，一方成为反动的支柱。

平民大众，又为满洲及蒙古的官僚之非法的专制所苦，每当官吏或什么人到旗里来的时候，平民大众就必得向他们赠呈物品或金钱。王公是世袭的统制着旗，旗内的全住民，在他看来，恰好是可以随便处分的，如自己所有个人的臣下一样。

在一九一八年，蒙古的每一王公经营的家畜数目，约有三，四〇〇头，一寺庙的经营家畜数目有六六二头，而一平民的经营家畜数不过［六］六〇头；有数万头的家畜的贵族也有。托拉其克王公有马约一万头，牛八，〇〇〇头，牡羊二〇，〇〇〇头。库伦的寺庙外扶尔，有马三〇，〇〇〇头，牡羊约一〇〇，〇〇〇头（注）。

（注）《现代蒙古》，依尔库次科发行，一九二〇年出版。

榨取者利用极苛刻手段的连带保证的制度，来掠夺平民。对于每个平民的债务或未缴纳贡税者，旗全体尤其未纳债务者的亲族与邻人，必须负其责任。没有支付能力的未纳税者，被王公加以最残酷的刑罚及拷问。

利息率务必重，即百分之一十或二十，或三十以上，而且预作利息的代价，常用商品赊卖的手段使债务者预先支付原料，而使外国商业牧畜者——在商业利贷资本方面则为游牧者，永为自己之债务者。

外国资本在蒙古也利用这连带保证，以督促平民履行债务。以前这个保证，仅实行关于封建的义务，后来，外国的榨取者，对于借外国人的平民债务，也使实行这连带保证了。

对于平民殖民地之债务奴隶化担任大的职务的，就是在蒙古的中国银行与银行事务所。他们对旗及王公行信用贷款，而决定其清还债务用原料。银行放款的利息，在法律上虽被规定不得超过百分之三六，可是可以因为种种的附加，实际在百分之百或且超过之。平民之对外国资本的负债其额甚巨，往往超过平民所有全财产的价格。

在一九一一年——即满洲王朝之崩溃及自治体之设置以前，在为半殖民地中国之边疆的蒙古，最有势力的，是中国人。到了十九世纪的后半期，特别是一九〇一年拳匪事件后，他们以作为帝国主义者诸国（英、美、日）之代理人的资格而出入，为这些国家购买羊毛、小麦、家畜，同时贩卖这些国家的工业制造品。中国家内制造品，从此失去了在蒙古市场所占有的支配地位。

曾于一九一〇年访问蒙古，而且研究俄蒙贸易的鲍垢利报及苏报鲍利夫两教授所认识的（注），十九世纪后半期在蒙极兴盛的俄国商人，到了二十世纪在蒙古成为其竞争敌手的，不是中国的家内工业商品，而是各国（英、日、美）最新的工业制造。若照两位教授的见解，这一点，是俄国人在蒙古失败的根本原因。

（注）鲍垢利报及苏〈报〉鲍利夫著的《俄蒙贸易概观》，一九一一年出版。

到二十世纪之初，蒙古益加成为帝国主义诸国的原料资源地，英、美、德及蒙着假面具的——日本商品都伸入了。为这些资本主义集团作介绍者的，是在国内已扎深根的中国资本。这期间，俄国商业资本的流入也很盛。

向蒙古之广泛流入的外国资本及与外国资本的活动相结合的国内商品——货币关系的发展，使贵族需要银的数量增大了。贵族把他们需要的银，在平民阶级的负担上，从中国银行家或高利贷方面借来。担保的是贵族从平民中缴收家畜及小麦之类的公课一部分的权利。这样在外国资本向蒙古的侵略下，随着平民阶级之殖民的榨取之强化，而封建的榨取亦强化了。

因着外国资本及本地的一般贵族与特殊贵族，及中国人的国内统制者（满清王朝）的极残酷的压迫与武断地结果，蒙古的国民经济乃特别的停滞荒废了，平民们更贫困化了。平民阶级的大部分，被夺劫了一切生存手段，结果，饥馑了，死亡了！外国资本，从本地内换去各种原料，及多数的家畜。工业是带着附属家庭工业的性质，运输也是落后的。作为运输机关而能运输货物的，是牛车及骆驼，至于旅客的运送，则有骑乘用的马。

民族解放运动及对于本地贵族的平民阶级斗争，在给东亚各革命运动强有力的影响——一九〇五年的俄国革命之后，特别的展开了。一九一一年中国革命成功，推倒满清王朝而成立共和国，对于蒙古的民族解放运动，予以更刺戟的作用。这个民族解放运动，第一步革除国内的满清主权——及中国商人与高利贷款者。以博格多—该境（ホゲトリゲゲン）为首领的喇嘛庙，从此依靠着帝俄，在王公及上层喇嘛召开的大会（一九一一年）里，蒙古宣言脱离中国而独立。但是，事实上可以说蒙古只获得借帝俄政府的声援，成立了拥戴限制君主博格多—该境为首领的自治政体而已。因此在国内更加强了喇嘛教的作用与帝俄的影响，以至于帝俄渐次的将外蒙古转成自己的殖民地了。平民大众就是到一九一一年以后，仍旧处于极痛苦的状态中。国内的指导权，全操于旧贵族与神权者的小集团之手中。从新建设的自治的封建即神权国家的政策，也全为他们的利害而转移。

世界大战期间，帝俄由蒙古征收多数家畜为军用，由俄国输入的商品减少了，俄国钱在蒙古也失掉了价值，因此中国商人的投机很盛。平民大众的地位，更是低落。一九一九至一九二〇年之中国占领及白卫军侵略的时候，蒙古国民经济更加不振，平民的地位更加变低了。

一九一九年受日本帝国主义指挥的白卫军阿达曼·谢米诺夫，在"赤塔"组织之所谓泛蒙古"国家"，其目的就是在日本保护之下的外蒙古（现在的布里雅特——蒙古自治共和国及其他领土之结合）。日本自从这种企图失败后，又想在中国安福派出身的心腹者的助力之下来占领蒙古。当时的蒙古，被中国的代表陈毅率领的军队"侵入"，遂撤消自治制。当时的蒙古，遂成为由安福派出身的日本的傀儡们握权的中国政府的版图了。他们一面依仗军事的势力，使蒙古当局不得已缔结了撤废蒙古自治权的六十四条的条约。但是，这个条约不多期间，日本就表示不满了。于是中国政府在日本压迫之下，向蒙古派遣徐树铮将军，他对于蒙古一切自治权的撤废，则采取先发制人的断然手段，他甚至逮捕博格多一该境，使蒙古政府瓦解了。"侵入"蒙古的中国军队，对地方民众大加掠夺，并为中国商人讨要一九一一年被放弃的旧债务。在中国安福派政权倒了，徐树铮将军下野了，同时，想占蒙古的日本的这种新计划也失败了。

其次想借助由西伯利亚逼入蒙古的翁格伦（ウングルン）将军率领的白卫军，而占领蒙古的日本企图，但是被红军歼灭，也同样的失败了。当时白卫军溃散于蒙古，窜遁各处，并且掠夺住民、平民所有的家畜，三分之一为之丧失，并陷于极度的贫困与饥饿。被十月新社会主义大革命所影响所支持的而展开且获得胜利的一九二一年的革命，把平民阶级，从最后的灭亡里边拯救出来了。爆发于一九二〇年的蒙古人民革命党指导的蒙古人民大众，为推倒榨取者之先例的苏俄劳动者与农民所刺激，而蹶起了与压迫者的斗争，得到苏联的援助，获得了民族革命——解放运动的胜利。"十月革命粉碎了东亚被压迫民族的劳苦大众的永远桎梏，并且引起他们与世界帝国主义的相搏斗！"（注）

（注）斯达林，《马克斯主义与民族问题》，五五页。

一九二一年三月一日在恰克图招集蒙古人民革命党之第一次大会，大会的主张，是为了全蒙古民众获得民族独立的斗争，必须团结。一九二一年三月十三日选成的临时蒙古人民政府，以自己的力量不能把白卫军逐出国境，遂求助于苏维埃政府。苏维埃政府应蒙古的请求，遂对在日本指导下的想使蒙古作为反革命的及攻击苏联的根据地的白俄军，逐出蒙古境域，而援助了人民政府。一九二一年在多罗衣科沙夫斯库附近被迫入蒙的翁格伦［伯］麾下的党徒，遭受严重的打击，在一九二〇年七月，经过数次战斗后，蒙古的首都库伦，乃脱离白卫军的占领。经过数日，在此地，遂选成保留君主立宪的博格多—该境权力的人民政府，宣言蒙古民族的完全独立。

援助逐除白卫军离开蒙古的红军，一九二五年曾受蒙古政府及平民大众的热烈感谢，继之即归还苏联领域去了。由一九二一年苏蒙间到现在，不失原意的关于互相援助及人民友受〔爱〕的平等条约缔结了。俄蒙间这个提携，在蒙古革命存在这十五年来，益趋巩固和强大了。

在蒙古人民解放斗争与其国内的革命改造上，担任指导的任务者，是一方为劳苦大众之同情者，同时又是革命大众之革命斗争的指导者、组织者的蒙古"人民革命党"，在革命的全过程中，担负了这个使命。给党方面以重大援助的，就是统一平民大众的而在一九二一年八月所发生的革命青年同盟。蒙古人民共和国，自从革命开始到完成驻库伦的恒常人民政府之后，就采取了一方面谋民族独立的巩固化，一方面谋撤废国内的外资之支配的手段，为了脱离封建制度的桎梏的平民大众之解放而斗争了。

一九二一至一九二二年间，废弃了满洲王朝的法制，这是在一九一九年以后还继续存在于蒙古的，制定国内封建的秩序的。寺庙的王公，再从新组织旗。为使人民大众到革命国家的统剩〔制〕上，曾招开临时国会库鲁尔泰（ホラルゲン），但事实上只招集一次预备会。

一九二一年蒙古民众，不承认对于外债，债务奴隶制的义务，及借外国资本的私人债务。并废止了农奴制度，及平民大众的封建义务及连带保证，宣言土地为国有财产。取消各身份层的不平等，废止审问时的拷问，并制定旗总管官的选举制，且实行整理各旗。在革命前不纳租税的贵族及寺庙，也实行交纳所得税。成立正规人民的革命军。组织学务委员会，制定脱离宗教的学校的教育基础。一九二一年底的协同组合（蒙古中央协同组合）的组织，是有重大意义的。其第一任务，就是谋平民阶级的商业，与高利贷款的榨取者及外国资本的斗争，并国内生产力的发展。特别注意的，是对于国内的国民经济，特别对于成为蒙古经济根本的游牧的复兴发展，对于供给人民商品的改良，对于脱离宗教的教育发展。

构成蒙古革命的基本原动力，在最初阶段上，是平民大众们。而且同时对于受外力压迫的民族——在解放运动里，包含贵族与喇嘛的扩大人民战线，在那时候成立了。但是随着国内反封建革命的展开及阶级斗争之激烈化，属于革命战线的贵族，竟分离而走入反革命的营阵，同时作了帝国主义的代理人。固然，他们的企图，接受从外敌——帝国主义者——来推倒革命政权的种种手段的阴谋暴动等援助，未必是不成功的。但一方面尽力克服贵族、上层喇嘛，及已成革命者，而被限制权的博格多—该境王朝的反抗，一面蒙古人民革命党及革命政府，根据一九二一年拟定的党纲为标准，去领导民众。在蒙古革命发展过程中的转换时期的博格多—该境死后，到向着共和国方向移行的一九二四年蒙古人民革命党第三次大会以后，国内之反封建斗争，更扩大的展开了，为蒙古革命党开始展开一新的阶段。

在蒙古人民革命党第三次大会上，蒙古革命的一般任务——即为了完成发展非资本主义的道路的斗争，一九二五年蒙古人民革命〈党〉第四次大会里，确定此项任务，有下面一段话：

在国家的及经济的建设领域上，党不是引导吾国为外国资本的新隶属底资本主义方法，及资本主义方法的程序，而是要采取在国家的指挥下，集中所谓经济活动力与政治活动力的正确方针。也就是领导着向没有压迫者的社会制度，即是共产主

义国家的前进。（注）

（注）《蒙古人民革命党第四次大会会议录》，一九二六年出版。

货币流通完全依靠外国资本，这也是剥削平民阶级的一种手段。所以清算货币制度的混乱，及禁止中国银元或洋钱流通，且于一九一八年新规定本位货币，由以银为本位制而改为以金为本位制，使国家的地位非常的巩固起来。币制改革已经促进了国内商业——货币关系的发展，蒙古协同组合地位的巩固，及国民经济整个的进展了。为促进国家预算的巩固化和发达，对于中央集权化，预算规律的坚固化，及平民大众所实行的阶级的租税政策，都加以许多的注意。废止现物税，改行为单一的货币税，也实现了。寺庙经营也课赋税，同时又提高商人的租税。

一九二四——一九二六年间，对于运输改良及递送义务的改革，也很注意，根据新法规，为贵族、喇嘛及商人的递送利用权是被废止了，工业开始建设起来。起初几乎虽然全是协同组合的工业，可是继之国家工业也发生了（皮行业、采掘矿产、发电所、制果工厂等）。蒙古人民革命党及人民政府在一九二四——一九二六年间，对于游牧是特别注意的，制定奖励刈干草的一切条例，多组织提高兽医的处所，饲养动物的设备也建设起来，并设置国立牧场。因为受了农业的刺激，已在一九二五年设置了国立农场。一方面奖励民族的农业，及其他各民族财产的发展，一方面人民政府限制剥削性的外国以及寺庙经营农业的职务。后来蒙古协同组合成为与国内的外国商业资本斗争的根本武器，而发展起来。一九二六年政府采用政教分离的法律，因此则寺庙的尊称及身份——呼图克图、呼弼勒罕等——被废弃了。

一九二五年末，结果，沙毕（シヤビ）管区（博格多—该境的农奴管理区）被废止了。寺庙农奴对寺庙的义务也废止了。为管理寺庙，设立特别机关，是由喇嘛中选出来管理者。改良裁判制度，以取缔国内封建制度的残存物。

脱离宗教教育的发展，及养成民族基本干部，也曾注意过，虽由于以上一切的方策，但是贵族的经济基础，是很难动摇的。国内封建分子几乎完全为保持经济基础，很热烈的反抗革命的进步。顺应着的形势，贵族仍继续的来榨取平民阶级。他们和从前一样的引用债务奴隶的条件，把一大群的牲畜牧养来委托在平民手中，并且剥削被他们雇佣作活的平民贫农。还有寺庙，贵族底政治的经济的地位特别坚固了。关于寺庙引用债务奴隶条件委托平民饲养而得到莫大的利益，是不待言的。寺庙也很从事于高利贷及商业。在旧贵族、神权者——寺庙及富人手中，恰在第五次人民代表全蒙大会的决议上所认定，一九二八年他们所集中的财富占全国百分之七。

商品货币关系的发展，民族的商人及经纪人（班兹依其）的意义扩大，基于一般进步，平民经营之分化，由于人民与国库的担负而致富的旧封建分子及旧官僚出身的职员，他们很多的还存在国家机关里作事。这些分子在国内促进民族中有产阶级的扩大，一面依靠图再兴起昔日的霸权的国内封建集团，一方面与蒙古的外敌携起手来，而想把蒙古人民共和国使其向资本主义发展的路程上。在蒙古人民革命党里，党指导的右翼活动起来，他是党内上述各种有产分子的代理人。

蒙古人民革命党第七次大会及第五次人民代表全蒙大会以后，克服了这些反抗分子及铲除了党内右翼派，所以自一九二九年以来，革命政府才实现了为反封建主义革命更深刻化，及民族独立的进一步巩固化的许多手段。

蒙古人民革命党第七次大会及第五次人民代表全蒙大会里，全场一致的确认了走向非资本主义发展道程的蒙古人民革命党的一般方针的不变性。同时又确认了与苏维埃联邦的友谊作进一步的坚固化，并且确认了扩大与苏联经济的文化的联络的方针。根据这些决议，一九二九——一九三一年间，实行没收一般贵族的家畜，常制的使寺庙纳税。禁止引用债务奴隶条件来委托平民去牧养，并且还公布了规定牧养条件的法律。凡未满十八岁的儿童禁止入庙（这个命令，值得注意的，是直到现在尚有人不遵守，在一九三四年的庙里儿童还有一万八千余人）。

对于平民阶级的中产者及平民大众地位的改善任务，也相当的注意过。没收贵族财产的一大部分转让于贫困的平民，对于封建的以及资产阶级的分子则课以累进税。蒙古人民革命党第七次大会及第五次人民代表全蒙大会以后，为发展协同组合，尽很大的努力，在地方创设协同组合，而展开了养成民族的协同组合基本干员的事业。国家预算更为改造了，制定国库的全收入与全支出为单一制，一任财政部来分配收支，例如不再履行以前各省独立的征收，自己的收入自己来支出。再者关于国民教育，养成教师，增设学校，肃清文盲，特别与男子享受同等权利的而且有参与政治的经济的及社会的生活的妇人们中的文盲，更特别注意的。

想要利用国家机关及协同组合机关，来妨害大众利益的一些封建分子及反动分子，都被扫清了。为改善国家机关及地方自治机关的工作，曾运用许多的手段。接近民众的权利机关——一九三〇——一九三一年实行的新行政——经济的区域化——予国民经济的指导上，以显著的改善，废止五个爱伊玛估（区）而组织了十三个区（现在是十二个）。旗——以前是王公的封建的分有地——被废止了。小行政区苏盟也坚固起来了，以前的五一二个小行政区，现在编成了三〇九个苏盟，下级行政——经济单位——呼利——也曾巩固了，改称为巴克。在那里聚合了由三〇至一〇〇农户。以前所有七，八九九呼利，在一九三三年则组成二，三九〇巴克。

住少数民族的蒙古西部各地区里，使组织了特别旗（克撒兹库旗及乌梁海旗），给他们很多权利与免税权。从巴克起到中央政府及人民代表全蒙大会干部，连接成一环的国家管理，被建立在尽量吸收对普遍选举制及关于政府行动的劳苦大众的原则上了。蒙古人民共和国的选举权，若按照蒙古法制（一九二四年），一切平民、劳动者、手工业者及职业人、私营商人，及不常住在喇嘛庙的下层喇嘛同有享受权。一般贵族（汗、王、贝勒、公及台吉）、特别贵族——呼图克图及呼弼勒罕、常住在寺庙的喇嘛——皆无选举权。

但是在发展反封建的过程中，犯了很大的左翼底误谬，这是由于对蒙古人民共和国经过的错误阶级的理论生出来的。这种误谬在对于极度共营农场化，事实上废止私人商业，规定国家独占的运输事业，官有的平民及私营业等的信用及租税政策的领域内的误解上，表现出来了。这种错误是根据一九三二年之蒙古人民革命党中央委员会第三次临时干部会及人民代表全蒙大会之小组会第十七次会议而批评的，这次会议为迅速矫正所犯的误谬而采择很多方策，并规定许多重要义务，实现这个义务，是加强了平民大众的政治积极性，并把他们聚集在蒙古人民革命党及政府的周围。

蒙古人民革命党中央委员会第三次干部会及小组会第十七次会议的决议，对于蒙古共和国更进一步的发展，是有重大意义。蒙古人民革命党中央委员会及小组会议，确认在现阶段的蒙古人民共和国，为正向非资本主义的路程实行渐次推进基础工作的，新型态的，人民革命的，反帝国主义的，无产阶级的民主主义共和国。

从这个规定出发时候——干部会议宣布的——蒙古人民革

命的任务，一方面以独立的反帝国主义的民族国家的资格，使共和国坚固化，一方面使尽量的发展国营生产力，灭绝封建主义，依次的剔除剥削的资本主义分子，以干涉与威吓而拥护蒙古。

与以上有关联的政府，对于发展游牧，对于奖励含有能致富的小民阶级的私企业，对于协同组合的巩固化，及对于发展私营商业，特别〈是〉民族的私营商业。再者对贫民免税，及含有能致富的平民的租税减轻，关于废止国家之独占运输货物，与发扬运输事业上个人的企业的各种手段，发展国家及协同组合企业的资本，同时平民经营与私营商业的资本等，重要议决案都采用了。

蒙古革命最重要的同时也是最复杂的问题之一的，是喇嘛庙问题。寺庙实际的主人——上层的反动喇嘛，对蒙古革命为不共戴天之仇，并且为帝国主义的代理人——是最妨害国内民族独立的进一步坚固与革命改造的一个障壁。蒙古人民革命党中央委员会第三次干部会，一面强调了对于反革命的贵族及反动者上层喇嘛，要进一步的强调斗争的必要，又把这些分子使他们脱离大众，而努力于崩溃其喇嘛团体。蒙古人民共和国政府，一面给予在信教领域内的各市民完全自由，一面在这个领域里，没有任何限制与压迫，同时根据种种的废除，不断的引导下层喇嘛为生产的劳动者，和民族的知识分子。又根据一九三四年第七次人民代表全蒙大会所制定的政教分离的新法律，为防止反动的上层喇嘛政治的及经济的影响，而制定了联索限制方案。这种法律为爱护平民阶级，确定禁止寺庙商业，及所谓呼弼勒罕与呼图克图的出现，且禁止建立新寺庙，以及禁止未满十八者入喇嘛庙，强止向寺庙纳施金钱等之事，都确认了。根据新法律与以前的诸法令，寺庙经营须课以特别税的义务。在征兵年龄时期的喇嘛（四十岁以下），须纳被规定的各种喇嘛群的兵役税。有补充法律资格的小组会议，在最近会议里（一九三六年三月）通过了禁止各家的长子及次子入寺庙的决议。但是他们达到成年时期，若是为第三子的出于自动的意思想入寺庙是可以的。

　　后来，据蒙古人民革命党第九次大会及第七次人民代表全蒙大会的决议是更扩大的，一边完成蒙古人民革命党执行委员会第三次总会及第十七次小组代表会的决议案，一边蒙古共和国关于经济与文化等类也获得很多的新成绩。为发展蒙古根本经济的游牧业，曾开始过很大的努力，最近对于游牧业里最重要问题的牧场之正确的利用与获得，是非常注意的。政府机关（牧畜农业部）及社会机关，为扩充牧业的最文明的方法，作了很多解说，刊行关于牧畜的通俗书籍，并且设立牧人短期养成所。于是政府用适当的价值政策以促进由于加工及贮藏的改善，而搜集的原料品质才能够优良。为扶植由于平民所经营的牧畜方法，对于国民经济的国立银行的长期信用协定，也具有重要主〔意〕义。信用协定是为各户生产的必要（刈干草，穿井，改良牛、豚种，购买各种器械等），不得不利用的。

　　近年（一九三四——一九三五年）蒙古人民共和国的刈干草面积，由一，五五一公顷增至八一，六六〇公顷。

　　播种面积由以前的四，三八二公顷达到二四，二〇〇公顷，家畜避寒所数目，自一九三三年到一九三五年间，由一二六，五七二所增至一三五，一八六所。水井数目，由八，八七七个增至一一，二二九个。

　　至于有益国民牧畜业上的兽医学，也扩大的组织了。在一九三四年的兽医生及配药生的数目，比一九二四年几乎多了四倍，由二十四个人增至九十一个人，兽医及配药生担任区数，由十三个区增至五十二个区。对于家畜的预防注射，也是施行的很普遍。在一九三四年施行注射的（百斯笃、天然痘、肺炎等）约四万头，还有在一九三五年家畜八〇八，八三二头，曾受过兽医再查。默〔兽〕医基本干部人员的造就，也获到显著的成功，为研究蒙古共和国的游牧，而扩充其最进步的牧畜技术，而设立了国立模范试验场与干草站。再如我们已经见到的，由于租税及信用协定政策而促进了游牧发展，增殖幼畜，繁殖干草，设备避寒厩，穿凿新的水井，修理旧的水井，皆予以免税减税的特权。

蒙古政府对于发展游牧，其努力设施的结果，而家畜的数目，是很显然增加的（如左表）。

年　度	骆　驼	马	有角家畜	羊及山羊	合　计
一九一八年（一）	三〇〇，〇〇〇	一，三〇〇，〇〇〇	一四〇，〇〇〇	九，五〇〇，〇〇〇	二，二四〇，〇〇〇
一九二四年（二）	二七五，〇〇〇	一，三四〇，〇〇〇	一，五一二，〇〇〇	一〇，六四九，〇〇〇	一三，七七六，〇〇〇
一九三四年（三）	五三一，九〇〇	一，六三八，二〇〇	二，〇六三，〇〇〇	一六，八六八，九〇〇	二一，一〇七，〇〇〇
一九三五年（三）	五五七，三二〇	一，七七〇，二九〇	二，三五一，二〇〇	一七，六九二，六五〇	二二，三七二，四八〇

注：（一）参照《现代蒙古》杂志一二三页。
（二）同上杂志一九三四年第一号。
（三）同上杂志一九三六年第三号。

成为国家基本富源的家畜——在蒙古人民共和国的每个社会集团、阶级间的分配上，起了很大的变化。封建贵族的家畜，几乎完全清算了。寺庙所有的家畜，也由一九二五年的二六四，〇〇〇头，到一九三五年很显然的减至二二四，〇〇〇头。现在寺庙所有的家畜对国家总家畜的比例，占百分之一以上，可是在一九二五年却曾约占百分之二〇。各阶级间所分配的家畜的显著变化，及家畜增加的结果，平民牧畜者的贫困者特别减少了。革命政府对于贫困者予以很大的补助，每一户的家畜几乎增加两倍，在一九一九年有六〇头的，到一九二九年就增至一一五头了。

这种畜业发展虽然成功，但必须在收益及生产力之过低，特别注意的。

到现在仍不能合于自然条件，这于牧畜有非常影响的。一年里家畜因为食牧草，不受必然的照顾，任放于露天地理，所以每年很多家畜——尤其幼畜因为缺乏牧草及受寒气、流行病及猛兽的摧残而死亡的很多。特别家畜的役〔疫〕病多生于降雪多的时候，或者春天的风雪、冰霜、旱魃的时候。

农业在外蒙尚〈未〉演过重大的角色，起初仅是补助牧畜经济部门，结果也显著的发达了。尤其在平民的农业方面，更是成功的。在革命以前平民几乎全不从事农业，除中国移去的人民以外，从事农业的是寺庙，其播种面积在一九二六年占四，〇〇〇公顷，可是到一九二九年仅不过七〇公顷。到现在蒙古共和国仅干草农业实行了，但是由于最近国立试验农场的试验结果，证明蒙古北部地方，若用许多的农业技术，行灌溉农业是可能的，蒙古的农产品，由于住民逐渐增加，食粮不足三分之一，全从苏联输入。国家奖励平民私营农业的发展，对于从事农业的平民被免去三年间农业所得税。并且给他们最适宜农产的土地，但是外国人仅能用租界〔借〕权来租地。而农业技术还是未脱去幼稚时期，近已渐由苏联协同组合输入欧洲式的使用农具了（犁、镰刀等）。蒙古政府共同的游牧，共同的家畜避寒所的设置，共同的搬运、狩猎及土地耕种等，奖励人民自动去作初步的生产集团。对平民经营，制定了低率的信用协定，国家预算，用资本来蕃殖平民的家畜，其无力的中农及贫农，则完全被免税或受非常的减税。蒙古的狩猎及运输业，是从平民方面获得重要的源泉，特别达尔巴汗的狩猎范围广大，在一九三三年达尔巴汗的皮是一，一〇四，七〇〇张，在一九三四年为一，三〇〇，〇〇〇张。占第二位的是栗鼠，在一九三四年是七三，九〇〇头。其次克尔撒哭（生在中亚细亚的小狐）六〇，四〇〇头，狐三一，九〇〇头，狼一二，九〇〇头。小猫、豹、獾、兔、黑貂等，一九三四年的毛皮输出占蒙古总输出额的百分之一五·一。以狩猎为职业的平民对于狩猎权受免除一切的税金，在革命前的蒙古，若广行私猎是被禁止的。狩猎的期间及方法是被严重的规定，也设定业猎区。蒙古政府对于林业也很关心，革命前蒙古的森林约占领土百分之七，但是被滥伐完了。现在为保护森林，以备正当的应用，而划定了森林区，平民们若为自己筑房子的需要，可以不用金钱而有利用国林的权利。

在最近蒙古区里，埋藏资源的发现与测定事业是大进步的，各处矿业都露出发展的可能性，如已经被人见到的金、银、铜、铁及其他矿物。蒙古多硫黄泉，现在尚为国家保存之下，作治病使用。

蒙古共和国最大的胜利，在一九三四年被苏联辅助之下，作成为近代工业基础的工业，是共同组合的建设。同时在共同组合里的劳动者一，三〇〇人以上，其中百分之九十是最近的游牧民。共同组合是制皮工厂，羊毛及罗纱工厂，蒸气洗毛工厂，毛毡工厂，并成立发电所及劳动者街，其所产的家畜原料都是精制的，为满足平民的需要，送到市场上去。在共同组合的生产，几乎全是机械化的，其一九三五年生产品价值是七，一六五，〇〇〇道夫力克。于一九三四年得苏联援助之下，在哈多夫依尔设立了蒸气洗染厂，这是为提高输出羊毛的收益性，而实行优良的设备，而工厂里的劳动者（一，一〇〇人）百分之九十以上是蒙古人。

当革命后其他的小工厂也建设起来，如机械工厂有一八〇工人去作活，自动车修理工厂有一〇〇人，印刷所有二〇〇人，其中百分之九十三是蒙古人等。在奴拉依哈煤的采掘量也增加了，由一九一八年的产量十万吨，现在约达四百万吨。至于木材工厂、烧瓦工厂也建设起来。

一九二七年间蒙古的工业投资总额是三一八千道夫力克，到一九三四年则增至一五，八〇五千道夫利克。

从事于国立工业的劳动者在一九二七年是二二五人，可是到一九三五年增至三，四九二人，其中蒙古人占百分之九十。生产价在一九二九年是一，七九八，〇〇〇道夫力克，至一九三五年为一二·二百万道夫力克。在一九三五年间蒙古的工业生产，因为共同组合的生产积极进步，而增至百分之九〇·八。

现存国立工业企业最近实行了会计独立，劳动生产性的增大，原价的低落，劳动者移动的减少，及清算损失等各方面，而收获了最固的成功，尤其获得养成国民工业的基本干部人员是最大成功。在一九二七年蒙古工业里，蒙古人民劳动者总数不过六〇人，可是到现在，已超过三千余人，这是政治上得最大的成功，在一九二八——一九二九年间，蒙古人劳动者里，看见熟练的工人是极困难的，而现在几乎完全用复杂机器，并且有管理为指导者，领导平民去工作，劳动条件也根本改变了。至于蒙古的一切企业虽然以往每日做十四至十五小时的工作，现在改为八小时工作了。根据劳动法，一切雇佣劳动者，每年得一次予两星期的假期，未满十六岁者，予以一个月假期，若是在妊更给予两个月至三个月的假期。尚且实行关于劳动者有病或伤害时候的社会保险，而很多的设备都是为保健全劳动者的。

其从事国立工业的劳动者的工资收入，是年年增加的。在革命后组织的劳动组合对于劳动者、工务员、日工农夫，努力提高物质的文化的水准。蒙古的劳动组合，加入了全苏劳动组合联盟。

蒙古的家内工业的发展，民族工业基本干部人员的养成，关于供给平民商品而含有重要意义的，是于一九三一年创立的家内工业协同组合。一九三四年工业协会数达到三十三个，加入盟会的有一千余人。家内工业协同组合的生产物极广，如制造鞋类（蒙古式的长靴，欧洲式的短靴）、皮、衣服、睡衣、鞍、帐蓬、马车、笼、金属等，其产额若按一九三四年的资料来看，约为五百万道夫力克。

蒙古家内工业协同组合的活动，是根据与资本主义不同的原则而行之。构成家内工业协同组合的任务，是与剥削家内工业者斗争，援助他们的原料，生产品贩卖，技术的提高，物质的文化的水准提高，而政府对家内工业协同组合免税，且予以最优待的帮助。可是未加入组合的蒙古手工人，家内工业者也受到很大的帮助。

当革命后，蒙古的道路及运输业曾显然的改善，桥梁、汽车库等也建设起来，定期的邮政及旅客用的汽车所通行的主要道路（连结乌拉巴多尔与各部（阿伊码克）的中心地带），还有由国境地点向接近各部（阿伊码克）中心地的货物运输，也有汽车的便利。最近蒙古的重要河川色楞格、鄂尔浑及库苏古尔湖也开放通航的便利，又如乌拉巴多尔（即库伦）、阿尔泰波拉克、乌拉乌台间开辟了航空路。

为汽车运输便利，而养成的民族基本干部人员，也获得显著的成功。在革命前蒙古人的司机者，一个也未曾看见过。可是现在，由苏联雇入的汽车司机人的大部分是蒙古人。蒙古国立运输机关里职员的大部分，以蒙古人为主干。又设立了汽车学校，专为养成机手及管理运输的业务员。

关于改善平民生活状态，将有重大意义的，在革命前榨收平民高度形态之一的驿递义务，是根本的改造了。根据一九三三年的驿递新规定，受征驿递的人仅限于国有路上，由天幕（帐房）到天幕式的驿递义务，完全废止了。因此驿递旅行仅限于国家不得已的场合里，并且对平民要付予一定的价格。再有平民对旅行者供给食物制度也废止了，但是仍不得不使一部分驿递义务存在的，是因为机械的运输机关还未发达，它与运输货物的马车是同样俱有存在性质的缘故。

国内通信——邮政、电信、无线电、电话，是非常发达的，由一九二四年至一九三五年的电信线的延长到三·五倍以上，邮政机关的数目，每处也增至五倍以上。在这些机关里，蒙古劳动者，每处也增至五倍以上，其中蒙古劳动者的总数，由五十二人增至三百二十一个人。

其最大的进步，是革命前依靠外国资本的商业方面。以游牧为业的蒙古，商业是次于牧畜的重要经济部门。蒙古以茶、谷粉等重要食料品，及衣服、化装品、鞋、烟草、金属制品等，是由外国购买的。平民的经营也不能不代卖的。还有援助平民生产品贩卖的协同组合，是在商界居重要的地位。

蒙古人民革命党及蒙古政府，为努力协同组合的发展，及由平民劳动者中养成基本干部人员的结果，蒙古消费组合得了苏联的援助下，在蒙古市场里已获得指导的地位，把外国资本驱逐了。协同组合与外国资本掠夺式的完全不同，而是照自己的商法，德〔得〕到平民间的援助。

蒙古协同组合的商品流通价额，在一九二四年是四，一四六，〇〇〇道夫力克，可是到一九三四年增加十倍以上，还有在商品流通里的协同组合的比例数，由百分之二十提高至百分之七十。同时协同组合的从业员由五百六十人增至二千二百三十四人，而从业员间蒙古人的比例数，由百分之二十八增至百分之八十九，由一九二三年至一九三四年，为协同组合养成了三十三个会计人，及二百二十八个贩卖人。

最近协同组合业务改革了，采取独立经营，新定款也实施，委托贩卖也广大的实行起来，协同组合因而也被强化，移动商业（游牧）也扩大了。协同组合的财政状况结果很好。移动到采取独立经营，由蒙古国立银行受直接通融款项的多数协同组合，在一九三五年获得巨量的收益。

与协同组合一致的私营商业的发展，也值得很注意的。私营商业是由国营批发商店得到商品的供给，但是国营批发商店还是由私营商人手中购原料及毛皮等。

外国的贸易也被根本的改良，到现在遂成为国家的独占。在一九三二年外蒙与苏联的贸易额比帝俄与蒙古时代的贸易额涨至五倍以上（一一，○九二，○○○及六○，六七三，○○○道夫利克）。蒙古输入的构成是显然的变化，一般及寺庙贵族所用奢侈品的输入特别减少，平民普通生活的必需品，生产用品及文化的必需品是增加了。在输入品中，革命前一切不能输入的商品，很多现出来。由苏联向蒙古的输出品中，金属及机械是特别的多，汽车也不少，在最近五年间汽车的输入也增到五倍以上。粮食的输入也激增，其比例数，例如三年间（一九二七年〈至〉一九三○年）由百分之一三・二增至百分之二一・八，砂糖由百分之六・八到百分之一○・一，汽车及机械由百分之一・二至百分之五・六。在另一方面输入额茶的比例，由一九二七年的百分之一三・三到一九三四年降低至百分之六・六，特别关于文化的商品如各类新的布匹、果子、都市上的食器、化装品、香料、欧洲式鞋、衣服等，平民的需用也很增多。再于建设都市的建设材料也大量的输入，例如仅在一九二九至一九三一年间，输入蒙古的洋灰，由二百七十七吨增至一千七百七十六吨，金属制品由七百八十九吨增至三千八百六十二吨。由汽车运输发达的结果，石油的需要增大起来，其输入高度，在一九二八年至一九三三年间，增加到十倍以上。

我们看见外蒙的输出是明显的发展，牧畜的发达增大其国内原料资源，因此把输出也增加了。一方民族工业发展，关于国内的羊毛、皮革、原料等精制的物品是减少输出。因此在革命以前完全不能输出的及不重要的制品也大量的输出。例如仅由一协同组合以输出的目的所购买的山羊及羊皮，在一九三一年是三五一，〇〇〇道夫力克，在一九三四年是九八三，〇〇〇道夫力克。

革命前完全没有购买的，例如野生动物的肉（豹、野猪）、野禽、蕈菇类的输出也很盛。最近数年间毛皮的输出也还是增加的，占全输出额的比例数，在一九三一年到一九三四年，由百分之四·二增至百分之一五·一。毛皮在输出额上是次于家畜，羊毛、皮革占第四位。毛皮输出额中占第一位的是小狐，占全毛皮输出额之二分之一以上。主要收买毛皮的，是与其他原料同样在协同组合里收买，购买者达百分之七十以上。协同组合予猎人近代的狩猎用具（枪、网），其对于由平民收买来的原料品质的提高也曾注意到的。

外蒙的贸易，主要的是与苏维埃联邦交易，苏联因为常保存两国间友谊的关系，以有利的条件来对付外蒙，如供给必需品。苏联的工业化已获得显著的成功，故由苏联输出各类商品，关于品质及种类一点，是充分使外蒙方面满足的。并且苏联购买外蒙的输出品（主要的平民生产），比外蒙本身把原料及毛皮输出资本国家的价值，是用高价来购买的，原料及毛的价格虽然因经济恐慌而世界市场暴落了，但苏联外国贸易机关，仍然不减低其较高的价值，这一点必须要指出来的。

信用借款方面，也获得大的成功。即是信用借款完全为国家所掌握，而成为蒙古经济独立的坚固，生产力的发达成为最重要的手段。蒙古国立银行——蒙古唯一的银行——对于平民经营商业，协同组合，工业，运输等，是很广泛的通融资金，且为蒙古经济政策的最重要手段。在国内各处设立很多支行，有道夫力克的发行权。其对于平民经营及私营商业的通融资金的范围是异常的广，对于平民个人经营通融资金，在一九三二年是七三，四〇〇道夫力克，在一九三四年到七〇〇，〇〇〇道夫力克。对于全国民经济（商业、工业、运输、牧畜、农业）的通融资金，在一九二七年是三，四二九，〇〇〇道夫力克，至一九三三年达到六九，七五三，〇〇〇道夫力克。

银行的资金，自一九二四年到一九三〇年，增至十二倍以上。从以往对于银行没有怎样概念的平民间，而养成蒙古人银行的职员也成功了，仅在一九三〇年至一九三四年间，关于银行及支店内的总职员里，蒙古人职员的数目，由百分之二十四人增至百分之七十一人。

外蒙的国家预算，一九一八年是一，七二二，〇〇〇道夫力克，到一九三四年增至三五，一一七，〇〇〇道夫力克，国家预算的构成，也比革命以前根本的改变了。革命前蒙古政府的预算与地方（部、旗）同是很明显的消费者、寄生者，全是供奉贵族及寺庙的利益。构成中央预算财源的，主要是关税及向帝俄政府借款，地方预算是聚集平民的租税及旗公署从中国银行或高利贷处借款而成的。革命前对于帝俄政府的蒙古借款，在中央预算是四百万卢布，在地方预算达到一百万卢布，从平民征收的租税在四百万卢布以上。革命前的预算支出主要项目作为博格多——该境的扶养费，及维持政府与寺庙王公们的年金而已。对于经济及文化方面的支出几乎没有。预算以原则而论，常是亏累，这种亏累是借着公债来掩蔽他的。

革命后预算促成国防力的强化，反封建斗争，而生产力的发达，及提高民族文化的武器，封建分子及外国商人纳赋的累进所得税，国营协同组合的收益盈余，全在国家预算里渐至占了很大地位，不断的来紧缩行政费的支出，而扩大经济的及文化的建设费。在一九二八年行政费占国家支出百分之四十六，到一九三二年占百分之一一·九，到一九三四年仅占百分之九·九。至于经济的生产方面的支出，一九二八年占全支出百分之一〇·三，到一九三四年，已经占百分之二八。一九二八年的文化建设费是二，八二〇千道夫力克，一九三四年是五，〇四七千道夫力克。但是同时期的产业方面支出，由一，六二三千道夫力克增至九，八四四千道夫力克。同时平民的租税由一九二七年的四，九〇〇千道夫力克，到一九三四年减至二，〇〇〇千道夫力克。

关于蒙古协同组合及当地的私营商业，比较外国人的商业是受非常免税的待遇。

蒙古关于住民的保健组织，及民族文化的发展也有很大的成功。在一九三五年设立六个中学校，七十个初等学校，还有实行铲除平民文盲的教育事业。于是设立很多特殊学校，中等技术学校，兽医学校，簿记学校等，并且发行通俗学术书籍及教科书等类，民族的定期印刷物（党、政府、革命青年同盟及劳动组合的各种新闻杂志类）。发行的册数，仅蒙古印刷所在一九二五年是一·三百万册，到一九三五年增加一一·八百万册，蒙古人学术基本人员也日趋增加，民族艺术（剧场、诗、音乐、写生画等）、无线电、体育等也发达起来。

病院及药务员驻在处，设立的范围很广，病人用的床数由一九二七年的五〇，到一九三四年增至三二六。医师及医药生在一九二五年至一九三四年间，由七人增至一三九人，看护妇由三人达到十三个人，所有医务职员，由八十八人增至七百五十三人。外来患者诊疗次数，由一九二五年的五，六六五次，到一九三四年增至六四一，一七六次。外蒙的治疗费是由国家代支出的。苏联保健人民委员部对于外蒙政府的保健，予以很大的帮助。

×　　　　×　　　　×

　　阁议长在第七次人民代表全蒙大会报告中所指出的，如外蒙的经济，大别为三个基本部门，第一是个人经济（平民的牧畜、私营商业、手工业及运输业），第二是国营经济（国营企业、运输、商业、财政），第三是协同组合经济（消费组合、家内工业组合、运输及为饲养家畜最简单的生产合同等）。个人经济主要以其规模为重，而成为全国内经济的基础。外蒙是采取扫清封建的经济残存物，渐次限减资本主义的要素的政策。但是国营及协同组合企业，为建筑向非资本主义的经济发展的轨道移动的基础起见，完成了它的指导的调整的配角。外国贸易、批发、工业、金融、汽车运输等重要的经济部，已为国家所掌握，零售业的百分之七，及工业部门的一部在协同组合手中。

　　这些全部门的发展，是根据政府确认的计划，而实现了。所以国家把小规模的平民的个人的牧畜为主要，使蒙古国民经济的发达，而指导以适应全经济政策，是能够调整的。当然为向非资本主义的经济路程的渐进的基本准备，不是自然发生的。如列宁、斯达林再三所指摘的一样，如从蒙古现存的商品经济观之，只有资本主义经济在发达着，往非资本主义经济的道途地渐进的基础准备，是把依靠国家的国民经济及一切经济过程，调整于一定方向为前提。换言之，即向以实行于紧张的阶级斗争的过程上的调整为前提。所谓渐次向非资本主义路程移动的基础准备，即第一要民族独立，国防强化，在国内扫除封建余孽，国内生产力的发达，国家协同组合企业的发展，平民劳动者革命政府的强化，及尽全力于民族文化发展的意思。

　　议长阿蒙尔在第七次人民代表全蒙大会报告中指出的，即为实现向非资本主义路程移动的历史课题，而必须去作的事情，是在苏蒙间的友好关系更一层发展与强化上。

"我以民族独立为强化的重要条件，与解放被压迫民族的苏联行密切的连系，是我们一时不能忘的。所以与苏联的友谊关系及与其他的互助的强化，是关于我民族独立强化的事业。"这是贯通过去与未来而可根据的基本课题。

为渐向非资未〔本〕主义路程移动的基础准备起见，和上述的一般课题关联着，第七次人民代表全蒙大会里，曾提出下述那样的经济部门里的根本实际问题。详言之，即落伍的平民的牧畜（饲养，兽医学的手段，给水，优良家畜饲养法，及避寒所的设备）的技术基础的强化，平民经营的生产额与收益的增进，商品性质的发达，生产合同的设立（协同家畜饲育、协同搬运及狩猎等），在蒙古内继续发展的农业，非和牧畜的发达（主要饲料的增加）密切的关联起来不可。

蒙古的工业企业，为满足平民的需要起见，必须以改善生产商品为目的，使已经入职业的劳动者的技术提高，新蒙古人干部人员的养成为第一课题的任务。

第二次人民代表全蒙大会，以蒙古脱离资本主义国家，而强化经济独立为其重要条件。曾指出了下述各事，更强化外国贸易的独立及国内的商业，即是强调了协同组合及民族个人商业的发展。

协同组合的最重要问题，是强化起地方协同组合，改良购买组织，对于平民供给的商品不断的供给为协同组合收益性的斗争，以及养成协同组合勤务员基本干部人员。

关于运输方面的最重要问题，是路的建设，对于平民供给最完善的运输机关（马车、骆驼、使用鞍子等），及汽车运输业务等的改善。

至于发展民族文化在人民代表全蒙大会里议决，提倡住民的健康及努力扫除文盲，增设学校，发展文化机关（俱乐部、"赤色部落"等），且于蒙古民族剧场提倡之下，发展地方上自动的演剧，发行教科书，学术及文艺等类的课题。

《西北论衡》（月刊）

西安西北论衡社

1938 年 6 卷 2—5 期

（李红权　整理）

进步中的伊盟

许 如 撰

一 先从奉移成吉思汗陵寝说起

奉移成吉思汗陵寝，在蒙古这是几百〈年〉来的第一件大事。当时因为谣传德王受敌寇怂恿，有盗陵的企图，这成吉思汗的不肖子孙，不但出卖蒙古民族，而且还要出卖祖宗的遗骨，实在可恨。沙王因为伊盟接近前线，为策安全计，在重庆亲向蒋委员长请求，奉移成吉思汗陵寝于内地。在伊金霍洛原有守护陵寝的"达尔哈特"五百户，现在全中华民族共同和这五百户"达尔哈特"来负守护之责了。

去年奉移成吉思汗陵寝，中央特派大员为邓宝珊、沙王、高双成、何柱国、袁庆曾、荣祥、石华严、陈玉甲几人，当奉移之始，蒙古同胞都沉痛万状。沙王在移陵前夕，痛哭流涕，守护陵寝的"达尔哈特"尤其悲伤。奉移陵寝从伊金霍洛到榆林途中，蒙古人民都沿途迎陵奠祭，往往有向陵行礼、泣不可仰者。可以说，成吉思汗陵寝是在伊盟官民眼泪婆娑中离开伊金霍洛这"圣地"的。

一入长城，由榆林而西安，而甘肃，到处对成吉思汗陵寝全是狂热的欢迎。安厝以后，随陵守护的"达尔哈特"才都止悲为喜，他们真正了解全中华民族和他们共同肩负护陵责任的意义了。从此伊盟蒙古同胞也渐渐改换了悲伤的心情，他们也称因他们"伊金圣人"——他们的祖宗成吉思汗陵寝之安全而喜欢了。

奉移的成吉思汗陵寝，是在伊金霍洛两个巨型蒙古包中升出的一具银棺，同时奉移的"小伊金"成吉思汗后妃棺几具，和在苏定霍洛的成吉思汗遗剑，大苏定一、小苏定四。"苏定"在蒙旗认为最神秘之神物，蒙旗官民几以此为安定蒙旗之轴心。所以奉移之后，沙王当时即在苏定霍洛制一"副本"，以安定蒙古人心。四小苏定，每十二年要分组出巡伊盟各旗一次，在蒙旗亦为大典。今年恰逢"辰"年，正为十二年出巡之一年，所以最近又奉移回伊盟。

三月二十一日（废历）为成吉思汗大祭之期，每年皆在伊金霍洛有甚大集会。今年成吉思汗陵寝虽移往别处，但"苏定"却届期赶运回蒙，伊金霍洛照例仍有盛会。届时并有西北摄影队参加，摄制"塞上风云"，更为大会生色不少。

抗战三年来，敌人始终欲攫取伊盟，但伊盟在蒙汉精诚团结中，已成一坚固的堡垒，每年春季的伊金霍洛盛会，便是伊盟固如金汤、打破敌人侵略蒙疆分化蒙汉阴谋的很有力的证明。

二　森盖凌庆

忠奸不并立，正如光明黑暗之两面一样。就整个中华民族言，有狗彘不食的汉奸汪兆铭之流；就蒙古民族言，有成吉思汗不肖子孙德穆楚克栋鲁普（即德王）等辈；若仅就伊克昭盟言，还有小汉奸森盖凌庆这一伙可怜虫。这些东西，在抗战当中，固然没有多大作用，可是他们甘心认贼作父，为虎作伥，无论如何要消灭肃清，方能使抗战阵容，更为严整。森盖凌庆过去是伊盟达拉特旗的保安司令，他的家住在包头滩上的柴磴。抗战以前，达拉特旗的康王，虽然身为扎萨克，因为他是一位花花公子，纨袴子弟，不过虚拥王位，达旗实权均操森盖手中。康王和德王虽然意见不投，森盖却和德王有所勾结。抗战开始，森盖便先和蒙古抗战军白海风部发生冲突，后来有马占山将军在伊盟镇摄，森盖才渡河到包头，在敌人卵翼下过活。两年来，包头滩上除大树湾始终为敌人据点外，其余都在我们掌握中。森盖的窠巢——柴磴，也是我军驻防的地方，森盖始终无能为力。不意去年废历年关，敌人进犯绥西，同时在包头滩上，陷我新民堡、柴磴等处，新民堡不久即克复。敌人在绥西利用王英，在包头滩上利用森盖，以政治代替军事，分别活动。王英这个幽灵，已因绥西我军英勇反攻，给击破了；森盖这一具死尸，几个月来却卷土重来，在他的窠巢向伊盟活动，要想"还魂"。森盖在达拉特旗，诱骗青年壮丁，几个月来也有三二百人。另外，杭锦旗的阿王自被敌人掳去以后，利用他向杭旗号召。现在阿王在包头，森盖迫近伊盟，敌人企图把柴磴变成大树湾第二，作为包头滩上另一据点。但不久会有事实证明，敌人这好梦是做不成的。因为柴磴已在我军包围中，拿森盖，真如瓮中捉鳖一样。

敌人在政治上的阴谋，想得利用森盖，在伊盟活动，如果森盖在柴磴盘据日久，虽不能"还魂"，也有变成"旱魃"的可能。但是，沙王和荣祥早已有了对策，荣祥最近并曾亲赴包头滩上，无非替森盖这具死尸准备火葬的材料。绥蒙副指导长官朱绶光说："森盖不除，是伊盟的祸根！"是的，森盖是伊盟的"祸根"，但我们不久就会除掉这"祸根"的。

三　榆林与伊盟

抗战以前，榆林与伊盟，在商业经济关系上，紧密不可分。而伊盟治府重心，则在绥远。抗战以后，绥远沦陷，榆林之于伊盟，便除了经济关系以外，更代替了绥远的政治地位。

伊盟在军事上，介于××两战区之间，邓宝珊将军成了最高军事长官，受命统筹全局。政治上，绥蒙指导长官公署为伊盟最高指导机关，副长官一职未设以前，由参赞石华严代理长官，几次入蒙，指导蒙政，使伊盟政治，渐入轨道。副长官朱绶光北来以后，绥境蒙政会召开几次全体委员会议，朱躬亲入蒙指导，伊盟政治，更有进步。

绥远过去对伊盟，因为一切在草创时代，所以筚路蓝缕，斩荆辟棘，傅主席煞费苦心；榆林对伊盟，在抗战以后，保全完瓯，先之以安定，继之以建设，邓宝珊将军措施尤为艰难。现在大的困难渡过了，正如同狂潮之来，溃流之来，筑成堤坝，渡过了难关，榆林当局已做了这一步工作。但彻底免除"水患"，而且还要变"水患"为"水利"，恐怕还费相当手脚，记者仅能以此说明伊盟情势，也仅能以此说明榆林与〔于〕伊盟之重要性。

四　文化教育之进展及西部伊盟

绥境蒙政会，从绥、包沦陷后，移设伊盟扎萨克旗。扎旗为沙王所在地，因为沙王系伊盟盟长，也是伊盟盟公署所在地，自从绥境蒙政会移设此地以来，扎旗更成了伊盟政治中心。绥境蒙政会由抗战初期的凋零，而到今日之虎虎有生气，这于抗战最后胜利之确定，有莫大关系。现在蒙会最看重于蒙旗教育之推动，已经在各旗成立小学，并且在蒙会所在地成立模范小学□处。蒙会新设常委三人，为荣祥、图王、鄂王。荣祥在土默特旗总管任内，倡办中学、小学，便为蒙旗兴学之先河。现在担任蒙会常委，而且他又兼蒙会教育处长，对于兴办学校、提倡教育，进行更不遗余力。教育为百年大计，在蒙旗一切设施，更以教育为当务之急；否则不从此着手，一切都是空谈。

察绥蒙旗党务特派员办事处，亦设于扎旗。中宣部在扎旗办一蒙汉文合璧的《民众日报》，篇幅虽小，影响却大，因为这在蒙旗是首创。

绥远未沦陷前，有国立蒙旗师范设于绥垣，校长为蒙古青年教育家经天禄。抗战以后，蒙旗师范停办，教部在伊盟办一伊盟中学，仍以经天禄为校长。学校距沙王府颇近，现有学生将近×人，一切完全是官费。在伊盟，各旗小学还没有根基，办中学似不相宜，其实不然。现在伊盟中学的学生，有逃亡的喇嘛，有沦陷区出走的学生，喇嘛不愿念经而要念书了，也许他们不识汉文，但程度却的确超过小学。伊盟中学现在设补习班和正班。有的程度不齐的学生，经过补习，再入正班，这伊盟的最高学府正在草创时代，努力前进中。

沿黄河从包头滩上到准格尔旗，这是伊盟东部，接近前线。乌审旗和鄂托克旗，这伊盟西南角后方地带的情形，更为人注意。鄂托克旗出产最富，辖境最广。扎萨克旺王年幼，旗内军政大权，悉操于一名阿利喇嘛者，即章文干之手。章为人老成持重，其所在地因与宁夏接壤，故与马鸿逵主席交情颇笃。抗战初期，敌寇曾一度进入鄂旗，后被邓宝珊部逐出，迄今鄂旗为安定之后方。

乌审旗扎萨克特王，人极聪明，但体弱多病。抗战以来，乌旗出壮丁参加抗战者至多。乌旗并组织西蒙抗日游击支队，由特王之弟奇玉山任司令，几次请缨开赴包头滩上杀敌。最近奇玉山赴渝谒最高当局致敬。乌旗为伊盟后方，物力、财力均有可观，人民亦较有组织。

最后有一事值得我们特别提出，便是禁烟。蒙旗向来因为情形特殊，在行政上与省县政治不同。民国以来，几无年不种鸦片。

去年伊盟一面贴有禁烟布告，一面仍种烟，仅白海风部防地奉命铲除烟苗，改种食粮。今年则伊盟决心禁烟，绥蒙会和伊盟盟长公署共同严令各旗不得播种，各旗已一致遵守。有的地方，已将原有种鸦片之地，由驻军播种食粮，增加生产，这是抗战以来伊克昭盟的一大进步。

三月二十三日，陕北榆林

《塞风》（半月刊）
陕西榆林塞风社
1939 年 4、5 期合刊
（李红权　整理）

额济纳旗的鸟瞰

辉 之 撰

余此次旅行额济纳旗各地，关于该旗政治，更有进一步的认识。本篇描写额旗军政、民情、风俗、习惯与国防之关系，顾其本身甚简单，而环境复杂，于此国难当头、风云万变的时候，拉杂述及，以供研究西北及国防问题者之参考。

一　地势

处甘肃之北，接壤外蒙，东连宁夏、绥远，西通新疆哈密，扼新绥汽车之要道，为国防的重心。其地之得失，非仅关西北国防、军事、政治之演变，亦为国际路线的焦点。

额旗为内蒙古之额济纳土尔扈特旗，俗称二里子河，土地广袤，方圆约千余里，以戈壁平原居多。气候较寒，雨雪稀少，时刮大风，以春季为厉，近似大陆气候性质。所好黑河横贯额境，至青山头分为东西二河（即二里子河），再分七支流，散交西庙、乌兰川井、打拉窝铺、策克、江布拔申、东庙、张毛苦布、苏北力纥、西盛隆、八音淘来、乌兰爱里根等地，悉归东西二居延海（东海方圆约八十里，西海方圆约二百里）。沿河一带，梧桐、红柳、沙枣、葛杠等树丛生，水草繁盛，非一般人之所谓"戈壁不毛地"也。

二　政治

额旗本甚简单，因外蒙政制改革，边防梭查綦严。日本觊谕
〔觎〕，曾设特务机关于东庙（二十六年秋破获），新疆派联络参谋
驻乌兰川井，而军事专员公署则设于八音淘来（现移西庙），交通
电台亦设于此，致形成复杂状态。但该旗政体守旧，仍遵满清封
制，世袭王公、贵族、喇嘛僧都享有特权，具超越的控制势力，
王公以下有台吉（贵族，成吉思汗后裔）、扎格尔岐章京（总管内
政）、梅领（协助内政）、扎蓝（总理各区）、藏盖（区长）、坤都
（协助藏盖）、套克圆排通、哈风（执事）、伯什户（传令）、比其
沁（书记）、庶务等官员，各司其事，如有特别事故，由扎格尔管
旗章京召集各员会议，禀请王公决定施行；至平常政事，悉由掌
印官员负责执行，各员按次分派值日掌印一月，现任额济纳特别
旗扎萨克郡王为塔旺嘉布，系旧日图王胞弟，壮年英俊，知识超
群，对于国家民族观念甚浓。民二十六年秋，曾游历甘、青各地，
晋谒中枢当局，经历更深。迄二十七年冬归旗，于十一月二十八
日在齐政府宣誓就职，嗣即出巡各地，按户宣示中央德威，拥护
最高领袖蒋委员长抗战国策，策动全民，为中央效命。现塔旺嘉
布兼保安防守司令职务，聘任苏××为参谋长，苏××为顾问，周××
为秘书，××××为队长，现有士兵×××人，正在秣马厉兵及时训练。
额济纳旗政府名齐政府，与额济纳旗保安防守司令部同设于×××庙
地，有蒙古包×顶，官员×××员，以资办公，而塔旺嘉布郡王则居
于××××，距齐政府尚有×××里也。

齐政府的财政收入，全恃三十余家之汉商，年约可收营业税二

千元，次则额民赋税，年可征二千元（该旗征税，按人民牲畜之多寡，为纳税之准则），他则征收鼎新天会畜牧之五百元左右草头，年共约收四千余元，如有其他紧急特别用途，由该政府临时向民摊派征收之。

三　文化

该旗地处边陲，民智闭塞，现齐政府办有学校一所，设有蒙、汉、藏三种文字，学生三十余人。另有寺院二所，分为东西庙，雄壮奇丽，内供佛像，藏着不少经卷、古物，可说是该处精神与物质文化精粹之所。

四　人民

人烟稀少，共约五百余人。生活简单，风俗习惯，与内地迥异，有肥沃土地，而不事耕种，有茂密森林，而不求建筑，宁可任其荒废，不令开垦，盖蒙民以其祖先之土，神圣不可侵犯。总之，大多逐水草以游牧为生。男女信奉黄教，家有二男，举一出家，以当喇嘛为荣。处此青天白日帜下，犹遗满清愚民政策遗毒，至今仍披着封建枷锁，不胜慨然！惟人民崇尚礼□，颇含古风。其所住蒙古包，门必朝东而设，家家户户，中堂上座，供奉嚓格陶尔喀（白衣）及南怪陶尔喀（绿衣）佛像。凡饮食，必先敬天地神佛。早晚诵经祷告，祝颂合家平安，牲畜兴旺。包中右设客座，为宾客饮食住所，左为主人座位食宿之地，从上而下，以表尊卑。男女老小蹲膝而坐，不能盘坐或傲踞，犯之大忌。其往来宾客□至，人必出迎迓，系坐骑于篱外（不能系于蒙古包，亦不能将手杖、木棒带入包内），接客入内，让之于右，右手出鼻烟壶，互相请吻，按春夏秋冬四季问好。宾客必献"哈达"（系绸质绢布一块，阔尺余，长约三尺不等，视尊卑定其长短，倘无"哈达"，则任何贵重礼物，不以为礼，而绢布边口，务须朝外，双手敬奉），作为敬礼后，始互相蹲膝席地谈心，谈必见奇相告。饷客以湖茶或奶茶（茶中必食盐）、炒面、酥油、奶榨等物，贫富如之，时时皆然。待天晚留客住宿，尤以酒、"勿次那马汗"（汉译羊肉后座）及麦类等食物，出其所有，以敬客人，务使客人酒醉饭饱而后已（蒙人无早餐、午膳，仅备奶茶、炒面小吃）。平时蒙人晚饭毕即睡，天明即起，睡时头西足东，衣袜鞋帽，不得向佛柜、神龛前放置，颠倒以犯之。其尤合于礼者，任何食物，必先置主人前，由主人先食，以示尊敬。

五　风俗

　　蒙民婚娶，年届十四，即可婚嫁，大抵亦由父母之命、媒妁之言，系男子向女子求婚，遣冰人持"哈达"及酒，携往女家说亲。如女方认为合意，即将哈达与酒收下，作为订婚聘礼。待婚娶时，双方先请喇嘛择吉迎亲，女家赔〔陪〕嫁妆奁、牛、羊、驼、马，以夸光彩。至一般之人，犹风行入赘，然此则为非正式婚娶也。如正式婚娶，男家新郎必携新蒙古包或帐篷，先至女方家迎娶，举行结婚典礼，喇嘛诵经，红烛辉煌，参拜天地父母，举行新官人发辫联系打结，表示结发夫妻，真古时"发妻"之谓耶。然而并无父母、媒妁之命，男女自由恋爱，而实行同居者仍极多，虽父母兄弟，均不能非之，惟至亲至戚则不发生关系。

　　其他生死风俗，亦与人异。其生也，必请喇嘛诵经收生，宰一绵羊，以滋生母，其初出胎的婴儿，喇嘛裹之以羊皮，生母即食羊肉，越三五日，仍照常工作。其死也，即将蒙古包房顶遮蔽，门口系之以绳，表示丧亡，家人不悲，亦不进视，邻居远避，亲朋隔绝，盖过其门或进内者，视为最不吉利之兆，须请喇嘛念经，择吉卜定方向，以白布披身，按时按地而"净葬"之。所谓"净葬"者，将尸身裸体，弃之于野，任犬狼飞禽分食殆尽，始谓"善终善果"；否则，则以此人罪孽深重，禽兽恶之，务使重请喇嘛忏拜超度，总希于三日内，尸体分化，俗谓"食肉还肉"（蒙人生时食肉，死后将尸体还归禽兽肉食）。

六　商业

该地若干商人，多来自河北、晋、绥、甘、青间，大都向在外蒙库伦、喇嘛格格、古鲁勃亨等地经商。至民十一年，俄国赤白二党争政，演成外蒙恐怖状态，于民十八年，形成外蒙主权，悉操于人，所有物产，多归政府统制，遂致交通封锁，一般汉商无法经营，乃于民十五年，相继潜逃来额，散居打拉窝铺、策克、西盛隆、布栋套来、青山头等处，约共三十余顶蒙古包，计二百余人，与平、津、包、绥联号，乘间与外蒙人民交易，以蒙古皮鞋、生烟、鼻烟、烟嘴、刀子、红绸、绿缎、玛瑙、珊瑚等珍物，换取狐皮、貂、獭、羚羊、鹿茸等物，其利至厚。然与额民无所交易，盖其地贫乏，少有出产。迄民二十六年，外蒙戒备更严，与内地完全断□关系，加之抗日发生，平、津沦亡，察、绥、包头相继失陷，在额数百商民营业愈艰。但他们爱国之心颇浓，虽在此狼狈生活中，除年纳齐政府营业税外，犹肯为国竭诚捐献，如额旗各政府、军事机关紧用什物，备价购置驼、马、驼毛，无不乐于供给，凡汉民官员前往该处旅行者，必殷勤招待，争相问讯，谈及暴日残酷行为，莫不磨拳擦掌，同仇敌忾，实不亚于南洋侨胞之爱祖国，抑亦在外蒙经商向受压之所致欤！

《新西北》（月刊）

兰州新西北社

1939 年 1 卷 4 期

（朱宪　整理）

今日之伊克召盟

马晓余　撰

自包、绥沦陷，敌人守此据点，利用伪匪军，欲完成其"征服满蒙"大陆政策之迷梦，但一年以来，铁的事实，敌伪军屡次蠢动，扬言西犯，皆未敢越雷池一步。最近绥远方面，我军分路反攻，捷音频频，北战场之胜利，当如操左券。然未来胜利，除军事条件者外，要皆取决于地理条件，此不能不归功于将发挥抗战伟大力量之伊克召盟，故有人誉该盟曰"内蒙之堪察加"。兹将其形势、沿革、人口、交通、盟旗制度，分述于次，以饷读者。

地位与形势

伊克召盟位于秦、陇两省之间，北屏大漠，南控陕、晋，砺山带河，形势险要，秦逐匈奴，树榆为塞，汉城朔方，勒铭燕然，今古必争，莫不得险而昌者也。

简史与沿革

据史书称，元太祖十五世孙巴图蒙克，老成持重，牧居漠北，招抚族众，在外蒙太祖庙即位，号曰达延汗。明嘉靖年间，因族繁齿重，遂分牧内蒙，并以次子阿勒坦为谙达，率左翼三万人，攻克河套，以其他〔地〕分与其子七人管理之，因成立部落为七，即今之鄂尔多斯左翼前旗（准噶尔旗）、鄂尔多斯左翼中旗（郡王旗）、鄂尔多斯左翼后旗（达拉特旗）、鄂尔多斯右翼前旗（乌审旗）、鄂尔多斯右翼中旗（鄂托克旗）、鄂尔多斯右翼后旗（抗〔杭〕锦旗）、鄂尔多斯右翼前末旗（扎萨克旗）是也。

伊克召盟，昔为匈奴所居，秦新秦中，汉初匈奴河南王之属地。汉朔方郡地。晋前后赵、前后秦、赫连夏地。元魏为夏州北境。隋于其地，东置胜州，西置丰州，后改榆林、五原二郡，唐复改郡为州。五代、宋、金属西夏。元立西夏中兴等路。明设东胜州，后为蒙人所据。总之，考诸史纪，伊克召盟非但在历史上可牧、可耕、可战、可守之区，亦且屯田养兵、移民实边之地也。

种族与人口

伊克克〔召〕盟蒙古族，即是喀尔喀族，在历史上夏称獯粥，周称狁犹，秦、汉称匈奴，唐、宋、辽、金称鞑靼。名称前后虽各有不同，然血统则一贯相传，俱属蒙古民族。

伊克召盟汉、蒙人口，据二十五年绥省府调查：郡王旗有蒙人五，〇〇〇余人，汉人有五，〇〇〇人；鄂托克旗有蒙人一三，〇〇〇余人，汉人有二，〇〇〇人；准噶尔旗有蒙人三七，〇〇〇余人，汉人有六四，〇〇〇余人；达拉特旗有蒙人一三，〇〇〇人，汉人有六〇，〇〇〇人；乌审旗有蒙人一〇，〇〇〇余人，汉人仅数百；杭锦旗有蒙人三〇，〇〇〇人，汉人二〇，〇〇〇余人；扎萨克旗有蒙人四，〇〇〇余人，汉人倍之。

交通与物产

伊克召盟内有包榆、包宁等公路。余皆沙丘起伏，行路艰难，交通工具，唯马、驼是赖。

伊克召盟物产最著者，如抗〔杭〕锦旗之白盐池，鄂托克旗之红盐池，尤产盐最富之鄂旗察丙达布淖及达拉吐噜淖等，其质细白如雪，其味之佳，实出高于芦滩产盐者不啻万万。再如该旗之咸〔碱〕，质量均可观。他如皮毛、药材、烟草、箕草，每年〔每〕出口（张家口）者，数至为巨。尤套内每年小麦、谷米、高粱、山芋等之产量颇富，不啻察、绥之仓库。其次是乌审旗之纬炭，尤为驰名华北。以上各产，吾人能利用科学方法去经营，实取之不尽，用之不竭，为抗战中物质上最大之补助也。

宗教与风俗

蒙古社会原无强固宗教，一般习俗，多信孛额教。当阿勒坦汗与达赖三世消朗嘉穆错结善缘于青海后，黄教乃盛行蒙古。迨满清入关，恐蒙古藩部，难以永久慑服，遂以喇嘛教羁縻之。由是数百年来，蒙族习惯于清馨红鱼，不知生产，被其所醉麻！近年潮流趋使，国人宣传，蒙族同胞，亦渐有觉悟者。

蒙族善骑精射，性至强悍。今固不异于古，宽则随畜兽为生业，急则急攻战以侵伐，利则进，不利则退，贵壮健而轻老弱。倘调教驾驭得当，人人不啻勇敢之战士。

盟旗之制度与组织法

盟旗制度，乃清太祖制定，系模仿满洲之八旗兵制，用以削弱蒙族之武力也。

旗组织系隶属于盟，旗置扎萨克一员（即一旗之行政长官），总理旗务，由中央简任，为世袭制。以次置协理（行政大佐），协助扎萨克治理全旗之事务；管旗章绵〔京〕（法官），办理民事；梅伦（旗务官），办理军事；笔帖式（文书），办理文书事；骁骑校（传命令，司军务），办理庶务。若地方勤务，则有地方梅伦等。若王府私务，则有巴衣达等。其佐领一员，官兵百五十人，其办事机关，前称旗公署，现改为旗政府。

盟组织是直隶于行政院，置正副盟长各一员，总理全盟事物。并设备兵扎萨克一员，总理全盟军务，下设秘书、处长、科长等职。故盟为共同保护各旗之利益及安全之机构。

蒙古地方自治政务委员会之组成

民国二十三年，中央鉴于内蒙之需要，及尊重其切身利益起见，爰本国内各民族自决自治之规定，遂在贝勒庙设立蒙古地方自治政务委员〈会〉，设正副委员长各一，委员九人至二十四人，由行政院呈请国民政府任命之。该会直隶行政院，以下分别设立秘书厅、参事厅、民治、保安、实业、教育等五处，办理各盟旗地方自治政务等事宜，并设自治指导长官二人，承行政院之命，经常指导蒙政会之政务事宜。自包、绥失陷，蒙政会即移至伊克召盟之××旗内。一年以来，经长官之指导，蒙政会之努力，各旗民运工作，与抗战俱增，正方兴未艾也。

　　本文所论伊克召盟者，即鄂尔多斯部也。形势险要，先代我民族与异族，曾在此决斗者，不知凡几。且高原坦荡，旷野苍茫，冈峦环合，湖淖潆绕，而农产、矿物，兼而有之，诚屯兵置垒、生聚教训之良所。故伊克召盟在我全民抗战上，关系至为重要，特为文以介绍之。

《政论半月刊》
兰州政论社
1939 年 1 卷 5 期
（李红菊　整理）

额济纳旗拾零

辉 之 撰

内蒙古三十九旗之中的额济纳土尔扈特〈特〉别旗，地处西北角落，向来乏人注意，作者在本刊一卷四期曾为文述其梗概，复将该旗蒙人的特性与技能，以及其地方特种情形，概述于后。

（一）蒙民的特性 考额旗一般生活习惯，尚完全因袭其传统方式。动产如羊蛇〔驼〕、牛、马等，虽为私有，而土地则仍属共有，人民善保守，尊崇王公、喇嘛，宗教观念极深，故其支配力辄超政治、文化而上之。至生活的表现，虽停滞在原始阶段，未能吸收时代思潮，以致国家、民族意识两差；但崇尚礼节，人民相见请安后，即互询各人有无新闻，如该旗发生事件，虽隔离千数百里之遥，二三日内，家家户户，必多知晓。盖蒙民男子，不事生产、畜牧、治家，悉赖女子操持，故一般男子，日惟优游，耽嗜酒色，常审走蒙古包以为乐，且其所到人家，非但食宿自由，而可任意调换驼马坐骑，游玩他处，以故蒙民消息，至为灵通。

（二）蒙民的技能 性强悍，善骑射，有古"斯巴达"风，乘驼驰马，虽孺妇，亦甚精熟。尤特别有侦察能力，追踪技术，即飞禽、野兽、家畜所过之地，留有足趾痕迹，略加察看，能辨其为何种动物；即时过十余日，如无极大风雨淹殁，终能探图索骥，侦得踪迹；故该旗巡梭员调查边卡，实具绝技。此外年青蒙人，身壮力强，常角力决斗以为嬉，每逢集会之期，举行赌胜，王公、喇嘛特加奖赏，以示鼓励。

（三）额旗地方的特征　额地多沙洲戈壁，无高山大川，沿二里子河两岸，草木丛生，蒙民以游牧为主，逐水草居住，大抵夏日就阴，居于高敞戈壁之大树下，冬日就阳，居于沿河红柳丛中；为便于畜牧计，居无定所，且不处集居，纵有集居者，亦多不过二三户；以是该旗境内无村落，惟有蒙古包隐伏于红柳沙洲间耳。至其畜牧或居住，除在沿岸河流而外，尤以井泉为要，故凡各处居住之蒙古包，必有井泉，或系天然，或为人凿，蒙民散居，往因井泉而得地名，以故有地名，亦必有井泉。如行旅者不知其地名与井泉之所在，诚有渴死之虞！更应特别注意者，则蒙古地之"脑包"是也。脑包，俗称"鄂博"或"妖包"，以垒石为丘，或葛杠堆积，或树木杂陈，或石围木架中堆积木石，以作"鄂博"，是标道路，帜远近，别方位，明界限，而利行旅。蒙民对此视为神圣之物，每届春夏之交，王公、喇嘛集会，主祭"鄂博"，祝颂国泰平安，牲畜兴旺，并集青年"角力"，稚子"赛马"，以志其盛也。

《新西北》（月刊）

兰州新西北社

1939 年 2 卷 1 期

（李红菊　整理）

西蒙额济纳旗概况

吴继高　撰

一　额旗的肇造

额济纳旗元始开辟的时候，传说大夏时曾派一位黑将军者，屯兵黑城（威远），尚〔当〕时黑将军拥兵御治，威权并盛，欲霸据该地，作帝王之迷梦。讵意甘、肃二州官民闻讯之下，惊愤异常，遂将弱水（黑河）上流筑坝堵阻，未久黑城一带，草木枯干，人马困乏，正在奄奄危殆的当中，弱水上流复将土坝决开，洪水泛滥，黑城淹没，黑将军殉城，人烟亦随之绝迹。（一九〇七——八年，俄国蒙古四川探险队柯兹洛夫等，曾两至黑城，其所得古物与西夏文籍，已由罗福长氏为文叙述。迄一九一四年，斯坦因氏三次探险西域，亦一履该城，综其所获，亦由向达氏为文记载，均可参阅。——编者附注）

迨顺治十三年，新疆北部哈喇沙拉地方，旧土尔扈特王公孪生二子，一子手握鲜血，一子手执火药。当时王公疑执火药者为不祥之兆，即令饬离境。这孩童，秉性颖悟，与众不同，从此被迫过他寻觅乐土的生活，及至黑河视察，认该地甚合心意，遂将丛林荒野，举火焚烧，用了三年的功夫，始开辟成功，自行入京，向清廷奏明缘由，清廷即赐该地归其掌管，是为额济纳旧土尔扈特旗。

以上所述，或不可靠，最近史实则系阿济勒匝尔弟兄十三人，由大库伦北布利旗附近，行至新疆，阿拉巴鸠留复由新疆带三十六人到长拉塔拉居住八年，嗣因与番民发生冲突，遂往西藏，经奉班禅之命，乃选额济纳地方扎房焉。清光绪年间，塔王嘉布之父达希进京朝贺，始蒙清廷赐封为国王。当袁世凯称帝时，复蒙赐封为郡王，中华民国成立后，其父逝世，始由其兄图希升巴雅尔继承王位。民国二十七年，图王西宁病故，中央政府即任命塔旺嘉布为额济纳旗政府扎萨克署理旗务。

二　额旗的自然环境

额济纳旗位居于我国西北部，北与外蒙接壤，东连阿拉善旗，西通新疆，南临甘肃，广约三百余公里，袤亦约三百余公里，面积约占宁夏全省面积三分之一（宁夏全省面积约九十一万方里），交通四达，形势险要，非仅为沟通内地与边区民众情感的枢纽，且在政治设施及军事运用上，其重要性更不容漠视。

北部为陶束图山，南部为青山头，亦称狼心山，由南向北隐伏于沙漠中为合黎山系。

河流为弱水（亦名黑河），民元以来通称二里子河，自甘肃鼎新（毛目）入境，经青山头分为东西二河，绵延约三百余里，至东庙（居延）分入东西河子。

沼泊一为东海子（蒙人称东红图），一为西海子（蒙人称各少），东海子面积约数十方里，水性尚佳，西海子约百余方里，产盐，水性咸苦，荒草茫茫，风景毫无，总称之曰居延湖。

黑河一带外，多为戈壁沙漠，无水无草，行旅困难，偶遇大风，飞沙走石，天昏地黑。春季多风，入夏气候炎热，秋颇凉爽，冬亦不甚冷，盖此地夏乏雨，冬缺雪，即逢雨雪，亦不过降落寸许。

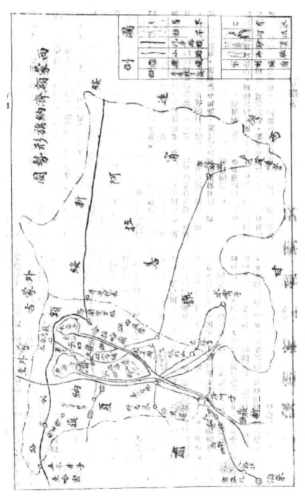

黑河沿岸，如茶汗套环、青山头、多乐窝铺等地，土质肥腴，草木繁茂，惟雨水异常缺乏，耕种颇感困难。至由沙门子入额旗境内，沙枣树及臭梧桐甚夥，遥遥瞻望，俨若人烟稠密之村落，及至迫近，则空林杳杳而已。

三　额旗的政治组织

额旗行政，以扎萨克为一旗之长，由王公充任，扎萨克以下，设甲克气（管旗章京）、梅领、扎兰（参领）、章盖（佐领），及饶〔骁〕骑校（队长）、笔帖式（书记）等职。其定制又以一子承祧，即多子，亦必皆作喇嘛，蒙旗人口之日见稀少，实由于此。旗内各职员，就事务言，每月只留一人坐印办理府事，而旗内蒙民之组织，亦仅于五家或十家，设打勒哥（十长）一人，担任传达及办理地方勤务。各官除世袭者外，均由王选任，待遇皆无给制，在旗政府掌印时，火食则由旗政府供给。

旗制组织系统表

扎萨克——扎克旗①——正梅领——正扎兰——正章盖——饶〔骁〕骑校

协理——副扎克旗——副梅领——副扎兰——副章盖——笔帖式

四　额旗的人口与保安

户口　旗内蒙民，因牧畜为生，散居各处，故组织保甲，较感困难。全旗计蒙古包约□□个②，蒙民约□□□人，此外除由外蒙来旗定居之蒙民□□家外，尚有汉商□□□余人，分住多乐窝铺、策克，及西盛隆、青山头等地，统计全旗蒙民及汉商，不满□□人口，所谓地广人稀，诚非虚语。

防守司令部　额旗为西蒙边区重镇，曾于民国二十六年设防守司令部，并由军委会加委该旗扎萨克兼任防守司令，掌管该旗防

---

①　上文作"甲克气"。——整理者注
②　本篇各"□"为原文所有。——整理者注

务。该部司令以下，设参谋长一人，暨参谋、参议、顾问、秘书，以及军需、副官、书记若干人，所辖有保安队一大队，计蒙兵□□名，现正在加紧补充、训练、整理中。

军事委员会派驻额济纳旗军事专员办事处 中央为巩固西北边防起见，乃于民国二十六年九月间，由军事委员会派李才桂随带蒙旗保安队一队，前往额旗组设军事委员会派驻额济纳旗军事专员办事处，并任命李氏为该处军事专员，责成指导该旗应兴应革事宜。迨至民国二十七年九月间，改派连钟山赴该旗接理专员事务，当时蒙旗保安队归还建制，所有防务，另行加派劲旅担任，一切蒙事正在分别进行中。

新疆督办公署派驻额济纳旗联络参谋办事处 新疆省督办盛世才为探取东蒙消息，并与西蒙联络计，当于二十七年春，着派参谋李春和暨工作人员七八人，由新来额，驻旗工作。

过去日本特务机关 日本为贯彻其梦想的满蒙政策，特别是对苏俄起见，在边区重地的额旗，自难免日本间谍的活动。民国十五年四月间，日本特务机关即由津经百灵庙侵入旗境，其工作人员计有特务主任池田暨江畸寿夫、高田等十余人（池田原任张家口日本使馆副领事，江畸寿夫原充新闻记者）。当时飞机往来，沿途测绘，更大肆其惯用技俩，煽惑利诱，必欲拉拢蒙人，以供其驱策，迄民国二十六年四月间，池田调走，遗职由江畸寿夫继任，斯时日本特务机关的诡密，尽情毕露，无法存在，遂行撤去。

五 额旗的习俗文化

语言 蒙古语乃乌拉尔阿泰语系之一，又分为三，即喀尔喀语、加尔满克语、柏拉的语三种。今之额旗蒙人语言，全属喀尔喀一种，其音粗而濡滞，与外蒙及东蒙语略异。

文字 当成吉思汗时，已使用土耳其派之维伊哥尔文字，谓之回纥文，为时甚久。至元世祖时，始用西藏喇嘛八思巴（或作怕克巴）另创新字，共计有十五字头，每一字头，计有七音，共字母百有零五，相互联合而成文，直下右成，谓之托忒字，遂弃旧用之维伊哥尔文字，而用新字，即今之所谓蒙文，惟以蒙语在内外蒙各地，大同小异，均可通行，但蒙文则大多数蒙人不能认识，即喇嘛所用之经卷，亦多用藏文。至于通晓汉语者固多，然通晓汉文者，却属凤毛麟角了。

宗教 蒙人崇信喇嘛教，凡旗民子弟，除承嗣之男儿外，必令充当喇嘛，每户一人，王公之子弟亦然。喇嘛者，蒙人视为无上之称，其溯源出西藏佛教，其实为别一支派，即所谓黄教，其宗祖为宗喀巴。喇嘛阶级各有不同，大别为佛爷喇嘛、扎萨克喇嘛、大喇嘛、庙喇嘛、黑喇嘛五种。佛爷喇嘛，即普通所称活佛者，乃宗教之首长，如库伦之呼图克图，西藏之达赖、班禅皆是，盖即教王也；扎萨克喇嘛，握有政、教两权，统辖寺内外之土地、人民，无异于扎萨克；大喇嘛，乃一寺之座主，大抵以王公子弟曾充喇嘛者承当之；庙喇嘛，即旗民子弟之身入庙门、削发为僧者，凡民间冠、婚、祭、丧一般礼式，多请其念经焉；黑喇嘛，乃俗人之鳏夫、寡妇于衰老时削发，皈依佛法，不用袈裟，不习经文，惟日常手捻佛珠，口称佛号而已。活佛之次为大喇嘛，在蒙族中与王公为伍，其势力亦最大，故蒙古政权，虽隶于扎萨克，但实权则操于大喇嘛。

教育 额旗蒙民教育，尚在萌芽时代，就蒙文论，通达者为数寥寥，现由蒙政府设立蒙汉学校一座，学生仅十余人，盖蒙人习惯，富家子弟多不读书，贫寒子弟，尚须以义务性质强迫入校，故今后主持蒙事者，对蒙旗教育，当特加注意。

服制 蒙人衣服，喇嘛用黄色或红色，黑人以青蓝色，式样宽大。又衣服有官服、便服之别，官服与前清衣服，大同小异，便服则比汉、满服装稍形宽阔，袖口特长，富者用绢棉，贫者用棉布，冬则棉衣、皮裘，夏则宽衣大袖，惟色向〔尚〕红、黄。男子多绸布带束腰，系以烟袋、餐刀、燧石等物，类皆薙头结辫，又多手捻佛珠，项系佛像，足着牛皮翻底鞋。妇女则蓄辫一条，垂于左右，饰以珊瑚珠子或磁料、璎珞等物，以为美观，耳悬银环，手套钏镯，或手指套银质戒子；若未嫁者，则发辫惟一，头带珊瑚、银扳，以别处女，其发恒不理，理则必刷以胶。男女衣服，无论绸布，概不洗涤修缮，食后揩污，衣襟拂器，至污垢褴褛时，弃而新制，盖蒙地水源缺乏，又日以牧养家畜为事，跨驼走沙漠，无间风雨，衣服不洁，亦游牧生活使然。

婚礼 额旗蒙人男子二十岁，女子十六岁，即可定婚，议婚时先由男家向女家送哈达、烧酒等物，如女家收礼，则表示愿意定亲。其婚姻概依父母之命及媒妁之言而定。如父母已殁，则由彼此互相结识，俟怀孕时，再行择日迎娶。聘礼通常由双方承认，宰羊数头为最普通。婚约既成，女父合其近亲，访于男家。入室礼佛，佛前供羊头、牛乳、绢布等物，由男家设宴款待。其合卺之日，由喇嘛选定吉期，在附近另设一帐，即蒙古包，是日由新郎家派人迎迓新妇，新妇家族及戚友，均鹄立幕前，作圆形，如拒迎娶之状，新妇出，即乘马绕幕三匝，乃引导疾驱至新郎家。近邻及双方戚友皆来与宴，赠新妇以物，于是先见翁姑，礼拜佛像，喇嘛诵经，新妇拜灶，新郎父母答亲戚礼，新郎亦礼拜新妇之亲戚，礼成而后，设盛宴（宰羊）款客，有连行数日者。

葬礼 额旗蒙民葬式大别为二：一为火葬，王公、台吉及蒙民之稍有财产者，附〔付〕以茶毗，请喇嘛诵经后，举火焚尸，捡其骨烬，请大喇嘛之许可，粉骨和以面粉，制成饼形，而收存于灵塔，或奉收于五台山之灵城；二为野葬，即弃尸于野（置之戈壁滩中），召请喇嘛诵经追奸〔忏〕，七日内为野兽伤害者为上葬，否则仍请喇嘛诵经。凡尸体须由蒙古包底中拉出，再用驼驮至旷野，驮尸之驼，即送喇嘛，孝子不着孝服，在三天以内，不进别人房中，见人叩头，以代死者祈福免灾。

祭礼　蒙人恒日祭哀金，岁祭鄂博（脑包），每值秋季，家家户户请喇嘛讽诵平安经，以祈福利，日常供佛，尤其普通，时亦有祭天之举。

相见礼　蒙人有客人入室后，则敬以奶茶，如系生客，虽有茶，亦必须另熬新茶，以示热诚。二人晤面时，除逢时节互递哈达外，通常即互递鼻烟壶为敬礼。初见面时，首问其身体及牲畜之平安，次问有无新闻。

习尚　蒙人崇信佛教，晨起以水供佛，饮食先祭皂〔灶〕神，口常诵经，以求神佛默佑；四季念经，以被除不祥；预卜吉凶，决诸喇嘛；召庙跳鬼（喇嘛），以镇妖气；若如跑马、角力，以较能力高下，则尤其娱乐之一端。跑马多于祭典日或狩猎时行之，马以善走、精良、超群、强悍者为上选。竞赛时于群马中择其走马之优者，以善乘者，控策而竞走，每程约三十里，先至者获胜。盖蒙人五六岁儿童，即能牧马放驼，至九岁即能骑无鞍之马，驰骋于旷野，故多精骑术，以上体垂直、膝下向后稍屈不动者为上骑，故终日驰走不倦，妇女尤称能手。角力亦多于祭典或举行其他隆重典礼之日行之。角力者除额用巾缠包外，上体脱去衣服，各穿长靴，负力而斗，以推倒对手于地上为上算，角胜者获奖。

避忌　蒙人佛教观念殊深，相戒不食鱼鳖，且视蛇为神，故蒙旗境内最忌杀蛇打鱼。又进入蒙古包时，禁走左边，盖以左边为神人出入之处，凡人不许出入，又如客随带之绳杠，均须置于包外。

古迹　距西庙百余里，传说黑将军被困临终时，曾以其财物无人看管为忧，当时其子和媳愿为看守，遂凿井将所有宝物置放其中。子同媳偕赴井中，黑将军令人将井口掩埋，己即自缢，黑水亦浩荡流至矣。迨水既逝，后人来此欲掘井盗取宝物，但掘时一股黑气从井中射出，呼入气管，立刻昏毙，自后遂无人敢来开掘。现察该地，虽已成戈壁，河流已改道，然河糟〔槽〕与树根之痕迹尚存。民二十三年间，中法考察团曾往该地考察，成绩佳甚。

六　额旗的经济与建设

财政　蒙旗政府如遇特别费用，蒙民亦须纳款或羊、马，数额多寡，由该旗政府按贫富分派。在旗内经商之汉人，每年分春秋两季，按甲、乙、丙、丁等级（甲级五十元，乙级三十元，丙级二十元，丁级十元）纳款，购买营业票。所有出入蒙境之货物，自抗战开始，即停止征税。此外每月由中央补助旗政府建筑费、教育费，及防守司令部经费若干元。

物产　家畜产牛、马、驼、羊。马种不良，野兽产狐狸、狼、兔及黄羊，产量极微，皮色欠佳，每年驼、羊毛及羊皮为出口大宗。矿产盐、碳〔炭〕，产于芦草井子、古路乃、拐子湖（产青盐）一带，此外云母、石灰亦夥，并以梧桐碱为最佳。植物除臭梧桐（由梧桐树所生之梧桐泪，可治疗心痛及霍乱）、甘草、苦参在沿河一带生长外，尚有梭梭、扎杆可供柴火（传说扎杆，在百步以外，如无其它扎杆，并生溜者，烧成灰，可治妇女血迷之症），惟含硫磺质颇多，蒙人少用，沙漠中丰草长林，颇可供牧畜之用。

水利　额旗土地，尚未垦殖，更无水利可言。且黑河每年春开，上流人民灌田，河水即罄；至冬月河水始来，同时结冰。每年春开时，行旅甚感不便，现西庙附近由驻军建筑木桥一座，可

近代蒙古文献大系·概览卷

资通行，唯河水若隔一年不来，非仅旗境水草枯涸，即井水亦受影响。可知斯河与额旗居民关系至重。故宜开渠凿井，兴办水利，规定使用河水办法，以利农牧而便民生。

工业　农人家家户户皆能自织毡毯，所用皮衣亦可自制。此外一切用物，均需向外购置，宜提倡小规模的家庭工业。

商业　现居额旗汉商，虽有三十余家，但均系于民十九年由外蒙来旗，盖彼等经商目的地，均以外蒙为主，此地蒙人生意，利益较微，今绥新交通断绝，外蒙亦少通商，致使现居旗内之商人，仅将所存货物与当地蒙民以皮毛或驼、羊，彼此互换，以维生活。

房屋　蒙旗境内，除喇嘛建筑房屋，以供念佛居宿外，凡蒙民、汉商均不许建筑房屋，因之旗内仅东庙、西庙、哈喇哈庙等处各有房屋数十间，蒙人、汉商居住者，均系蒙古包。自民国十六年军事委员会派驻额济纳旗军事专员办事处成立后，多乐窝铺、策克两地商人，始各建筑房屋数间，以备储藏皮毛之用。同时乌兰爱里根（瓦窑桃来）军事专员办事处，亦建筑西式房屋三十余间。此外乌兰川井十余间，茶汗套环数间，曾由已往蒙旗自治政府所派之税局建筑而成，此全旗房屋建筑之概况。

蒙古包　蒙古包圆形尖顶，内以木作架，外裹毡，顶中有孔，如天窗，可放烟通光，有小门向东南。包内正中置一炉架，架圆形，柱四，可放锅，下烧红柳或兽粪，烟从顶孔喷出，寒可取暖，夜可借光。炉四周铺牛羊皮及毡毯之类，可坐卧。靠包架四周，绕置橱柜（高约二尺余），上放各种用具。以上为通常习见者。在冬际羊生羔后，贫者将羊羔放在包内，富者另作帐棚放置。若汉商所居者，包内周围以白布或绸作裹，橱柜之上，陈设各种物品，如钟表之类。再则设置床铺，用矮足床，以供坐卧，中燃羊炉，居之甚适。包内以西北为上，供有佛祖（汉商则无此陈设）。坐卧时以距神位近者为上，卧时皆头向神位。包除候逐水草移动时始行清扫外，每年拆卸一次。包内夏日甚佳，冬则甚冷，且潮湿，故蒙人生皮肤病及青腿病者甚多。包内蒙人所居者，多不设床，席地坐卧。其毡幕曰蒙古包，式有二种：稍富之家，永久在一地居住所设者，为固定式；在游牧地区所用者，为移转式。

召庙　一为西庙，现庙内计老少喇嘛七十余人，除夷健活佛外，大喇嘛、二喇嘛分掌庙事，盖士贵主管经卷，庙址雄立戈壁，富丽堂皇，每年收入甚丰。一为东庙，约有喇嘛二十余人，无活佛，庙容小巧玲珑，惟于民国二十六年间，一座龙形之庙宇，被日人纵火焚毁后，庙势顿形减色。一为哈勒〔喇〕哈庙，系民国十五年由外蒙来旗之哈勒〔喇〕哈人所建筑，故名之曰哈勒〔喇〕哈庙，但自秦谷鲁布被外蒙捕去，云东章盖、策汗策尔基喇嘛，随率众约三十余人潜逃，现今该庙喇嘛亦寥寥无几。

井泉　蒙人游牧为生，逐水草而居，夏日就阴，冬日就阳，故居无定所，为便于牧畜外，多不一处集居，总〔纵〕有集居者，至多亦不过二三户，故在旗境内无村落，惟蒙古包而已。凡旗民牧畜所在，河流而外，以井泉为要，或系天然，或为人凿，所以利交通维生活者，关系至重。故各处蒙古包，恒就有井泉处居住，即使旷无人居，而要道所经，亦必站站有井，或预设饮水，始足以便行旅。

脑包　脑包的意义，系垒石为丘，曰鄂博，俗称脑包，或名妖包，皆译音耳。蒙古地设有脑包，是识道路，志远近，别方位，标界限，以便行旅也。

八　额旗的交通

公路　北部新绥公路为额旗通绥达〔远〕于新疆的主干路线。由扎哈乌苏可立达外蒙；自西庙东经白尔川井、脑包泉直达宁夏，此段路线，正待建筑中；南沿青山头、沙门子、越营盘、金塔抵肃州，与甘新公路会合，此段路程，由沙夹道，至沙门子，因沙阻滞，汽车通行困难。

　　驼路　戈壁沙漠中，骆驼为唯一之交通利器，因驼善于行走，其〈忍〉饥耐劳之精神，莫可比拟，故驼死后剥皮食肉，为蒙人所最忌。且驼具十二像肖之特色，其词曰：龙头虎背鸡脖子，兔唇蛇眼马耳朵，猴毛狗卵牛蹄子，羊肚猪腿鼠尾巴，如乘驼时，当信斯言之非谬耳。

　　天然飞机场　额旗天然形成之飞机场，较内地人工所建筑者为便，如东庙、乌兰爱里根等地，飞机升降，极称便利，惟戈壁沙漠飞行，航线识别匪易。

　　电台　交通部为便利西北交通计，乃于民国二十四年四月间，设立二里子河电台于乌兰爱里根，翌年移至巴印托拉，二十七年复由乌兰川井迁驻西庙，自是戈壁旷野，亦电光辉煌，消息灵通矣。

　　邮政代办所　民国二十五年四月间，二里子河邮政代办所设立，戈壁交通，愈形便利，初由鼎新至二里子河，所有邮件每月送递两次，自二十八年春，业经改为六日送递一次，将来邮路四达，通讯自易。

九　额旗的社会情况

　　社会组织　蒙人崇奉喇嘛教，故蒙古社会的组织可分三阶段〔级〕，即王公、喇嘛、平民是也。王公为元室的后裔，喇嘛的潜伏势力极大，平民在旗虽为黑人，亦系蒙旗后裔。

　　生活状况　蒙人家庭所有一切操作，悉赖妇女，惟牧畜一事，稍富者雇有天仓、毛目之汉人代替势〔劳〕作，男子除应差以外，毫无所事。盖以牧畜为业之蒙人，五口之家，有驼数头，羊数十只，即足温饱，若牛、马、驼、羊四色牲畜齐全者，视为小康之家。蒙人除喇嘛外，皆称黑人。喇嘛只可诵经，及做佛事等，黑人即兵丁之类，须应一切差务，生活较喇嘛清苦。旗民食品，除肉外，多购自内地之商人，或自行由内地购买，如茶、米、面、烟酒、靴帽、布匹、炒米等，其交易多半用牲畜、皮毛互换。饮食每日喝奶茶数次，佐以奶食、炒米等，至晚食饭一次。其妇女甚勤，每日清晨即起，煮茶用串茶，即茶之带枝叶者，置釜内加水煮沸后，将茶叶等捞出，再加食盐少许、奶少许即成，其余拾柴、汲水、缝纫（用左手）、放牛羊、挤奶等工作甚忙。蒙人燃料，多用各种兽粪，其最良者为牛粪，火力甚强，可以镕铁，为蒙人家中必需之物。但额旗柴火等多，除旅行于戈壁滩上烧粪外，日常燃料都用红柳。蒙人制造牛乳，约分食品、饮料二种，食品有三：曰奶油，系取乳面之油，滤以粗布，制造而成者；曰奶豆腐，系取乳底之沉淀物熬煮而成者；曰奶果子，以面和乳和糖，用油炸之，或以奶和糖、面，制成饼饵，视为最好食品，用以招待贵客。饮料亦有三：曰奶茶，系以鲜乳和茶制造而成者；曰酸奶子，系以鲜乳和水，待其发酵，以有酸味者为佳；曰奶酒，系以制奶豆腐所剩之浆，使之酵霉，以变其性质，味酸，能醉人。又蒙人能制香油，为供佛祭品之用。

　　塔王家庭　塔旺嘉布现年三十七岁，其妻陶惠系由恋爱而成的伴侣，年将届三十，天资贤慧，已生三子：大子（台吉）多尔济策楞，现年十岁，身材活泼，容貌俊秀，兼擅长马术；次子达希董都布，年六岁，现为塔王之嫂阿嘉承继，阿嘉为人豪富灵活，众呼之谓胖太太；三子策楞多尔济，约三四岁，因屡病，向活佛许为喇嘛。塔王秉赋英悟，思想纯正，喜豪饮，精麻雀，略通汉话，其交际手腕，非常灵活，诚为蒙旗王公中最贤慧者。府寺设有蒙古包五座，女仆一，男役五六人，除厨师由内地聘请外，均由蒙人轮流服务，日常生活，与蒙民无异，例如衣服昼穿夜盖，惟饮食用具较佳，日常事务，除批阅公文、函电外，而于牧畜业，每每躬自操作。

男女社交　蒙旗男女社交，早已盛行，不仅彼此语言动作，毫无拘束，即两性会晤，亦极自由。蒙人传统的习俗，里人游逛蒙古包时，只要取得妇女同意，即可同居。蒙谚云："生男费骑乘，生女费茶水。"凡来往旅客，遇饭便食，夜即同包就寝，无分老少男女，行宿随意，毫无避忌。下录情歌一首，系蒙女同其爱人奔奔沫尼（汉商）唱的小曲，情趣横生：

我家的狗利害咧——亲哥哥：大声喊叫银哥勒（狗名），情哥呀！

我家的狗咬人咧——亲哥哥：肉块拿来喂着它，情哥呀！

我们的门发声啊——亲哥哥：抹上麻油就不响，情哥呀！

我的爹爹利害呵——亲哥哥：黄酒烧酒来哄他，情哥呀！

我的妈妈也利害——亲哥哥：川字好茶来哄他，情哥呀！

我的哥哥更利害——亲哥哥：顶好走马送他骑，情哥呀！

我们姐姐恶的很——亲哥哥：花缎裤巾送她围，情哥呀！

我们弟弟鬼的很——亲哥哥：果子冰糖送他吃，情哥呀！

我的褥子很单薄——亲哥哥：上等绒毡带来铺，情哥呀！

我的身体很宝贵——亲哥哥：整箱川茶送我喝，情哥呀！

你如有心就来玩——亲哥哥：绣花荷包做好啦，情哥呀！

你如愿意就来玩——亲哥哥：洋绉手帕带来啊，情哥呀！

产妇生活　蒙人产妇临产时，多请喇嘛诵经祈福，或由喇嘛为之收生，产妇临褥后，富人女、媳尚须修养十天或半月，贫寒之家，临褥后即须操作，饮食仍吃奶茶、炒面及肉类等物。初生小儿先置入水中，一切均不忌讳。

子女承继　蒙人妇女凡在家所生男女孩儿，只要未充喇嘛或出阁时，均得享受财产承继之权利。男子娶媳后，即分给财产，另行扎房（蒙古包）居住。女子尚未嫁人而已怀孕时即留发辫，以示已为娘家媳妇。蒙人有时招聘赘婚或收养义子义女，以便继承门户，同时蒙人习俗，如自己生有二子，亦亲愿以一子给人承继，虽同族，亦无异言。

卫生状况　额旗蒙人因男女性交杂乱，且不注意卫生，故患花柳病者甚夥，同时蒙人席地坐卧，自易患湿毒病，因之青腿病在额旗最流行可怕！蒙人患病，不信医药，每病辄请喇嘛为之诵经祈佑，因致蒙人罹病而死者不计外，鼻塌眼歪之男女，在在皆是。至患青腿病时，则取新鲜生羊肝食之，或食沙葱治之。蒙人苟欲防青腿病之发生，须多作户外运动，此外提倡卫生、普施诊治乃为根绝梅毒病症、复兴蒙人之唯一良方。

婚姻离合　蒙旗男女婚事，只要双方征得同意，随时可以成亲，新妇怀孕进门，尤认为家中之荣幸。如男女情意不洽，离异亦自容易，除财物各归原主外，所生子女大多随娘生活，但经离婚之男子，蒙女即群起鄙弃之。

抗战情绪　蒙人僻居沙漠，日事牧畜，对抗战情形，自欠明了，但自“七七”事件爆发，新绥交通阻塞，蒙民生活感受切肤的威胁，同时中央所派各部署接踵来额，蒙人爱护国家民族的观念才像醒狮般的怒吼起来，至在额旗的汉商业经组织商会，直接间才〔接〕的协助军政部署、参加抗战建国、争取中华民族自由平等的工作。

《新西北》（月刊）

兰州新西北社

1939 年 2 卷 1 期

（李红权　整理）

蒙疆之现势[1]

作者不详

蒙疆之自然与人文

所谓蒙疆地域者，在行政上，系蒙疆联合委员会所属之察南、晋北、蒙古联盟三自治政府所管地域。东以兴安岭为界，邻接满洲国，北以戈壁沙漠，连接外蒙古，西隔宁夏，南隔内长城线，并合邻接陕、晋、豫各省之旧察哈尔、绥远两省及晋省北部，占内蒙古之大部分。其地域广褒约五千万平方公里，足以匹敌日本本洲、九洲、四国、朝鲜等并合之面积。地势均为高原性，然地域中心，因横贯东西之阴山山脉，南部为山岳地带，北部即所谓蒙古高原，划然区别，不仅地势上，即资源上历史上，其趣旨亦各不同。南部大同以东，为阴山、太行两山脉之接合地带，永定河上流之寻〔桑〕干河，即横贯流行于其间，西南复有黄河之洪流，流过伊克昭盟、乌兰察布、巴彦塔拉盟，越河则一望均为连续之鄂尔多斯平原。因之气象亦含有大陆特性，而京包路沿线为阴山、太行两山脉所包围之地带，比较气温差度，并不剧烈，此

---

① 本篇是站在日伪的立场上进行叙述的，荒唐的逻辑及言词所在皆是。为保持资料原貌，照录原文。——整理者注

点尚堪加〔差〕强人意。缘一月内最低温度期间，张家口之平均气温，为摄氏零下一五·三度，厚和平均气温，为零下一五·九度，盛夏七月之平均气温，张家口为一九点三度，厚和为二二点八度。总之该沿线一带之气候，并不似地图上所想像之酷烈，寒度确与满洲奉天以南相同，热度朝晚相差额巨，而平均气温甚低，夏季亦颇舒适，似目前之张家口，往昔即以避暑胜地著名。雨量年降二○○或四○○糎，甚为稀少，而其雨量之大部分，尚系随夏季暑风而降落，各季降雪稀少，故空气干燥异常。

人口较诸广大之面积，殊为稀少，仅有五百七十万人，尚不及东京市之人口。缘大抵调查准确者，察南为一百五十万人，晋北为一百五十万人，蒙古为二百七十万人。以人种而言，大都为汉族，蒙古人占全居民百分之五，约三十万人，此外为少数之回民。而察南、晋北两地带，几全为汉人所占据。属于蒙古联盟之铁路沿线，往昔即为汉、蒙两族杂居地带，而此地带，每载为汉人移民所侵略，故蒙古人之游牧及土包生活，在该沿线，已属稀见。若是蒙古人之大部，均退避阴山山脉北侧地带及黄河以南之伊克昭盟等地，继续其往昔之游牧生活，而原有内蒙，本为蒙古人之居住地带，后为汉人移植该地，蒙人受其压迫，逐步北退，而游牧地亦次第为汉人所夺，故汉、蒙两族关系，永不融洽，始终怀抱猜忌愤慨情绪，互相对峙。然此届事变之结果，以民族协和为标榜之蒙疆政权，遂告成立，而日侨之赴蒙疆者，亦与日俱增，故今后日人在汉、蒙两族间，得以从中调和感情矣。

宗教上佛教徒为最多，占据全居民百分之七十。回教徒次之，其总数估计虽不明显，大约为九万人左右，回教徒往昔即为世界被压迫宗教民族，在经济上、文化上，水准甚低，然事变后华北新政权，以联日防共为标榜而蹶起以来，其动态渐波及西北，表现扩大征象，在政治上，极有重大意义。蒙古人之大部，均信仰喇嘛教，该教逊清曾引为怀柔蒙古民族之方策，大加利用，遂完成其削弱、榨取蒙古民族之重大任务，曩者一度高唱改革该教之必要，然急遽欲加以改革，殊不可能，应以逐步改革为佳。而与颓废之喇嘛教相对照者，厥为基督教，而尤以天主教（主要为比利时派）为最活动。此等教堂，不仅为传道，并经营学校、医院、孤儿院等社会文化设施，此系适合华人之实利主义，投其所好，保持其根深蒂固之势力。尤以比利时系之天主教堂，占有广大土地，令信徒从事耕种，在经济上，亦建筑巩固之势力。此外道教、红教等，亦一部流行。该地域宗教界之极〔情〕况，已如上述，然日方在此方面之进出，亦不无有过迟之概，今后甚希加以积极活动也。

言语上华语亦甚通行，然蒙疆政权成立后，蒙古语亦已公认为标准通用语。而普通会话用语，因山西方面移居此地者颇多，故颇类似山西土语。

政治情形

该地政治，系由察南、晋北、蒙古联盟三自治政府推行。然此三政府因图完成其同目的之防共，民族协和，提高民生计，遂协议统制所必要之共同重要部门，即产业、财政、交通、民生、保安等事项，组织蒙疆联合委员会，该委员会以统制所必要权力之一部，分配委诸该三政府。总之该地域之政治，系分治分权制度，蒙疆联合委员会，在某种意味上，亦可视为中央政府。然蒙疆政权树立后，各种工作，实以惊人之速度与巧妙进展中，现已完成战后经营之第一期基础工作。该地之建设工作，逐渐步入第二阶段。缘目前蒙疆之特殊性，现已到达理应努力强化其军事上、政治上之特性，造成高度之防共自治特殊地带，整备应付未来态势之时期。

然蒙疆之特殊性，究属何言？去岁十二月二十二日之近卫声明中，增〔曾〕述及蒙疆称：（一）鉴于中国目前所存在之实情，为对防共目的例举充分保障计，故要求以内蒙地带充作特殊防共区域。（二）鉴于中日间历史上、经济上之关系，特要求于华北及内蒙地带，在利用开发其资源上，积极予日本以便利。故日本之要求，昭然若揭。缘蒙疆地带，第一为日本因欲构筑防共走廊遍及其大陆国策根干之中国西北部，含有重要意义。故蒙疆为防共区域，则先确立其政权，截断张家口、库伦间之赤色路线，而蒙疆之重要性，其警卫西方，较诸警卫北方为重要。

第二，蒙疆既欲适合日本大陆国策，则所要求者，厥为以日本为轴心，中、日、满打成一片，确立统制经济之战时体制，在开发利用所必要之重要资源上，应予日本特别便利。第二〔三〕，蒙疆地带，内蒙古之历年民族运动，于此届事变时，在日本军事、政治援助下，始克奏效，获得自治政权，此事实即造成树立蒙疆政权之基础。以上各点，更使蒙疆地带造成为高度之防共自治特殊区域，与新兴中国，正完成其个别之特殊发展。

蒙疆政权适应上列各项基本要求，若进行第二期发展工作，仍以往昔之过渡态势临之，则殊难充分达成其目的，故蒙疆联合委员会，去岁八月，曾断然第一次改革机构，废止往昔之总务、产业、金融、交通等各专门委员会，而以部制取而代之，设置总务、产业、财政、交通、民生、保安六部，以扩大强化联合委员会之统制权，同时该委员会与三政府当局间，更趋密切联系。而本年四月二十九日蒙疆联合委员会复决定推戴蒙古联盟自治政府首领德王，为该委员会之领袖之总务委员长，代替往昔金井章二最高顾问，执行事务，是以该委员会已为蒙疆地带之国家中枢机关，地位愈占重要。

财政

　　兹略观各政府之财政状态，因治安之恢复与经济界之发展，各政府之财政基础，愈趋巩固，其豫〔预〕算均以健全财政为前提而编成。缘一切政费之借款毫无，故借款之大部分，均充作特殊会社之所缴股款。本年度各政府之预算额，较往昔增加，然其岁出之大部分，均为治安、开发产业、提高民生等经费，亦可假蒙疆地带之施政工作，逐渐步入正轨。

治安情况

　　蒙疆大半匪军，因日军之庚续肃清工作，已陷于消灭状态，蒙古联盟自治政府管辖内，及察哈尔盟等，几完全恢复治安。然察南、晋北南部各县，仍有少数共匪败军不时出没，而五原、临河、河曲方面，马占山、傅作义、门炳岳等残余党军势力及共产军等，仍继续蠢动，然此类地方，亦陆续将进行肃清工作，故不久形〔行〕将恢复治安，而各政府力谋扩充整备警察机构，同时实施保甲制度，努力训练组织自卫团，或在铁路沿线，设立爱护铁路村，以期交通路线之安全等，故治安工作逐步进行中。

产业开发之状况

　　蒙疆地带之经济建设，进行极为顺利。其理由，第一为日军之肃清工作，极为巧妙迅速，故因战事被害者较少；第二与满洲国在密切提携下，巧妙活用其建国过程中之各项经验，除政治上、军事上之理由外，其经济之特殊理由为下列各点：（一）经济关系尚未发达，土著资本力量较微；（二）几无外国投资，不受任何牵制；（三）往昔之币制，甚为复杂，但并不为类似法币而有力之通货所支配，故重整金融工作极易，而得迅速进行；（四）因之各项工作，在日人指导下，得以顺利进行。所谓上列蒙疆地带之经济特殊情形，应重视其原有体制，并应考虑类似上述蒙疆地带之军事、政治特殊情形。缘侧重考虑后者一点，则蒙疆地带之经济，亦可谓之为作战经济，含有在单独开发资源以上之重要意义。关于蒙疆地带之经济建设，其所谓特殊性，尤足以申述，故蒙疆地带内之具体开发计划，进而为中、日、满集团经济之重票〔要〕一员。

蒙疆联合委员会，以如斯特殊情形为背景为基础，于去岁四月，遂树立蒙疆振兴五年计划，目下正逐渐进行中。下列姑略录其情况：

铁

满蒙地带全体铁矿埋藏量，据闻为一亿七千万吨，然其中就〔龙〕烟铁矿为著名，埋藏量为一亿二千万吨，品质，红铁矿为百分之四十至六十，磁铁矿为百分之六十五，皆属优良品质。蒙疆联合委员会于昭和十二年十月，遂加以接收，委托兴中公司管理经营，贮矿六万吨之铁，立即运赴八幡制铁所。目下更以增产为目标，进行准备开发。此外关于经营之主体，最近正进行协议蒙疆法人就〔龙〕烟铁矿会社之设立案。

煤

蒙疆地带之煤田，昭和十二年十月，日军加以接收，目前南满铁路公司担任委托经营。埋藏量为四百亿吨，其主要者为大同煤田。

大同煤往昔即因输送能力不甚充分，未能完全表现其能力，然一俟设备竣学，则今后得以大事增加产量，目下正努力锐意扩充改善设备中，未来赋予对日输出者甚为重大也。而蒙疆政府去岁八月并公布矿业法，确保煤、铁以及其他重要矿产资源，并以资促进开发。

蒙盐

蒙疆地带所产之盐，除以土盐及湖盐得以自给自足外，每年尚以相当数额，输赴满洲国方面。

羊毛及其他畜产资源

畜产为蒙疆地带原有产业，以羊、马、牛、豕、骡、驴等为主。通过蒙疆地带之羊毛类，年约二千万斤或三千五百万斤，各种兽毛交易总额，约六百万元，故确保开发此资源，不仅为国防资源，抑且与蒙疆地带之提高民生及政治问题，有深切关系。因此蒙古联盟自治政府内特设畜产部，锐意努力于改良增殖之方策。此外关于统制蒙疆地带内兽毛、毛皮类之运出，关于其重要种类，早已实施，然此届复加以改正，以统制范围扩大遍及全种类之兽毛、毛皮及皮革，更加以强化。

动力资源

产业开发之原动力系属电力，关于开发电力，遂设立特殊会社蒙疆电业株式会社（资本金六百万圆，蒙疆各政府、蒙疆银行、东亚电力兴业公司、兴中公司等出资），以十一万启罗瓦特火力发电为目标，现正建设中，然该会社去岁中曾接受蒙疆地带内旧有各电灯公司电气事业之让渡，统制蒙疆地带一切电气事业，同时实行改善革新各种设备，关于电力、电灯费，平均断然减低为二成五分。

农业

农业几全为汉人所独占，产物为粟、高粱、豆类、小麦、大麦、亚麻及马铃薯等，并向京、津方面输出若干。甘草、麻黄等药用植物充作商业植物，察南政府管辖内，出产良质之大麻，年产约达五六百万斤。农业对策侧重在升平、战争两时之农产物，指导、奖励多方面之经营，同时劝告、奖励转变栽培作物。

工业

蒙疆地带之工业，以普遍观之，仍不脱为家内工业区域，无足特记。仅制毛、制革、制盐、精制苏打、制粉等原料，甚为丰富，若能导以适当技术与资本，则殊有充分发展之可能性。

金融及贸易情形

蒙疆银行（资本金一千二百万元）在蒙古联盟、察南、晋北三政府等出资下，前年十一月逐〔遂〕告设立，以充作蒙疆地带之中央银行，在张家口设立总行外，复在蒙疆地带内主要地点添设分行，于东京、天津增设辨〔办〕事处，纸币发行总额亦达三千五百五十万元，蔚为伟观，成绩斐然。纸币虽处于不兑换之管理通货制上，然因运用适宜，准备金之基础坚实（去年度发行准备平均为百分之七十），与日、满通货价格相等，甚为安定。旧通货以蒙疆银行前身之察南银行为中心，进行整理，而已获得巨大成绩，目前几为蒙疆银行纸币之统一局面。蒙疆银行既为发行纸币银行，复为汇兑银行，去年度一年间之对外汇兑，显示相当巨额之收入超过。

去岁三月，三政府于每一行政区域内，创设资本金一百万元之实业银行，以充作平民金融机关。此实业银行盖合并该蒙疆地带内之有力钱庄及钱铺，蒙疆银行半额出资所成，而蒙疆银行担任实际事务之指导、农业贷款、商工贷款等，均能完成其平民金融机关之使命。监督、命令蒙疆银行之权限，固不必论，自属采诸蒙疆联合委员会，故蒙疆地带之金融机构，在一元化之统制下确立，以备今后之经济建设。

概观贸易情形，自蒙疆三政府成立以来，一年间之输出超过，显示数千万元。然蒙疆物资之输赴国外，其大部分为天津外商所操纵，故因此关系，逃避不少资本，欲获得外币遂发生障碍，同时引起蒙疆地带内物价腾贵，虽欲维持通货价值，而亦发生阻挠诸如此类实情是也。因此蒙疆政府去岁十月遂公布取缔通货令，实行取缔金钱、证券、票据之进出及汇款之输出，复以铁、煤、金、银等重要矿产物三十七种及兽毛、兽皮类、油类、种子、鸡卵及卵制品等之运出，列入许可制，其许可条件为：（一）汇寄日元；（二）以一先令二辨〔辨〕士购买外汇；（三）若是所得之日汇及外汇，售予蒙疆银行，除去前记之弊害遂告成功。

交通与通讯情形

蒙疆政权下之铁路为京包路与同蒲路之一部，目前南满铁路公司担任委托经营。关于统制铁路运输附带业务之小运输，去岁七月，遂创立资本金一百万元之蒙疆运输股份有限公司。

汽车交通为去岁八月所创立蒙疆汽车公司（华北汽车公司四百万元，蒙疆银行二百万元，共同出资）之独立事业，主要路线为二十八条，总延长达三千公里。此外关于扩充公里，去年三月，曾树立蒙疆主要沿线建设大纲，现业已着手进行。

通讯事业，去年三月设立蒙疆电气通信设备殊〔株〕式会社

（资本金一千二百万元，蒙疆各政府、蒙疆银行、国际电气通信会社，日本电信电话工事会社等共同出资），而电信、电话扩充至事变前之二倍，通讯网几通及蒙疆各地。无线电播音台事变前未有，而不久以前即于张家口，完成五〇〇启罗瓦特之播音计画，今与蒙疆新闻社（资本金四十万元，全额蒙疆政府出资，发行中、日两种新闻）之新闻通讯事业，于是广为宣传，宣抚工作等，均完成重大使命。

《新中国》（月刊）

北平新中国杂志社

1939 年 2 卷 5、6 期合刊

（丁冉　整理）

日寇宰割下的察哈尔

黎圣伦　撰

甲　前言

芦变起后，察哈尔首先沦陷，日寇对察省侵略，久已处心积虑，事非一日。自"九一八"以来，并开始其直接行动，步步紧逼，唯以当时主政者，不知妥为防范，但冀苟安，至临变仓惶，不旋踵而全部陷敌。故敌骑所至，蹂躏践踏较他处为甚，而宰割之惨，亦过其他盘踞区域而上之。今兹就金融、财政、交通、产业、文化、军事等六方面，分述之。

乙　金融方面

1. 严禁法币流通　日寇于侵占平绥路后，即成立伪察南银行，严厉取缔法币及地方发行之各种钞票，先以伪币贬值收回，更强迫接收我中、中、交行分行，勒令停业。

2. 成立伪银行　除伪察南银行外，更有伪察南实业银行，发行十元、五元、一元及五角辅币钞票四种，并设立伪蒙疆银行总行于张垣，设分行于怀来、宣化、涿鹿、张北、多伦各县，及大同、归绥、丰镇、包头、平地泉、北平等地；伪总裁为包悦卿，副总裁系日人寺崎英雄。伪察两〔南〕实业银行总行亦设张家口，宣化、蔚县、涿鹿、怀来、赤城等县均设有分行，伪董事长赵愈，常务董事兼经理程有光。

3. 发行伪钞　除"日鲜"、伪满、伪联合准备三行发行者外，伪察南银行钞票，系以旧东北银行废钞涂改而成，其发行方式，除强迫阻止我法币及地方旧钞流通外，更施行所谓农村借贷，用强迫手段，分派各地。

丙　财政方面

日寇在伪蒙疆区域除"统制金融"实行"货币一元化"外，主要为税务制度之确立，加紧赋税剥削，在伪组织之下，成立税务管理局。凡关税、统税、盐税、田赋等，一律重新划配，以求维持其收支预算之平衡，并于廿七年八月起，于张家口发行"福利奖券"，每月二百万元，统制贸易与汇兑，推行日寇之"中国事变爱国公债"等。

丁　交通方面

除平绥路直属日寇之"北支事务局"并由伪蒙疆联合委员会，及日寇之铁道部队卢泽部队分为二段直接管理外，其余关于：

1. 汽车运输　完全由伪蒙疆汽车公司办理，总公司设张家口，设营业所于张北、沙城各地，张家口并设有修理工厂，伪经理汉友吉，副经理久保淳，经营张家口、宣化等地之市内公共汽车，及各地之长途汽车。

又日寇在铁路、汽车路附近之村中，实行所谓"爱路村"，有"皇军爱民"、"良民爱路"等口号，以各种反宣传愚弄民众，防止我游击队之破坏。

2. 电气通讯　重要城市，一律有市内电话及市外长途电话之敷设，由蒙疆电气通讯株式会社办理，会社本部设张家口，理事长日人安中义祢。此外广播事业，有伪"放送局"及"放送委员会"，为日寇作虚伪之宣传，其所在地亦为张垣。

3. 邮电　察、绥沦陷后，日寇即组织伪邮电总局于张垣，由日人藤井佳吉任局长，接收我各地之邮电事业，惟邮票仍用我旧日印出者，仅加伪政府之戳印。张家口邮电分局长为林培深。

戊　产业方面

1. 矿产　日寇为统制与开发伪"蒙疆区域"之资源，特别提出所谓"蒙疆四年产业计划"，其主要目的，在掠夺我平绥沿线丰富之矿产，由日寇之兴中公司经营，张垣设有支社，口泉、下花园设出张所。支社长山际满寿一，于二十六年十二月成立龙烟铁矿业筹备处，亦由山际满寿一负责，从事铁矿之开采。

2. 畜业　日寇视煤、铁与牲畜为蒙疆三大特产，为尽量开发计，在伪蒙疆联合委员会及联盟自治之中，均特设畜产部，主持调查统计畜产之数量；至羊毛一项，日寇为统制垄断计，悉由钟纺、三井、三菱、日毛、兼松、大蒙、满蒙毛织、满蒙畜产等八公司联合经营，设立蒙疆毛业同业会，以日人仓和四郎、加藤上三为正副会长，神谷信利为理事。

3. 工商业　日寇以工商业与都市建设有密切关系，故集中力量建设张家口，使其尽量工业化，商业贸易施以统制，大部分由伪蒙疆公司、大蒙公司负责，此外之各业商店，则分别成立各种"组合"与"同业会"等，完全以销售日货为主。关于伪蒙疆公司，总店设张家口，内分烟土部、皮毛部、铜货部，常务理事日渡边伟，各地均有支店。伪大蒙公司，总店原设长春，现移张家口、多伦、张北等地均设分店等，经营日本及伪满砂糖、煤油、酒类、杂货、烟草、纺织物等之输入，与平绥沿线之食粮、蒙盐、皮货、牲畜等之输出。

此外电气部分，由蒙疆电业株式会社独揽，石油本〔亦〕由伪蒙疆石油股份有限公司为之包办，其总公司所在地均在张家口。

4. 农业　农业方面，日寇之主要政策为增大田赋收入，与日本移民，勒令农田种植鸦片，尤视为大宗财源。

己　文化方面

1. 新闻机关　日寇为贯彻设施某〔其〕奴化政策，对文化统制极为注意，除严防我方一切书报刊物流入外，并于张垣设有《蒙疆新闻》（日文版）、《蒙疆新报》、《察哈尔新报》等二〔三〕种报纸，及蒙通社，蒙疆新闻社等通讯机关。

2. 学校教育　伪"蒙疆学院"为最高学府，养成高级汉奸，并于张家口设伪察南学院，三个月毕业，专门训练各伪组织汉奸官吏。

中学方面，正尽量恢复旧日各学校，察南政府其〔共〕有四所，并有师资养成所及日语讲习所等。

小学方面，课本目前暂用伪满教材，惟伪蒙疆联合会已成立一编纂委员会，着手编纂适用于"蒙疆区域"之教本，其主要内容，不外以"防共亲日"、"民族协和"造成亡国奴的思想为目的。

3. 社会教育　各县除设民教馆等机关，配合其宣抚班、爱民班、工作班进行汉奸亲日宣传外，并严令旧日之教员、学生、公务人员及知识分子一律报到，分别加以训练，或分发工作，对于青年，则迫令参加所谓"防共青年团"、"儿童团"、"妇女防共会"等组织，以防共为烟幕，积极消磨其民族意识，达到奴化之目的。

庚　军事方面

日寇于进犯察北之际，即怂恿卓什海等，组织伪蒙军。伪蒙联盟自治政府成立之后，其各县防务，仍多由伪军主持，日寇仅于沿铁路线及交通要点，配置警备队若干，数量从百人至四百人不等，总司令官莲沼蕃，驻张垣。伪军分两部，伪联盟政府总军司令部，共辖九个师，由李守信指挥，另为西北边防自治军，约三千人，直属日寇之特务机关领导，后者至廿八年终，已全部瓦解，无复残存。此外又利用过去之民团及警察，改编为旗伪保安队，每县均设警察署若干处，民团部分则编为伪自卫队及清乡队，因无固定饷糈，听其任意鱼肉乡曲，后日寇特务机关，又感于汉人多不心悦诚服，爱〔受〕其愚弄，乃实行枪枝登记，以种种方法，予以征收，而另编纯蒙人之保安队代替，一面从东北调来汉奸，充当干部，使其完全"奴化"。其次日寇复积极实现所谓交通网及公路政策，以便利寇军行动，并办理良民登记，实行保甲清乡，一方面又在蒙疆政府内，设立警官学校，训练高级警探及特务人材，由日寇派顾问从旁主持，各地警察署，并设高等股、情报股等组织，网罗汉奸特务人员，收买各地奸民，在各县镇、各乡村，布置情报网，企图以高度之特务手段，侦察我军及抗日团体之活动。

辛　结论

察省沦陷，于兹四年，暴敌在此四年中，已竭尽其对察省民众剥削、压迫、宰割之能事，若不早谋对策，则大好资源，悉将为敌人所掠夺，无限人力亦将为敌人所利用，不仅察省恐无收复之望，即抗建大业亦将无解决之途径。盖察省问题乃抗战建国大业中之一环，吾人为解救家乡计，固不能有所忽视，而为完成抗建工作计，尤难等闲看待。因此，凡关心抗战事业之成败者，均应对察省问题与以重视与解决，而吾察人士，当然更是责无旁贷的了。

　　　　节录《时代精神》四卷一期黎圣伦《今日之内蒙》（中）

《察省青年》（月刊）

重庆察省青年社

1940 年 4 期

（宋飞　整理）

伊克昭盟蒙旗之概况

赵崇福　撰

伊克昭系由鄂尔多斯左翼前、中、后旗，右翼前、中、后旗，及右翼前末旗七旗所组合而成。面积约四十一万五千五百余方里。东接巴盟，西邻宁夏，南界陕西，北连乌盟，黄河横贯其中，土地多膏沃，气候较温和，蕴藏矿产，亦甚丰富，全盟人口约计二十四万八千八百余人，蒙民以游牧为生者居多，居处于蒙古包内，逐水草而居，冬则移近山隈，以避风雪，夏则迁至高原，以图凉爽，居无定所，食无兼味，颇有朴素之风；汉民约占三分之二，多以垦植及经商为业，民众之间，向称融洽，颇有升平之象也。试将各旗情形分别述之。

一　鄂尔多斯左翼前旗

鄂尔多斯左翼前旗（一曰准噶尔旗），面积约四万三千二百余方里，气候则春秋温暖，夏热冬寒，地近黄河，雨量均匀，土地肥沃，宜于耕种；人口约计九万三千余人，农业出产，多以粟、米、麦、糜子、高粱等为大宗，畜牧有牛、马、羊、驼；因其土地肥沃，水草丰茂，故畜类蕃殖甚多，实为本盟最富之区，若能从事耕种，利用黄河以资灌溉，其发展实未可限量也。

二　鄂尔多斯左翼中旗

鄂尔多斯左翼中旗（一曰郡王旗），面积约八千八百余方里，地质尚佳，惟雨量较少，而又缺乏河流灌溉，然每当夏令，东西乌兰、马川两山沟之山洪暴发时，土地时被冲刷，多变沃地为沙河。气候则春、夏、秋多温和，仅冬季稍寒，人口约五千余人，农产多以甘草、糜子、荞麦、马铃薯等为大宗，畜牧有马、牛、羊、骆驼、驴等；野兽多产狐狸、豺狼、黄羊、獾子等类；交通尚称便利，且地广人稀，动植物出产甚多，故人民之生活，及经济情形甚佳也。

三　鄂尔多斯左翼后旗

鄂尔多斯左翼后旗（一曰达拉特旗），面积约五万八千余方里，地近黄河，雨量均匀，气候温和，土地肥沃，惟其西部多沙漠，且地势较高，虽有河流，因地高水低，似乎不易利用。人口约九万五千余人，农产以莜麦、高粱、荞麦等为大宗；畜产有马、牛、羊、驼等类；而动植物之产量，均不甚丰富。且交通不便，故人民生活，及经济情形，颇感困难。近年本旗蒙民，亦有从事耕种者，惟数甚少耳。

四　鄂尔多斯右翼前旗

鄂尔多斯右翼前旗（一曰乌审旗），面积约四万二千余方里，气候四季多温少寒，地质硗薄，沙漠遍野，雨量较少；人民约一万二千八百余口；农产有麻、糜子、黑豆等，而野产蘑菇、甘草、柴胡，为本旗产量最丰者；畜产有牛、羊，野兽产狐狸、豺狼等。全境无一河流，灌溉耕种则全赖天时，若雨水均匀，即可丰收，否则毫无补救办法，所幸天然产物丰富，且药材价值甚高。近年来，民众生活及经济情况，颇能自给自足，而沙漠甚广，无交通可言，行旅迷失路途，无径可寻，是为多感困难之处。

五　鄂尔多斯右翼中旗

鄂尔多斯右翼中旗（一曰鄂托克旗），面积十七万六千八百余方里，为各旗中面积最大者；气候温和，雨量较少，地质多沙漠，东西皆为沙漠弥漫，到处沙梁隆起，远望之似山形，仅东南一隅，地质尚佳，且有八里河之水，可资灌溉，可事耕种；人口约九千余人，农产多以麦、麻子、糜子、粟、发菜等为大宗；畜产有马、牛、羊、驼、驴、骡等；野兽有狐、狼、黄羊等；本旗地藏矿产，甚为丰富，尤以银、铁、锡、煤、盐等为最多，惜均未开采，致令货弃于地；是旗地广人稀，天然产物，甚为丰富，故其人民生活及经济状况，尚称充裕也。

六　鄂尔多斯右翼后旗

鄂尔多斯右翼后旗（一曰杭锦旗），面积八万三千七百余方里；气候温和，雨量较少，西北虽接近黄河，而地质粗疏，一遇水患，即成沙积，东南地质尚佳，而无河流以资灌溉，全赖天时之好坏，以定丰歉之比较。人口约二万八千余人，多以农牧为业，亦有经营商业者。农业产以荞麦年产最多，畜牧仅有牛、羊；野兽有狐狸、黄羊等；又因地多卤沙，天然产盐，足供邻近各旗之用。交通便利，商贾云集，故其生活富裕，经济繁荣，富足之况，在本盟各旗地，除左翼前旗外，恐无驾乎其上者也。

七　鄂尔多斯右翼前末旗

鄂尔多斯右翼前末旗（一曰扎萨克旗），面积约三千余方里，气候温和，雨量稀少，地质多沙，甚为粗疏，虽有小河流甚多，然一遇亢旱，则涸为沙滩，难获灌溉之利；人口约六千余人，农产多荞麦、大麻、马铃薯、糜子等为大宗。畜牧有骡、马、牛、驼、羊等；是旗地质甚劣，故动植物之产量，均不甚丰富，交通方面，西南部仅有牛车来往，其他只能乘马以行，故不甚便利，人民生活及经济情形，实为最困难之一旗也。

本盟地大物博，百业待兴，试造其境，即感荒凉，蒙人多从事畜牧，汉民多经营农商，生产事业，皆赖天然；若能利用黄河，开渠引水，广辟农田，振兴畜牧，发掘矿产，建设商场，修筑道路，普及教育，则人尽其能，地尽其利，物尽其用，将来繁盛富足之希望，不难实现于目前也。

《蒙古文化》

张家口蒙古文化研究所研究部

1940 年 2 卷 1 期

（李红权　整理）

内蒙研究

译自 New East Asai

明 若 译

确保远东之永久和平，谋举中日共存共荣之实①，这是日本对中国的国策，并且根据中国有识之士，及正当的国民舆论而促进与协助合理的完成，这也就是日本实现上述的永久和平与共存共荣的手段，因此，这次蒙古自治政府的成立得于日本的协助与全力支持是谁也不可否认的事实。

世界各处袭击而来民族斗争的大波，使内蒙古的天地亦不能脱离了这狂澜而成为永久乐园。西有赤俄的东渐，南则有满族的侵入，更加上近年来日本的积极殖民与移民至内蒙，使内蒙的民族达到了危急存亡之秋与临于灭亡之途了。所以，内蒙的民族如果不再设法自治、自立，那末内蒙的民族必定要为他族所同化了。

内蒙的现况

最近四月九日汪主席与德王在张家口会谈的结果，使内蒙的问题完全解决了，因为在过去，内蒙确实是一个严重的问题，并且

---

① 编者已说明"此文是根据日本主观的立场而说话的"。为保持史料的原貌，此处照录原文。——整理者注

几乎成功〔为〕一个悬案，但现在的内蒙自治政府却亟愿在汪主席领导下向着和平反共建国的大道迈进，这的确是一件有历史意义的成功。

所谓东部内蒙古是合四盟三十八旗及锡呼图库伦喇嘛旗和在地地哈尔东方的伊克明安旗之四十旗而成，面积为一六一，六八〇平方公里，人口为五，五〇〇，〇〇〇人，内有五，一〇〇，〇〇〇人为汉人，一〇〇，〇〇〇人为回教徒，而蒙古族人仅不及三〇〇，〇〇〇人，彼等现在尚分为宗族、平民、奴隶等三阶级，成吉斯汗的后裔为宗族，称为亲王、郡王、贝勒、贝子。至于东部内蒙古的地区是由山海关向西走，沿万里长城至居庸关分开，向北折至八达岭，向西行则折入中国本部，穿过雁门关将山西分为二部，在长城线之北者称曰内蒙，长城线以内称为华北，因此长城是华北与内蒙的"分界线"。

自从一九三七年的八月十二日南口被日军占领后，在这二个月中内蒙各地的自治会相继成立了。九月四日南察哈尔自治委员会成立，十月十五日北山西自治委员会成立于大同，十月二十七日内蒙自治会亦成立了，直至十一月二十二日这三个自治会正式合并而成为内蒙自治联合政府。这内蒙自治政府的首领为德王，政府内部分为总务、内政、绥靖（即公共安全部）、财政、实业、司法、贸易等七部，在这七部中及自治政府首脑部中蒙、汉人长部者其比率约为五比二，说得明白些，这七部中有五部的部长是蒙人，二部的部长才是汉人呢。

在内蒙自治政府直接管理下的内蒙银行资本为一二，〇〇〇，〇〇〇日元，内蒙电气公司的资本为二四，〇〇〇，〇〇〇日元，内蒙地产公司为一〇，〇〇〇，〇〇〇日元，伦远（译音）铁矿公司资本为二〇，〇〇〇，〇〇〇日元，内蒙铁道公司的资本为六，〇〇〇，〇〇〇日元，至于大同煤矿公司是由内蒙政府与华北企业公司合作投资的，资本额为四〇，〇〇〇，〇〇〇日元，但是我们要知道这许多资本额中大部分是日本人投资的。因此内蒙银行所发行币制的汇率也是随着日金的涨落而涨落的，所以内蒙的经济权几乎全为日本人所操纵与统制的。

内蒙与日本

从来流传于内蒙古的对日空气即是亲和的，合作的，虽然也曾经有过一度的所谓"抗日""排日"的空气，但是也仅仅是一度吧〔罢〕了，自从《塘沽协定》成立，内蒙也就成为"特殊地区"，日本在这特殊地区内有驻兵之权。因此内蒙对日空气除了恢复原有的亲和的空气，更进一步的与日本打成一片了。

但是最近日本的各种现象，内有政治、经济、思想的纷乱，外有多难的国际诸问题，世态更变为混沌，即使政治家亦有忘却久远之计者，所以著者以为虽然日本的最后目的是在海洋政策，但是为了实现远东永久和平与实现大陆政策，日本应该更进一步的和内蒙合作，并且积极地开拓与投资于内蒙的各项事业。

日本近数年来对内蒙的开拓与投资，真所谓"惟恐后人"，因此这数年来内蒙的工业发展得相当的快速；同时我们又应知道日本投资额巨量的增加后，一方面固然可以促使内蒙实业与工业的发展，使日本所缺乏的工业原料及食粮供给更形充足，而无不足之忧。他方面亦可使日蒙贸易额互增，如此则日蒙关系可以更形密切了。因此巨量的增加投资额于日本固有利，于内蒙亦有利；特别是内蒙的工业与实业的得以复兴。

内蒙所有的富源如高粱、玉蜀黍、粟等食料产品至少也可以解决一部分日本的食粮不足的问题。他若棉花与烟草的栽培于日本工商业原料上是非常有望的。至于矿业呢？铁、煤、石绵、食盐以及森林的栽培及畜牧事业等一切事业的发展，于日本是绝对有利的。总之，站在经济学的立场而言，华北、内蒙与日本是不可分离的。

我们又知道内蒙人口密度还不及日本内地的人口密度的五分之一。同时呢？除了一四，二五三平方公里的可耕地面积外，尚有十分之九为未开垦地（约有九千余万方里之多）。当然啦！这些未开垦地固然为日本移民的良好场所；但是另一方面如果能尽量的开发这未开垦地，那末无论于日本的国策上、经济上、政治上，都是绝对有利的。不过著者以为开拓与移民的方法、手段，一定要良好才行呢。否则肥了的是中国人，而日本人却成了"内蒙的肥料"。

内蒙的气候

因为内蒙是一望千里的沃野，且无河流小川往来于其间；因此内蒙的气候亦即成为所谓大陆性气候了。每日间昼夜与一年中冬夏间温差（相差的温度）真是大极了。七月里平均温度为摄氏二五·四度（每日测温四次，上午八时、十二时，下午二时、六时），一月平均温度为摄氏〇·五度，但是夏季最热时几及摄氏四十度，与南洋相似，冬季最冷时达零下三十度，最奇的那就是"一日三秋"了，实际上一日或者会变上十数次呢。

至于雨量呢，比起中国本部来那真是少极了，终年也不过是六百粍左右，虽然内蒙的气候是如此的不良，但如果施以大陆栽培法，那末对于这不良好的气候，仍是良好的。并且因为在六、七、八、九四个月中的雨量，约占终年雨量的十分之七至十分之八，足补春季雨量的不足。因此也有人称［为］六、七、八、九四个月为"温季"、"雨季"。

由此我们可以知道内蒙气候的缺点是：

一、气温相差太大且为大陆性。

二、雨量缺乏。

三、栽培期短。

但须知道（1）栽培期虽然短，但因气温高，故仍易于成长；（2）干燥可改植棉花；（3）因严寒故易于收藏。

内蒙的对外贸易与经济状况

近年来与内蒙发生贸易关系的约为四处：即西北、平、津、山西与满洲。直至一九二九年为止，外蒙的对内蒙贸易额始终保持着第一位，但最近数十年来特别是中日事变发生后，外蒙与内蒙间的贸易几乎全部停顿了。

包头是内蒙的贸易中心地，自从中日事变发生后，西北（包括宁夏、甘肃）对内蒙的贸易亦大量的减少；这是由于甘肃与宁夏至今尚未宁静；而平、津的对内蒙贸易却相反的在大量的增加。

鸦片（特货）占输出额中百分之四十，谷类与食料占百分之三十五，其次即煤、铁等矿产。

因为内蒙的经济制度比较上旧式些、粗陋些，因此虽然有一部分的贸易是有利于内蒙的，但是大部分还是于内蒙有损的，入超呢，并且入超的数量是很大：即以一九三九年对外贸易而论，即入超二〇，〇〇〇，〇〇〇日元，致使最近数年来内蒙的财政真是拮据极了，赤字公债，亦在大量的增加中；这是一件极堪忧虑的事，如果不立刻设法，那末内蒙的经济将陷入极度危险的状态。

解决与救济这财政困难的方法，我（著者自称）以为应该实施下列各方针：

一、致力于畜牧业与农作物的发展与生产——我们知道内蒙未开垦地是占内蒙的全面积的十分之九，因此，努力致力于畜牧业与农作物的发展与生产是不生问题的。

二、统制与加强企业公司的组织——虽然，内蒙自治政府成立仅仅是两年；但是这些企业公司却都不受统制的，没有组织的；当然，有好许多是不利于当局的，因此刷新经济制度与金融政策是急不容缓的事。而统制与加强企业公司的组织，又是在内蒙的现况下所必需要的。

三、尽量接受日本的投资并利用其技术以开发矿产，那末于财政上以及对外贸易收入上是不无小补的。

四、增强人力的利用——这是的确的，内蒙的人力是不足的，如果须要"地尽其利"，那末人亦必须尽其力。而移民殖民又是增加人力利用的唯一的良好方法。因此奖励移民到内蒙，于内蒙确实也有很多的好处呢。

内蒙的富源

A. 矿产

内蒙的天然富源，特别是矿产的蕴藏；伦远（译音）的铁及大同的煤可称为内蒙之冠；其他如石绵、云母、黑铅等物的蕴藏量亦很丰富；总之内蒙的天然富源是很丰富的。

内蒙已有三〇二个已被开发的矿产；而矿产的地点其中一百四十五处在山西北部；一一〇个在察哈尔，四七个在绥远。

自从一九三八年八月内蒙自治联合政府颁布矿产条例法后，至一九三九年二月止，仅仅是六个月中，经过请求而获得矿权者又有二百四十七处之多。其中以煤矿为首位，云母次之，黑铅矿又次之。至于铁矿，那末内蒙大约有二〇〇，〇〇〇，〇〇〇吨的铁的蕴藏量。并且大部分分布在伦远附近。即以伦远一处而论，年产即在五〇〇，〇〇〇吨以上。并且这里的铁质也是很良好的，含有铁质约有百分之四十至百分之七十之谱。白云山一带铁的蕴藏量为三四，〇〇〇，〇〇〇吨，最近呢，伦远铁矿公司已在华北企业公司与内蒙政府合作投资下开采了，白云山则尚未开采。

蕴藏煤量最丰富的区域大约是察哈尔南部与山西北部，以及大星山（译音），内中以山西大同的煤质最为良好，而贮藏量亦最丰富，约计三〇，〇〇〇，〇〇〇，〇〇〇吨；它的煤质成分为百分之六十，因此实在的蕴藏量为一七，〇〇〇，〇〇〇，〇〇〇吨。如果大同煤矿年产三〇，〇〇〇，〇〇〇吨，那末亦可继续开至五百七十年之久。这是一个多么伟大的矿藏呀！

至于云母及黑铅等矿业呢？有好许多亦已着手进行开采工作，但大部分却还在计划中。

将煤液化而为煤油，这是日本开发内蒙的最重要的一项政策与急须实行的事。因为如果一旦能液化煤而成为煤油，那末日本所缺乏的汽油可以迎刃而解了。多次的实验与试验的结果，人造汽油是试验成功了，并且年产约可三，〇〇〇吨。

最近日本为了增高生产效率计，大同煤矿增加了资本金五〇，〇〇〇，〇〇〇日元，伦远铁矿公司增加了三〇，〇〇〇，〇〇〇日元，而以一三，〇〇〇，〇〇〇日元为增加人造汽油公司之资本。

B. 畜牧业

除了煤、铁矿之外，畜牧业在内蒙的富源一项中堪称为第二，这是由于内蒙地区广大辽远以及青草的茂盛所致的。下表为最近内蒙畜牧业之近况：

牛	五六〇，〇〇〇头	马	五〇〇，〇〇〇头
骡	九七，〇〇〇头	驴	二七五，〇〇〇头
山羊	八九五，〇〇〇头	羊	三，九五五，〇〇〇头
骆驼	五三，〇〇〇头	猪	五四〇，〇〇〇头

因此羊毛皮革也就成为内蒙对外贸易中次重要的一项。

C. 农作物

内蒙可耕之地之面积约为一四，二五三方公里，但是还有十分之九仍未开垦呢。因为气候的关系，栽培期短少的缘故，所以像玉蜀黍、小麦、大麦、黑麦、粟、米谷等物都是一年一熟的。

一九三八年中内蒙输出约有三〇一，一七五吨的农产品，值约为三八，〇九五，〇〇〇日元之多，约占输出总额中全额的百分之三十五，而雅片之输出却为四〇，〇〇〇，〇〇〇日元。

D. 食盐业

"无海之国"的内蒙古，由盐湖而制成盐的，最有名的是西乌珠穆旗的布斯浓尔，该湖的周围约为五里，年产约为百五十万贯，近年由内蒙输往满洲者年约二一，二〇〇，〇〇〇担。当然啦，这笔收入也就是输出中重要的一项。

内蒙的前展

当一九三九年九月一日内蒙自治政府成立的时候，内蒙的政治机构组织也就大大的增高；的确的，这自治政府的能否实行其权力与维持良好秩序以便促进新东亚秩序对于这政府的将来是相当的重要。

总之为了防卫内蒙本身，为了实现东亚新秩序，内蒙政府应实现下列四方案：

一、自治政府应切实励行亲日防共的职务，特别是与外蒙隔绝，如此则方能确保其独立自由。

二、努力开发煤、铁等矿以为发展本土内的工业与增加对外贸易。

三、兴水利，多开河渠以利农业灌溉及调节气候。

四、奖励对外贸易及调整金融。

内蒙工业的能发展是殆无疑义的，我们且不以已开发的矿产及畜牧业等而论，我们姑以林业、制盐业，及曹达灰工业而论，即足以使内蒙抬头，特别是抬头沟、太平沟、徐家北沟、上射力虎、帽子沟等的金矿，即其他如硫化铁，白云山亦有所发现。因此内蒙的工业前途的确是未可限量的。

一九三九年的输入总额八九，五〇〇，〇〇〇日元中有三〇，〇〇〇，〇〇〇日元是建筑的原料——像机器呀、钢铁呀、水泥呀、良好的木材，以及其他建筑上应有的东西——因此，我们相信在不久的将来，内蒙将以崭新的姿态出现于吾人的眼前。

如果内蒙政府实现了它必要的经济政策——金融政策的改善，交通政策的刷新，以及工业政策的加强，商业政策的改进，那末我（著者自称）相信在最近的五年中，如果内蒙仍本过去反共对日亲和的空气，和日本真诚合作，那末内蒙必可焕然一新，而成为世界上最良好的移民地带了。

此文是根据日本主观的立场而说话的，但是内蒙问题的解决，自我国府还都后，当然也认为是"当务之急""刻不容缓"的事。

——编者附注

《新东方杂志》
南京新东方社
1940 年 2 卷 1 期
（李红权　整理）

蒙古区域之沿革

周百湟　撰

第一节　蒙古名称之由来

蒙古二字，为蒙文之译音，昔为元朝先世所居部落之名称。其区域位于外蒙克鲁伦河、鄂嫩河及不儿罕山之间。嗣成吉思汗崛起，并吞邻近诸部落，进而征服亚洲西北部，与欧洲东部，均统称为蒙古。但元入主华夏，未以蒙古为国号，仅世祖忽必烈致书日本国王，曾自称为大蒙古皇帝，十七世纪初，察哈尔部林丹汗致书满洲太宗，复自称为蒙古国王。因其对外曾用蒙古二字，明初修《元史》，即定名为蒙古，后遂沿用之。至《唐书》之蒙兀，《辽》、《金史》之盟古，《元朝秘历〔史〕》之忙豁勒，皆蒙古之译音，非另指其他部落矣。

第二节　地理形势

内蒙古大部以阴山干脉为脊骨，地势起仆不平。阴山以北，属于蒙古高原，如乌兰察布盟北部，及锡林郭勒盟等地，草野与沙漠，错杂横陈，广远四散，不相连接。山南则逐渐倾斜，形成山间盆地，和谷底平原。要者如洋河谷底平原、归绥平原，及丰镇之高盆地是也。黄河绕行于伊克昭盟，成一沃壤之河套。桑干河分流于察哈尔部八旗四牧场之间。滦河上游灌溉于卓索图盟各地。西喇木伦河经克什克腾旗东北流，会喀喇木伦河、老哈河之水，灌注于巴林、阿鲁科尔沁、翁牛特、敖汉、奈曼各旗。自整个形势言之，地理景象，极为纵错，土壤亦肥瘠不匀。

外蒙古位于我国西北部，东扼关东，西控西域，南接大漠，横贯东西，北邻苏俄，界以阿尔泰山系北支萨彦岭。大戈壁东起自兴安岭，西伸至葱岭山麓，长约四千余里，阔约二千余里，极目无垠，四面接天，大风骤起，陵谷易位，土性干燥，悉属不毛。而戈壁以北，则□□肥饶，可牧可耕，森林葱郁，矿产丰富。唐努山、杭爱山、肯特山、蜿蜒境内。色楞格河、乌尔克穆河、科布多河、帖尔河、札布干河、克鲁伦河，分流其间。自地理大体言之，为一内陆高原，高出海面平均在四千呎以上，山川雄伟，面积辽阔，为我国北部之绝大屏藩，地位重要，无与伦比。

第三节　地质与气候

蒙古全部均属古代安加拉大陆，地质除伊克昭盟一带为黄河之冲积层外，余大部为变质岩、火成岩，而花岗岩、片麻岩、结晶岩、片岩、板状岩次之。沙漠中时有赤色及鸢色之圆砾石出现，而沙岩、黏土，亦散布于各处，可证□地，古时非内海，即为内陆湖。境内山陵，以火成岩、迸发岩为骨干，而石炭纪之岩石，亦随处可见。

气候纯属大陆性，寒暑俱烈，变化最剧，不独冬夏迥异，而一昼夜之间，常变为四季气候，夏季正午，温度常达沸点以上，而夜半往往降至零下十余度，故漠南便有"早穿皮袄晚穿纱，围着火炉吃西瓜"之俗谚。西北部因地当高纬度之故，寒威更烈，全年平均温度，在四十度以下。阴山以南，平均温度，二月顷在零下十度左右，七月顷在九十三度左右（以上温度，均就华氏表而言）。

空气干燥，雨量稀少，全年雨量不过一零五粍〔粍〕至四五六粍〔粍〕而已。四时狂风怒号，沙尘鼓舞，尤为蒙古气象之特征。

第四节　盟旗划分之沿革

蒙古原有之组织为部落，而无盟旗之机构。明末之季，其部落大别之有四：（一）漠南内蒙古，即瀚海以南，及今热、察、绥三省内蒙人之部落。（二）漠北外蒙古，亦名喀尔喀蒙古，即自瀚海以北，即今外蒙古一带蒙人之部落。（三）漠西厄鲁特蒙古，即伊犁、焉耆、塔城、阿山及青、宁境内游牧蒙人之部落。（四）科尔沁部，即今辽宁西北部，及热河北部蒙人之部落。嗣满清雄视长白，明以全力防御山海关，清知不易克拔，乃变更策略，先图蒙古，以作内犯迂回之走廊。暴日"欲征服中国，必先夺取满蒙"之大陆政策，即效其故技。当时介于明、清两大中间之蒙古，为察哈尔与科尔沁两部，附明则清兵不敢南下，附清则明危，实有举足轻重之势。双方争与联络，亦正与今日苏日之争相联络内外蒙古同。科尔沁部因与清壤地相接，利害关系较为密切，早已互通婚姻，生活亦复相似，且与察哈尔不睦，随即与清修好。而察哈尔部林丹汗时极强盛，以系元室后裔，高建全蒙大可汗之名。闻科尔沁部私与清通，明熹宗天启四年，率众攻之；科尔沁部不敌，投附满清，是为蒙古臣服满清之开端。此后清既解后顾之忧，遂积极进图察哈尔部。清太宗一朝，三度征讨，卒于崇祯八年（西元一六三五年），攻降林丹汗之子额尔克孔果尔汗（汗之母为满洲叶赫部之女），收服察哈尔部全土，次年，内蒙古四十九贝勒，召集王公大会，议决上满洲皇帝以博克达彻辰（神武英明皇帝）之尊号，并承认满洲皇帝继蒙古可汗之大统。此议避往外蒙之林丹汗闻之，坚持反对。嗣经数年之疏通，允许察哈尔部，保持其特殊地位，居内蒙二十四部之上，方始承认归服满清。后该部仍时起叛变，康熙帝乃夺其自治权，所属人民由清廷直接管辖。其组织，各旗以总管替代王公，且部上无盟，与他部略有不同。兹将内蒙六盟先后归附满清之年代列表于左：

盟　别	归附满清年代
哲里木盟	天启四年（西元一六二四年）
伊克昭盟	天启七年（西元一六二七年）
昭乌达盟	崇祯四年（西元一六三一年）
乌兰察布盟	崇祯六年（西元一六三三年），内喀尔喀一旗顺治四年始归附
卓索图盟	崇祯一一年（西元一六三八年）
锡林果〔郭〕勒盟	崇祯一四年（西元一六四一年），内阿巴哈那尔左右二旗康熙四年始归附

清平定内蒙后，遣使至漠北外蒙古告捷。时外蒙古分为三部：（一）土谢图汗部；（二）车臣汗部；（三）札萨克图汗部，总称曰喀尔喀部（三音诺颜系后助清攻准噶尔有功，始成部），向属于察哈尔部。是时察哈尔部既已被清征服，外蒙三部知不能与清抗，即纳九白（白马八，白驼一）之贡，表示臣服。后顺治三年，苏尼特部长虽叛清，但未几即被清勘平，贡物如初。康熙二十七年（西元一六八八年），厄鲁特蒙古，准噶部之酋长噶尔丹，起兵侵入外蒙，喀尔喀部不能敌，王公会议，拟全部迁徙俄境以避之；而蒙古第一代活佛哲布尊丹巴呼图克图，以俄之宗教习俗与其不同，力主投依中国。结果怨活佛之专横者，仍徙俄境；赞成者，则随活佛徙牧内蒙，托庇于清室。康熙帝于归化城、张家口、独石口等处，大放仓廪，赈济来归之蒙民。后约八年之内，对来归之蒙民，悉割划牧地，与以安插。至康熙四十二年准噶尔之乱平后，徙牧于俄境之蒙人，亦各率部返归原地。清恢复外蒙后，编其部属为〔为〕五十五旗。复以额驸策凌从征准喀尔有功，准其近族十九札萨克，另成一部，名为三音诺颜部，与原有三部，共为喀尔喀之四大部落，并以三音诺颜部居上。

游牧于科布多阿尔泰之蒙古部落，名厄鲁特蒙古，为脱欢叶先之后裔，元称为卫亦剌，明称为瓦剌，共分为四卫拉特（大部落之意），即准噶尔、杜尔伯特、土尔扈特、和硕特四部落。清初准噶尔部之噶尔丹起，四卫拉特之地，全归其所有，势力日强，侵占外蒙后，深入乌珠穆沁境内，与清军战，大败。继复来犯，复败，噶尔丹遂仰药而死。但其子孙仍极枭雄，据守阿尔泰山以西之地，时与清室龃龉。后内部失和，乾隆二十年，清乘机将其平定，天山南北各地，遂悉隶清之版图，将其四大卫拉特改编为部、旗，阿拉善厄鲁特，昔属四卫拉特之和硕特部、准噶尔败后，清康熙帝划予贺兰山以西之牧地，准另成一特别旗。额济纳土尔扈特，昔亦属四卫拉特之一，曾因不堪准噶尔部之压迫，率其部落，逃入俄境，别建一部，仍曰土尔扈特。康熙年间，该部入藏朝觐达赖喇嘛，归途被准噶尔部梗阻，遂留牧于今之宁夏西北部，康熙年间，编为特别旗。

唐努乌梁海部，系元代兀良哈之后裔，原分三部：（一）阿尔泰乌梁海；（二）阿尔泰淖尔乌梁海；（三）唐努乌梁海，其总管科罗尔买，于康熙五十二年率部投诚。据《大清一统志》所载，唐努乌梁海原编为四十六佐领，无旗之组织，隶属于乌里雅苏台将军者二十五佐领，属札萨克图汗者五佐领，属三音诺颜部者十三佐领，属库伦活佛者三佐领，后经乌里雅苏台将军一再改编，始成为现有之部、旗。

满清降服蒙古各部落后，均依其部落之大小及人口之多寡，分编为若干盟旗以统辖之，不足改旗之小部落，编为苏鲁克（蒙语牧群之意）。盖旗为满洲八旗之制度，清推行于征服之蒙古，名为表示亲善，实则分化其实力耳。旗以上为盟，每盟辖若干旗不等，每旗二□□□率所属，于指定地点会盟，清理刑名，编审丁籍。盟长由上简□，直隶中央，与蒙古原有之部不同。清代以前，蒙古之政权，完全集中于部落，其首领曰汗，即皇帝之意，统辖所属各小部之军政大权。改编盟旗后，旗为自治单位，盟之组织甚为空洞，其职权，与昔之部落较，不啻天壤之别，清创此制，为使便于统治也。

清编制盟旗后，时因种种事故，实行分旗，如敖汗部一旗，后分为左、右、南三旗，呼伦贝尔原仅八旗，后编为十七旗，卓索图盟原仅五旗，后扩为七旗，此外分旗之处亦多。兹将现有之盟旗，分列三表于后：

内蒙古盟旗一览表				
盟别	部别	旗数	区域	备考
哲里木盟	科尔沁部	六	东至长春，西至昭盟札鲁特旗，南至盛京边墙，北至索伦，东西宽八百八十里，南北长一千九百里，为内蒙各旗〔盟〕之最大者	
	郭尔罗斯部	二		
	札赉特部	一		
	杜尔伯特部	一		
卓索图盟	土默特部	二	在喜峰口东北五百九十里，东西宽四百六十里，南北长三百一十里	
	喀喇沁部	三	在喜峰口东北三百五十里，东西宽五百里，南北长四百五十里	
	唐古忒喀尔喀	一		原属札萨克图汗部，康熙间南下，初附土默特右旗
	锡埒图库伦	二		此系喇嘛旗，初附土默特左旗，民国始授印改为旗

续表

盟别	部别	旗数	区域	备考
昭乌达盟	敖汗部	三	在喜峰口东北六百里，东西宽一百八十里，南北长二百八十里	
	奈曼部	一	在喜峰口东北七百里，东西宽九十五里，南北长二百二十里	
	巴林部	二	在河北省古北口东北七百八十里，东西宽二百五十一里，南北长二百三十三里	
	札鲁特部	二	在喜峰口东北一千一百里，东西宽一百一十五里，南北长四百六十里	
	阿鲁科尔沁部	一	在古北口东北一千一百里，东西宽一百三十里，南北长四百二十里	
	翁牛特部	二	在古北口东北五百二十里，东西宽三百二十里，南北长三百五十七里	
	克什克腾部	一	在古北口东北五百七十里，东西宽三百三十四里，南北长三百五十七里	
	喀尔喀左翼部	一	在喜峰口东北八百四十里，东西宽一百二十五里，南北长二百二十里	

内蒙古盟旗一览表

内蒙古盟旗一览表				
盟别	部别	旗数	区域	备考
锡林郭勒盟	乌珠穆沁部	二	在古北口东北九百二十三里，东西宽三百六十里，南北长四百二十里，乃察哈尔汉〔汗〕族也	
	浩济特部	二	在独石口东北六百八十五里，东西宽一百七十里，南北长三百七五里，乃察哈尔汉〔汗〕族也	
	苏尼特部	二	在张家口北五百四十里，东西宽四百六十里，南北长五百八十里，亦察哈尔汉〔汗〕族也	
	阿巴葛部	二	在张家口东北五百九十里，东西宽二百里，南北长三百一十里	
	阿巴哈那尔部	二	在张家口东北六百四十里，东西宽一百八十里，南北长四百三十六里	
乌兰察布盟	四子部落部	一	在张家口西北五百五十里，东西宽二百三十五里，南北长二百四十里	
	茂明安部	一	在张家口西北八百里，东西宽一百里，南北长一百九十里	
	乌拉特部	三	在绥远城西三百六十里，东西宽一百一十五里，南北长三百里	
	喀尔喀右翼部	一	在张家口西北七百一十里，东西宽一百二十里，南北长一百三十里	

续表

内蒙古盟旗一览表				
盟别	部别	旗数	区域	备考
伊克昭盟	鄂尔多斯部	七	位于陕西、宁夏二省长城之北，东西环以黄河，谓河套是也	鄂尔多斯者，即掌宗庙之义，初为太祖，掌宗庙典礼之事
附记	此外尚有察哈尔部八旗四牧群，呼伦贝尔四部十七旗，及归化土默特、伊克明安、游牧喇嘛旗、达什达瓦厄鲁特四特别旗。			

外蒙古盟旗一览表				
区别	部别	旗数	区域	备考
喀尔喀区	车臣汗部	二三	东邻黑龙江省	即克鲁伦巴尔和屯盟，一作赤城汗，又作彻辰汗，又曰喀尔喀东路
	土谢图汗部	二〇	位车臣汗之西	即汗阿林盟，亦作图舍□□什业图，一称喀尔喀后路
	三音诺颜汗部	二四	位土谢图汗之西	即齐齐尔克里盟，一作塞音诺颜，又曰喀尔喀中路
	札萨克图汗部	一九	在三音诺颜之西	即札克河源毕都里雅诺尔盟，又曰喀尔喀西路
唐努乌梁海区	阿尔泰乌梁海部	七		现属新疆省
	阿尔泰淖尔乌梁海部	一		割归俄属
	唐努乌梁海部	六		内有四旗，与外蒙不和，不愿受统治而别成区域

续表

外蒙古盟旗一览表				
区别	部别	旗数	区域	备考
科布多区	杜尔伯特部	一四		查此二部，合为一盟，曰赛音济雅哈图盟
	辉特部	一二		
	明阿特部	一		
	札哈沁部	一		
	额鲁特部	一		
	新土尔扈特部			查此二部及阿尔泰乌梁海部十二旗，于民国八年六月阿尔泰地方归并新疆省，改区为道，设阿山道尹一缺接管
	新和硕特部			

宁、青、新三省境内蒙古盟旗一览表				
省别	部别	旗数	区域	备考
宁夏	阿拉善厄鲁特	一	位贺兰山之西	又称西套厄鲁特
	额济纳旧土尔扈特	一	位阿拉善之西	
青海	青海和硕特部	二〇	东邻甘肃，西南界西藏，北达新疆	
	青海绰罗斯部	三		
	青海土尔扈特部	四		
	青海喀尔喀部	一		
	青海辉特部	一		
新疆	旧土尔扈特部	一〇	位阿尔泰山及伊犁之间	外有察哈尔一旗、厄鲁特一旗、哈萨克一旗未列入
	伊犁和硕特部	三		

《新西北》（月刊）

兰州新西北社

1940 年 3 卷 1 期

（李红权　整理）

乌审旗剪影

弱　水　撰

一　沙漠中的王国

　　一踏进乌审旗地界，首先触入眼帘的便是"沙"，不论"孟哈"或"巴拉尔"，总是离不了"沙"。大约估计，沙子占乌旗全面积十分之七。换言之，沙漠所占去的面积，当有三万方里，其余的一万二千多方里，则为平坦的草地，蒙名曰"柴磴"，为绝好的牧场。垦地极少，除了已经划归县的牌子地而外，在乌旗境内是不易看到禾苗的。

　　拿整个伊克昭盟来看，乌审旗处于南端，它界于扎萨克旗与鄂托克旗之间，北面接着郡王和杭锦两旗，地形很不规则，由东北向西南延长，靖边、横山、榆林三县，则在其南和东南。

　　乌旗内部的地势，非常复杂，除了起伏连绵的沙山外，还有茂密的灌木林，沙柳、乌柳、沙蒿、银条长遍了沙山沙谷，如果没有一个熟悉的向导，会使你像陆逊走入了八阵图，再也找不到出路。故而在军事上，乌旗是一块易守难攻的地方。

　　蒙旗的人口，向无明确的统计，在过去三年一比丁的时代，还能知道一个丁数，而今由于这制度的废弃，连丁数也不清楚了。据一般估计，乌旗人口约一万三千左右，这数字当然未必可靠，不过只能作为一个概念而已。

在西南角上，红柳河像一条虹带似的穿过，由大小智边滩踏进了乌旗，又从巴图湾附近悠然地流出，于波罗、横山间穿过边墙，下游与榆溪河相会后，改称无定河而注入黄河。在乌旗境内的支流，较大的有海流图河、那林河（一作那泥河）、金河。海流图河上源有二，分出于海流图庙的东西侧，那林河源于托利滩，金河源自磨虎喇虎，都是自北向南，流入于红柳河。境内没有大山，仅有巴汗昔连、堂兔昔连、宿鸡昔连等少数硬梁。湖泊较著名的有可可淖尔、察罕淖尔、孟哈图淖尔等。

在伊盟七旗中，除了顶小的扎萨克旗外，乌审旗要算是地瘠民贫的穷旗了，农垦既不发达，牧畜也日益衰落。据说过去还好，自从近年来死亡率增大，成百成千的牲畜，由于疾病和饥饿而倒毙，这损失在以牲畜为财产的蒙古同胞，是一个致命的打击。据最近调查，乌旗的牲口，约有牛二万头，羊二十万只，骆驼三百只，每年能出春毛一千零二十担，秋毛九百担，羊绒二百四十担，驼毛十八担，山羊皮三万张，羔皮七千张，牛皮二千张。畜牧的改进，是今日乌旗重要而亟待解决的一个问题。

二　动乱时代

自从民国十五六年，以迄二十四五年间，这十年内，可说是乌旗的动乱时代。西尼喇嘛及孟克尔济相继执政，扎萨克大权旁落，形成有名无实的统治者。这情况有似民国十年前后的国内军阀专政一样。

西尼喇嘛，虽名为喇嘛，而实非喇嘛。最初他在旗政府里当一名金肯笔帖式，因为政治上不满足，遂出走外蒙。回来时恰巧遇到一个机缘，弄到了一百支步枪，这时各旗的"督贵"风潮盛行，于是西尼喇嘛，遂凭借他的武力而崛起，势力一天天庞大，成为乌旗事实上的独裁者。扎萨克特古斯阿木古朗，也一度被迫而出逃榆林。十六七年间，陕北镇守使井崧生氏，曾派队前去平乱，由于乌旗地形的复杂，未收全功。终究"瓦罐不离井边"，跋扈不久的西尼喇嘛被刺身死，而孟克尔济又继起代之。

孟克尔济，亦为东乌审人，本为西尼部下（至今榆林一带人民咸称之为十二团），迨西尼被刺，乃代领其众，自号团长（十二团）。孟氏的飞扬跋扈，更甚于前者，并在打不次滩之北，筑了一座兵营，深沟高垒，作为其根据地。二十三年孟氏部下有名那森德勒格尔者突起，劫走特王，与孟氏成抗衡之势。那为西乌审人，是为西派，与孟克尔济主持下的东派，不断斗争，其间互有消长。最后特王借着绥远省府的援助，将孟、那先后逐出，于是一幕军阀专政，遂告结束，而动乱了十年的局面，也重新归于安定。

注：这一段经过，系笔者听人所谈，难免有传误之处，尚祈读者加以指正。

三 独特的地方组织

依照蒙旗的行政组织，在旗政府内，以扎萨克为最高统治者。其下有东西协理、管旗章京、东西梅楞等仕官，其作用为辅佐扎萨克，以推行庶政。如果以扎萨克比做县长，则东西协理有如县府的秘书，管旗章京及梅楞，则为科长之流，这是旗府内的组织。当然旗府的人员，不仅仅这五个，还有承启官、大小笔帖式、得不齐等，不过这五个是比较重要的，乌旗与他旗所不同者，就是"白通达"也作为旗府的一员。

至于地方行政组织，依旧制，最高为参领（即扎兰），其次为佐领（即苏木章盖），再下为什长，如果参领比做联保主任，则佐领及什长，即为保甲长。乌旗共有什长八十四个，佐领四十二个，参领八个。自从西尼喇嘛及孟克尔济专政时代，鉴于一般苏木章盖地位较高，且多忠于王公，在统辖上，很不便利，同时过去的参佐制度，完全为一种军事组织，故采用属人而不属地的办法。换言之，即凡属该苏木的人民，不论至何处，仍属该苏木的章盖管辖。这种属人的统治法，在军事上及过去纯游牧时代，固多便利，但用于政治上及定牧社会里，则易生混淆不清的弊病。即某一地方上，往往既有甲苏木的人，又有乙苏木的人，更有丙苏木的人，这在管理上，会感到诸多不便的。因此便另创一种"打钦"制，其形式相当于内地的村制，将全旗划分为十九个"诺托克"，每一"诺托克"设"打钦"一、二、三人不等，全旗共有"打钦"四十人，每一个"打钦"所管辖的，都有一定区域，在其区域之内，不论本旗、他旗，甲佐、乙佐的人民，均归其管辖。自从"打钦"制实行后，佐领和什长之权，大为削减，而"打钦"俨然成为地方行政的中坚，这是乌旗独有而与他旗不同的。

　　在目前各旗，正从事于推行保甲组织的时候，这"打钦"制度，可说是一种雏形的保甲组织，如能在形式上和内容上，再加改进与强化，即可成为完善的保甲组织了。

一九四一，五，一八，于榆阳

　　编者按：乌审旗特王本年逝世，现由其弟奇玉山护理扎萨克［克］职务。特王子奇士英，现尚年幼。

《塞风》（半月刊）
陕西榆林塞风社
1941 年 13、14 期合刊
（朱宪　整理）

伊盟当前的严重问题

李撼声　撰

抗战以来的伊盟，已成为西北国防的最前线，它的重要，夫人而知。惟以一般人士未能深入蒙旗，致对其当前亟须解决之问题，犹属茫昧，中央年来岁糜币帑，而成绩甚少，其症结实在于此。笔者于民二八曾一度在伊盟担任党务及教育工作，年来服务榆林，仍时与伊盟人士周旋往还，深知其个中真相。兹谨就其大者，略述于下，想亦为关心伊盟人士所乐闻欤！

一　旗府人事及组织问题

过去各旗政轻事简，经常事务由值日士官处理，即可迎办〔刃〕而解。抗战军兴，各旗之组织保甲、调查户口、清查奸宄、支应军粮等等事务，日渐殷繁，若仅如往日由管旗章京及东西梅楞等轮值处理，实难措置裕如。亟应由蒙政会详拟计划，着各旗政府斟酌实际情形，比照新县制组织，分设民政、财政、教育、建设各科，延揽蒙旗优秀分子及汉人之有志蒙古工作且能耐劳吃苦者，依其材能，担任各职，则事有专责，自免贻误；而又慎其人选，严其考核，明赏罚，勤督促，"人存政举"，成绩〔绩〕自必斐然。

二　统筹军粮、减轻人民负担问题

伊盟地瘠民贫，可耕之地甚少，人民半以牧畜为生。抗战军兴，为保卫伊盟以增加军事力量起见，大军云集，但粮秣给养，泰半取之民间，且办法未臻妥善，致蒙汉同胞每岁耕牧所得，据闻即须支应军粮三分之一以上，长此以往，民何以堪！似宜由主持蒙政机关会同伊盟各旗驻军呈请中央主管机关与战区司令长官，统筹军粮购运及分配事宜，借以减轻人民之负担，而增加军民团结一致抗战的力量。

三　发展各旗小学教育问题

伊盟各旗小学，每旗仅有一所，多亦不过二三所，自难容纳大量学生，教育既不普及，民智无由增高，文化更何能发展？教育为立国之本，小学为教育之基，蒙旗文化落后，发展小学教育，实为当务之急。为今之计，蒙政会教育处应通盘计划，增加各旗小学数量，广收蒙汉儿童，施以国民教育，教授各科常识，贯输国家观念，说明蒙、汉必须精诚团结共同抗日之必要，借以粉碎敌人分化破裂、挑拨离间之毒计，造就蒙古建设之有为青年。经费方面，务宜指定的款，不敷则由蒙政会呈请中央按年补助，教材除酌增加蒙文及乡土材料外，课本似宜统一，以收整齐之效。师资一面应由各旗政府保送优秀青年升入内地师范学校，以图深造，而应来日需要；一面宜破除畛域，网罗能耐劳吃苦而有志服务蒙旗教育之青年，派赴各旗，担任教师，提高其待遇，安定其生活，由各旗政府主管教育人员随时督促，勤加考核，能如是则文风丕振，人材辈出，蒙旗异日进步发展之基础，实系于此。

四　提倡工业合作运动问题

伊盟各旗如鄂扎〔托〕克旗之咸盐、甘草，准、达、郡等旗之各种油籽、胡麻、麻籽、臭芥等，及普通出产之皮、毛、革、肉等，产量甚丰，□以往昔旗府不知注意，不加重视，以致或者无人开采，或者各自为政，无大规模之组织，自难收良好之效果。抗战以来，人民为敌伪利诱，更有将货资敌之可能。为开发伊盟富源、发展伊盟经济起见，蒙政会实业处亟应详加计划，呈请中央拨予专款，斟酌情形，设立大规模之合作工厂，如造油工厂、制革工厂、纺毛工厂、采矿工厂、造药工厂等，礼聘专家，广征技师，严其组织，勤其督促，务使伊盟七旗，货无弃于地，人尽从事实业与生产，则经济来源既辟，人民生活自可提高，民生亦绝对不成问题矣。

五　整训各旗保安队问题

各旗保安队为蒙胞惟一之自卫组织，惟人数既不充足，枪、马亦欠齐全，新式训练不够，纪律、精神差池。前年沙委员长赴渝，曾面向中枢请求充实，并扩充各旗保安队部，傅副长官亦曾派员点验，是其问题之重要，负责长官已加注意。最近中央任命何绍南氏为七旗保安副司令，不日即将莅任，笔者深望其根据多年从军之学识与经验，切实整顿并训练各旗保安队，使之进可为国家抗战之劲旅，退可担任蒙旗地方的自卫与治安工作。

六　开展各旗党务问题

蒙旗党务萌芽于白云梯氏之入蒙工作，成立于民十九绥远省党部附设之蒙旗党务组。民二六绥、包沦陷后，此项工作无形停顿，至民二七，中央始明令在扎萨克旗成立察绥蒙旗党部。经年余努力工作之结果，民二九各旗旗党部次第成立，表面观之，似伊盟党务已在逐日进展之中，惟实际则除党员人数增加外，对于党义之研究，本党之认识均觉不够，似宜由蒙旗党部经常举办党员训练班，切实训练党员，使之效忠本党，为三民主义努力，方不至受敌伪之利诱，与不正当思想之煽惑。

综上所陈，蒙旗当前政治、经济、教育、军事、党务各方面亟待解决之问题，已可略见一斑。笔者深望主持蒙政各机关，统一意志，集中力量，以大无畏之精神、缜密之研究，公允处理，任劳任怨，勿畏难，勿苟安，次第见诸实行，则岂第伊盟同胞之幸，党国前途，实利赖之。

三十，三，四，写于榆林

《边疆月刊》

西安边疆社

1941 年 1 卷 3 期

（李红权　整理）

阿拉善旗之概观

张中微　撰

一

贺兰山以西，额济纳河东，甘、凉北，瀚海南，有一广漠无垠之高原。其间沙丘错落，湖沼棋布，袤延七百余里，高出地平面约三百公尺左右。全区系经长期风化及浸蚀作用而成，为一荒凉卵石、沙砾及盐土区域。其人种分布，属和硕特部蒙古。因地在河套以西，与额济纳土尔扈特旗并称"西套蒙古"。按地理分类，则属于"塞外草原"之一部，是即阿拉善霍硕特旗之所在。

阿拉善霍硕特，原系阿拉善与霍硕特二词所组织成。前者为表示上述地域之名称，后者代表居住民族之部落。自霍硕特移住阿拉善后，此二词始联用为旗，殆挽〔晚〕近三世纪内之事。故研究本区历史，必须远溯至设旗以前，分别考究阿拉善与霍硕特之渊源，然后可为较多之了解。请分述之。

一、阿拉善　本区旧为边裔民族游牧射猎之地，其住民飘忽无定，几于代有播迁，原住民族，已不可考，惟知为《禹贡》雍州之域，春秋属秦，始皇时为北地郡，汉北地、武威、张掖三郡西北境，晋为前凉张轨、后凉吕光、北凉沮渠蒙逊等所据，唐属河西节度使，宋景德中入于西夏，元隶甘肃行中书省，明初为今伊盟之鄂尔多斯所居（注一），明末霍硕特族自青海移住，康熙三十一年，改置为旗，自是阿拉善之名，始渐著于世。

在此以前，阿拉善甚少见于史册，与阿拉善同出一语源之贺兰（注二），则为古今之所传述，且为时甚早，如唐人诗"贺兰山下果园成，塞北江南旧有名"，又"夜半火来知有敌，一时齐保贺兰山"，足以见之。时鲜卑族之居贺兰山者，以山为氏，如贺兰进名〔明〕。《容斋随笔》云："汉有驳马少伯，疑亦贺兰氏之释义。"（见下节）

《辞源》释贺兰山曰："旧说山有树木，青白如驳马，北人呼驳曰贺兰，故名。"考蒙语二色相杂之马，谓之（此处蒙文——整理者），又称山后密林曰：（此处蒙文——整理者），均与贺兰山或阿拉善之读音及取义相合，由此可征，阿拉善远在唐汉以前，曾为蒙古民族所居。汉武帝未开张掖、武威两郡时，其他旧居匈奴之昆邪王、休屠王，如贺兰之名始于是时，则匈奴为蒙古先世说，当可引贺兰语源为一论据。

（注一）《定远营记》云："圣心轸念山后一带，切近宁城，特移厄特郡王、阿宝部落于西海，渡鄂尔多斯七佐领于河东。"语见定远营护阃门城楼勒石。

（注二）魏源《圣武记》云："贺兰山厄鲁特者，俗所谓阿拉山蒙古也，亦讹阿拉善，皆语音之转。"

二、霍硕特　本部属天山北路四卫拉特之一（或称厄鲁特、额鲁特、厄洛特）。四卫拉特多出自元室臣仆，惟霍硕特为元太祖子孙，其先哈布图哈萨尔，即太祖胞弟也。当明季霍硕特部酋长顾实汗（或作固始汗）盛时，奄有南疆、青海、套西，并远及西藏。其在套西之一支，为其子鄂齐尔图汗与孙和罗理（巴延阿玉什之子）等十二人。康熙十六年，为准噶尔攻袭，鄂齐尔图汗部众溃散，和罗理携庐帐万余避居大草滩，求达赖表请归牧。三十一年，援内蒙四十九旗例，编置佐领，给扎萨克印，封郡王一，镇国公二。是为阿拉善霍硕特编旗定牧之始。

自和罗理以至现任萨克达理扎雅，凡历九传，其世系如左（注三）：

和罗理——阿宝——罗布藏多尔济——旺沁班巴尔——玛哈巴拉——囊都布苏萨——贡桑珠尔默特——多罗特色楞塔达——旺宝尔罗银达理扎雅

（注三）本表依据《大清会典》并与当地蒙文记载核对。

和罗理子阿宝与孙罗布藏多尔济二人，最著战功，阿宝曾从年羹尧平定西藏，罗布藏多尔济随军讨平阿睦尔撤〔撒〕纳，而清廷对阿拉善和霍〈硕〉特旗之优渥，亦远在诸卫拉特之上。初以定远营赐给阿宝居住，继以娥掌郡主赐配罗布藏多尔济，并普〔晋〕封亲王，建王府于北平。现今阿旗沙金套海一带，犹有罗布藏多尔济从征时所受降卒之哈萨克人。归化日久，一如旗府子民，惟奉回教，持戒律，仍同回俗耳。又阿旗蒙民习用之记数字，与阿剌伯数字点画极相似，是否即系沙金套海之哈萨克所传，抑霍硕特曾与中亚文化发生密切接触，则尚待考证。

二

蒙古政治，以旗为行政单位，集若干旗而为盟。但察之察哈尔八旗，绥之归化土默特，宁之阿、额两旗，皆编旗而不设盟。故清代阿拉善旗属理藩部，现为直隶行政院之特别旗。然其旗之组织仍与一般旗制无殊，自扎萨克以次，分层设官，各有专司，如协理、章京、梅伦、参领、佐领，其体系亦如次表：

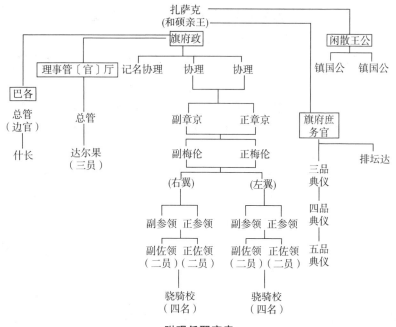

附现任职官表

职别	始名	备
扎萨克和硕亲王	达理扎雅	
镇国公	明瓦齐尔	另一镇国公绝嗣未袭
趋〔协〕理	达都勤旺舒克	系达王胞弟,现住北平
协理	罗思克巴图	蒙民称协理曰玛尼噶,非台吉不得任协理
记名协理	罗巴图孟轲	
正章京	陈爱尔德尼巴图	
副章京	段巴图尔	
正梅伦	蔚尹布尔巴图	
副梅伦	罗曹格图盖立拉	
排坛达	张仁	兼理事官厅总管

上表自协理以至梅伦为旗政之中枢组织,自参领至骁骑校,原

属军职，惟旗制本以军事为基础，在过去承平年代，狱讼不兴，旗之大事"简军实"、"审丁册"而已，故政事极为简易。内蒙各旗多以参、佐人员兼理地方行政。阿旗幅员辽阔，尤以东北滨河一带，垦务发达，蒙汉杂处，庶政、税收，均较繁巨，事实上不能不别为组织，故划全旗为三十二区，名曰"巴各"，而治以边官，其人数多至五六人或十人不等，甄拔其品秩较高者为大边官，统属其余边官，为一巴各之长，蒙民习呼之为总管。凡设总管之巴各，皆滨河垦殖繁庶之区，如磴口等巴各，是各巴各之名称，自磴口起计，曰磴口、多伦素海、哈拉和泥土、沙金套海、哈鲁乃、克布尔、准必力、乌图各、布古图、巴伦比力、山根达赖、克白那木嘎、好雅尔呼都、察汉布鲁〈克〉、同湖、图兰泰、扎哈道兰、艾尔哈和什霍、土克木、红古尔玉林、吉兰泰、苏木图、巴音乌拉、沙拉布力都、库克布力都、巴音布力都、巴音诺鲁公、察汗诺尔、雅布赖、艾力布盖、树贵、巴丹吉兰、拐子湖、宗乃、巴龙沙拉扎、宗沙拉扎，凡三十六单位。

扎萨克亲王府所设排坛达一职，亦称掌事，俗称总管，系满语官名，与各品典仪同为执掌王府庶务、帐项之官，原设于京城王府，有监督王公之权。因阿旗屡为皇室亲眷，并在北平建有王府，故特设排坛达一职，在旗府额定组织之外。又理事官厅，掌理民刑诉讼，普通案件由总管径予审讯判决，其案情重大者，则移旗府会审。事实上全旗立法、行政、司法之权，皆集于扎萨克一人。

三

从西北整个防务观察，阿旗当绥新公路要冲，屏蔽甘、凉、兰州，敌伪如出百灵庙，沿山后草地切断甘新国际线路线，阿旗实为必经之道。同时贺兰山向东北伸展，至平罗县属之石咀子，山

近代蒙古文献大系·概览卷

势渐卑，地势愈高，与黄河对岸鄂尔多斯崖岸，遥相对峙，构成宁夏北面之天然锁钥。过石硊以北，黄河成一湾曲，其间弥望河碛，浩瀚二百余里，敌伪如取此线进窥宁夏，必将蒙受极不利之影响。而贺兰山后之阿拉善旗，空旷开敞，遂为骑兵绕袭最可能之路线。

再就攻略地理而言，五原归我掌握，足以遥控平绥，侧胁华北，此尽人而知之矣。而阿旗适居五原之重要后方，其北近瀚海一线，为内地通接外蒙之捷路。清季康熙亲征侵据外蒙之准噶尔时，其用兵路线，分中、左、右三路：中路出独石口，赴瀚海而北，直趋克鲁伦；左路出东三省，遏其冲；右路出阿拉善，邀其归。准噶尔与中路遭遇，弃克鲁伦河宵遁，为右路军邀击于昭莫多，卒以败灭。由此一事，堪以说明阿旗在国防上之价值。至其兵备现状，是否足与此优良之地势相配合，固涉军事机密，未便公表，此处仅能略抒感想。

按长城之在宁夏境内者，随贺兰山势蜿蜒而北，向所以分内外，绝华夷，故清初置霍硕特部于阿拉善时，指定距边六十里为界，不令接近贺兰。雍正八年，又于贺兰山阴六十里处，设定远营，驻绿营兵。彼时固以贺兰为国防线，而视山外住民为可能之假想敌，然时至今日，此种形势应已不复存在。尤以二十五年，敌酋板垣至定远营视察以后，更重新唤起省旗官民认识其共同敌人之真实面目，而须彻底扬弃陈旧之国防观念。质言之，即向昔设防于长城线者，今已应移其防线于国境之上，此不仅阿旗为然，即全部边陲，概应本此认识，以为军事设施之张本。

四

佛教之流入蒙古，据史籍记载，肇于元代初叶，而盛于明末之达延汗。和霍硕特族世居天山北部，唐时吐蕃西侵，奄有南疆及甘肃走廊。英人斯坦因曾自该处发掘若干宝贵资料，足以证明，唐代佛教已盛行于天山南路，而回教之在南疆，尚属后起。即在有清以前，南疆诸城，犹为蒙古民族所统治，且阿拉善一地，属西夏，历二百余年，其族固笃信佛教之吐蕃也。由是以言，则唐以后，蒙古民族与佛教之接触，实甚频繁，徒以边疆史料缺乏，鲜有可征耳。

但佛教至今仍不失为支配阿旗蒙民思想之唯一宗教，全旗有活佛三人，一名丹宝（阿旗读为丹和），一名当沙，一名济穆特，中以丹宝之地位最为隆崇，与当沙均驻锡广宗寺（俗称南寺），济穆特驻锡福荫寺（俗称北寺）。其下有沙布隆二人，一名迪瓦，一名威金，为济穆特弟子，亦世之转生，不迷本性，蒙民并以活佛称之。丹宝活佛于民十八年，国民军门致中部进驻定远营时曾受误会，后门部撤去，逃入内蒙。班禅大师宣化阿旗，曾一度居间调处，但卒无结果，故南寺现由年逾七旬之当沙活佛住持。至北寺之济穆特佛及其弟子，最高年龄均未及十二岁，该寺原有喇嘛一千余人，近岁已递减至四百人，其原因由于蒙民生殖日弱，绝嗣居多，旗府又于二十五年颁布限制办法，规定三子以上，只许一子出家，余为黑人，独子不得充当喇嘛。同时蒙民近年生计日蹙，为父母者为珍惜劳力，以便从事生产，渐不愿令其子嗣出家。故论一般趋势，佛教虽在阿旗具有相当庞大之势力，但因经济要求与智识之觉醒日增，已颇有退潮之势，且其势力尚非足以支配政治之绝对权威，有时甚至隶于政治权力之下，如丹宝出走，即其一例。此非单纯之实力问题，即在思想方面，蒙民对于王公之崇拜，未必逊于佛教也。

此外天主教之势力，亦仅次于佛教，其在三盛公规模宏大之教堂及土地，至足惊人，俗有"天主国"之称。教堂利用赔款抵押之地，开渠引水，尽量垦殖，非教民不得领地垦种，无异以经济压力迫民入教，已失自由信教之意义。教民因事诉讼，神父可代官方开脱，遇有匪患或军队过境征发、骚扰，教民可安全避入教堂，由神父保护，甚至凭其深沟高垒之城池对抗。至于疾病、借贷及子女之褒育、教养，凡为当地政府所无暇顾及者，教堂悉可一一为之解决，卒致教堂代政府取得人民之信仰而后已。长江记三盛公天主堂有曰：教堂为唯一可以指挥民众之机关，神父为最有支配民众力量的领袖，一般农民，只知有天主堂，而不知有政府，只知有神父，而不知有官吏，其事之可虞如此。至基督教之传入阿旗，则为晚近之事。民十五年，瑞典人溥博爱及其妻李美玉始至定远营，设立阿旗仅有之福音堂，最初颇受歧视，后以不断馈赠礼品，已大为改变其地位，且可深入蒙地宣传，虽教义尚格格未入，但其刻苦忍耐精神，与确能给予边人实惠二者，诚使人有自愧弗如之感。

五

前已言之，阿旗系盐土区域，故草硬水咸，最宜于骆驼饲养，惟确数若干，从无确实统计。据从市场方面粗略调查，阿旗驼毛每年输出总量，除由绥西、甘、凉零星运出及蒙民消费（如制绳、牵骆驼之毛绳，每条重四五斤）者外，每年集中定远营销售之数，约达五十万斤，而骆驼每年夏季落毛一次，大小平均，每头可获净毛四斤，依此推算，则全旗驼只，至少在十二万头以上，此为最潦草之估计数。至羊只调查，尤感不易。固羊为蒙民之主要食品，消耗甚大。且蒙民衣着及蒙古包之毡墙、毯垫等类，用毛极多，如依市场输出数量，必更不精确，为求比较接近事实，按一般蒙民饲驼与羊之比数，约为一与十之比，则羊只至少应在一百二十万头以上。

　　驼、羊毛历来为阿旗物产出口大宗，向经定远营及包头两地运往天津转口，定远营各大商号均在天津设有庄口，贩运内地烟、茶、布匹、酒等日用品行销蒙地，其售价应取之值，折合驼、羊毛，待秋后汇收装运。此种以物易物之半高利贷贸易方式，实为蒙古商业之一般特性，虽不免加重蒙民负担，而商人可获极厚之双重利润，但边地既无汇兑事业，亦非如此，无以周转资金也。定远营拥有百万资金之大商号，如祥泰隆等家，皆在蒙地有庞大之商业组织，直如毛细管之满布全身。除定远营设有总号外，并深入蒙地，插帐营业。更由此帐逢〔蓬〕派人携带货物巡回兜售，虽旷野荒沙，无远弗届。而蒙民则因供求有自，对商人印象极佳。如论蒙汉关系，商业联系之稠密，远在政治以上。盖蒙民栖息荒沙漫野之中，除商人外，与外界殊少接触也。

　　抗战后，平、津路阻，西北毛产，统归政府收购，为中苏贸易之主要交换品。向在阿旗经营毛业之商号，唯有输向兰州转经甘新公路出口，财部并在兰州设有专管机关。关于阿旗毛产之吸收，为办理便利，委托宁夏省银行代办。现在宁夏省银行所设定远营办事处，其全部业务，即为办理驼、羊毛收运。计二十七年共收驼、羊毛三十余万斤，二十八年收驼毛五十余万斤、羊毛十余万斤，二十九年收驼毛三十三万六千余斤、羊毛六十四万三千余斤。惟以省行所订收毛官价过低，较当地市价尚低三分之一，故毛商不愿大量出售。二十八年冬，府省颁布调查登记存毛办法，课以极重之存毛税，实等于强制出售。终以毛商囤集，分散于沙滩蒙户，调查进行不易。据统计，蒙地存积之毛，至少尚有二百万斤以上，亟待疏导，其最善办法，莫如提高毛价至于合理之程度。

　　次为运输问题。上述历年收购毛数，尚有多数未能运出，如二十七年，仅运出驼毛二十万斤，二十八年运出三十余万斤，余均堆存待运。以阿旗驼产之富，此区区毛运，本足胜任，徒以蒙民耽逸恶劳，近年驼价又好，售驼一头，便足终年温饱，不愿再事操劳。故毛、盐两项重要资物，既未畅收，又未能畅运，实战时国家经济之意外损失，亟待迅为筹决者也。

六

阿旗另一宝贵资源，即优良而巨量之盐产是也。以种类分，有青盐、红盐、白盐三种。青盐品质最上，红盐次之，白盐最下，亦最多，凡积潦低洼之地，极目皑之，几于俯拾即是。全旗产盐池沼，星罗棋布，不知凡几，其最大者，为定远营西北之吉兰泰盐池（舆图，吉兰泰位于定远营西南，当系察汉布鲁克池之误），产盐之富，无从算计。现由旗府自为极少数之采运，供给磴口、临河。余如和屯池、察汉布鲁克、同湖、那林哈格、雅布赖、巴音布鲁克、昭化寺诺尔、土布鲁格、八音达赖、扎克土、大鼓海、角鹿沟、包鲁尔等十三盐池，均在旗境西南边沿，采运较便，故以年租五万二千元，租与财政部西北盐务管理局采运。附近盐池，蒙民食盐及喂养骆驼，仍可酌量取用。此盐局租采之盐，行销甚广，向供甘、宁两省。自运城弃守，晋盐阻断，并远及于陇海沿线及汉水流域。

该处开采池盐之特殊方法，颇有一述必要。试以和屯池为例，该池纵长十里，横宽五里，深度四至九尺，因久受风沙影响，已成平畴，须相酌地势，铲去池面浮土，露出厚三四寸之碱质硬壳，即蒙人谓之"盐盖"者，将盐盖锁凿成孔，始见湖水，即以长柄铁把探入水底，把附近湖底积盐于近处，再用漏孔铁勺趁湖水中汰去泥沙，舀出地面曝干，无须熬炼，即成青色盐粒。技术熟练之盐工，每日最多产量，可至四十余担，足见其手续之便捷。惜运输能力不足，未能畅运畅销。往往盐工采出堆集池上之盐，听不〔之〕卤耗，或为山洪冲去。据二十九年度统计，和屯池运出盐四万担，察汉池运出三十余万担，昭化池运出三万担，同湖池运出二万担，吉兰泰五千担。以上各池运出盐量之多寡，并非代表各池之产量，而系表示各池之交通与距离，各池运出盐量之比数，甚至适与其本身之产量相反，足见盐运问题之严重。

按办理盐运情形，过去系分"官运"、"商运"两种。"官运"由盐局雇驼运销，"商运"由驼商于产地购盐自运自销。"官运"之中，又有蒙驼、汉驼之别，蒙驼无须喂料，所纳草头税亦较低，但须十月始能起场，较汉驼迟二三月。照盐局与旗府所订合同，规定蒙驼只担任运往宁夏平罗、中卫等短程运输。其运往平凉等处者，概以汉驼为之。蒙驼之不易征雇，既如前章所述，汉驼情形，亦复相同。

所谓"官运"、"商运"，大有区别，"官运"，盐局可视各地食盐需要情形，操适当分配之权，只给驼户固定运费；"商运"，驼商可自由选择盐价最高之地出售，但有碍于盐政之适当分配，故盐局着重"官运"。然以西北驼运之俏，蒙旗道路卵石甚多，极耗驼力，兼之蒙地购料不易，以十驼载盐，必以二驼负料随行，成本所费太大，如仅能获得固定运费，驼户多不愿载运官盐。后盐局为调和双方利益，特定凡运官盐驼户，准运同量商盐之折衷办法，然此仍无以餍驼商之望。盖如运官盐十驼至平凉，无论平凉盐价高低，亦非就地抛出其另一半之商盐不可，若再转运盐价较高之地，必以原来载运官盐之一半空驼相随，时间、草料，耗费不资，事实上仍不能如运纯商盐之能自由选地，择价出售。故驼运问题，实为开发阿旗资源，所亟待解决之前提。闻交通部西北运输总站，已在定远营设立招雇蒙驼事务所，如旗府能以全力协助，奖励蒙驼应雇，不仅对国家经济事业贡献甚大，且可促进阿旗本身之繁荣。

附和屯等十三盐池道里方位表

名称	距定远营里程及方向	所属巴各①
和屯池	西北二百余里	巴音乌拉、可可布尔都两巴各交界
察汉布鲁克池	西南约三百里	察汉布鲁克巴各
同湖池	南四百余里	同湖巴各
那林哈格池	西南二百八十里	察汉那都克巴各
雅布赖池	西五百余里	雅布赖巴各
巴音布鲁克池	南四百五十里	同湖巴各
昭化寺盐池	南三百余里	察汉布鲁克巴各
土布鲁克池	西南七百余里	艾尔哈和什霍巴各
扎克土池	西南二百七十里	察汉布鲁克巴各
巴音达赖池	南百余里	克白那木扎巴各
大鼓海池	西七百七十里	巴丹吉兰巴各
角鹿沟池	西六百八十里	同前
包鲁尔池	西南三百余里	察汉布鲁克巴各

七

　　如称宁夏为"塞北江南"，则阿旗首城定远营，直可以"沙漠桃源"称之。该城距贺兰山西麓约六十里，与宁夏省垣适成犄角之势，城周丘陵起伏，层叠函蔽，山泉回绕，松柏挺生，堪使东南游客穷年忘归，而无异域殊方之感。至地理形胜，则扼瀚海往来之捷路，控贺兰七十二处之隘口，西接平羌，遥通哈密、巴尔坤等处，东接威镇，远连三受降城、两狼山要地（见《定远营碑

────────────

　　①　各巴各名称与前文有异。——整理者注

记》）。此地初属宁朔，完全为一边防营寨，及河〔阿〕宝郡王奉赐居住，始为阿拉善旗之首城。

秦岭以北罕有之产米区，一曰后套，一曰河西，一曰宁夏，无一不与阿旗壤土相接，而西北草地之蒙、藏人民，与平、津往来贸易，多取道旗境，以定远营为重要中途站，又因王府所在，蒙民值班应差，络绎不绝，致促成定远营商业之急剧繁荣。据二十八年统计，全城人口，共达七千四百余人，不仅为蒙旗罕觏之重镇，即在宁夏各县中，亦不失为一大城，故定远营设县纠纷，遂继磴口以后，成为省、旗之又一悬案。从整个边疆建制着眼，现时政区是否有重加区划必要，应为今后边政设施之主要问题。但战时国家要求国内民族团结安定，其需要远在一切局部利益之上，此为各方应有之认识与努力也。

《边政公论》（季刊）

重庆中国边政协会边政公论社

1941 年 1 卷 3、4 期合刊

（朱宪　张婷　整理）

伊盟郡王旗之现状

钟吕恩　撰

　　伊克昭盟鄂尔多斯左翼中旗（郡王旗）扎萨克图布升吉尔格勒，于五月卅一日自旗抵渝展觐，六月十二日晋谒林主席及蒋委员长，并拜会中央各长官，报告旗政，请示方针。关于该旗情形，报章虽略有阐述，容或稍嫌简略，不佞爰作此文，详为介绍，希有以正之。

一　郡王旗现状

　　郡王旗在鄂尔多斯草原中部偏东的地方，东邻东胜、准噶尔旗，西枕杭锦、乌审两旗，北靠达拉特旗，南连扎萨克旗和陕西神木县，南北长一百八十里，东西宽一百二十里，面积八千八百余方里，在伊盟七旗中，占第六位。境内地势，西北高而东南低，平原、丘陵和红沙绵延相错。地质构造，就观察所及，大致系属于古代陕北内海的边缘，黄土层、沙砾层之下，有第四纪三门系的红色土层和三趾马红土层，厚约十余丈，但逐渐被流水风雨崩解，伊东常年有水的第一大河——乌兰木伦河（红江）便发源于东旗和旗的北部，经流东南部，出边墙，由神木入黄河。这是一条幼壮年期的下切河流，岸高一丈至三四丈，河宽五十丈至一里，水深二、三、四尺不等，冬春结冰。旗的西北和南部，有淖尔稀疏点缀，中部有红海子、□□海子相连，王府就在这两海子的北边。站在这里眺望，但见西北岗峦重叠，斜坡起伏，南面洼地潴水，平如桌面的加巴梁相互掩映，东南一带红色沙漠，如海波漾荡，青草、白羊和召庙、泥房，在蔚蓝的烟层中，零星散布，便会深觉得草原中的郡王旗，地形复杂，景色繁富，和别的旗大不相同。

郡王旗的耕地，据估计有一万二千顷，丰收年成，可产粮食八万石，出产矿物与煨炭、石灰，植物有糜、谷子、荞麦、山药、胡麻、麻子、臭芥等；动物有马、牛、羊、驼、驴、骡，野兽有狼、狐、兔等，皮毛为出口大宗。全旗人口只一万八千五百余人，内有汉人三，七四八户，共一万三千六百八十八人；蒙人七三零户，共三千七百六十五人，此外达尔哈特部（看守成陵的陵丁）约有半数，共千余人留居旗内。汉人以农、商为生，蒙人专事牧畜。

社会的组织是属于垦牧社会型的，蒙人方面是王公贵族和"黑民"，有六倍于蒙人的汉人方面是"老财"和自耕农与佃农，王公贵族是统治者，王公是土地所有者，可以说是"第一〔二〕地主"，贵族每家拥有更多的土地。"黑民"是被统治的老百姓，他们从王公手里分到几顷土地，但不会耕种，只好出租给汉民，自己仍然从事牧羊和牧马。汉人的"老财"，最初都是单纯的边商，以后用高利贷和种种买卖方式，使王公们或台吉们，拖欠很多债务，无力偿付时，只好把土地永租给他们。现在郡王旗的老财不下廿家，每家都有土地数百顷（最多的一家呼掌财有九百顷），并兼营杂货、茶、糖、毛的买卖，他们可以说是"第一地主"，握有旗下经济的实权。老财底下有占全旗人口大多数的自耕农和佃农，他们从"第二地主"或"黑民"那里租来土地耕种，以"二八"或"三七"股子分配收获物，这些勤恳的佃农，在旗下被称为"受苦人"。在汉人的自耕农、佃农与蒙人"黑民"之间，因为各以劳力获得生活资料，而且互相依赖，并没有什么利害冲突，或嫉视仇恨，民族的情感是很融洽的。

郡王旗的土地，除王府地、旗府地、蒙民户口地和永租给老财的私垦地外，还有膳召地和报垦地，每一召庙普遍有周围二三十里的膳召地，年来王府更规定每一喇嘛有地一顷，如原召地不够分配，喇嘛过多，可再拨应得顷数，现郡王旗共有召庙三十八座（除王爱召在达旗和东胜境内四座，余均在座〔旗〕内，其中有八座属达尔哈特部），膳召地共约二千方里，合一千零八百顷（绥远每方里按五顷四十亩计算）。报垦地有两大块，一为东胜县地，南北七十里，东西百余里，为光绪三十年至三十三年所放，一为今郡王旗与边墙间第一、二、三、四牌界地，南北、东西各约十里，为民九以后陆续所放，其面积之和，约等于今郡王旗，有过无不及。所以郡王旗在伊盟中不仅是首先报垦，而且是报垦地面最广的一旗。

旗政府的组织，扎萨克以下有东西协理（俗称官府）辅理旗政，东协理为奇默特拉穆，今年卅岁，为包头中政分校的肄业生，现已同来重庆。西官府贡布北补者成□达，实权在握，但已患病年余，在家休养。有管旗章京一人，承东西协理之命，办理军政等事，现为六十二老人诺尔布赞布。照例，办〔协〕理和管旗章京，非奇姓台吉，不能充任。再下有东西梅令，东梅令恩克巴稚尔，西梅令旺丹诺尔布。管旗章京、东和〔西〕梅令率领金肯笔帖式（书记长一人），承启官和笔帖式数人，分三班，每月轮流到署应差办公。地方行政组织单位为"苏木"，或曰"佐"，共十七个。"苏木"是一群人的称谓，有"苏木章京"，即以章京姓名名该苏木。"苏木章京"上有"扎兰章京"或曰"参领"四人，分管各苏木；下有"昆都"（差官）、"达尔古"（什长）、"博什户"

（法警）等，名额不等。此外另有专管汉民的"甲邻制度"，甲长十二人，多半是老财兼任，每甲下有数邻，抗战后，因摊派军粮，由甲邻专办此事，因此又兼及蒙民。但在郡王旗东境地区，为东胜地隔断，有八个邻直属当地西官府统辖，这可见旗下蒙、汉人民是分别管理，而其职权划分是有一定标准的。

王府内部组织也有一个规定，有"白通达"（典仪长）一人，现为图布升巴□尔，管理一切侍卫随员。前清例，遇扎萨克犯罪，由白通达顶替受刑。下有"哈文"两人，下管"得木齐"四人，办理庶务出纳事宜；"得木齐"分管八个"达庆"（区长），一"达庆"辖蒙民二十家，这八个"达庆"的蒙民，直接归王府指挥差遣，与旗府无关。两个"哈文"又直接统率"卡"（侍卫）廿余名，及博什户数人，侍候福普〔晋〕的女仆亦有十余人，都自"黑民"中挑选来应差的，相当期限后，遣送回家。

旗府、王府的财政收支，向无一定的预算决算，事权也不统一，收入方面有五种：（一）地租，永租出去的私垦地是收地租，多少视契约上所定；（二）岁租，东胜报垦地，依四六劈分办法，六成归旗，每年约有七千两银；（三）"远年"，第一、二、三、四牌界地，现改征糜谷，以每一两四钱折合谷四斗计算，每年共约一百石；（四）水草捐，每羊百头，抽羊两只；（五）兵羊捐，亦每羊百头抽两头，归保安队食用。四、五两项，由汉民负担。以上各项征收事宜，分由王府的得木齐、东西官府、东西梅令、保安队办理。此外，蒙、汉民间诉讼和犯罪的罚款，也是一笔不少的收入。

郡王旗的保安队有骑兵两团，共六百五十六人，士兵中，蒙人较多，团长由东西官府兼任。去年冬，保安司令部成立，图王的大少爷记名扎萨克巴图济雅□被委为保安司令。巴图济雅现年卅余岁，较明了外间情形，平日□政多由他主持。司令部成立后，着手调整人事，保举伊盟保安公署督训员蔡志伟为参谋长，东协理调第一团团长，西协理因病不能视事，由其子国玄、伊盟中学高材生奇全禧升任，并拟将汉民老财的自卫队，合编为第三团，严加训练。

旗下的教育风气，和准噶尔旗相埒，在伊盟中占第一等。过去青年多往包头中央分校（现迁拉卜楞）求学，现在国立伊中、兰州警校、边疆学校和中央军校等肄业的也很多。旗下原有小学一所，学生廿余人，地北〔点〕在旗府内，每月中央补助二百元。今年三月，又在旗西台奇召成立一所，学生据称有卅余人，达尔哈特部同时在依金霍洛成立小学一所，拟招收学生四十余名，正呈请中央拨款补助中。

抗战爆发，绥、包沦陷后，廿六年冬及廿七年春，敌伪两次进扰伊盟，占据东胜，幸我军奋勇却敌，整个伊盟才安定下来。那时郡王旗终能在民族团结的大纛之下，共同抗敌，数年来，该〔额〕旗为供应军粮、协助驻军，贡献至大。不过去冬以来，因民间存粮无几，春耕几成问题，故解决军粮购运是目前第一要着。

二　图扎萨克的家世及其政治地位

郡王旗扎萨克图布升吉尔格勒福亭，现年五十六岁，为人忠诚恬静，精通蒙古语文，惟不谙国语，沿用爵位，原为郡王，袁世凯称帝时，蒙古各王公都晋爵一级，遂为亲王，和硕是封号"旗"的意思，他是伊盟中爵位最高的扎萨克。现兼管成吉思汗陵寝吉农，和绥境蒙政会常务委员。其威望仅次于沙王。吉农是统率达尔哈特部的长官，和成陵主祭官，但吉农仅以下的正副达尔古、大小达玛勒，表示为成吉思汗制，且仅负有职务而非官爵，历来没有印信、顶戴，吉农便以扎萨克或盟长的印信代用。本来吉农一职，向由郡王旗扎萨克兼任，前清光绪年间，以罪削，改归盟长兼任。廿八年春，沙盟长自渝归来，因本兼事务太多，又推图扎萨克兼任。现达尔哈特部供奉的霍洛（陵寝）共有六大座，都在郡王旗的南、东南部：（一）大依金霍洛，在王府东南六十里；（二）小依金霍洛，在王府东南七十里；（三）依西夫人霍洛，在大依金霍洛西北七十里；（四）苏律尔霍洛，在王府东六十里，乌兰木伦河西岸；（五）上吉老秦霍洛，王府东偏北四十里达尔罕壕；（六）下吉老秦霍洛，王府东偏北五十里，西乌木伦河畔。达尔哈特部人口共二，〇七一人，一半留居郡王旗，其余散居杭、鄂、乌等旗，成陵西移后，中央每月发四千八百元生活补助费，达尔哈特部各级头目，异常兴奋，今春在伊金霍洛自动成立小学一所，将来大有逐渐形成一独立单位的趋势。

图扎萨克原兼蒙政会委员和教育处长，廿八年冬中央为切实推进会务起见，发表荣祥、鄂贝子和图扎萨克为常务委员，轮流驻会办公，督促所属工作，于是蒙政会机构始得灵便有效，三位委员协同策进蒙旗的教育、行政、经济等，贡献至多。

图扎萨克的上代是成吉思汗的长支。考成吉思汗的太子多罗，其太子是蒙古第六代大汗忽必烈车臣汗，其太子达尔玛巴拉，其太子伯颜图汗，其太子济雅噶图汗，其太子杜克·图木尔·窝哈噶图汗，其太子窝斯噶勒汗，其弟子哈尔呼察克·图噜克皇太子，其太子阿再汗，其太子阿玛尔茶吉农，其太子哈尔呼察克、巴雅蒙和汗，其太子巴图蒙和，其第三子巴尔苏·博乐场·善·阿拉克吉农，其长子公·贝利图·默尔根吉农，其长子诺彦达喇吉农，其子巴彦·巴噶图尔皇太子，其长子博苏克图车臣吉农，其第四子绰路吉农，其长子和硕亲王固噜，其次子郡王栋噜巴，其长子郡王喇斯斯巴，其子郡王机明杜尔济，其长子郡王车凌都尔济，其长子郡王达尔玛斯太，无后，由郡王札明尔济次子周喇图默尔根阿害贡布多尔济之子色登巴伯袭郡王，其子郡王巴布多尔济，其子图们济尔噶勒，其子额尔登毕里克，其子郡王特固斯·阿拉坦·呼雅克图，其子郡王图布升吉尔格勒，民国四年晋和硕亲王（此段译自蒙文《各旗世系》）。现图扎萨克夫人为第三继配福晋，共有子四人：长子巴图济雅，现任郡王旗保安司令；次子通称乌兰格根，札萨召嘎勒登班第达喇嘛；三子十七岁，现在王府；四子六岁，现已携来重庆；女多人。图扎萨克为独子，其从叔罗桑达巴噜姆为乌兰什里庙索秦·达巴喇嘛，所以图扎萨克的亲属，在喇嘛教中享有至高德誉。

《边政公论》（季刊）

重庆中国边政协会边政公论社

1941 年 1 卷 3、4 期合刊

（朱宪　整理）

达尔哈特部的组织及其现状

钟吕恩 撰

一 由来

伊克昭盟达尔哈特部，是专司管理成吉思汗陵寝和祭祀事宜的人民。他们的上代是成吉思汗的老卫队，大汗崩驾奉安后，由五百家老卫队看守陵墓，且代代相传，世袭不替，到清初也有明令保护和规定。他们不属于各旗，另成一个系统单位，叫做"部落"（爱依马克），有大小两部之分，各有供奉的陵寝（霍洛）。

他们有很多特殊的地方，遵照大汗的遗训，他们不担任官职，也不供应差徭。每个达尔哈特的男人，一生只能专心做分内的事务。父亲教给儿子关于祭祀和管理的方法，诵念蒙古经文（有依津仓、苏尔定仓、窝奇惕经、依拉格勒经等）。他们除放牧为生外，还收入一些布施得来的钱，以补助不足，近年来也有从事放垦陵地、招汉农耕种的。

二 组织系统

达尔哈特的组织系统，可表列如左：
吉农

正副达尔古

大达玛勒（六人）

小达玛勒（十八人）

达尔哈特人民

吉农系管理达尔哈特部的长官，即成陵主祭官，设于元太祖时，清代原由郡王旗札萨克格西克兼任，光绪三十年吉农改归盟长。二十八年沙盟长赴渝，以职务太多，推举郡王旗和硕亲王图布升济尔格勒兼任。吉农以下，有正副达尔古各一人、大达玛勒六人。每一大达玛勒下辖三小达玛勒，每一小达玛勒管理达尔哈特人民，自七八户至三四十户不等。达尔古、大小达玛勒职位都不是世袭，由吉农挑选有资能力者任命之。平日办理调查所属户口，分配轮流守陵人员，筹备大祭事宜，征应祭用马羊等。但吉农、达尔古、大小达玛勒都有印信，并不是一种官职；达尔古、大小达玛勒也没有顶戴，这是表示守制的意思。所以，达尔古〔哈〕特部组织系统，与旗以下的地方行政组织（即参领、佐领、什长），本质并不相同。不过有人说，满清服属蒙古后，即仿此组织，编为旗制，设札萨克、东西协理、参领、佐领等。

每一小达玛勒所管一群民户，叫做"格西克"，其意义与"苏木"相似，十八个小达玛勒共有十八个"格西克"，其名称如左：

一、大达尔哈特部：

1. 蛮乃格西克

2. 太西格西克

3. 太保格西克

4. 乌素班格西克

5. 窝路惕格西克

6. 哈达格西克

7. 佐磨纳尔格西克

8. 贺尔奇纳尔格西克

9. 小营盘格西克

二、小达尔哈特部：

1. 蛮乃格西克

2. 阿路托秦格西克

3. 塔布格西克

4. 托勒格西克

5. 唐秦格西克

6. 上吉老秦格西克（即大吉老秦）

7. 下吉老秦格西克（即小吉老秦）

8. 大布利雅秦格西克

9. 小布利雅秦格西克

三　霍洛

蒙语，"霍洛"是营盘的意思，也通用做陵寝。成吉思汗或其福晋，或其遗物的霍洛，大小不下十余处，其较大者为六处，兹分述如左。

一、大达尔哈特部

（一）大依津霍洛

1. 为成吉思汗陵寝，有相连蒙古包两座，内有银柜一（现已移往兴隆山），藏有大汗遗物，如马鞍、马镫、马头胡等。

2. 地址，在郡王旗东南六十里，札旗东北二十五里。

3. 祭期及祭品，旧历每月初一及初三，初一绵羊一头，初三三头。

九月十二日、十月初三日，各骠马一头、绵羊九头。

三月十八日至廿四日共六天，祭祀自十九日起至廿二日止，以二十一日为大祭日，每天骒马一头、绵羊九头。

八月十五日，骒马一头、绵羊九头。

十二月廿三日，绵羊九头。

大祭时，盟长、吉农皆到，各旗派代表参加。寻常祭期由吉农派员主祭。

4. 祭祀职员，蒙语叫"雅门图勒"，共有八人，为世袭职。一、奇尔贝，倒酒者。二、大呼格，念"窝奇惕经"者。三、太保，燃火者。四、噶斯噶，念"额〔依〕拉格勒经"者。五、太西，管银柜钥匙者。六、再生，拉马头胡者。七、杭锦，呼号者。八、托勒，割肉者。雅门图勒的名称和职务，各个霍洛各有不同。

（二）小依津霍洛

1. 为成吉思汗第二夫人，名"中宫夫人"及其媳妇名"西夫人"之陵寝，有相连蒙古包两产〔座〕，内有银柜一个，现已移往兴隆山。

2. 地址，在大依津霍洛之西南十里。

3. 祭期及祭品，旧历每月初三日，绵羊三头。

正月初一日，绵羊一头。

三月十七日至廿四日，每日绵羊九头。

五月十五日，绵羊三头。

六月初一日起至月底，每日绵羊一头。

八月十二日，绵羊三头。

九月初一日，绵羊一头。

4. 祭祀职员，"雅门图勒"八人：一、奇尔贝，倒酒、陵前割肉者。二、太西，站着引进朝拜者。三、古呼格，举酒者。四、杭锦，念"窝奇惕经""额于格勒经"者。五、拖勒，割肉者。六、太保，倒酒者。七、噶勒齐，点灯者。八、噶喀奇，取酒往外者。

（三）额西夫人霍洛

1. 为大汗福晋之陵寝。

2. 地址，在大依津霍洛东北十里。

3. 祭期及祭品（未悉）。

4. 祭祀职员（未悉）。

此外，在和沙兔有大汗马扯手霍洛，大小伊津霍洛之间，有大汗马具霍洛各一产〔座〕。

二、小达尔哈特部

（一）苏律定霍洛

1. 为成吉思汗所用大纛一个及小矛四个，有蒙古包一座，外围以木栅，栅前有黑夜守霍洛者住宿蒙古包一座。前年已移往兴隆山，去年龙年小苏律定运回各旗出巡。现霍洛内有沙王所制大苏律定一个。

2. 地址，在郡王府东偏南七十里，乌兰木伦河西岸丘上。

3. 祭期及祭品，旧历每月初三日及正月初一日（祭品未悉）。

大祭为七月十四日、九月初五日。

大祭时由吉农主祭，七旗派代表参加。

每逢龙年七月十四日，四个小苏律定分担出巡河南各旗，以便蒙民膜拜，九月初返回。

4. 祭祀职员，"雅门图勒"八人，非"雅门图勒"二人。一、秦尚，持苏律定者（领头一人，副手四人，此四人为持小苏律定出巡者）。二、奇尔贝，倒酒者。三、太西，站着引进朝拜者。四、杭锦，呼号者。五、噶斯噶，念"苏律定仓"者。六、召图，大汗在时管理百名卫队者。七、明盖图，管理千名卫队者。八、土门图，管理万名卫队者。此外有：一、古呼格，举酒者；二、托勤〔勒〕，割肉者。

（二）上吉老秦霍洛

1. 为成吉思汗之铁镶马鞍，有蒙古包一座。

2. 地址，在郡王旗东四十里，东乌兰木伦河东岸达尔罕壕。

3. 祭期及祭品（未悉）。

4. 祭祀职员（未悉）。

（三）下吉老秦霍洛

1. 为成吉思汗之马鞍。

2. 地址，在达尔罕之南窝户惕图。

3. 祭期祭品及祭祀职员（未悉）。

以上各霍洛，每晚由达尔哈特部人轮流看守，燃灯烧香，敲锣打更，直至天明为止。

廿八年七月，成陵奉移兰州兴隆山某寺大殿内，成陵居上，左为第二夫人灵柩，右为苏律定，经常有达尔哈特部四五十名轮流守护，每人由中央月给生活费。

伊金〔津〕霍洛附近，牧地南北二十里，东西三十里，向不开垦，近年来有该部人民招人垦种。

四　召庙

达尔哈特部有召庙八座，和普通召庙不同的地方：一、庙内喇嘛皆该部人。二、每次召内念经，皆供奉成吉思汗遗像。其中以再生召为最大，其他七庙讲经时，由再生召派僧官前往担任讲师。再生召就是目前国立伊蒙中学的所在地，在札旗东偏南二十五里。兹将各召庙情形分述如左：

（一）再生召

原蒙名敕建"贝力图，额尔钦埒奇庙"（译意为灵崇寺），建于前清乾隆元年。地址，郡王旗东南石灰塔拉，有二层召一、大殿二、小庙八，平常有喇嘛六十五人。

僧官，第十辈沙布隆喇嘛（以下喇嘛两字省略）、班第达索秦、啦善、都勒伯、阿顾、索秦格斯贵、尚沙惕点奇、大尼尔瓦、那秦惕、地巴、浪苏、索秦翁沙惕、啦善翁沙惕，共十五人。

念经日期：

一月初七——十日跳鬼——十六日，念"阿育西"经。

二月十七——三月十七日，念"却尔"经。

四月初一——十六日，念"达尔瓦秦布"经。

五月初二日，念"塔布罕达兴达"经。

六月初七——十四日跳鬼，十五日——八月初二日，皆念"尼都住奇克"经。

九月十七——十月初二日，念"甘珠尔"经。

十月二十——十一月初二日，念"沙周达"经。

十二月廿九——明年正月初二日，念"塔本"经。

召地：方圆八过，三分之二归札旗保安军第七连垦种，伊中移来后，又送与六顷地。

去年旧历九月二十二至二十九日，在该召举行"马尼会"，有喇嘛一百多人参加，每天需糜七石五斗，除向外布施，达哈尔特部每家需供三斗五升。观众有四五百人，表演摔角、跳鬼。

（二）什里庙

地址在再生召西北八里，建于二百八十一年前。有召一、殿一、小庙三。喇嘛三十九人，僧官十六人，召地方圆五里。每年于旧历正月十三日跳鬼。

（三）石灰庙

原蒙名"噶同·斯图尔林寺"。地址在什里庙之东五里，建于前清乾隆三十二年。僧官十五人，喇嘛二十三人。[南]有召一、殿一、小庙三［南］。召地南北五里，东西四里，归新三师骑兵团第四连垦种。每年旧历正月二十四日及六月二十四日跳鬼。

（四）沙啦塔拉庙

地址在石灰庙东十二里之半山上，南离大依津霍洛十几里，建于二百五十八年前。僧官十七人，喇嘛三十二人。庙地方圆五里。每年旧历正月十五日及六月十五日跳鬼。

（五）奇尔贝庙

地址在大依津霍洛北，窝尔兔沟之西，建于一百八十六年前。喇嘛三十七人。

（六）可处庙

地址在奇尔贝庙之西北，石灰庙之东，可处沟北边，建于二百七十四年前。喇嘛五十二人。

（七）乌兰木伦庙

地址在苏律定霍洛东边，乌兰木伦河西岸，建于二百一十九年前。喇嘛四十二人。

（八）诺干博拉庙

地在郡王府西北七十里，奇劲淖尔东畔，建于一百二十九年前。有喇嘛二十六人。

五　达尔古、大小达玛勒姓名及所辖户口

正达尔古巴图纳逊，六十余岁，住大依津霍洛北五里。

副达尔古布音札巴，五十余岁，住大依津霍洛跟前。

达尔哈特部大小达玛勒姓名及所辖格西克户口表

部别	大达玛勒	小达玛勒	格西克名称	户数	人口	备考
大达尔哈特部	宝琐尔	巴达啦福	蛮乃	五九	二八三	
		波彦托图福	太西	四三	一七六	
		沙彦客布	太保	三六	一六七	
	噜勒磨济布	托布奇	乌索班	二九	一六二	
		阿尔宾巴雅尔	窝路惕	四二	一四一	
		察罕赤老	哈达	一〇	四六	
	孟和	阿勒达格啦勒	佐磨纳尔	二五	九三	
		巴雅尔	贺尔奇纳尔	二九	一〇五	
		札古那逊图	小营盘	一五	五八	
小达尔哈特部	赛登	阿沙瓦尼	蛮乃	一〇	五三	据档案小达玛勒为察罕素
		哈勒赞	阿路托秦	一〇	五〇	
		巴宝多尔济	塔布	七	四一	
	阿尔宾巴雅尔	却勒门	托勒	三八	一七九	
		博路苏	小布利雅秦	七	三三	
		诺尔布桑布	大布利雅秦	一一	六二	
	巴雅尔达赖	托秦僧和	唐秦	三二	一四〇	又名西勒贝秦格西克
		格西巴音	大吉老秦	一六	七一	
		尔阿宾	小吉老秦	三四	二二一	
统计	六	十八	十八	四六二	二〇七一	

达尔哈特部人，散居在郡王旗东南及札旗边境者，约一千人。其他在杭、鄂、乌、达、准各旗及后套等地。

六　现状

二十八年，沙王赴渝，为谨防敌伪盗陵，请中央奉移兰州兴隆山。五月末，沙王返札，中央派蒙藏委员会蒙事处长楚明善、军委会科长唐井然、郡王旗西协理贡布札补三人为护送专员。六月初开始起动陵榇，六月十五日经榆林，二十四日晚抵西安，七月一日到达兰垣，即向兴隆山进发，沿途各地均热烈隆重迎送。以后中央发给一次达尔哈特部人民生活补助费五千元，七月十五由新三师白师长代表前往发放，计到领款人三百九十九户，按各户所负职务大小，以定多少。本年三月，中央前核准，每月达尔哈特部生活补助费四千八百元，派到六个月，共二万八千八百元，由绥蒙自治指导长官公署派秘书曾广昕协同蒙政会监放，现正筹划中，约于旧历三月二十一日，即可竣事。

在兴隆山守护成陵的达尔哈特人，第一批有秦克拉等三十余人，依照等级，每人月发给生活费，自六十元至一百四十元。去年七月一年期满，由巴图蒙和等四十二人前往接替。四月末，四个小苏律定运回苏律定霍洛，三月会后，分组出巡各旗，事毕仍留霍洛内。

目前达尔哈特部人颇倾向沙王及新三师，札旗保安队二团七连，及新三师骑兵团四连官兵，几全为达尔哈特部人。七连连长即大〈达〉玛勒宝琐尔，四连有一排长，即为副达尔古之子。今年二月下旬，达尔哈特部内达尔古以下人员曾开会决议，请中央速发补助费，呈请吉农图王严止军队向该部人民征粮，拟请求中央发给达尔古、大小达玛勒以印信，并即自动着手筹备小学校一所。

七　展望

显然的，达尔哈特部是一种特殊的组织，特殊的制度，它不属于各旗，是一个独立单位。今日边政改革应有一个总方向，即

"化特殊为普通，变复杂为统一"。就是蒙古的盟旗制度，归根溯源考究起来，满清最初创设的用意，是分化割裂，便以统治。顶到现在，各旗各有不同的地方组织、财政税收，如此形势，根深蒂固，既有碍于蒙古民族的团结，复不利于中央之政令统一。当然我们并不希望达尔哈特部将来嬗演至形同一个特别旗（虽则他们没有地盘），其实也用不着二千人来守护成陵。一个最妥善的办法，是旗政根本改革之日，同时把达尔哈特部，改组为"成陵管理委员会"，规定陵丁名额，将达尔古、大小达玛勒，安置在这委员会内服务，其余的达尔哈特部人民，遣散归"旗"（也许那时不叫旗），并分给居地，使他们和"旗"下人民同尽义务，同享权利。

附记　这篇文章，是作者在蒙古工作奉命结束时，路过依金〔津〕霍洛等地，实地访问调查，参酌以前所得材料，整理而成。文内颇有残缺，限于时间及路程，一时未能补充，殊引为憾。惟原稿如有错误，当由本人负责，并盼读者指正。

卅年三月十一日于札旗

《边疆月刊》
西安边疆社
1941 年 1 卷 5 期
（朱宪　整理）

漠海风光

——伊盟特约通讯

李国青　撰

伊克昭盟是一片辽阔荒凉的牧原，在它的东北边缘，系着一条绸带似的黄河，水流的那样平静，那样妩媚的波涛。显然，伊盟是河套区域的一环，但受惠的，却是对岸的绥西。

长城，蜿蜒地绕在它的西南，不仅挡住了视野的扩展，而且阻碍了文化的交流。因此，在这里的十几万蒙古同胞，依然淳朴的，单调的，过着自己的生活。

虽然山□它接近绥、包，毗连陕北，在抗战现阶段中，英勇担负起保卫陕甘宁和巩固伊盟的双重任务。因而在质的方面也起了若干新的变化和发展，但是，仍不能□它没有一点极浓厚的原始风味。

这里便是介绍些伊盟的特征和他们的生活样式。

一　黄沙，白草，牛皮靴

这里，没有高山峻岭，仅有隆起的沙丘，或者茫茫一片平坦的漠海。虽不能叫它为"戈壁"，然而，当你循着牲口槽行进间，蓦然一阵横风，沙尘从漠海里像巨浪似的直涌起来，淹没了你的身躯，在迷塞目力的时候，叫你如何不说它是"戈壁"呢？

接下去你走了半天，口也渴哪！力也乏哪！想喝口水歇一下吧！可巧，这里没有半间泥房和一条清溪：连蒙古包和水井都不会被你发现，四顾还是茫茫一片那样平坦的漠海，这时叫你如何不说它是"戈壁"呢？

在蒙旗走道，那一定的□□避免沙子侵入鞋肚而去踩草堆，可巧，□里又没有软绵绵的绿茵，全是硬梗梗白草，因为踩白草要比黄沙费鞋，你就不愿意去□牲你的鞋，结果，走不上几里地，可能的还没翻过一个很低的沙丘，而鞋肚里沙子早已灌得满满的，这时你才会羡慕□蒙古同胞所穿的我们曾鄙视的牛皮靴。

二　院前白旗翻，携杖进门难

提起"蒙古同胞"，在人们的脑海中就会映出过着游牧生活，住着蒙包的印象。的确，这是他们的特征，也就是他们的生活样式。但是在这鄂尔多斯草原上伊盟七旗的蒙古同胞，由于生活的固定，大部分都盖起和这里汉人一样的泥房。不过，我们只稍加思考和观察，就是在远处，也绝对的能够判断出这是蒙古同胞的住家。

怎样去判断呢？看到住家的前面，木杆上系着白旗的，那就是他们的家，或者，还有着沙柳编成的或圆或方的栅栏。

那白旗——不一定是白的，也许是红的、绿的，其它颜色的，经过风雨的侵蚀，使颜色褪淡了——是他们敬视后土之神的表示。有的旗上还写着藏文的经典，藏文之在蒙旗，正说明了宗教的力量。

蒙旗的狗特别凶猛，走路得携根手杖以防万一，但当你走进院子想跨步登堂的时候，千万不要忘记，把手杖放置在门外，因为他们会这样的想像："携杖进门是客人欺压主人的一种表示。"

三 砖茶，炒米，老羊皮

蒙古同胞的生活，是降到最低限度的生活，合乎新生活简单朴素的要求。一日三餐，早起吃的炒米砖茶，上午砖茶炒米，晚上还是炒米砖茶。来了贵客，难道也是炒米砖茶吗？不错，依然是砖茶炒米，最多，另外添些羊肉、黄油之类。间或吃一次米饭和面饭，那他们最高的希望便算满足了。那种吃山珍还嫌没有海味可口的人听了，心上会起什么感想呢？

一件老羊皮袄——配面子的在平民中绝无仅有的——至少要穿两代，而且它的责任特别繁重，白天要穿，黑夜要盖，冬天穿盖着，春秋天也是穿盖着，夏天呢？还是穿盖着，一年三百六十〈五〉天，它就没有一天或一夜休息过。今年出了个洞，补上，明年扯了一块，接上。一年复一年，白皮袄变成黑皮袄，有毛变成无毛，一直到它的命运终了。

他们的生活，父亲是这样，儿子也是这样，孙子、曾孙还是这样的生活着，直到今天才有极少数的先进者在向着新的道路开始蜕变。

四 男的骑马，女的在家

讨论到男女间的平等问题，往往说女的不能生产，不能自立，经济的锁枷把她们束缚得站不起身来，换句话说，女的要争平等，首先要能生产。但是我们想把这个结论搬来蒙旗运用，那才愚蠢哩！

蒙古同胞的家庭大都这样的，男人们骑上马整天价出门溜达，从这儿到那儿的闲跑。即使蹲在家里的话，习惯的一切都不想去动，喝喝砖茶，吃吃炒米，或者抽抽旱烟，念念佛经，兴奋起来一曲俚歌，逗她们笑个不亦乐乎，苦闷的时候，也要吆喝她们去忙个不了。

她们劳苦的操作，到处看到的：一担七八十斤的水桶挑在十三四岁小姑娘的肩上，六七十岁的老太婆，吊水饮着成群的牲口，她们不仅操作了家务，而且还担负着牧畜的生产工作，这精神，值得我们去发扬与学习的！

牲畜是蒙古同胞的唯一事业，也就是她们全部生活底泉源。现在，担负生产者是女人们，当然，她们已获得平等的资格，应当过着和他们一样的生活，但是她们还过着像我上面所说的那样的生活，正因为如此，男人们才能够去熟娴他的弓马，去予侵略者以打击。

五　丈夫，妻子，儿女

她们能操作、生产，还能绝对的服从家制，因之，她们在家务上、经济上，无论哪一方面□需要他们，希望早一天有她们，随着这，他们的家庭间——部分的——也就产生了早婚的风气，而且很利害。

写出来，真不敢相信，在蒙旗中有着这样一个家庭，这样一个有趣的故事。

记得有一次，从五原到沙王府去，天快黑了，走到飘白旗的一家，迎面瞥见一个中年妇人，在院里喂牲口，我向她招呼之后，便放下手杖，掀起毡帘——要用左手掀上首边的——走进内屋。坐在坑上的一个约摸四十来岁的男人，见了我，随即下地连说："佳！佳！"（好的意思），我就依了蒙旗的习俗，"赛白纳！赛白纳！"（和"佳"一样的）跟他客气一回，接着进来两个年龄仿佛的孩子，一齐的向我行礼，我赞扬着："这两个孩子，多聪明，你老是有福的！"他漫不经心的回答："不，这一个是我的儿子。"

"那？"我指着那一个问。

"那，那是我的孙子。"

"是这一个的亲儿吗？"

"是的！"

"媳妇呢？"

他窘了，停了半晌才说："在院里喂牲口。"

"哦，丈夫十多岁，妻子二十多岁，还生着十来岁的儿子。"

这种畸形现象在抗战中应该被淘汰的！

六　姑娘，媳妇

显然，蒙古同胞中的姑娘与媳妇，一看就能推定的，没有摩登女子那样神秘。

如果有人想从她们的乳部上去推断，那才愚笨呢。因为我们锐利的眼力，透不过她们所穿的厚厚的老羊皮袄。即使，真的能够从这点上获到成绩或结论——事实上完全不可能的——的话，但在我们看来，是可笑的！

其实，她们和我们的她们——不是整个的——一样可以从头部上断定：留辫子的是姑娘，挽头髻的是媳妇。不过，她们的头部装饰和我们有着最显著的不同，正因为她们头部装饰不同，所以我们识别是不是蒙古同胞，她们比他们容易多多。

姑娘们都是拖着一条辫子，头上裹着紫色的软巾（仿佛印度的式样），配着健美的脸，皓洁的牙，越发显得她们□多刺的玫瑰那样美丽。

与其说女人早晚是人家的，在这里还不如养姑娘迟早要做媳妇的。

姑娘变为媳妇，头部的装饰也随之起了变化，拖在脑后的辫子就变为沿耳鬓垂下的头髻，紫色头巾就变为珠珞银饰的头带。同时，附带报导的：姑娘变为媳妇的前一刹，就得请丈夫给她的头发正中，拿弓箭挑出一条纹路来，接着她便梳成头髻，戴上头带，随着丈夫去举行结婚仪式，从此，人们便称她为媳妇了。

七 娘儿们！

今天假使还有人说蒙古娘儿们是不穿裤子的，在事实上会指出那些话是想像的，愚蠢的，而且可笑的！

的确，或多或少的人们心理上，仍存着一个鄙视的作用，以为蒙古同胞依然没有受过教育洗礼的，漠视文明的民族，于是有的人竟说出那种连自己都不敢思考的谬言，不，简直是含有凌辱黄帝子孙成分的谬言。

捏造得这样地荒谬：假使在四顾无人的野地里，遭遇了孤独的牧羊者——当然是娘儿们啰——如果地形地物适宜展开战斗的话，就不妨悄悄地来个奇袭的突击，扑向目标，把对方打倒。这时，她会佩服他的善战果敢的精神——那就是威胁屈服——她会用劲的把老羊皮袄翻起来，遮没她的羞脸，毫不抵抗的让他去完成的。终了！她决不会问他一声尊姓大名，而且让他无条件地走他的路。这一节事，在她脑海里也不会刻划一条线纹，以后见了他，还不会有一个暗示的。

朋友，这些事能相信吗？不，决不，只有汉奸和敌人才能相信，也只有汉奸和敌人才会干出这些事。

蒙古娘儿们，跟我们同样的爱好文明，□□合理的生活，同样有着女人们的道德的。

八　召庙，喇嘛

"人生不可无信仰"，蒙古同胞是有信仰的，他们信仰西方传来的佛教。因此，供奉佛爷的召庙，阐扬佛教的喇嘛，亦被他们所重视和崇拜了。

有人说："从男人们的烟袋，女人们的头髻，去看他们（或她们）的财产。"那末从召庙的设备，便可看出他们的信仰了。

说起召庙，即使从未到过蒙旗的人们，只要想起绥东抗战的光荣史迹，百灵庙的景像立刻会在眼帘里幻出，严穆，静肃，富丽，堂皇，古色古香的……确乎，召庙之在蒙旗，划破了大自然的寂寞，点缀了沙漠的风景线，绿油油的榆树，红喷喷的围墙，黄橙的舍宇，还有洁白的墓塔。

喇嘛们享着特有的权利，不应差，不纳捐，过着清净的生活，晨钟暮鼓地念经修行。逢到庙会，他们便辛苦了，要装着神鬼去表演各种场□，在古乐幽扬声中舞蹈着各式各样的姿态（跳鬼）。他们的艺术修养，即使与红透全球的舞星比说，只有过之无不及，十足地证明了东方艺术的伟大。

这不是颂扬喇嘛，而是颂扬他们的艺术，诚然，多一个喇嘛就少一个国民，在他个人少了一枝后代，在□□还阻碍了人口的繁殖。这样一个幽长的迷梦，在抗战的急流中，他们也渐渐地觉醒回来，开始与"当喇嘛是光荣"的心理，在作顽强的斗争。

九　蒙文，藏文，汉文

现在□□我引证这二段故事，来说明蒙古同胞一般的语文水准，不久以前，绥远省第三行政区陈专员，为了便利蒙旗工作，奉命在鄂托旗的桃力民特设办事处一所，并委王××为主任，在那里负责一切，会同付〔副〕署出张布告，陈专员在前，王主任在后，可是他们读了，以为是一张陈专员离职，王主任接任的布告。还有政治部推行"扩大春耕"运动，也被他们误解为扩大春耕是开垦荒地的别名，提出："蒙旗向以游牧为主，扩大春耕是要引起纠纷"的话来，这种种笑话，都是前□专属政府苛待蒙古同胞，压迫他们不准学习汉文所造成的。不过，汉话在这里普遍的会说，而且说得很好，像准格尔旗、达拉特旗的——全部放给汉人开垦的——蒙古同胞，汉话说得那样正确、流利，使你听了不敢说他是蒙古人。

藏文在伊盟也占有一部分的势力。喇嘛们念经用着藏文，跟有关汉人买药时，必须用着藏文，除非他会说汉语药名，但我就没看见过用汉话（或文）去买药的，这或者是喇嘛们藏文念得太多太熟的影响吧！

他们最熟悉的，当然是自己的蒙文，但是文盲的数字，跟我们一样的可观，近几年来，他们努力地在推行教育，扫除文盲，一般年青人的学习情绪被提高了。有一次，我竟听到他们说："学习汉文比蒙文有趣，有用。"

十　蒋委员长，成吉思汗

成吉思汗是黄帝的子孙，中华民族的英雄，他赫赫的武功战绩，不仅值得蒙古同胞钦佩和崇仰，而且连世界上的各民族都啧啧地颂扬着，羡慕着。

他们对成祖的信仰精神，我们是望尘莫及的。看吧！一年一度的成祖会期，伊盟每个蒙古同胞都要去祭奠，不，全中国的蒙古同胞，真的，连库伦的蒙古同胞也都骑着马从辽远辽远的地方奔来，行三跪九叩首的大礼，见了成祖的遗物苏律定（武器），神马都要把头挨着它虔诚地祷告，随后围着哈达——成祖给叩头者的赏赐，一块长条的蔚蓝色的软纱——在祭坛上瞻仰一回，带着欢喜走向会场，在成千成万的人群中挤来拥去。

他们对成祖的服从精神，很愿意介绍的：就是一个活马桩，活马桩当然不是木料或者树干做的，是一个乌审旗的蒙古同胞装的，那样老实的，□□的，沉着的，耐〔肃〕烦的屹立在那里，直到太阳从东方到西方，日子从三月十七（农历）到三月二十一为止，谁都相信蒙古同胞是倔强的，但他为什么会像绵羊似的柔软呢？因为他的祖先盗过成祖的金马桩犯了罪过，他很明白这罪过只有自己的子孙这样的去补赎，子子孙孙永远地这样的去补赎。

在会场中，当政工员有力的说到："我们要发扬成祖的精神，遵奉着成祖的遗训：'欲御侮，必合众心为一'，在蒋委员长领导之下，把日本强盗赶出去"的时候，他们欣奋地竟会高呼着："蒋委员长是我们的！""把日本强盗杀尽！"

的确，在伊盟无论哪一个蒙古同胞，即使一句汉话都不会说的蒙古同胞，但是"蒋委员长""日本"这二个对立的名词，他们会说得非常成熟、清楚、正确。在抗战中，伊盟的蒙古同胞已经认清了他们的仇敌是日本，他们的领袖是蒋委员长。

《黄河月刊》
西安新中国文化出版社
1941 年 2 卷 5、6 期合刊
（丁冉　整理）

最近的外蒙古

[日] 真田幸吉 撰　　　张铭三 译

前　言

与《日苏中立条约》签字同时发表的两国声明，外蒙古的民众也好像大加欢迎。

外蒙古（本名蒙古人民共和国），本年七月六日，将庆祝其解放二十周年，因为七月六日是蒙古人民革命军初次进入该国现在首都库伦的纪念日。

在这二十年间，蒙古人民共和国的发展，和苏联的发展有密切的关系。从来不仅外蒙古的经济发展受苏联的制约，就是其政治的展开，也和苏联有不可分的关系。

关于最近外蒙古的资料，极不充分，现拟依据此种贫乏的资料加以论述。

游牧民的国家

蒙古人民共和国，和苏联、"满洲国"、"蒙古联合自治政府"、中华民国、"唐努乌梁海人民共和国"接境，面积为百五十万平方公里，相当德、意、英、法四大国的共同面积。

人口根据最近的资料，是九十万人，其大部分是哈尔哈蒙古人，占百分之八十八，其余是布里亚特族、丢尔伯特族、奥伊拉特族、特尔高特族、加萨夫族、乌梁海族等蒙古小种族。人口密度是一平方公里平均〇·五人。

资源尚未开发，惟一的生业便是牧畜。除了北部及西北部的森林地带和南部的砂漠地带外，大部分是草原，适于牧畜。

因而每人平均的家畜头数，外蒙古占世界第一。根据一九三五年的计算，外蒙古的家畜，是二二三七万头（骆驼五五万头、马一七七万头、牛二三五万头、绵羊一三七〇万头、山羊四〇〇万头），即一人平均的家畜头数，美国约半头，欧洲家畜最多的丹麦约一头，外蒙古一人平均二六·五头。

外蒙古的牧畜，和欧洲各国的集约牧畜不同，乃是粗笨的游牧经营。一年中逐水草而移动，不刈取牧草，不准备冬季饲料，对于天灾和狼害，也不设备畜舍，一任其在荒野放牧。据说外蒙古每年被狼群吃掉的家畜，超过二十万头，这足够外蒙古住民全体一年间的食用。每年毙死的家畜数，达全数的二成，尤其在严寒的冬天和恶疫猖獗的时候，达五成或五成以上。

数百年来，蒙古的牧畜，便是在这种状态之下，继续下来的。

苏联的蒙古学者乌拉基米尔曹夫教授说："蒙古人由氏族社会移入封建社会，是在成吉思汗时代，直至最近，这种形态仍未变更。牧畜依然是主要的生业，依然是游牧式的。仅过去原始的集团的经营，移入个别的私经营，于一定地域内，随四季的变迁游牧。"乌拉基米尔曹夫教授，把这叫做游牧封建制，现在这种定义，好像已成为苏联学界的定说。这个封建制的草原国家，不久会有中国和俄国商人出现，于游牧地带次第扩大其商业网，然而在外蒙古脱离中国独立的三十年前，这种游牧封建制度，在蒙古人的社会，是占支配的形态的。

一九二一年变革以后，驱逐了外国商业资本，这种封建制度的废止，已成为新政府的重要课题，对喇嘛、王公采取了强硬政策，所谓"造成非资本主义的发展之基础"是也。与此相关联，王公、喇嘛的叛乱也屡次勃发，此种政策，经过了种种迂回曲折，最近才告一段落了。

王公、喇嘛寺院的所有家畜，现在已不足取，喇嘛僧现在也或加入手工业组合，或充当兵士。

牧畜的改良问题

苏联邦内的游牧民，最近殆已定住化了。就是苏联邦内蒙古人自治共和国的贝加尔湖畔布里亚特共和国、乌尔加河口的加尔姆伊克共和国，定住好像也大体完成了。草原上出现了新都会，产生了保温畜舍、学校、病院、诊疗所、剧场、俱乐部、图书馆、博物馆、电影院等，无线电也很普及。

然而外蒙古住民的大部分，现在仍过着游牧生活。游牧民逐水草而居，同时行政机关、学校、医疗所、兽医所也移动。

最近才渐次产生了并非以从来的喇嘛寺院为中心，而是以机械干草刈取所为中心的新定住地。这是因为，第一外蒙古没有遂行自己近代化的社会基础，第二苏联过去十年间，经济的发展虽很显著，可是苏联牧畜业的社会化、机械化、近代化，是最近才上日程之故。

以上第一点，由于一九四〇年的外蒙古新宪法制定，已经大体解决。第二点由苏联第三次五年计画，现在正着着实行推测，不久外蒙古也有大规模实施的可能性。其萌芽形态，在最近数年间的外蒙古，已经历历如绘，例如兽医网的密布、干草的贮藏、冬季家畜避难所的设置、井户的开凿等。

一九一八年至一九二四年六年间的家畜数，根据外蒙古的初次家畜调查，殆无变动，但是一九二五年至一九三〇年六年间，家畜数却倍加起来。即一九一八年是千二百七十万头，一九二四年是千三百七十七万五千头，一九三〇年是二千三百六十七万六千头，一九三二年，因为强制的实行集团化政策，家畜总数激减至千六百三万二千头，较一九三〇年总数减少三成二分。然而由一九三三年起又复兴起来，每年有增加的倾向。即一九三五年是二千二百三十九万一千九百头，一九三九年是二千六百九十万五千八百头。

党及政府的从来政策，是对中、贫阶级的经营，与以积极的援助，一方限制封建经营、僧院经营及畜牧民经营的增大。没收封建上层阶级的家畜，加以苛酷的累进税，并废止各种封建制度。根据一九一八年的调查，相当国民全体千分之一的王公，一户平均有家畜二三七〇·七头，占全部家畜的百分之三·九，又僧院一户平均有六六二头，占全部家畜的百分之一七，贡纳民一户平均有六十头，占全部家畜的百分之七九·一〇。政府将封建的大经营所有头数，限制为五十保得（保得是蒙古家畜的计算单位，一保得相当牛或马一头，骆驼相当二保得，绵羊相当七分之一保得，山羊相当十四分之一保得）。因为政府此种政策的结果，僧院所有家畜的比率，一九三〇年还占全部家畜的百分之十，一九三七年便只占百分之七，一九三八年更不能超过百分之五了。这时牧畜民的所有家畜数，约增加二倍，由一九一八年的六十头，一跃而为一九三八年的一一〇头。在一九四〇年春季举行的蒙古人民革命党第十次大会席上，根据关于畜产现状及发展任务的报告，表决了如此的决议："根据蒙古人民共和国学术委员会及牧农省的计画，蒙古人民共和国，由一九五一年至一九五三年，能保有家畜二亿头，吾人如能以文化的方法经营牧畜，不使牧畜蒙受灾害，由党确保，增加家畜头数，集中党、青年同盟、全勤劳牧民的全力，至一九四五年，能使二千六百万头的家畜，增加至五千万头。将使勤劳牧民的物质福祉非常向上，与全国经济发展以莫大可能性。"

并列举实行此种任务的各种方策，命令牧农省和学术委员会，在一九四一年一月一日以前作成使外蒙家畜数在一九四五年以前成为五千万头，在一九五三年以前成为二亿头的具体方策。在同年六月举行的第八次大国民会议席上，也表决了同样的决议，并制定新宪法第四条："蒙古人民共和国，为脱离资本主义向社会主义发展，为实施蒙古人民共和国的经济、文化，及国家全体的生活状态改善计画，国家应以所有方法援助勤劳民经济，以期振兴改善。又国家除援助勤劳民自发的共同事业外，并应振兴机械干草刈取所、马力干草刈取所，发展国内的畜产业、工业、通信、运输等，以期其达成。蒙古人民共和国人民的经济振兴，应与一般物资的增产、勤劳民的生活、教育的完全振兴、国家独立状态，及国防力强化相适合。"从来实施的具体方策是：组织国内兽医网、奖励干草刈取、建筑保温畜舍、掘凿井户，补助金也由一九三二年的七万三千五百特古利克，一跃而为一九四〇年一月的五百万特古利克。

一九二三年设立兽医、家畜饲育局，一九二五年设立细菌研究所。一九三九年，外蒙古有医疗所十五、药局一六六、郡兽医所一三六，其治疗的家畜数达三百万头。现在每郡有一兽医所，备有特殊汽车，接到疫病发生的报告以后，立即便可迅速出动，实施应急的处置。并有国营牧畜试验所数处，实行家畜的异种交配、牧草与浓厚饵粮的配合等。就中为牧畜改良方策中心的，便是机械干草刈取所。这是于一九三七年，在苏联政府援助之下，于国内设立了十处。当时的基本装备，有牵引机四十辆，刈草机四七〇辆，马曳犁耙二八五个——汽车二十辆，石油发动机十个，都是由苏联供给的，并且派遣了百二十四名的苏联专门家。这地方已成现在政府定住化政策的据点，定住的居住地，又是工场，又是刈草机械赁贷所，又是医疗班和兽医班的定住所，并有学校和赤色天幕，因此民众均集中此地，开设商店。

该新都市型的居住地，发荣滋长，已经成了新中心地。该居住地的基本住民，是蒙古人。都市是欧洲型。为获得国内都市建设的必要资料，也有制砖工场、制材所、木工所、国土计划局及土木局。为新都市萌芽的机械干草刈取所，负有和苏联机械牵引机配给所一样的使命，已成为今后牧畜民牧畜共营化、集约化的中心。机械干草刈取所，于新宪法第五条已规定为国有，和苏联的机械牵引机配给所相同。一九三八年，已有廿四处，拥有牵引机百零七辆、刈草机千三百七十三辆、马曳犁耙八百六十二个、压榨机百二十二架。其刈取面积，一九三七年是七万二千海克他，一九三八年是十一万五千海克他，一九三九年是十二万七千海克他。

民间的干草刈取，也显著增加，农业的器具和机械类，也同样增加，促进今后苏联〈式〉牧畜的机械化和近代化。

农业已成为牧畜的补助经营，但是因为从来的中国式农耕法，不适于蒙古的土地及气候，所以采用近代的文化的西欧方法，利用人工灌溉、农业机械，栽培耐严旱和酷寒的作物。国营农场的试验，唤起来富有天性好奇心的蒙古人的兴味，一九三八年，从事农业者已有一万七千八百户。

蒙古产业的近代化

一九二五年，在阿尔坦、布拉克设立小规模的皮革工场，截至一九三八年一月一日，外蒙古的企业有十四个，其中八个拥有近代技术。一九三九年，于尤兹里地区开新炭坑，又设立年产砖千二百万乃至千四百万个的制砖工场，及修理能力年约二千辆的汽车修理工场。改造伊林材木工场，那来哈炭坑的产炭额，自生产过程机械化后，也显著增大（一九三四年为四万吨，一九三九年为十二万九千吨）。最可代表的，便是库伦市的综合工场，是由皮革工场、制鞋工场、洗毛工场、呢绒工场、制毯工场组成的，于一九三四年开始业务。该企业的劳动者数，是千五百名，有发电所、机械修理场、住宅六处、食堂兼俱乐部、实验所（附诊疗所）等。工业发展的主要方向，便是畜产的加工，一切的工业，都是国有。

为劳动者及勤务员的蒙古人，一九二七年是六十名，一九三九年增加到九九六九名。

在工业发展上有莫大意义的，便是被手工业联合会统一的生产协同组合，这种组合，于一九三一年开始组织，至一九四〇年一月一日，已有一五一个（组合员三万八千百二十名）。最有兴趣的现象，便是一九三八年至一九四〇年，根据政府的提案，由下级喇嘛僧结成的组合，已有百十八个，加盟者五千五百四十九名（全部蒙古人）。外蒙的个人生产及生产协同组合，已能供给该国需要的百分之二十五。交通方面，现在也有了汽车路，一九三七年的新架设桥梁，有一三五座，连旧桥已有五百之多。

蒙古人能够驾使汽车，是在革命以后。一九四〇年，全体司机的百分之七三·二是蒙古人。也有汽车学校，也有定期航空。

通信、邮政、电信、电话、放送，都归国有。

第八次大国民会议，更决定最近全州的电话化，全郡的放送化。

蒙古国内市场的商品交易额，一九三四年是四千八百八十万特

近代蒙古文献大系·概览卷

古利克，一九三五年是七千八百八十万特古利克，一九三九年是一亿一千八百万特古利克。一九三七年，各种商品尤其日用品的价格，实行降低。店铺数一九三四年是二三〇四个，一九四〇年增加到四〇七四个，协同组合店铺，一九三四年是一〇九七个，其中四八七个是移动店铺。

外国贸易的发展也很显著，贸易总额一九二四年是三千二百五十一万两（一两是〇·八五特古利克），一九三五年增加至九千六十万特古利克，一九三九年，已成为一九二四年的二倍。最近显著的倾向，便是企业的装备资材、石油（汽车用）、金属制品等的增加。贸易仅和苏联实行，自行车、留声机及其他苏联的被服、日用品、文化品，陆续输入着。

蒙古的新文化

保健是从来花柳等病猖獗的外蒙古重大问题之一。该方面似已有相当惊人成绩，医疗施设每年增加，死亡人口最近也渐次减少了。

即一九一八年是五十四万五千人（加喀克人和外人），一九二五年是□十五万一千七百人，一九三九年已达八十四万人。关于学校教育，由下列统计观之，便可窥知大体的倾向：

	一九三四年	一九三九年
小学校	五九	九五
中学校	五	一二
小学生	三一二五	七五八二
中学生	六〇〇	二一二五
自由学校	二	一九〇
右校学生数	四〇	四二九二

续表

	一九三四年	一九三九年
技术及专门学校	四	一〇
右校学生数	无资料	千人以上
教员（全学校）	一八五	四九九
成年识字者	三二一三六	七七八五四
识字者率	三·四	八·一
教育费国家预算（单位为百万特古利克）	二	七

一九四〇年之教育预算是特古利克①。

一九四〇年的党大会及大国民会议席上，决定于最近四五年间，使全部学龄儿童就学，于全郡（现在共有三百十四个）设立小学校，使全部人民识字，扩大教育施设网，养成教育干部，增大游牧赤色天幕，增加十年制学校，设立高等教育施设。文字方面，最近奖励罗马文字、阿剌伯数字的普及。新闻有五种，共六万二千份，杂志有七种，共二万八千五百份。出版物有马克斯、恩格斯、列宁、斯塔林等的翻译，柴巴尔桑的著作，新宪法的解说，普希金、高尔基及其他文学书、科学书、教科书等。

库伦的国民剧场，于一九三〇年设立，一九三五年，设立青年同盟剧场。现在有若干剧场、十八个电影院、十九个移动电影队、若干无线电受信所、十四个俱乐部、十九个赤色天幕。最近设立电影摄影所，除大量制造记录影片、文化影片外，并制作艺术影片，目下正与苏联的电影明星协力，摄制外蒙的建国者"民族英雄"影片。

以上大体是根据苏联侧的资料，记述外蒙古的现状，但是在此

① 原文如此，没有具体数字。——整理者注

种发展的里面，好像有种种困难问题，例如一九四〇年的计画，那来哈、巴央、保拉克、威得尔、汉等五个炭坑，仅实现了计画的百分之六十三，哈塔喀尔的综合企业的畜毛关系工场，仅实现了计画的百分之五十，建筑监督局所属的木材、石炭、制砖各工场，仅实现了计画的百分之七十五，又因一部官厅发生怠慢行为，所以蒙古人文化水准的向上，也很不容易。

新宪法的制定

一九四〇年六月二十日举行的第八回大国民会议，有代议员四八八名，构成其干部会的三十六〈名〉之中，有女性五名、异名民五名。六月三十日，通过了新宪法，七月七日闭会。该新宪法，对各州的特殊事情非常关心，并提出民族问题、妇人问题，这种现象，颇值注目。

新宪法的条文内容，都是模仿苏联的斯塔林宪法，但是两国的发展阶段不同处，却随处可以发见。共十二章，九十五条，包括社会机构、国家机构、大国民会议、小国民会议及干部会、蒙古人民共和国大臣会议、国家权力的地方机关、裁判所及检事局、共和国岁出入预算、选举制度、人民的权利义务、国家勋章、国旗、首都、蒙古人民共和国宪法改正手续。

新宪法第一条规定着："蒙古人民共和国，排除侵略主义并特权主义的压迫，向将来社会主义进展，向非资本主义发展，乃是勤劳民（牧民、劳动者、知识阶级）的独立国家。"

外蒙古怎样向非资本主义发展，乃是今后的问题。不过打算在一九五三年以前，将家畜头数增加至二亿头的运动，目下正积极进行，却是事实。

又外蒙古有蒙古人民革命党和青年同盟，是第三国际的友党。

外蒙古没有共产党，但是劳动组合，现在已有十四个。

德国的谢法曾说过："外蒙的苏联化，并非由于确信马克斯、列宁主义，乃系由于苏联与以近代科学援助之故。"总之，外蒙古已经由苏联吸收了近代文化和近代科学。外蒙古现在已经被卷入文明开化的漩涡，吸收着苏联文化和风俗，脱离数百年、数千年来的游牧生活，向定住生活移行。这种外蒙古的国内变化，不久将影响到其国际地位，惹起从来承认其独立的苏联，和从来加以否认的中国，以及蒋介石的国民党和中国共产党的复杂关系，最近《日苏中立条约》附属的两国"尊重满蒙领土互不侵"声明，可以说是已经投下了一个波纹。

（译自日本《大陆杂志》六月号）

《大亚细亚》（月刊）

厚和巴盟兴亚协进会

1941 年 2 卷 7、8 期合刊

（王鹤璇　整理）

蒙古概况的片谈

亚 藩 撰

谈起蒙古这个地方来，夏代的獯鬻，周时的猃狁，秦汉时代的匈奴，唐朝的突厥，宋代的契丹都更迭的占据过，不过那时没有蒙古这个名称，最早被一般人看见的，就是在《旧唐书·室韦传》中，称室韦部落至众，有蒙兀室韦者，国傍望建河上，即为蒙族的起源；至若蒙兀的先世，尝服属于东胡，有谓与满洲同出于东胡族。嗣后《辽史》、《金史》中所载的盟古都是蒙古一音之转，直到元太祖崛起漠北，创业和林，蒙古的名称，始传遍遐迩了。

蒙古版图

计南自北纬三十七度三十分起，北至北纬五十三度四十五分止，西自东经八十五度二十分起，东至东经一百二十四度止，面积共计有三百三十三万七千二百八十三平方粁，不过人口很少，早成为地广人稀的样子。可是有一块很大的沙漠卧着，这沙漠蒙古称做戈壁，汉人谓之瀚海。在漠南的，叫做内蒙古，在漠北的，叫做外蒙。一年四季的气候，与中国各省及南洋群岛等地完全不同，夏季短，冬季长，在冬天的时候，风沙眯目、雨雪经旬，夏天的时候，赤日当中，平沙炎热，即令一天之中，气候变化亦多，往往朝暮子午，备四时的气候。李百之太史《石我园笔记》载，漠北旷野千里，虽说盛夏，朝暮犹寒，独亭午炎风烈日，人马如行火光中；遥望云阴覆地，就其下以憩息，好似别有天地！依照百之的记载，足见蒙古气候的变化，真是令人莫测了！

产业方面

则畜牧实为唯一的富源，接照过去的统计，内外蒙古，共有牲畜一千五百万头，其中以羊占大多数，牛、马次之，骆驼又次之。所以蒙古各地，每年出产的牛乳、羊乳、牛肉、羊肉、牛皮、羊皮、羊毛、驼毛等，若统计起来，那是很可观的。

内地交通

分水陆两项。水路交通，如克鲁伦河、色楞格河、科布多河、札布干河，主要河流，不但不长，并且河身甚浅，不宜航行。其湖泊颇多，山边及平原间无虑千百，不过都嫌狭小，存水不多，航行是更不必问了。陆路交通，在过去仅有京绥铁路一条，及张库线、张乌线、库科线等汽车路线。近数年来，不仅各地公路早已完成，即铁路亦逐渐扩充，交通的进展，实有一日千里的情势。

最后谈到蒙古的风俗。除蓄发辫外，最信喇嘛教。喇嘛两字，最初为僧正的尊称，谓至高无上的意思。清朝统一中国及蒙古后，在蒙地大建庙宇，奖励喇嘛教，不宜〔遗〕余力。自"蒙疆自治政府"成立后，蒙人在"皇军"协力下，振刷精神，与日、

"满"、华共同建筑"东亚共荣圈",蒙民前途的幸福,正方兴未艾耳①。

《利民》(半月刊)

张家口蒙疆新闻社

1941 年 2 卷 14 期

(丁冉　整理)

---

① 作者的立场由此可知,请读者明鉴。——整理者注

杭锦旗的概观

亚　藩　撰

　　伊盟的杭锦旗，东与达拉特、郡王两旗毗连，西面渡河而西，即为阿拉善地，南与鄂托克旗及乌审旗衔接，北与西公旗、达拉特旗及五原、临河两县接连，面积横约三百一十里，纵约二百七十里，总计约八万三千七百余方里。旗内所住的人口，蒙人约计八千七百多名，至若寄居的汉人，移徙没有一定，殊难调查，就经营商业及从事垦牧的汉人来统计，不下二万多名，类多浮居于沿边各地。

　　该旗的组织，分为王府及旗务两项。王府组织，扎萨克一员，白通达一员，哈巴一员，丁目齐一员，达若干名。旗务行政组织，扎萨克一员，协理台吉二员，管旗章京一员，梅楞章京二员，扎兰八员，梅楞若干员，爱拉特拉三员，毕格齐六员，章盖三十七员，昆都三十七员，保十户若干名。

　　至若全旗召庙数目，除连圮毁坍塌无法调查外，现在所保存的，计有大小召庙三十七所，以布克提辖拉召、浩庆召，及辖拉庙为最大，各召庙所住的喇嘛，三十人或五十人不等，总共为一千七百六十余人。

　　谈到蒙人一切习俗，不但与汉人不同的地方很多，即与满人、回人不同的地方，亦复不少。蒙人日常饮食，不离奶茶、炒米，终日诵经，以求佛爷保佑，无论是哪一家，均可随意住宿，宾客进屋之后，敬以米茶，并以鼻烟壶为礼，然后再问牲畜的平安，以及其他一切客套。一年四季，预卜吉凶之事，多半决诸喇嘛，岁祭脑包，以祈福利，喇嘛跳舞，以镇妖氛，跑马角力，较能力的高下，因为迷信太深的原故，每每倾囊供献活佛，绝无一点吝惜的样子。

就全旗的妇女说来，不问老幼，都是举动大方，富有仁慈之心，生人甫至其家，亦坦然与之谈话，既没有羞惭之貌，亦鲜鬼鬼祟祟的态度。男女婚姻，则以牛、马、羊为聘礼，匹数多少，则视男方的经济状况而定。男女结婚的年龄，老幼悬殊颇甚，习惯使然，亦不以为稀奇。至丧葬仪式，亦极简单，人死之后，多半采取野葬及火葬两种办法，不过野葬觉得残忍一点。

该旗出产丰富，关于动物，有牛、羊、骆驼、马、狐、狼、兔、黄羊等物，但以羊为最多，牛、马、黄羊次之。关于植物，有麦、蘪、谷、麻、荞麦、甘草、柴胡等物，以麻、蘪为最多，甘草次之。关于矿物则有盐域〔碱〕，像哈拉莽乃池所产之盐，品质极佳，驾于其他各旗出品之上，所以郡王、达拉特、准噶尔、札萨克等旗的食盐，多取之于该池耳。

《利民》（半月刊）

张家口蒙疆新闻社

1941 年 2 卷 14 期

（李红权　整理）

苏日角逐下之蒙古近况

宋瑞楠　撰

活佛竟无灵，虽活乃若死。坐令汉版图，金瓯缺一耳。吾闻筹边者，牙纛八盟指。虚镌燕然石，未度狐奴水。健儿执冰嬉，书生奋笔起。都护庭已荒，松漠闻军纪。平生请缨志，酒作泪盈纸。已往不可追，来者请视此。

——录诗代序

一　蒙古在国防地理上的位置

自从全面抗战发动以来，因为目标的转移，国人对于我国的边疆问题——尤其是蒙古问题——似乎没有像从前那般的热心了。可是，在这整整的四年当中，蒙古的局势，也随着战局的推移，而发生了显著的变化；这些变化，有的也许很大，有的也许很小，然而，无论我们从哪一个角度来观察，就可知它们对于新中国未来的前途，是有着怎的严重影响。

"蒙古"原是十二世纪肯特山附近的游牧民族的名称，到了成吉斯汗时代，才具有政治上的意义。不过，本文所指的蒙古，却是单指地理学上的蒙古高原而言。蒙古高原东起内兴安岭，西至葱岭，北至外兴安岭、萨彦岭及阿尔泰山，南迄祁连山、贺兰山、燕山，东西长一万二千里，南北宽九千里，面积约一千八百万方里，实包括外蒙古、乌梁海、宁、绥、察、热之全部及新疆与黑龙江之一部分而言。在此高原区之中央，有大戈壁沙漠横亘其间，故又可分为漠北与漠南二自然区；漠南又为阴山山脉分割成二部；所以，就军事地理而论，中国北方的国防线共有三条，最北是阿尔泰山系，中间是戈壁沙漠，最南的是阴山山脉。但自民国十三年，外蒙古及乌梁海在苏联的煽动之下，宣告脱离中国之后，我国政府的势力，不得不缩至戈壁沙漠；到了民国二十二年，内蒙古人又在外国野心家鼓动之下，实行自治，成为半独立的状态，于是我国在西北的政治势力，只能及于阴山山脉了；七七事变之后，侵略者的铁蹄由河北平原西向，沿着平绥路直入绥远，在侵略者的枪刺之下，成立所谓伪蒙疆政府，所以三道的天然国防线，业已完全失去，当此外患煎迫最急的时候，我们读了能不予以极大的注意？

我们如更进一步去观察蒙古的地形特征，则更可恍然明白蒙古地位之重要，原来蒙古四周，高山峻岭，重叠绵延，但因地壳之剧烈变动，或风霜雨雪之长期侵蚀，多被河流割断，倾向四方：如北方沿色楞格河河谷可通上乌丁斯克，沿乌鲁克木河河谷可通敏努辛斯克，沿额尔齐斯河河谷可达萨弥布拉丁斯克，成为苏联侵入蒙古之最良孔道；东方沿克鲁伦河、呼伦河、贝尔河、西喇木伦河，可通我国东三省，成为日本势力西进的大道；南方则沿上都河、洋河、大黑河、桑干河等河谷，可通华北，出入自如。所以不论古往今来，蒙古高原如为异族所霸占，敌人可以随时南犯，则首当其冲的汉族，必不能高枕而卧；反之，如果我国能够控制漠北、漠南，则华北必能安如磐石，例如赵武灵王得之，则攘地云中；秦始皇得之，则威镇匈奴；汉武帝得之，则北驱匈奴，南靖边塞；唐太宗得之，则降回纥，破突厥；反过来说，冒顿单于可以据之以威胁汉武；五胡得之可以南乱中华；北魏得之可以称强华北，辽、金得之可以迫使汉族偏安江南，蒙古与满洲得之则先后入主中原。所以征之历史，此高原之重要，确有"得之则强、失之则亡"之势，我们就说蒙古高原乃把握着整个中国的生死存亡，亦不为过吧！

并且蒙古高原之于日、苏二国，亦居举足轻重之势，如蒙古为日所有，则日人可直捣苏联之后方，不但东海滨省之海参崴陷于孤立，而且苏属中亚亦必感受极重大之威胁；反之，如果蒙古全为苏联所有，则日本在东亚大陆之"势力范围"必遭苏联之大包围。因此之故，近三十年来，蒙古问题日渐严重，日渐复杂，无非是日、苏二国的煽动所致，例如外蒙古之"赤化"、内蒙古之自治，莫不有国际背景存在其间。所以陈崇祖先生说得好："二十世纪以来，民族自决主义震荡于欧美，弥漫于亚东，其狡焉思逞者，乃利用其学说，以为吞并之利器，朝鲜已入其彀矣，西渐之力，及〔又〕及于蒙疆，外蒙二次之独立，此实为其主因……内蒙各省，乃亦挟自决之潮流，日日嚣呶，又不谋所以自立之基，速亡趋乱之道也，其不为外蒙之读〔续〕者，几何哉！"此可谓为一针见血之论。今谨略述蒙古之现况如后。

二　苏联卵翼下之外蒙古

（A）赤色政府之树立　在日、俄战争之前，俄国的目标，乃在满洲、朝鲜、及沿海州，日俄战后，俄国经营鲜、满之希望告绝，于是先后于一九〇七年及一九一〇年及一九一二年签定日俄协约，约定以内蒙、南满划归日本之势力，而北满、外蒙则划归俄国，于是俄国在外蒙之侵略，乃得放胆进行。一九一一年，乘我国革命之际，乃煽动活佛叛我独立，一九一二年十月俄国承认之，且与之订立俄蒙协定。一九一三年，中俄举行北京会议，俄国承认外蒙为中国领土之一部，中国则承认外蒙古为自治政体。继于一九一五年，中、俄、蒙召开恰克图会议，规定外蒙承认中国之宗主权，中、俄承认外蒙自治，俄国承认外蒙为中国领土之一部分。一九一七俄国革命，一九一九年徐树铮任西北筹边大势〔使〕，收复蒙古，撤消自治。但一九二一年白俄恩琴又乘机侵入，树立伪政权；蒙古青年乃勾结赤苏，攻入库伦，树立赤色政府。现设下列各机关：（一）总理；（二）副总理；（三）外交部；（四）军务部；（五）教育部；（六）政财部；（七）司法部；（八）卫生部；（九）牧畜农务部；（十）工商交通部；（十一）内防处。

外蒙古目前执政之政党为蒙古人民革命党，此党在一九二八年与一九三〇年之间，主张最为激烈，例如没收旧王公、喇嘛、富农、官吏之财产；强制实行游牧民之集团化；展开反宗教斗争，强制下级喇嘛还俗；统制国外贸易，禁止或限止国内私营商业。这种过激的政纲，只召来了频仍的内乱与骚动，于是在一九三二年七月大加修改，现在的该党政纲则为：（一）使蒙古成为新型的独立国；（二）尽量发展国民生产力；（三）刈除封建遗制；（四）发达国家资本。其党员数目在第一次大会时仅一六〇人，一九二二年一五〇〇人，一九二三年二五〇〇人，一九二五年六五〇〇人，一九二九年一二〇〇〇人，一九三〇年三〇〇〇〇人，一九三二年四二〇〇〇人，同年因发生暴动而举行清党，至年底乃减少一二〇〇〇人，一九三四年更减少七五〇〇人。

此外尚有一蒙古革命青年团，成立于一九二二年七月，由留苏青年所组织，团员一九二九年七千人，一九三一年增至二万二千人，至一九三二年乃改隶于蒙古人民革命党，规定满廿一岁之青年男女始得加入，至廿五岁始可成为正式党员；该团最近又加入苏联之"国际共产青年大同盟"，接受其指导。

（B）地方政府之改革 以前外蒙古之地方行政区，共分车臣汗、土谢图汗、扎萨克图汗、三音诺颜汗四部，至一九二六年乃改分为七部，即于上四部之外另加科布多区、达里岗崖区及库苏古尔湖区。至一九三一年，乃依自然经济之条件，改划为十三区，今列表如下：

新设部名	行政厅所在地	索木之数	面积 （平方□）	人口 （一九三□年）
1. 东部	（Buln-Twnon）	二七	二○二，九○○	七五，八○○
2. 肯特部	（Undurkhan）	二七	七五，三○○	三六，八○○
3. 中央部	（Ulan-Bato）	三二	一四九，三○○	一一五，八○○
4. 农业部	（Altan-Bulak）	一四	六九，一○○	四一，九○○
5. 阿拉杭爱部	（Tsetserllk）	三五	五七，四○○	八三，二○○
6. 乌布尔杭爱部	（Tul）	三六	一○七，七○○	八○，六○○
7. 匝盆部	（Dzhibkhalantu）	二一	九五，二○○	五五，五○○
8. 乌布萨诺尔部	（Ulankom）	一五	八四，一○○	四四，八○○
9. 科布多部	（Dzhasgalantu）	二三	七七，九○○	四三，○○○
10. 阿尔泰部	（Khan-Tashlri）	一七	二○七，一○○	三九，九○○
11. 库苏古尔部	（Khatkhyl）	二五	一○七，二○○	六二，七○○
12. 南戈壁部	（Delgir-Thaugal）	二六	一五五，四○○	三九，四○○
13. 东戈壁部	（Sain-veu）	二六	一六四，九○○	四○，五○○

至一九三四年，将阿尔泰部并入匝盆部，故实际共分十二部。至于外蒙古之地方行政系统，本来分成阿玛克、波仁、索木、巴克、阿尔班五级。至一九三一年而废除波仁，一九三二年废除阿尔班，故成为阿玛克——索木——巴克之三级制。

（C）外蒙红军之生长 俄国大革命后，白党巴龙恩琴诸人，率部攻入库伦，外蒙二次独立，惟执政者残暴无比，遂激起蒙古青年之反抗，彼等乃于一九二一年三月十三日在赤塔树立蒙古人民革命政府，由苏海巴图尔任军务大臣兼任蒙古革命军总司令，于各地党员中募集义勇军五百名，编为"柏尔寄桑"队，是为外蒙赤军之滥觞。攻买卖城，陷库伦，皆赖此军之力。此后数经改革，始成今日之外蒙红军：

（一）一九二一年，制定征兵制度（实际上仍强制征募）。

（二）一九二四年，设立总司令及军事会议，位于军政部之上，以监视之；同时并规定国民之兵役义务。

（三）一九二八年改称"人民红军"。

（四）一九三〇年，废去总司令一职，其事权改归军事会议掌握之。

（五）一九三一年，加强红军与莫斯科之连系。

（六）一九三二年，将军事会议隶属于军政部，复设军务司令一职。

（七）一九三四年，废止军事会议。

（八）一九三七年，复设军事会议。

按照外蒙兵役制度，男子满十九岁者为适龄壮丁，四十五岁满期，服役年限平时约五年左右，有预备役与现役之分，预备役三年至二年，现役则骑兵、炮兵、战车兵、工兵为二年，而机械化兵、航空兵、通信兵为三年（外蒙无步兵）。外蒙红军之最大单位为军团，每军团包括二——四师团不等，每师团之编制，略如后表：

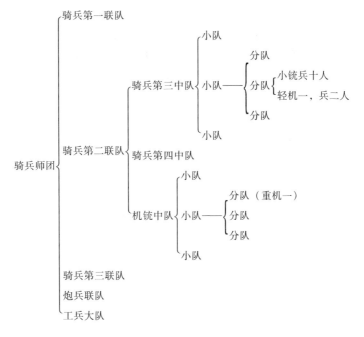

　　装甲车队，以每十三辆为一队，而与战车队、炮兵队合组成机械化部队，独立骑兵师团之外。其训练程序如下：晨五时起床，六时早餐，七时至八时蒙古语，九时至午后一时术科（包括操演、剑术、射击、劈刺），二时至三时休息，四时进中饭，五时至九时学科（包括军事学、共产主义、普通教育），九点半进晚膳，十时就寝。外蒙红军之实力，在一九三七年以前计七师团，每师一万二千人至一万五千人，中日战争爆发后，每师扩充至二万人以上，估计约在十五万人至二十万人之间。此外尚驻有苏联红军数万，计狙击师团一，骑兵师团一，机械化旅团三，战车三百辆，飞机百架，测其用意，不外用以镇压蒙民及防备日本。

　　在七七事变之前，外蒙红军之布防分成二个集团军，第一集团军以白鲁台为后方根据地，以桑贝子为司令部，以昆都林与霍珠为前方根据地，而以"满洲"的满洲里与呼伦及察北为进击目的地。第二集团军以库伦为司令部，而以车臣汗及买卖城为两翼，目的在保卫库伦。七七事变之后，日本侵入内蒙，于是又继设第三集团军，以赛尔乌苏为司令部，以乌得霍尼治及博□钻井为前方根据地，目的在监视绥北之日军动向。

三　日本枪刺下的"蒙疆地区"

　　吞并内蒙是日本大陆政策的一部分，田中首相在他有名的奏折内，充分解释了"要征服世界，必先征服中国，要征服中国，必先征服满蒙"的理由。原来日本企图由朝鲜起，经过辽、热、察、绥、宁、甘诸省，直达新疆，建立长达万里以上的对苏包围线；同时，更可确实控制了整个的华北大平原。近数年来，日本对满蒙的姿态与手法，仅〔尽〕管翻新出奇地改变着，然而吞并内蒙的大目标，是绝无变更的，我们现在且来检讨一下日本西进于

〔的〕路线：

（A）察北六县的攫取　察北从地理上说，是由"满"到内蒙的必经之地，从军事上说，是日本大陆发展中一个最重要的枢纽，同时在经济上而论，它是口北的大粮库，也是内蒙的大牧场。廿四年十二月九日，日本便令李守信及卓什海等部军队，在日军协助之下，占领〔之〕沽源、多伦、宝昌、康保、商都、赤城、张北等县。

（B）内蒙军政府的成立　日人占领察北之后，屡次向晋、绥当局提出绥东五县和晋北十三县的要求，但是每次都被拒绝了，于是便竭力分化蒙古民族与中央间的感情，劝诱蒙民独立，怂恿他们组织"大元帝国"。具有强大政治野心的德王，由于敌人的利诱和政治的短视，便成立了"内蒙军政府"，内设"主席"一人（云王），"副主席"二人（沙王和索王），"总裁"一人（德王），"办公室主任"一人（浦英达赖），"参谋部长"一人（李守信），"参议部长"一人（吴鹤龄）。于是以归化为中心，向西方的百灵庙扩展，企图再顺百灵庙而达外蒙边境的松稻岭，再由松稻岭分两路挺进，一路南下阿拉善旗，一路西至额尔济纳旗。

（C）百灵庙之克复　日本之不断西进，绥远局势乃日告紧张，我军亦积极布防，准备予日佣以迎头痛击，至民国廿五年十一月中旬，佣军进犯平地泉，绥远战局乃全面揭开。日佣之侵绥，大约分为四路，一路向红格尔图，扰平地泉，一路由兴和图窜丰镇，一路由百灵庙压迫归绥，一路则由陶林南犯，而以百灵庙及商都为巢穴，军粮与军火则由库伦之日军供给。经过数度之激战，乃将百灵庙一战克复。百灵庙不但为匪佣侵略内蒙的最大根据地，并且为一军事重镇，北通外蒙，南通归绥，西通新疆，国军克复此地后，不但可以解除日本对绥北的威胁，并且更可截断其西进之路。不幸"双十二"的西安事变发生，于是绥远的战事也接着沉寂了下来。

（D）全面抗战展开后之东蒙古　　七七事变，日军占岭平津之后，便一面沿津浦、平汉两路南下，一面沿平绥路西侵察、绥，于是便展开了南口的争夺战。由于刘汝明的贻误戎机而丧失了张家口，使扼守南口的汤恩伯军陷于四面围攻的不利地位，于是忍痛转移阵地，察省之屏障尽撤，察南也不得不在混乱中丧失。更因李服膺的擅自后退，而丧失了晋北的天镇、阳高与大同等险要地带，于是使原来取着攻势的绥远国军，顿时陷于逆境，不得不放弃业已收复的平地泉、嘉卜寺和百灵庙等要地，不久，归绥也告沦陷，于是整个的东蒙古全在日军的控制之下了。

日军于民国廿六年八月廿七日攻入张家口，九月四日乃成立"察南自治政府"，设置总务处、民政厅、财政厅、保安厅四机关，由杜运宇及于品卿为首席佣官，辖万全、怀来、赤城、龙关、延庆、涿鹿、怀安、宣化、阳原、蔚县等十县。

日军又于民国廿六年十月十五日造成"晋北自治政府"，设官房、民政厅、财政厅、公安厅等四机关，由汉奸夏恭及马永魁等主持之，辖大同、阳高、左云、右玉、山阴、平鲁、天镇、浑源、广灵、灵丘、怀仁、应州、朔州十三县。

同年十月二十七日，更成立"蒙古联盟自治政府"，由政务院及总军司令部合组而成，以云王为"主席"，德王为"副主席"兼"政务院院长"，李守信为"总司令"。辖有察哈尔盟八旗八县、巴彦搭拉盟五旗十三县、锡林郭勒盟十旗、伊克昭盟七旗四县、乌兰察布盟六旗。

其后，此三个佣政府因辖地既犬牙交错，利害自不免多所冲突，乃于同年十一月二十三日在日人授意之下，设立"蒙疆联合委员会"，其组织如下：

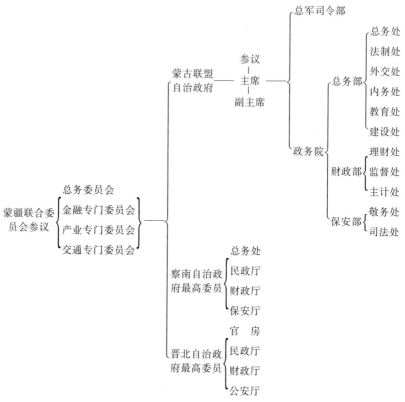

委员会中最著名之奸人为卓图巴札布、陶克隔〔陶〕、金永昌、于品卿、杜运宇、夏恭、马永魁等，但大权皆操于日本顾问之手，彼等不过是尸位素餐的偏傀而已。

四　日苏冲突的前哨——满洲蒙古

自从九一八事变以后，东北四省全沦日手，乃有所谓的"满洲国"的出现。然而在东北四省之中，一向住有大量之蒙古民族。"满"省名，包括蒙旗：

一、兴安东省　喜扎嘎尔旗、布特哈旗、阿荣旗、莫力瓦达旗、巴彦旗。

二、兴安南省　库伦旗、东科前旗、东科后旗、东科中旗、西科中旗、西科前旗、西科后旗、扎赉特旗。

三、兴安西省　扎鲁特旗、阿鲁科尔泌〔沁〕旗、巴林左翼旗、巴林右翼旗、克什克腾旗、奈曼旗。

四、吉林省　索伦旗、新巴尔虎左翼旗、新巴尔虎右翼旗、旧巴尔虎旗、额尔克纳左翼旗。

五、吉林省　郭尔罗斯前旗。

六、龙江省　杜尔伯特旗、依克明安旗。

七、热河省　喀喇沁左旗、喀喇沁中旗、喀喇沁右旗、翁牛特左旗、翁牛特右旗、敖汉旗。

八、滨江省　郭尔罗斯后旗。

九、锦州省　吐默特左旗、吐默特右旗。

“满”之统治蒙古民族，初于僭大同元年三月九日设兴安局，继于同年八月三日改称兴安总署，至僭康德元年十二月一日，改设蒙政部，僭康德三年七月，又由蒙政部而改设兴〈安〉局，同时更划分为五个军区：

一、兴安军管区司令部（辽源），司令官巴特玛拉布坦。

二、东地区司令部（博克图），司令官敷□平。

三、西地区司令部（林西），司令官郭宝山。

四、南地区司令部（通辽），司令官世芬。

五、北地区司令部（海拉尔）司令官乌尔金。

日本为什么要在这些地方成立严密的军管区呢？原来这一地带北为苏属西伯利亚，西为外蒙古，实为日、苏两国势力冲突的前哨，所以自一九三五年一月霍洛巴伊尔西南方，捕鱼儿海滨之哈尔哈□事件爆发后，满蒙的国境冲突便又□□□纷至沓来。据日本陆军省的统计，一九三五年中国境侵入事件三件，不法越境而致暴行九件，航空侵犯六件，共计十八件。一九三六年规模更大，如海路摩多事件、奥拉□独卡事件、薄伊鲁诺儿事件、勃尔台儿斯事情，继续发生，而该年三月十一日之泰乌拉恩事件，外蒙方面更出动轻轰炸机十二架，装甲自动车十三辆，骑兵三百，炮兵一中队，规模之大可知。一九三七年，亦有信恩斯摩事件，斯雄奥拉事件。此后冲突更蔓延于日军统治下之内蒙古方面，如达里岗厓之占领，锡林郭勒盟阿巴嘎善邻协会之被袭，由此可见苏、日势力对立更有日趋尖锐的样子。星星之火，可以燎原，说不定这就是未来苏、日大战的导火线呢！

《中美周刊》

上海中美周刊社

1941 年 2 卷 47 期

（李红权　整理）

布利亚特蒙古自治共和邦

智　昭　撰

自德、苏战事发生后，日本就处在一个不能不有举动以响应轴心国的地位。或是南进，或是北进，或是南北并进，他已不能无所冒险。就表面上说，日本这是镇静的，取着观望的态度，但对于南进、北进，他都磨刀霍霍的在准备中。纳粹侵苏的攻势的陷于胶着化，便使得潜伏于日本政治机构中的第五纵队逼迫日本甘冒北进之险。日本在越南的布置，是双关的举动，也可以看做是稳定他背部的一个步骤。东京报纸于六日著论谓：日、越联防计划，已使日本无后顾之忧，并谓日本最近之注意已转移于西伯利亚问题。便透露出日本政策意旨的一角。据英人方面可靠的估计，日人在过去两周间曾调动大军十万左右，以增援驻于“满洲国”的廿五万余驻军。北太平洋前线，现在虽然风平浪静，但是一股暗潮突〔实〕在奔流着。观于伦敦方面透露的英、美讨论之内容，便可知其消息。据谓英、美或将联合各强国向日本致送最强硬的警告，此警告中包含的各点，涉及苏联者为：（一）民主国家增加对苏之实际援助；（二）英、美两国出以行动，证明彼等对日本之攻苏，将不能坐视。远东北部局势的日趋严重，乃是引起此项可能的警告的理由。

苏联远东部分果尔有事，海参崴当然是军略上的重要地点，而大陆中心为布利亚特蒙古自治邦，尤当扮一重要角色。这是我们今日介绍布利亚特蒙古的地位与现状的缘故。

　　提起布利亚特蒙古的名字，一般人或有生疏之感，但我们若说及贝加尔湖，则不免熟悉地兴怀古之念。布利亚特蒙古自治邦是苏联"东部西伯利亚边疆区"的一部分，地临外蒙古之北，贝加尔湖是他的西部边线之一部分。他的首邑是乌兰厄特（Ulan-Ude），旧名上乌丁斯克（Verkhne Udlnsk），在贝加尔湖东，临色楞格河，地当西伯利亚铁路的冲途。西伯利亚铁路于过赤塔及彼得罗夫斯克后，即穿越布利亚特蒙古自治邦的南境。苏联政府并拟由上乌丁斯克筑支路通达接外蒙边境的商业中心恰克图。这是布利亚特蒙古在交通上所占的重要位置。

　　布利亚特蒙古区域的自然环境，包含着绝不调和的气候的地域，有的地方一年四季是处在霜雪积压之下，有的地方则为酷热的草原。但全境却是天赋的富庶之区，使其他的硗瘠之区的人民歆羡不已。在布利亚特的森林区中，多产出毛之兽；山谷的牧地，与峨峨山岭，相映成辉；到处有矿泉与碧晶的瀑布；沃地的草原，无限制地延展在山脚之下；池沼之中，多产鱼类；蕴藏的矿产，如金、铁、锡、铜、煤，为数极丰。

　　布利亚特蒙古的酷热的夏天，为时极暂；每年两度发育青草；至于严寒的冬天，则为时甚长，浓霜厚雪，笼罩大地，气温降至华氏寒暑表零下七十六度。但是这样的一个气候，还容易支持过去，是因为几乎完全没有风助虐的缘故。这地方是一个大雪之区，但也有明亮的太阳照射；太阳是那样的明亮，物产是那样的丰富，可以说是婉美湖光山色的瑞士胜地。

　　布利亚特蒙古的人民原来是借游牧为生的。他们不住在城里，也不住在村里；他们是被迫迁徙不定的。住在毛毡的帐蓬里，吃的是不过是肉食，穿的是数世纪前的老古式皮服。但是一九一七年苏联革命后，布利亚特蒙古即开始新的经济建设，而遭遇着许多不易相信的困难。

　　苏联革命后的经济建设，是要造成各个单位的工业化与农场机械化。但是这一个三十万半饥饿的游牧民族的区域，欲使之工业化与农场机械化，谈何容易？布利亚特蒙古先依社会主义制度之原则，先施行土地均分的改革，所有的土地都自其先前的地主收归公有，然后均分与人民。起初遭遇许多困难，显然是因富有者之反对。这样经过了五年，直至一九二三年，布利亚特蒙古自治共和邦成立，实施土地均分制度，直至最后，所有的土地及牧畜，才为游牧之人民所自有。于是实行第二步，劝告这些游牧民族安居，并使他们乐于开发土地；创开集体农场。布利亚特蒙古至此才开始有村落；以前的游牧民族也学着建筑房屋，修造道路，而且更重要的是，他们学着种植五谷，以粮草饲养牲畜，以及种植蔬菜了。

　　上乌丁斯克，即布利亚特蒙古邦的首邑乌兰厄特的原地，有居民二万二千人。当自治共和邦建立之初，仅有工人五百名。及至今日，乌兰厄特已有居民十五万人，其中有二万二千人受学校教育，而工人的数目亦激增了。目下乌兰厄特已成为工业的中心。有大工厂数家，制造机车及火车；又有一家设备完善的玻璃厂，每年能生产玻璃一万八千五百□。又有罐装肉食品工场一处，在过去二十年中，曾出产罐装肉食二千五百万罐。

　　布利亚特蒙古自治邦在亚洲苏联所处的地位既极重要，天产又极丰富；自进行经济建设以来，工业亦在发展中。在远东风云日亟的今日，这世外的桃源亦不能不受到威胁：日本在沿海方面以海参崴为目标，而其关东驻屯军则以满洲里为根据地，以苏联外贝加尔及布利亚特蒙古为目标。但是布利亚特蒙古的人民，已非二十年前的一盘散沙可比，他们有组织、有文化、有民族意识、有国家观念，如遭侵犯，必将予打击者以痛击，一如其联邦人民于欧洲之所为者无疑。

《中美周刊》

上海中美周刊社

1941 年 2 卷 47 期

（李红权　整理）

今日之内蒙

黎圣伦 撰

一 内蒙的界说

内蒙古的幅员，东入东三省，西界宁夏，北接外蒙，南连长城，当东经一百零五度至一百二十七度，北纬三十七度至四十七度之间，面积约三十二万四千方里，人口计八十万左右。但此项数字，皆属私人方面之推算，非经过若何之精细调查，故难言十分正确。

全内蒙境分六盟二十四部，通常以哲里木盟、卓索图盟、昭乌达盟、锡林郭勒盟，称东四盟；乌兰察布盟、伊克昭盟，称西二盟；内更各就其部落，划分若干旗。兹分述如下：

一、哲里木盟 全盟均在东三省境，计分四部：（1）科尔沁部；（2）郭尔罗斯部；（3）扎赉特部；（4）杜尔伯特部。科尔沁部辖左翼前旗、左翼中旗、左翼后旗、右翼前旗、右翼中旗、右翼后旗，共六旗，隶辽宁省。郭尔罗斯部辖前、后两旗，前旗隶吉林省，后旗隶黑龙江省。扎赉特部辖扎赉特一旗，隶黑龙江省。杜尔伯特旗〔部〕亦仅杜尔伯特一旗，同隶黑龙江省。

二、卓索图盟 在熟〔热〕河南境。计分二部：（1）喀喇沁部；（2）土默特部。喀喇沁部辖左翼旗、右翼旗、中旗三旗；土默特部辖左翼、右翼两旗。另唐古特喀尔喀一旗，锡埒图库伦一旗，共为七旗。热河之承德，在该盟喀喇沁部，朝阳在土默特部。

　　三、昭乌达盟　在热河北部。计分八部：（1）敖汉部；（2）奈曼部；（3）巴林部；（4）扎鲁特部；（5）阿鲁科尔沁部；（6）翁牛特部；（7）克什克腾部；（8）喀尔喀左翼部。其中扎鲁特、翁牛特、喀尔喀左翼等三部，各辖左翼、右翼两旗，敖汉部辖左翼、右翼、南翼三旗，余各仅辖同于部名之一旗。故共为八部十三旗。该盟面积较卓索图盟为大，掩有热河省境之大半。赤峰围场，在该盟之翁牛特部。

　　四、锡林郭勒盟　居察哈尔省之北部。计分五部：（1）乌珠穆沁部；（2）浩齐特部；（3）苏尼特部；（4）阿巴噶部；（5）阿巴哈纳尔部。各旗均划左翼、右翼两旗，共为十旗。该盟面积甚大，地广人稀，领导内蒙伪组织之德王，即前该盟副盟长。

　　五、乌兰察布盟　在绥远省境之北部。计分四部：（1）四子部落部；（2）茂明安部；（3）乌喇特部；（4）喀尔喀右翼部。其中乌喇特部分前、后、中三部。余各仅同于部名之一旗，共为六旗。该盟位于大漠以南，大青山以北，近年蒙政史上有名之百灵庙，在该盟喀尔喀右翼部（俗称达尔罕旗）。前绥境蒙政会委员长云端旺楚克，即该盟盟长。

　　六、伊克昭盟　居绥远西南端，仅鄂尔多斯一部，辖左翼前、左翼后、左翼中、右翼前、右翼后、右翼中、左翼前末等七旗。热、察、绥、包相继沦陷后，仅该盟尚为一片干净土。现为绥境蒙政会所在地，该会现任委员长沙克都尔扎布，即该盟盟长。又原成吉思汗陵寝所在地之伊金霍洛，在该盟郡王旗境。

　　以上在逊清时代，依各旗领治者之官制区分，统称内扎萨克，以别于外蒙古、西套蒙古、青海蒙古之外扎萨克，亦即吾人所称之内蒙古。又世俗以内属蒙古之察哈尔八旗、四牧群及归化土默特旗，亦附于内蒙古。实际则各该旗蒙人，多已汉化，游牧之地，亦早经设治，与内地无若何之区殊也。兹缕述之：

一、察哈尔八旗　分布察哈尔之中部及绥远之东部，计左翼为镶黄、正白、镶白、正蓝四旗，右翼为正黄、正红、镶红、镶蓝四旗，左翼属察北之张北、沽源、多伦、宝昌、康保、商都等县，右翼属绥东之丰镇、集宁、兴和、陶林、凉城五县。

二、四牧群　散布于察北各县，其中（1）商都牧群，属商都、康保两县；（2）明安牧群，属商都县；（3）左翼牧群；（4）右翼牧群，均属宝昌县。

三、归化土默特旗　散处于绥远之归绥、和林格尔、托克托、清水河、萨拉齐五县之间，原为卓索图盟土默特右翼旗之一部，后以变乱划出，本为两旗，后并合为一，由总管一人，综理旗务。

此外宁夏境之阿拉善、额济纳两旗，即西套蒙古，今称西蒙，依其地理及历史沿革论，本不属于内蒙古，本稿因该两旗一切，在内蒙抗战史上，实有莫大之关联，故亦略论之。

二　历史上的内蒙问题

内外蒙的划分，始于清初，当时中枢掌理蒙务者，为理藩院，民国初年，属蒙藏事务局，后改蒙藏院，今则为藏〔蒙〕藏委员会。清时对各盟旗王公民众，采取极端羁縻愚禁之政策，崇其官制，厚其俸禄，而限制其活动，削弱其能力，条例苛细，无微不至。事之可考者，如：（1）蒙古人出境，必报明管旗章京。对于进口者，王以下各令由山海关、喜峰口、古北口、独石口、张家口、杀虎口出入；入口时报明该管官弁详记人数，出口时，查对原数放出；（2）禁止开采雅图沟、大波罗树、杨树沟、庙儿岭、白马川等处铅矿，并建造房屋，演听戏曲，豢养优伶，学习异教，违者治罪；（3）蒙古人命名，不准取用汉字义，公文呈词，不得擅用汉文，不得延内地书吏教习，或充书吏，代写汉文讼词者，按律治罪；（4）煤窑、烧锅除旧有者外，禁止增开。此外并极力鼓励蒙古民众，充当喇嘛，大抵一户有男二人，必有一人出家。且严令禁止喇嘛犯奸，及蒙女与汉人通婚，以削弱其繁殖力。故终清之世，二百数十年间，大体得相安无事，然而我蒙古同胞，早已不堪其虐政之悴憔！

民国成立，五族共和，一变清代之治蒙政策，《临时约法》中载明：内外蒙古与二十二行省，同为中华民国领土，中华民国人民，一律平等，无种族、阶级、宗教之区别。民国元年八月九日公布之《蒙古待遇条例》，更规定：（1）嗣后各蒙古，均不以藩属待遇，应与内地一律，中央对于蒙古行政机关，亦不用理藩、殖民、拓务等字样；（2）各蒙古王公原有之管辖治理权，一律归旧；（3）内外蒙古汗、王公、台吉世袭各位号应予照旧承袭，其在本旗所享有之特权，亦照旧无异；（4）蒙古各地呼图克图、喇嘛等原有之封号，概仍其旧；（5）蒙古王公世爵俸饷应从优支给；（6）蒙古人通晓汉文，并合法定资格者，得任用京外文武各职。

此外对于"年班"、"燕赉"、"虞饩"、"勋奖"等规定，亦大体仍沿旧纲，不过将名称略加更改。但当时蒙人，因久处清代毒政之下，习为自然，竟反认共和为扰害蒙古，抛弃佛教，破坏游牧，撤除藩属名称，为混乱蒙人种族，致有群请内务部停办各事之举，比至民国二年一月，张绍曾在绥召集西盟会议，内蒙情势，始渐趋安定。民国三年，有热河、察哈尔、绥远三特别区之设立。

国府定都南京后，根据本党主义政纲，对于蒙族地位，尤加意扶植，故首将三特别区，实行改省，以期与内地一律，其他各项新政，亦决定推行。乃群情不察，民国十七年，又有各盟旗先后向中枢请愿，反对特别区改省，呈请成立蒙古地方自治委员会，管理各盟旗之行政。二十年，复主改革旧有盟旗制度，为盟政府及旗政府，当时中央作部分之采纳，此后内蒙一部分激进之王公、青年，外受外蒙"赤化"之激刺，内受日寇侵略之影响，至有民国二十二年高度自治运动之发生。

二十二年春，热河沦陷。是年七月二十六日，德王、云王与四子部落旗、锡盟乌珠穆沁旗等代表三四人，及少数蒙旗青年，在百灵庙开会，事后发出通电，文中有："盟长扎萨克等，谨查民国二十年国民会议议决案，已有特许外蒙自治之先例，乃于今年七月二十六日，在乌盟百灵庙召集内蒙全体长官会议，金日采取'高度自治'，建设内蒙自治政府，急谋团结促进，以补中央所不及。"是为内蒙自治运动之先锋。

是年十月，德王等又正式招集各盟旗王公代表，在百灵庙开会，九日开幕，至二十四日闭幕，集议时间共为半月，其中经过预备会一次，正式会议四次。会议中之重要决定：（1）在西苏尼特、四子王、达尔罕三旗交界处，选择地点，设立内蒙自治政府；（2）议决内蒙自治政府第一年预算定为三十二万元，由各盟、部、旗分担；（3）由各盟共出毡幕一百二十座，建立自治政府办公处；（4）由各旗选近〔送〕精骑一千名，为自治政府警卫队；（5）职员自委员长以下，皆不支薪，但家庭生活，由政府供给，按年由各旗贡羊若干头，为职员饭食之用。

又通过内蒙自法〔治〕政府组织法，选举乌盟盟长云端旺楚克为内盟〔蒙〕自治政府委员长，锡盟盟长索那木阿拉布坦、伊盟盟长沙克都尔扎布为副委员长。锡盟正副盟长、乌盟正副盟长、伊盟正副盟长，及阿拉善旗亲王、察哈尔部二人、土默特旗二人为内蒙自治政府委员。并推锡盟副盟长德穆楚克栋鲁普为政务厅厅长，伊盟副盟长阿拉坦鄂济尔为参谋厅厅长，乌盟副盟长巴宝多尔济为法制委员长。

关于内蒙自治政府组织法，其主要部分有：（1）内蒙自治政〔府〕，总揽内蒙各盟、部、旗之治权；（2）以原有之内蒙各盟、部、旗之领域为统辖范围；（3）除国际军事及外交事项由中央处理外，内蒙一切行政，俱依本自治政府法律命令行之；（4）由政务厅、法制委员会、参议厅组织之，但遇事实之需要，得酌设特种机关；（5）设委员长一人，副委员长二人，委员九人至十五人；（6）正副委员长、委员，由各盟、部、旗长官共选之，各厅长及各会委员长，由政府委员兼任之，各厅副厅长及各会副委员长由厅长及委员提请自治政府任命之；（7）委员长因事故不能执行职务时，由副委员长或政务厅长代之；（8）以政府委员会议，处理一切政按〔务〕，政府委员会议由政府委员组织之，委员长为政府委员会主席；（9）法令，经政府委员会议议决，由内蒙自治政府正副委员长暨该关系之主管机关长官署名行之。

至此次运动之内容，实际以德王为核心，少数青年为附从，其用意，在因东蒙沦落，受外力之威胁，转而欲威胁中央，以达到一种政治上的欲望与野心，多数之盟旗王公，事前并未预闻，亦有始终持观望反对态度者，如伊盟正副盟长沙王、阿王等是。

中央于内蒙自治运动发生后，当考虑制止之法。经决定派内政部长黄绍竑为内蒙巡视大员，并派蒙藏委员会副委员长赵丕廉北上襄助一切，以期征询各王公意见，妥定解决办法。同时十月十七日之行政院会议，并决定改革蒙政方案三种，以为黄氏处理蒙事之标准，其内容大要如次：（1）变更蒙藏委员会组织，改设边务部，直隶属于行政院；（2）改革蒙古地方行政系统，于有蒙古人民聚居地方之省分，分别设置蒙古地方政务委员会；（3）确定蒙古行政之用人标准，在中央或地方之蒙古行政尽量容纳蒙人，及培植蒙古军事、政治人才。

黄氏于十月二十一日，率领随员，由京北上，二十九日抵归绥。百灵庙自治会议方面，派包悦卿等到张垣迎迓。各方亦热烈表示欢迎，并纷纷贡献意见，以供采择。十一月十日，黄氏与云王、德王等，在百灵庙会晤，举行谈话多次，最初德王等将前此内蒙自治会议议决各案，径请黄氏转呈中央备案。嗣又提出办法十一条，均经黄氏拒纳。最后提出甲、乙两种办法：甲种，设分区自治政府制，以锡林郭勒盟暨察哈尔部各旗编为蒙古第一自治区政府，乌、伊两盟暨土默特、阿拉善、额济纳各旗编为第二自治区政府；乙种，为设置蒙古统一最高自治机关，定名为蒙古自治委员会，直隶行政院。经黄氏采纳前者，允建议中央核夺施行。十二月四日黄氏离绥，返京覆命。

　　中央于黄氏巡视返京后，对蒙事有两次决议，第一次为内蒙自治办法十一项，第二次为内蒙自治办法原则八项。第一次办法，因蒙古王公坚持反对，经中央决定收回，故第二次之八项原则，为解决此次自治运动之最后办法，兹记如后：（1）在蒙古适宜地点，设一蒙古地方自治政务委员会，直隶于行政院，并受中央主管机关之指导，总理各盟旗政务，其委员长、委员，以用蒙古人员为原则，经费由中央发给，中央另派大员，驻在该委会所在地指导之，并就近调解盟旗、省县之争议。（2）各盟公署，改称为盟政府，旗公署改称为旗政府，其组织不变更，盟政府经费由中央补助之。（3）察哈尔部改称为盟，以昭一律，其系统组织归旧。（4）各盟旗管辖治理权，一律然旧。（5）各盟旗现有牧地，停止放垦，以后从改良牧畜，并与〔兴〕办附带工业方面，发展地方经济（但盟旗自愿垦殖者听）。（6）盟旗原有租税，及蒙民原有私租，一律予以保障。（7）省县在盟旗地方所征之各项地方税收，须劈给盟旗若干成，以为各项建设费，其劈给办法另定之。（8）盟旗地方以后不再增设县治或设治局（但遇必须设置时，亦须征得关系盟旗之同意）。

　　上列八项原则，经二十三年二月二十八日中政会通过后，行政院复根据是项原则，拟定《蒙古地方自治政务委员会暂行组织大纲》，及《蒙古地方自治指导长官公署暂行条例》，由国府公布施行。关于政委会，《组织大纲》内载明：（1）该会直隶于行政院，并受中央主管机关及中央指导大员之指导，办理各盟旗地方自治事务，遇关涉省之事件，应与省政府会商办理。（2）会址设于百灵庙。（3）设委员九人至二十四人，由行政院呈国民政府任命。（4）会内设秘书、参事二厅，民治、保安、实业、教育四处，及一财务委员会。关于指导长官公署，《条例》内载明：（1）承行政院之命，指导蒙古地方自治政务委员会，并调解省县与盟旗之争执。（2）设指导长官一人，副长官一人，由行政院呈国府特派。（3）设参赞二人，由长官呈行政院简派。

　　上项《大纲》及《条例》颁布后，国府于三月七日，派何应钦为蒙古地方自治指导长官，赵戴文为副长官，并任命云端旺楚克、索诺木喇布坦、沙克都尔扎布、德穆楚克栋鲁普、阿拉坦鄂齐尔、巴宝多尔济、那彦图、杨桑、恩克巴图、白云梯、克兴额、吴鹤龄、卓特巴扎普、贡楚克拉升、达理扎雅、图布陞巴雅尔、荣祥、尼玛鄂特索尔、伊德钦、郭尔卓尔扎布、托克托胡、潘第恭察布、那木济勒色楞、阿育勒乌贵为蒙古地方自治政务委员会委员，并指定云王为委员长，索王、沙王为副委员长。以后经青海蒙古左右翼驻京代表之请，中枢复将蒙政会委员人数增为二十八人，并任命该两翼正副盟长索诺木旺济勒、林沁旺济勒、索诺木达希、达希那木济勒等为委员。是年四月二十三日，云王等在百灵庙正式就职，轰动一时之内蒙自治运动，至是始告一段落。

　　蒙政会本为通［告］过各种复杂因素产生之组织，〈蒙〉政〈会〉成立后不久，即与绥省府发生冲突，日寇遂乘机煽动内蒙独立。二十四年九月，匪伪侵察北，此后日人对于主持会务之德王，更极尽其威胁利诱之能事。中央鉴于局势日非，且以自治区域范围过大，难于统驭，乃决定另行改组，成立察、绥两蒙政会，实行分区自治。绥境蒙政会于二十五年一月二十五日宣告成立，其《组织大纲》规定：职权为办理乌盟所属各旗、伊盟所属各旗、归化土默特旗，及绥东四旗之地方自治事务。内部设七处、三委员会。由伊盟盟长任委员长，委员由乌、伊两盟十三旗扎萨克、绥东四旗及土默特旗总管充任。会址设伊盟郡王旗境伊金霍洛。

绥境蒙政会成立后，德王把持下之百灵庙蒙政会，其权力范围，乃限于察省，德王心殊不甘，遂进一步受日寇利用，在察北组织伪军政府，嗾使伪匪犯绥，至有二十五年冬之绥东抗战、红格尔图及百灵庙诸役，其详情当于后章分述之。

三　日寇之侵略内蒙

日本自明治维新后，确定其"大陆"、"海洋"两侵略政策，其大陆政策，即以我满蒙为起点。但当时格于俄人势力之东渐，不能遽行染指。日俄战争后，从俄人手中，攫得南满权利，遂开始其对于内蒙之侵略。其庞大之南满铁路株式会社，资本达二万万元，雇用职员至二万余人，不啻为对我内蒙设置之一"东印度公司"。又田中内阁之侵略满蒙积极政策书中，有云："我大和民族之欲步武于亚洲大陆，以握执满蒙利权，乃其第一大关键也。满蒙者，非支那之领土，亦非支那特殊区域。内外蒙既以王公旧制为治，我国能以旧王公为对手，方可缔结利权，而扶植其势力。故福岛关东长官之长女，献身于图什业图王府为顾问，内外蒙古各王府等，无不以诚意对我。已派多数退伍军人密入其地，收买其牧畜而操纵其王公。且支那政府及赤俄尚未注意之时，我国预先密植势力于其地，如其内外蒙古土地，多数被我买有之时，斯时也，蒙古人之蒙古欤？抑日本人之蒙古欤？使世人无可辩白！我则借国力以扶持我主权而实行我积极政策也。"又不啻其侵略我内蒙中，鬼蜮伎俩，一自画之招供。

当日本既战胜帝俄，声势大张，本可一举而遂其图霸南满、东蒙之心。但因列强干涉，不得不越趄其步，两国遂亦在表面上暂时弃嫌修好，企图于我满蒙平分春色，实际则暗斗极烈。故自此时起，至民国五年止，其间有三度协定、三度密约之缔结。尤以第二次密约，划长春以南之满洲，及内蒙古之一部分，为日本所有；长春以北之满洲，及其余之蒙古地域，为俄国所有，两国在满蒙之势力范围，全行确定。民国二年，日寇借口南京事件，向我提出建筑满蒙五铁道之要求。计：（1）由开原至海龙；（2）由四平街至洮南；（3）由洮南至热河；（4）由长春至洮南；（5）由海龙至吉林。其中（2）（3）（4）各条，皆横贯东部内蒙古，可谓日寇侵夺我内蒙之先声。

民国三年，欧战发生，俄国因西境多事，无暇东顾，日寇图谋满蒙之野心乃益亟，翌年一月十八日竟向袁世凯提出迫我亡国之二十一条要求。其中与内蒙有关者，有第二号下列各款：（2）日本人在南满、东蒙，有土地所有权，及租借权。（3）日本人得在南满、东蒙，任便居住往来，并经营商工业。（4）允日人在南满、东蒙，得有各矿开采权。（5）中国承认左开各项，须先得日本同意，然后办理：（甲）在南满、东蒙允他国建造铁路，或向他国借款造路之时。（乙）将南满、东蒙各项税作抵，向他国借款之时。（6）南满、东蒙聘用政治、财政、军事各顾问教习，必须先向日本政府商议。

其后于四月二十六日，复提出修正案二十四条，其中关于东蒙者：（1）该处地方税抵借外债时，先与日本商议。（2）该处借款造路时，先与日本商议。（3）开放商埠，须得日本同意。（4）日人有与华人在该处合办农业与制造业之权。

"五九"迫袁承认后，继之有中日两国关于南满、东蒙条约之缔结，关于东蒙者，有左列二条：（1）如日人与华人有愿在东蒙合办农业及附随工业时，中国可允准之。（2）中国从速自开东蒙合宜地方为商埠。

稍后，东蒙哲里木盟境内，即有郑家屯事件之发生。该处本不临南满路，又非商埠，乃日寇乘二十一条交涉时，移驻军队于此，并设警察署，是年八月，借口中日士兵冲突，全部占领该地。向我提出三项蛮横要求，后虽未达到目的，但警署终未撤去。

民国七年，满蒙四铁路借款，预备合同订立。该约规定由我向日兴业银行、台湾银行，及朝鲜银行，借款兴筑满蒙四铁路，条件为年息八厘，以四路之财产及收入为担保。所谓四路：一为开吉路，由开原至吉林；一为长洮路，由长寿〔春〕至洮南；一为洮热路，由洮南至热河；一为由洮热路开之某一地点至某海港之路。

民国十六年，日本田中内阁登台后，对满蒙之侵略，更采取极端之积极政策，吾人观于上述对天皇奏章之一部，即可窥梗概。于是一而东方会议，再而大连会议，三而改革在满机构，确定"满铁第一"方针。对于吞并整个满蒙，大有炙手可热之势。旋即向关外王张作霖，促其立时解决中日间满蒙一切悬案，并提出对满蒙五铁路敷设权之要求。张氏允之，于十七年六月，签订秘密协定。后以张氏遇害，协定卒未果行。至此次之五路，则为：（1）吉会线，由吉林至会宁；（2）长大线，由长春至大赍；（3）洮扶线，由洮南至扶余；（4）通海线，由通辽至海龙；（5）昂齐线，由昂昂溪至齐齐哈尔。

民十七而后，本党北伐，奠定全国，因张学良之易帜，日人侵略满蒙之阴谋，无疑已受一严重之打击。自是数年之间，纠纷迭乘，事端叠起，卒岁几无宁日，终之至民国二十年，有"九一八"巨变作。

"九一八"事变中，日本以武力强占我东北三省，东蒙哲里木盟遂随三省之失而俱亡。翌年二月，伪满洲国成立，将热河划入伪国之版图内。继之藏本失纵〔踪〕事件为借口，对我热河西犯。三月初而热河全境皆陷。于是东四盟中之昭乌达、卓索图两盟，亦相继非为我有。

热河陷后，日人即于哲里木、昭乌达两盟及黑龙江之呼伦贝尔地方，设置伪兴安东、西、南、北四分省。其兴安东分省，包括布特哈、喜札嘎尔各旗；兴安南分省，包括哲里木盟科尔沁部左右翼，及扎赉特各旗；兴安西分省，包括昭乌达盟之扎鲁特、阿鲁科尔沁、巴林、克什克腾、奈曼部各旗；兴安北分省，包括呼伦贝尔地方之索伦、新旧巴尔呼、额尔克纳各旗。至热河省西辽河南岸之卓索图盟，则设置一业务局，直属伪兴安省。

当二十二年三月，日寇犯热河时，察北之多伦，亦陷于敌手。以后日人即在多伦设伪东蒙自治局，以为西进之根据。二十四年冬，日寇当华北风云紧张之际，要求察哈尔省府，撤退察北六县——沽源、宝昌、康保、商都、赤城、张北——保安队，而以卓什海率领之伪蒙古保安队接防，同时计划以此六县改盟，以盟长饵卓什海。是年十二月九日，开始从事武力攫取。伪军李守信、卓什海两部数百人，在日寇飞机掩护之下，分途攻占我沽源、宝昌，不一月而六县境全陷。

日寇进占察北后，又有绥东五县及晋北十三县之要求，经我严词拒绝，晋、绥各军，更严阵以待，寇以计不得逞，乃转而胁诱德王，利用蒙政会与绥省府间之嫌隙，嗾使德王琵琶别抱，在嘉卜寺成立伪蒙古军政府，改元易帜，而为自溥仪、殷汝耕后，日寇制造下之第三号傀儡政府。

　　伪蒙古军政府，于二十五年五月成立，此为日寇侵略内蒙中，最初建立之傀儡机构，成立之初，即积极于作侵绥之军事准备。是年七月初，德王飞长春，与日方接洽军费、枪械暨军事顾问等，既而派包脱〔悦〕卿，赴热河招募军队，扩充实力，收编王英、王道一等匪部，成立伪军。一面日寇更以嘉卜寺为中心，派遣大批特务人员逐步向西扩张，百灵庙而外，外蒙边境上之松稻岭，宁夏之阿拉善、额济纳两旗，亦成为其活动范围。特务机关、无线电台、粮站、飞机场之设置，不一而足。于是时机日益紧迫，至有是年冬季绥东之战。

　　绥东抗战之序幕，为八月初红格尔图之战，伪匪王道一部，于此次被我痛击，溃散大半，王匪亦因此被刺。十一月中旬，战幕重启，伪方为王英、李守信、卓什海等部，共一万余人，十四日起，开始红格尔图争夺战，伪匪先后袭击六次，均被击退。最后我乘势出击，攻入王英之伪总司令部，造成光荣之大胜。是月二十三日晚，我军为减除侧背威胁，扫灭敌伪在绥活动根据地，开始向百灵庙出击，于翌日晨九时，将该庙完全克复，获面粉二万袋、弹药数万箱、枪械千余支。德王经此次打击后，气势沮丧，伪军之金宪章、石玉山、安华亭、王子修等部，复乘机纷纷反正。同时绥境蒙政会之沙王、巴王等，亦发出通电，表示竭诚拥护中央。日寇之西侵，遂不得不亦因此次之打击，暂时偃鼓息兵。

　　二十六年七月，芦沟桥事变作。我驻绥东之石玉山等部，曾一鼓收复嘉卜寺，嗣以省防军主力他移，省当轴调镇他方。九月初南口陷落后，省内之丰镇、集宁、归绥、包头，亦相继不守。于是境内乌兰察布盟各旗、归化土默特旗，及绥东四旗，随之右〔又〕敌骑出没，其保持完整如初者，则惟西南隅之伊克昭盟而已。

四 德王傀儡登场之前前后后

德王在盟旗王公中，才力本尚可用，但以政治上的野心过大，对于国家民族无正确之观念，故易受日寇之利用，甘作傀儡，为成吉思汗之裔胄，种下不世之耻辱。

二十五年初，察境蒙政会成立后，德王尚被任为该会委员长。中央姑息者再，乃以自身经不起日寇分化政策之构陷，不能于此时机，有事实上之剖白，反至委身事敌，不旋踵而有嘉卜寺伪蒙古军政府之成立。

嘉卜寺伪军政府成立之前，德王为铺张门面，于是年五月十二日，在乌珠穆沁旗，有第一次伪蒙古大会之召集。会中决定改元（以成吉思汗生辰纪元），易帜（改旗帜为黄——蓝——白——赤——白——蓝——黄，各色顺序横列）。并即组织伪蒙古军政府。府内设主席一人，由云王担任，副主席二人，为×王、索王，总裁一人，为德王，而实际则以德王为全府主要角色。主席总裁以下，设一办公厅，厅内分法制、经理、铨叙三科；并配以参谋、参议两部，内务、外交、财务、军事、交通、教育、实业、卫生八署。其中任伪办公厅主任者，为补英达赖，参谋部长为李守信，参议部长为吴鹤龄。

军事方面，有李守信组织之伪一军，辖四师，师长为刘济广、尹宝山、王振若、吴嘏庭；德王自组之伪二军，师长为尹绍先、包恩普、穆克登宝、包悦卿；及王英组织之伪三军，该军曾先后以"西北防共自治军"及大漠义军等名义出现，故内容极复杂。此外卓什海之伪蒙古保安队，第一队驻张北，第二队驻尚义，第三队驻宝昌，第四队驻康保，第五队驻沽源，第六队驻德化。绥东败后，伪军组织，已大半瓦解。

二十六年芦变作，察、绥相继沦陷。日寇于九月四日，指令汉奸在张垣成立伪察南自治政府，十月十五日，在大同成立伪晋北自治政府。十八日，德王由嘉卜寺飞绥垣，组织"伪蒙古大会筹备本部"，以便召集第二次伪蒙古大会。在日寇刀锋剑铓之下，产生第二度之傀儡组织。当时伪军政府颁布之《蒙古大会组织法》，规定由下列人员参加：（1）各旗、各市、县民众代表一人；（2）各旗扎萨克总管，各市、县长；（3）伪蒙古军政府许可之地方或团体代表（包括日寇顾问在内）；（4）各盟正副盟长、盟务帮办；（5）伪蒙古军总司令，正副参谋长、师长，及其驻外代表；（6）伪蒙古军政府正副主席、总裁、委员、参军、厅部长、主任、参谋、帮办。（上项组织法，在伪联盟自治政府成立后，略有变更）

十二月二十七日，第二次伪蒙古大会，在日寇关东军参谋长东条英机、特务机关长桑原荒一郎等直接主持之下，宣告开幕。事后据伪政府发表，此次与会代表一二九人，列席者十二人（包括东条、桑原等），实际则上列参加人，（3）（5）（6）条所开，全为汉奸，民众代表，徒共〔供〕粉饰，各旗总管扎萨克，则大都为威胁而来，非出其本意也。

此次大会，其主要决议如下：（1）通过组织伪蒙古联盟自治政府；（2）推举云王、德王为伪蒙古联盟自治政府正副主席；（3）宣布伪组织各种法规。

经此次会议后，伪联盟自治政府即宣告成立，并改归绥城为厚和豪特（简称厚和市），并于四盟（即锡、乌、伊、察哈尔盟）之外，成立巴彦搭拉盟，统辖巴彦（即归绥县）、武川、和林格尔、清永〔水〕河、丰镇、集宁、陶林、兴和等县，以补英达赖任盟长。

关于伪联盟自治政府，其《组织大纲》规定如下：（1）蒙古联盟自治政府，置主席及副主席，由蒙古大会推德高望重、于蒙古复兴有大功者任之。主席为主权者，副主席于主席有事故时代行之。（2）以蒙古故有之疆土为领域，暂以乌兰察布盟、伊克昭盟、锡林郭勒盟、察哈尔盟、巴彦搭拉盟及厚和市、包头市为统制区域。（3）以"防共"及民族协和为基本方针，以生、聚、教、兴、养、卫六事为施政纲领。（4）用蒙古军政府当时之旗帜。（5）以成吉思汗纪元为年号。（6）联盟自治政府设于厚和豪特。（7）联盟自治政府权限及其与地方之权限，依均衡之原则以法律定之。

又伪政府内部主要机构及其权责，根据其《暂行组织法》，所载如下：（1）蒙古联盟自治政府，依左列院部组织，由主席统辖之：政务院、总军司令部。（2）主席由蒙古大会推载〔戴〕之，其任期为五年，蒙古大会组织权限另定之。（3）主席关于联盟统治负一切责任。（4）副主席辅佐主席，主席有事故时，代行其职务。（5）政务院掌理诸般行政，政务院置院长。（6）总军司令部掌理关于军事事项，总军司令部置总司令。（7）主席之发布命令，关于军事者，由总司令副署，其他命令由政务院院长副署。（8）置政务最高顾问及军事最高顾问，关于政务、军事，分别应主席之协议。（9）置参议，关于重要事项，应主席之咨询。

上述之政务院长，由德王兼任，总司令由李守信担任，最高顾问为日人宇山兵士。又政务党〔院〕之下，设民政、财政、保安三部，民政部长陶克陶，财政部长吉尔嘎朗，保安部长特克希卜彦。

日寇之最高顾问，为伪组织之实际操纵者。在伪联盟自治政府内，并特设一顾问部，居幕后操纵一切，其组织最高顾问之下，于伪政府各部、署，均设部员（即顾问），由最高顾问直接指挥。各盟市公厅，设主任顾问。各旗县设顾问或辅佐官。保安队、警察署等机关，则为指导官。所有各级顾问之人事分配、调动，及其各种工作，皆最高顾问负责，所在机关主官，无权过问，而顾问之推荐则由寇平绥路兵团司令莲沼蕃任之（推荐后，由伪政府聘任之）。故最高顾问及顾问部之一切工作，皆系受莲沼蕃与特务机关之指导，伪组织中，德王以下，不过为其傀儡而已。

二十七年三月二十四日，云王逝世，是时我驻晋、绥部队，正同力反攻，一度且进至归绥城附近，省内民众，蜂起抗战，各盟旗王公，益趋动摇。德王乃于是年七月一日，召开第三次伪蒙古大会，会中决定以德王任伪联盟政府正主席，仍兼政务院长，李守信升副主席，仍兼蒙古军总司令。并为因应日寇榨取我内蒙各地资源，巩固其盘踞区统治计，于八月一日，复将伪组织改组，其决定办法如下：（1）扩大伪政务院为四部一厅，于民政、财政、保安三部外，特设畜产部，专司开采察南之铁、晋北之煤、绥远之羊毛等一切资源。又增置总务厅，总揽一切行政，以便操纵。（2）延揽汉蒙有名望之缙绅士官，成立参政会，及政务委员会。（3）在各蒙旗大量抽拔壮丁，以纯蒙人之保安队，分担各县保安事宜。尽量取缔汉人武装，并对蒙军中之动摇分子，加以肃清。（4）合并厚和市及巴彦县为首都，设厚和特别市。

以上各部分人选：德王、李守信以下，伪参议会议长吴鹤龄，政务委员会委员长陶克陶，政务院总务厅厅长陶克陶兼，民政部长特克希卜彦，财政部长吉尔嘎朗，保安部长雄诺多尔布，畜产部长郭尔卓尔扎布。参谋官恩普、李春秀、伊崇立、李明远。

军事方面，伪总军司令之下，共辖九个师：第一师师长丁其昌，第二师师长陈生，第三师师长王启华，第四师师长鲍贵庭，第五师师长尹绍先，第六师师长姚长青，第七师师长达密凌苏龙，第八师师长戴清选，第九师师长苍都楞。其中十〔一〕至六师，为李守信基本实力，七至九师，为德王之嫡系。此外辖游击队三：第一游击队森盖林沁，第二游击队李根车，第三游击队罗汉。又伪西北边防自治军，军长丁志谦，下辖四个师：第一师师长高振兴，第二师师长萧进堂，第三师师长李兆兴，第四师师长夏金川，该军武器、待遇，均较劣。至二十八年秋，内部纷纷反正，全军殆已瓦解。

当二十六年十月，伪联盟自治政府成立之初，伪察南自治政府（辖察南十县）、晋北自治政府（辖晋北十三县）亦先后成立，是时日寇鉴于平绥沿线在军事上、政治上各方面之特殊情形，为调查并统治三伪组织，有计划的进行产业、金融、交通等之统制起见，于十一月二十二日，召集三傀儡代表，成立伪蒙疆联合委员会于张坦，由日寇派最高顾问金井章二为该会主持人（关于蒙疆委员会，详细情形，见下章）。嗣日寇鉴于此种遥遥驾驭，不如直接指挥之便利，乃于二十八年九月一日，决定将〈伪〉蒙疆联合委员会与三傀儡组织合并，改组为伪蒙古联合自治政府，仍以德王任主席，并调原任察南、晋北两伪政府主席夏恭、于品卿为副主带〔席〕，由金井章二任最高顾问。原有之两伪组织，则改为察南政厅与晋北政厅，设政厅长官，同隶于伪联合自治政府之下，其地位与各盟公署等。

上述各部分人选：德王以下，副主席夏恭、于品卿，蒙军总司令李守信，参议府参议吴鹤龄，秘书处长村谷彦次郎，政务院长卓特巴扎普，咨议雄诺多尔布、特克希卜彦，总务部长关口保，民政部长松津旺楚克，治安部长丁其昌，司法部长陶克陶，财政部长马求魁，产业部长杜运宇，交通部长金永昌，牧业总局局长郭尔卓尔扎布，榷运清查总署署长吉尔嘎朗，蒙疆学院院长关口保兼，察南政厅长官陈玉铭，晋北政厅长官田汝弼，其各部次长及各副局、署、院长，则多由日人担任。如民政部大场辰之助，司法部波多野义熊，财政部日比野襄，产业部野尻哲二，交通部伊藤佑，牧业总局泉名英，榷运清查德署高须进一，蒙疆学院田边寿利，察南政厅竹内元平，晋北政厅前岛升。

以上二十八年（伪成吉思汗纪元七三四年）九月一日改组之伪组织，截至记者执笔时止，内容尚无若何变更。

五　日寇宰制下的伪蒙

日寇对内蒙之侵略，既处心积虑，事非一日，故其铁骑所至，亦蹂躏残踏，较他处为甚。二十七年冬之近卫声明，即有创内蒙为"防共特区"，永久驻兵之议，可见其野心之炽，以较之其他盘踞区，不啻作另眼看待也。

当二十六年九十月间，伪察南、晋北、蒙古联盟三自治政府相继成立之时，日寇为攫取整个平绥线利益，在张垣成立伪蒙疆联合委员会，此即为日寇宰制内蒙之最高机关。按之事实而论，察南与晋北，本不属于"蒙疆"，但日寇之着眼点，既在于此一交通线上之利益，一方面又强词夺理，援引其御用历史家之荒谬论调，谓凡长城以北地区，皆属蒙古地带，应按着"历史的正义"，还之蒙人。故不惜牵强附会而为之，而究其实际，殊不值识者一笑。

伪蒙疆联合委员会成立后，即标榜"治安第一主义"，兼以"亲日防共"、"民族向上"、"民族协和"等为纲领，积极实施奴化政策，对于所谓"矿产畜产等资源之开发"、"交通通讯之整备"、"金融币制之统治"、"财政统制之确立"等，进行尤不遗余力。其时之伪联合委员会，以日寇最高顾问金井章二为首领，由三傀儡组织各派二人及日方所派人员任委员。下设总务委员会。总务委员会掌理最高政策之决定，与各伪组织之行政事项。余则分掌各部门。

二十七年七月，日寇为扩大该委员会范围，使其彻底成为伪蒙疆组织之中央政权，又召集三伪组织代表，改组以前之四委员会为六部制，成立总务、财政、产业、交通、保安、民生六部。其一般施政，则举凡财政、经济、教育诸端，无不为三伪组织综合之领导。日寇并招集三伪组织之首脑部德王、李守信、于品乡〔卿〕、夏恭等赴东京，划蒙疆为单独区域，使其担当"防共前驱"之责任，并确定所谓"产业开发四年计划"等等。

上述之伪蒙疆联合委员会，至二十八年九月，始与伪蒙古联盟、察南、晋北三伪组织，作实际之归并，而有伪蒙古联合自治政府之产生。

日寇之宰制伪蒙，实质上既将伪察南、晋北两自治区包括在内，其一切计划经营，又多并而不可分。故在其对于其宰制伪蒙之情形，亦与上列两地区，综合论之。兹就金融、财政、交通、产业、文化、军事等六方面，分述如下。

甲　金融方面

（1）严禁法币流通　日寇于占领平绥线后，即成立伪察南银行，严厉取缔我法币，及地方发行之各种钞币，先以伪币贬值收回，复强迫接收我中、中、交行分行，勒令停业。当时绥远境内流通之我方纸币，计绥远平市官钱局约六百五十万元，中、交两行约七百万元（据伪方统计）。

（2）成立伪银行　日寇在伪蒙疆区域内之金融机关，计有察南银行、蒙疆银行，及察南、晋北、蒙古联盟等三实业银行。而以伪蒙疆银行为其机构。该行系合并前绥远平市官钱局、丰业银行及察南银行而成。资本据日寇发表，为一千二百万元（缴纳四分之一），发行十元、五元、一元及五角辅币钞四种，其发行总额，据日寇宣称，为二千八百万元，在绥远境内发行者，为一千三百万（实际应不止此数）。总行设张家口，此外于大同、归绥、丰镇、怀来、宣化、涿鹿、包头、平地泉、北平、张北、多伦等地，均设有分行。伪总裁包悦卿，副总裁日人寺畸英雄。

伪蒙古联盟实业银行，原隶属伪蒙联盟自治政府，系强夺归绥、包头、集宁、丰镇各地银钱及资本，合并而成。于二十七年三月一日成立，资本一百万元。总行设归绥，包头、丰镇、集宁及各县设分行。伪董事长朱锦，常务董事赵桂龄、杨兆荣。

伪晋北实业银行，原隶属伪晋北自治政府，系合并大同十三号钱庄、银号而成。每家一万元，连同伪蒙疆联合委员会资金，总额号称百万，总行设大同。口泉、阳高、岱岳、左云、天镇、朔县、应县、浑源、广灵等县，均设分行。伪董事长胡广理，董事刘廷焕、马永魁、翟永澝。

伪察南实业银行，原隶属伪察南自治政府，资金数未详，总行设张家口。宣化、蔚县、涿鹿、阳原、怀来、赤城等县，均设分行。伪董事长赵愈，常务董事兼经理程有光。

（3）发行伪钞　现在伪蒙疆区流通之伪钞，除"日鲜"、伪满、伪联合准备三行发行者外，伪察南银行钞票，系以旧东北银行废钞改涂而成。发行额据估计，最少在三千万以上。伪蒙疆银行发行额，以后续有增加，目前最少在三千五百万元以上。其发行方式，除强迫阻止我法币及地方旧钞流通外，更施行所谓农村借贷、高工借贷，用强迫手段，分派各地。截至二十七年底，据伪蒙疆银行发表统计，总数已达二千零八万九千元。

乙　财政方面

日伪在伪蒙疆区域之财政政策，除"统制金融"实行"货币一元化"外，主要为税务制度之确立，加紧赋税剥削，在各伪组织之下，成立税务管理局（伪蒙古联盟政府之税务管理局，成立于二十八年三月一日，系合并我过去之绥远禁烟总稽查处、塞北关监督公署、晋冀察绥区税务局、绥远查验所、榷运局等机关而成）。举凡关税、统税、盐税、田赋等，一律重行划配，以求维持其收支预算之平衡。此外并发行"福利奖券"（二十七年八月起，在张垣发行，每月二百万元），"统制贸易与汇兑"（成立贸易与汇兑统制委员会），推行日寇之"中国事变爱国公债"等等。又为巩固其金融统制，提高伪币信用，复策动日本住友银行及德华银行，与伪蒙疆银行签订汇兑契约。同时派代表马永魁等，参加二十七年十二月日寇在东京召开之"日华满蒙经济恳谈会"，并组织"蒙疆金融业者访日视察团"，赴日、"满"考查，以图实现其所谓"日满对蒙疆金融之支援"。

至伪蒙古联盟政府财政，其二十七年度预算，计岁入经常部六，一二五，〇四九元，临时部三三，二五〇元；岁出经常部三，二八〇，二六六元，临时部二，二七八，〇三三元，预备金六〇〇，〇〇〇元，岁出入各六，一五八，二九九元。其收入部分，据伪政府发表，主要者为：

（单位千圆）

鸦片税	二，五二八
盐税	四七九
统税	九四三
陆关税	三〇〇
田赋	一，二四〇
契税	七一一
烟酒税	三九四
印花税	一一二
牙税	三六七
营业税	三四六
牲畜屠宰税	三二二
斗税	三二五
税外收入	二，一三〇

以上共计九，六三二（单位千圆）。

丙　交通方面

日寇在平绥沿线之交通事业，包括铁路、汽车、航空、电气、通讯、邮务等项。平绥路直属日寇之"北支事务局"，伪蒙疆联合委员会，仅于"蒙疆区域"一段（共八一六公里），参与其计划与营业之推进，余无权过问。原属于伪联盟自治政府之一段（共三八八公里）则由日寇之铁道部队户泽部队直接管理，伪组织更无置喙余地。此外关于：

1. 汽车运输　完全由伪蒙疆汽车公司办理，总公司设张家口，大同、平地泉、绥远、包头、沙城、张北各设营业所，张家口与包头设修理工厂。伪经理溪友吉，副经理久保淳，经营有包头、归绥、大同、张家口、宣化等地之市内公共汽车，归绥至托县，归绥至百灵庙、贝子庙、西苏尼特、张家口，以及张北、多伦，均可通长途汽车。

又日寇在铁路与汽车路附近之村中，实行所谓"爱路村"——"有皇军爱民""良民爱路"等口号——以各种反宣传，愚弄我民众，防止我游击队之破坏。

2. 电气通讯　重要者为电话事业。重要城市，一律有市内电话及市外长途电话之敷设，由伪蒙疆电汽通讯株式会社办理，该社社本部设张家口，理事长日人安中义祢。此外广播事业，有伪"放送局"及"放送委员会"，为日寇作虚伪之宣传，其所在地，亦为张垣。

3. 邮电　察绥沦陷后，日寇即组织伪邮电总局于张垣，由日人藤井佳吉任局长，接收我各地之邮电事业，惟邮票至今仍系使用我旧日印出者，仅加以伪政府之戳印。现任各地邮电局长，张家口为林培深，大同为石子升，归绥为韩凤文，包头为时古。

丁　产业方面

1. 矿产　日寇为统制与开发伪蒙疆区域之资源，特别提出所谓"蒙疆四年产业计划"，其主要内容，即在掠夺我平绥沿线丰富之矿产。如察南之铁、晋北之煤等，皆由日寇之兴中公司经营，分别作大规范之开采，甚至将我现有者予以没收（如晋北煤窑）。该公司于张垣设支社，口泉、下花园设出张所。支社长山际满寿一。此外于龙烟，设龙烟铁矿业筹备处（二十六年十二月成立），亦由山际满寿一负责。

2. 畜产　日寇视煤、铁与牲畜为"蒙疆"三大特产。为尽量开发计，在伪蒙疆联合委员会及联盟自治之中，均特设畜产部。据日寇发表统计，伪蒙疆区内，共有：

绵羊　　三，九五五，〇〇〇头

山羊　　五六〇，〇〇〇头

马　　　五〇〇，〇〇〇匹

骡　　　九六，〇〇〇匹

驴　　　二七五，〇〇〇头

骆驼　　五二六，〇〇〇头

猪　　　五四〇，〇〇〇头

共计　　六，八七三，九〇〇头

至羊毛一项，年产约五千万担。日寇为统制垄断计，悉由钟纺、三井、三菱、日毛、兼松、大蒙、满蒙毛织、满蒙畜产等八公司联合经营。各该公司，并以三百万元之资本，设蒙疆毛业同业会，于二十七年一月正式成立，以日人仓和四郎、加藤尚三为正副会长，神谷信利为理事。

3. 商工业　日寇以在"蒙疆"之商工业，与都市建设有密切关系，故集中力量，建设张家口、大同、归绥三市，使其尽量工业化。各地商业贸易，一律施以统制，大部分为伪蒙疆公司、大蒙公司负责，此外之各业商店，则分别成立各种"组合"与"同业会"等，完全以销售日货为主。关于伪蒙疆公司，总店设张家口，内分烟土部、皮毛部、杂粮部、铜货部。常务理事日人渡边伟，各地均有支店。伪大蒙公司，总店原设长春，现移张家口，于辽宁、多伦、赤峰、林西、贝子庙、张北、大同、归绥、包头等地，均设分店。经营日本及伪满州〔洲〕国砂糖、煤油、酒类、杂货、烟草、纺织物等向"蒙疆"之输入，与平绥沿线之食粮、蒙盐、皮类、牲口等之卖出，资本一百一十万元。

此外电气部分，由伪蒙疆电业株式会社独揽。石油业由伪蒙疆石油股份有限公司垄断。运输业则有伪蒙疆运输股份有限公司，为之包办。其总公司所在地，均为张家口。

4. 农业　农业方面，日寇之主要政策，为增大田赋收入，与日本移民，对于绥远年产约一千万两之鸦片，尤视为大宗财源。

戊　文化方面

1. 新闻机关　日寇为彻底实施其奴化政策，对文化统制，极为注意。除严阻我方一切书报刊物流入外，在伪蒙疆区域内，共办有报纸五种：即（1）《蒙疆新闻》（日文版）；（2）《蒙疆新报》（为过去伪蒙疆联合会及察南政府机关报），地址均设张垣；（3）《蒙疆晋北日报》（伪晋北政府机关报，地址大同）；（4）《蒙疆日报》（伪蒙联盟政府机关报，地址归绥）；（5）《察哈尔新报》（伪蒙政府察盟公署所办）。另设有蒙通社、蒙疆新闻社等通讯机关，地址均在张垣。

2. 学校教育　以伪"蒙疆学院"为最高学府，养成高级汉奸。此外于归绥设伪蒙古学院，大同设伪晋北学院，张家口设伪察南学院，皆三个月毕业，专门训练各伪组织汉奸官吏。

中学方面　　正尽量恢复旧日各学校。计有伪蒙联盟政府二所，察南政府四所，晋北政府二所，其他尚有专为麻醉蒙古民族特设各种青年学校（如察盟青年学校、锡盟青年学校、乌盟青年学校、包头青年学校），及临时训练班所等（如师资养成所、日语讲习所）。

小学方面　　有各盟旗、各县市，及所谓善邻协会创办者，据日寇发表统计，过去伪蒙联盟自治政府治下，已立案开办者，有下列之数字：

伊盟	七所	学生	一四〇人
巴盟	二五八所	学生	一四，四六六人
察盟	二三三所	学生	七，九四三人
锡盟	十所	学生	三五〇人
乌盟	九所	学生	一九〇人
厚和市	八所	学生	二，一〇〇人
包头市	八所	学生	一，〇一三人

惟全系带宣传性质，实际数字，殆不及其三四，如伊克昭盟，其全境并无伪小学存在也。

课本方面　　目前暂采用伪满教材，惟伪蒙疆联合会已成立一编纂委员会，着手编纂适合于"蒙疆区域"之教本。其主要方针，不外以"防共亲日"、"民族协和"，造就汉奸人材为目的。

此外日寇文部省，于二十七年十二月，复派遣大批指导人员，分配伪组织各教育机关及各种重要学院，又就"蒙疆区域"方面，抽拔汉、蒙、回青年，送赴日、"满"留学。计去日本者三十人，去满洲者十四人（赴"满洲航空社"学习飞行），以培植高级之汉奸人材。

3. 社会教育　　各县除设民教馆等机关，配合其宣抚班、爱民班、工作班，进行汉奸亲日宣传外，并严令旧日之教员、学生、公务人员及知识分子，一律报到，分别加以训练，或分发工作。对于青年则迫令参加所谓"排共青年团"、"少年团"、"儿童团"、"妇女防共会"等组织，以"防共"为烟幕，积极消磨其民族意识，达到奴化之目的。

己　军事方面

日寇于进犯察北之际，即怂恿卓什海等组织伪蒙军。伪蒙联盟自治政府成立后，其各县防务，仍多由伪军主持，日寇仅于沿铁路线及交通要点，配置警备队若干，数量从百余人至四百人不等。总司令官莲沼蕃，驻张垣。伪军分两部，伪联盟政府总军司令部，共辖九个师，由李守信指挥，另伪西北边防自治军，约三千人，则直属日寇之特务机关领导。后者至二十八年终，已全部瓦解，无复残存。此外又利用过去之民团及警察，改编为旗伪保安队。每县均设警察署若干处。民团部分，则编为伪自卫队及清乡队，无固定饷糈，听其任意鱼肉乡曲。其后日寇特务机关，又感于汉人多不心悦诚服，受其愚弄，乃实行枪枝登记，以种种方法，予以缴收，而另编纯蒙人之保安队代替，一面从东北调来汉奸，充当干部，使其完全奴化。其次日寇复积极实现所谓交通网及公共政策，以便利寇军行动。并办理良民登记，实行保甲清乡。一方面又在伪蒙政府内，设立警官学校，训练高级警探及特务人才，由日寇派顾问从旁主持。各地警察署，更特设高等股、情报股等组织，网罗汉奸、特务人员，收买各地奸民，在各县镇、各乡村布置情报网，企图以高度之特务手段，侦查我军及抗日团体之活动。

以上为日寇宰制伪蒙之大略情形，其关于盟旗组织之变更，当于下章述之。

六　伪蒙盟旗组织之变更

伪蒙联盟自治政府，既将绥远省名义取消，另成立巴彦搭拉盟，故其对原有盟旗之划分，显有重大之变更。伪蒙联盟自治政府组织大纲规定：其暂时之行政区域，为乌兰察布盟、察哈尔盟、巴彦搭拉盟、伊克昭盟、锡林郭勒盟、厚和特别市及包头市（二十八年九月改组后之伪蒙联合自治政府，始包括察南、晋北）。并据日寇宣称：以上共有土地五十五万五千平方里，人口二百七十余万（内蒙人三十一万，回教徒五万，其他均汉人。——德王宣言号称三百万）。实际则伊克昭盟，我仍完整，乌盟仅一部附逆，五原、临河仍由我绥省府领治，其他各县属乡镇，亦大半仍在我游击部队控制之下，行政组织，屹然存在，日寇、德王之云云，不过徒掩面称王，夸大其词而已。

兹将伪蒙政府所宣布，各盟旗在伪组织治理下之现状如次：

一、巴彦搭拉盟　辖五旗十一县，即：正红旗、正黄县〔旗〕、镶红旗、镶蓝旗、土默特旗、萨拉县、清水河县、托克托县、凉城县、兴和县、集宁县、丰镇县、陶林县、和林格尔县、固阳县、武川县。

二、察哈尔盟　辖八旗八县，即：明安旗、高都旗、太仆寺左翼旗、右翼旗、正白旗、正蓝旗、镶白旗、镶黄旗、张北县、沽源县、商都县、崇礼县、康保县、多伦县、德化县、尚义县。

三、锡林郭勒盟　辖十旗，即：苏尼特左翼旗、右翼旗、乌珠穆沁左翼旗、右翼旗、浩齐特左翼旗、右翼旗、阿巴噶左翼旗、右翼旗、阿巴哈那尔左翼旗、右翼旗。

四、乌兰察布盟　辖六旗一县，即：四子部落旗、茂明安旗、喀尔喀右翼旗、乌拉特中旗、前旗、后旗、安北县。

五、伊克昭盟　辖七旗四县，即：准格尔旗、郡王旗、达拉特旗、鄂托克旗、乌审旗、抗〔杭〕锦旗、扎萨克旗、东胜县、五原县、临河县、沃野县。

又伪盟公署，其组织系统，计盟长、副盟长之下，设官房及民政、畜产、保安三厅（二十八年九月改组后之伪蒙联合自治政府，易名为民生、警务、劝业三厅），官房下分文书、总务、企划三科，民政厅下分地方、教育、建设、财务四科，畜产厅分畜牧、家畜、牧野三科，保安厅分警务、特务、保安、警备四科。此外有日寇所派之主任顾问、各厅科、各旗县，则设有顾问。兹将伪蒙各盟盟长、副盟长及日寇之主任顾问姓名列后：

	盟　长	副盟长	主任顾问
巴彦搭拉盟	补英达赖	亢仁	泽井铁马
察哈尔盟	卓特巴扎布	特木尔博罗特	简牛特三郎
乌兰察布盟	巴宝多尔济	潘第荣〔恭〕察布	山本
锡林郭勒盟	林沁旺都尔	松津旺楚克	中村浅吉
伊克昭盟	×××××	阿拉坦瓦齐尔	田原守

伊盟既未沦陷，故伪伊克昭盟公署，即设于包头，由阿拉坦瓦齐尔遥领其名义而已。

七　内蒙"堪察加"——伊克昭盟

抗战以来，绥东四旗、土默特别旗及乌兰察布盟，相继沦于敌手，现硕果仅存者，惟伊克昭盟一盟，该盟处绥远西南隅，紧接晋、陕、宁三省，三面界河，南以长城与陕西接壤，事变以还，处理蒙政的中心机构，多集中于此，负复兴内蒙的重要责任，故名之曰"内蒙堪察加"，实当之无愧。

伊盟仅鄂尔多斯一部，共七旗，面积宽约千余里，长亦相似。

其北与西为阴山山脉，高度由五千尺至一万尺，南为横山山脉之斜坡，高度在四千尺左右，五原西南高二千九百余尺，平均为三千七百尺。河岸多沃野，适于耕稼，中南部则为河碛草原，适于牧畜，气候夏季最高温度在华氏九十度以上，冬季最低至零下二十度以下。每年十月后，河水皆冰，至翌年三月始解冻，因地多砂碛，气候调节性较小，一日之间常日暖夜凉，恍如隔季。又每遇春季多风，冬季多雪，夏则雨量缺乏。全境蒙民约十万人。"伊克昭"译意为"大庙"，即原会盟之地。该盟在秦时，为新秦中地，在汉为朔方郡，属并州，在晋为前后赵、前后秦地，北魏为统万镇地。在隋为榆林郡、五原郡，唐初置胜、丰二州，天宝年，改胜州为榆林郡，丰州为九原郡。由五代至宋、金，皆为西夏。元灭夏，立西夏中兴等路。明初设城于东胜等州，并立屯戍，耕牧其内。天顺间，蒙古酋长阿罗里与毛罗孩，始入后套。嘉靖中，其子号车臣可汗者，击破火筛部而居之，是为鄂尔多斯。车臣可汗乃元太祖之十七世孙，有子九人，分牧其处，服属于察哈尔。今鄂尔多斯部之七扎萨克，皆其后裔。兹将七旗情形，分述如下。

一、左翼前旗　通名准格尔旗，本古榆林塞。在隋为榆林郡，唐为河滨县，宋属西夏，明为榆林左卫地。扎萨克驻扎拉谷，爵位为固山贝子（本书所述各旗扎萨克驻地封爵，皆就始封时而言。——作者注），清顺治六年出封。佐领四十二额。全旗面积四万三千方里。东、北两面［积］濒黄河，南接边城，西界左翼中旗与后旗。由王府往萨拉齐、托克托、河曲、府谷四县，皆有平坦大道，可行载重车马。往东胜、清水河、达拉特、郡王旗各地，则较崎岖不便。人口蒙民三万七千，汉人六万四千。保安部队，凡千二百余名，战斗力甚强。土地已报垦者，共千九百三十余顷，皆已垦出。扎萨克布根巴德辅，年幼不能执政，由东协理奇文英护理印务，军权则与西协理奇凤鸣分掌，"七七"以后，奇凤鸣以态度暧昧，于二十八年秋，在应某将军之召途中，畏罪自杀，由奇涌泉继任伊之遗缺。旗务推进，益形顺利。现任旗内主要士官，除东、西两协理外，管旗章京点圪什、东梅仑巴尔脑亥、西梅仑吉尔合浪札布。该旗因接近游击区，为塞北战场之前线，故境内驻军甚多，在军事供应上，责任颇重也。

二、右〔左〕翼中旗　通名郡王旗，在隋唐为胜州地，清顺治六年，赐封额璘臣为多罗郡王（后授和硕亲王，在七旗中，封爵为最高），授扎萨克，佐领十七额，驻鄂锡喜峰。全旗面积约八千方里，东接左翼前旗，南至神木，西界右翼前旗，北连左翼后旗。今之东胜县境，大半在该旗境内，原成吉思汗陵寝所在地之伊金霍洛，亦在该旗境，该处为一四面环山之盆地，水甘草美，秀丽天成。人口约万余，蒙汉各半，武装兵丁四百余名。境内有大道，可通榆林、神木。土地已报垦者，凡九千六百余顷，皆已垦出。现任扎萨克为图布升吉尔噶勒，汉名福亭，年长而为人忠厚，除旗扎萨克职务外，尚兼绥蒙政会常务委员，及成陵护陵官——吉农等职。旗内主要士官，为头等台吉巴图济雅正德、记名东协理奇默特拉木、西协理贡补扎布、管旗章京恼尔布扎布、东梅仑银肯巴雅尔、西梅仑补伦巴旦户。抗战以来，该旗在拥护中央一贯国策之下，对于各种应进行之工作，推进不遗余力。

三、左翼后旗　通名达拉特旗。在汉为沙南县地，在隋唐为胜州，榆林郡治，清顺治六年，封额璘臣从弟沙克扎崇为固山贝子，授扎萨克，世袭罔替，领佐领四十额，驻巴尔哈逊湖。全境五万八千方里，东界左翼前旗，南接左翼后旗，西连右翼后旗，北临黄河，一部伸入五原境。由王府至萨县、东胜、包头、五原，皆有大路。沿黄河一带，土地肥沃，雨量均匀，适于种植，故出产极丰饶。土地已报垦者，共一万三千四百八十余顷，内已垦出者一万一千六百一十顷，已报未垦者一千八百七十余顷。人口凡七万余，内蒙人一万三千，汉人七万。武装兵丁六百余名。现任扎萨克为康达多尔济，汉名康济敏，通称康王。抗战以来，该旗团长森盖，最先附逆，康王一度被传至西安受训，嗣有森盖部之团长马子禧反正，康亦于二十八年春返旗工作。至是年冬，再度南下谒最高当局请训。旗内主要土官，年来迭有变动，姓名不详，该旗因接近包头前线，境内驻扎部队极多。旗内濒包头黄河南岸之大树湾，久为伪军盘踞，未予肃清，为伊盟全境之一赘疣。

四、右翼前旗　通名乌审旗，在隋唐为夏、胜二州地。清顺治六年，封额璘臣从子额林沁为扎萨克固山贝子，驻哈巴诺尔，世袭罔替，领佐领四十二额。全旗面积四万二千方里，东界右翼前末旗，南靠边城，与榆林、横山两县为界。北接左翼中、右翼后两旗，西达右翼中旗。境内沙漠遍野，行路艰难，除东、西可乘车马通行外，余无一定之路线，行旅多感困难。土地已报垦者，共千五百八十余顷，俱垦出，惟地质碛薄，风多雨少，不适种植，羊、马产量则颇富。人口约二万余，内蒙人居绝大多数，汉人甚少。武装兵丁，共四百余名。现任扎萨克为特古斯阿穆固朗，汉名德山，通称特王，现旗内军政一切，多交奇玉山处理。奇，青年英俊，治安得体，现除任该旗东协理外，兼西蒙抗日游击支队司令，卓然有为。其他重要土官，西协理奇国贤、管旗章京图孟巴雅尔、东梅仑补英巴雅尔、西梅仑多布济考举尔。该旗因接近内地，环境单纯，故在抗战中，旗政推行，一如平昔，未受若何影响。

五、右翼中旗　通名鄂托克旗。在汉为朔方郡南境，在隋唐为丰州，为宥州。清顺治七年，封额璘臣族子善丹为多罗贝勒，授扎萨克，世袭罔替，驻锡喇布里多诺尔，佐领八十四额。全境十七万方里，为七旗中面积之最大者。东界右翼前旗，南近边城，与陕北之靖边、定边两县界。西临黄河，与宁夏省境界，北接右翼后旗。境内由王府有大道可通行包头，西由沃野设治局可通宁夏，南至三边，亦有故道可寻。余则丘沙起伏，东西莫辨，地质东南较腴，西北则皆沙漠不毛之地。全旗湖泊多处，产碱、盐极富。土地已报垦者，凡万余顷，惟内仅七百余顷垦出，余皆未垦。人口共万余，内蒙人一万三千，汉人二千余。巡防队丁达千余名，现任扎萨克为旺庆扎布，通称旺王。惟因年事较少，故旗内一切大权，操于喇嘛章文轩之手，为该旗之代表人物。章有干才，近年常喜利用环境，肆应各方，故其行动，深为各方所注意。旗内主要事官，为东协理旺楚克色令、西协理朝格吉尔格拉、管旗章京额尔肯巴雅尔、西梅仑巴雅尔默乃、东梅仑乌巴。

六、右翼后旗 通名抗〔杭〕锦旗。在汉为朔方郡，在隋唐为丰州、九原郡治，清顺治六年，封额璘臣从子小扎木素顺为扎萨克镇国公。康熙三十七年，叙从征噶尔丹功，其孙都棱，晋固山贝子，驻鄂尔吉虎诺尔，佐领三十六额。面积八万三千方里，东界左旗〔翼〕后、左翼中、右翼前各旗，南接右翼中旗，西至宁夏，北至乌盟乌喇特部界。由王府西南至宁夏，西北至临河，东至包头，皆有大道可通。土地已报垦者，凡七千三百六十余顷，皆已垦出。地质西南略差，余较肥沃，境内有盐池数处，产量极富。人口共三万余，内蒙人八千六百，汉人二万余。武装兵丁，计千余名。原任扎萨克为阿拉坦鄂齐尔，通称阿王，兼伊盟副盟长，事变后，为敌计诱挟持而去，现由西协理色发多尔济代摄旗务。余如东协理雅斯古朗、管旗章京苏穆雅、东梅仑乾圪巴旦户、西梅仑诺尔布桑等，所有部率，亦另有人统率，未被掳去一人。故旗政推行，无丝毫罢废。

七、右翼前末旗 通名扎萨克旗。清顺治六年，额璘臣从曾孙定咱喇什，以不从大扎木素叛，授二等台吉。雍正九年，以历次从军斩馘功，晋头等台吉。乾隆元年，以旗属繁增，正式增设该旗，授扎萨克，世袭罔替，领佐领十三额。全境面积三千余方里，在七旗中为最小。东、南两面近边城，与陕北之榆林、神木两县界，北接左翼中旗，西与右翼前旗毗连。境内有通榆林、神木大道，可行牛马车。西与右翼前旗接壤者，则沙漠遍野，行旅极感困难。土地已报垦者，计二千七百一十余顷，皆已垦出，惟地质多沙，收获不丰。人口共约六千，内蒙人四千，汉人二千，武装兵丁四百余名。现任扎萨克鄂齐尔呼雅克图，通称鄂王，盟长沙克都尔扎布之子。其余旗内主要土官，为东协理阿穆固朗、西协理鄂齐尔巴图、管旗章京苏瓦第、东梅仑巴吉多尔济、西梅仑僧格林庆。伊盟盟长公署，现在该旗王府内。抗战以后，因沙王之硕德人望，兼任绥境蒙政会委员长，故该会亦移设于此，一时冠盖云集，允为推动内蒙政务之中心。

伊盟因地居河套，土地肥沃，故出产丰饶，除牧畜外，耕地亦多。全境东南部有西腊乌素河，及乌兰木仑等河。西部多湖泊，盛产碱、盐。其最著者，如鄂托克旗境内，察罕达布素池、北大池、苟池，皆产盐最富之区，且质俱细白。它若察汉池、大小纳林池、巴彦池等，则产碱，远望如冰样，质均甚佳。在杭锦旗内，有固山班图池，共三口，皆产白盐。其西九十里，有锅底池，周二三十里，质大而色青，俗名青盐。天然碱有至数百斤者。此外各地沙漠中，均藏多量之石英，为造玻璃之主要原料。东胜一带，盛产上等之无烟煤，各山阜岩层中，几于俯拾即是。动物方面，家畜中产牛、羊、马、驼等，野兽中产黄羊、狐、狼、猞猁等，禽兽中有雉、雁、鹰、百灵鸟等。以鄂托旗一旗而论，年产牛羊等畜类，即在二十万头以上。故羊皮毛，亦为出产之大宗，在全国输出品中，占相当地位。马亦以鄂托克旗产者为最良，乌审旗所产者，则躯小而善走。植物方面，谷物中有糜谷、荞麦、高粱、马铃薯等。药材中有甘草、柴胡、枸杞等。而沿黄河一带，种烟地极广，一经铲除，改种谷物，全盟食粮，可告无虞也。

伊盟社会，及王公政制，与其他蒙古各部落，大致相同。经济机构，以牧畜业为主，农业为辅，商业全操于汉人之手，工业则等于无。汉人移殖者，以籍属陕西之府谷、神木、榆林、横山、靖边、定边各县，山西之保德、河曲、偏关等县为多，因土地广大，而人口稀少，故平均每方里，仅有二人。汉人往贸易者，多带流动性质，就地设庄者较少。召庙遇有赛会，往往为商贾云集之时。境内交通，近年逐渐增辟，除各旗互通路线外，最近由包头到达拉旗王府及杭锦旗王府，皆辟有公路，可通汽车。此外主要干路有三：（一）为包榆路线，由包头至榆林，经过达拉特、郡王、扎萨克、乌审等旗，俗称二马路；（二）为包磴路线，由包头到磴口，经过达拉特、杭锦、鄂托克等旗；（三）为东包线，由包头至东胜，经达拉特、郡王两旗。邮电方面，境内通邮者，有扎萨克旗王府、郡王旗王府、准格尔旗神山、东胜县城、新民堡五处。通电者，仅东胜一处。最近由榆林经伊盟至五原，直达邮路已通。对通讯工作上，便利不少。

在伊盟尚有一事足述者，即成吉思汗陵寝之南移。成陵原在郡王旗境之伊金霍洛，二十八年春，忽由敌方传来德王拟图盗陵消息，各方均极注意。时沙王适在渝，乃商请中央，将陵内移，以免为敌伪所窃据。中央准其请，当派楚明善、唐井然二专员北来，会同郡王旗协理贡补札布主持其事，成陵旋于七月初开始南移，于翌月中到达甘肃兴隆山新址。伊盟人心，遂益安定，在内蒙历史上，亦值得特书一笔者也。

八　抗战中的蒙政机构

"七七"以后，蒙政机构，因适应战事需要，增多一部分。其原有者，内容亦略有变更。顾以机关增加，事权未能统一，致一事之举办，公文之转递，当不免有叠床架屋之嫌。但就大体而论，则自各有其努力处，各有其成绩表现，未足为病也。兹分述如次。

一、绥远省境内蒙古各盟旗地方自治政务委员会（简称绥境蒙政会）。绥境蒙政会，会址原设于归绥，事变以后，委员星散。嗣以荣祥南行协助委员长沙克都尔扎布，力撑危局，会务旋于二十七年五月间，在扎旗恢复。当时暂设五处办公。二十八年春，沙王南行，呈请在会内增设三常委，并恢复事变前之七处、三委员会。惟将"防共委员会"改为振济委员会，机构乃益臻健全。该会组织大纲，随亦有修改，经于二十九年三月五日，由国府明令公布，原文如左：

第一条　国民政府为促进绥远省境内蒙古各盟旗地方自治事业起见，设立绥远省内蒙古各盟旗地方自治政务委员会（以下简称本会）。

第二条　本会办理左列各盟旗地方自治事务——乌兰察布盟所属各旗、伊克昭盟所属各旗、归化土默特旗、绥东右翼四旗。

第三条　本会直隶行政院，并受中央主管机关及中央指导大员之指导，遇有关涉之事件，应与省政府会商办理。

第四条　在抗战时期，本会会址暂设于扎萨克旗。

第五条　本会设委员十九人至二十四人，由行政院就绥远省境蒙古各盟旗之盟长扎萨克，或总管及其他当政人遴递，呈请国民政府派充之，并于委员中指定委员长一人，常务委员三人。

第六条　本会每四个月开会一次，遇必要时得由常务委〈员〉会陈明委员长召集临时会议，前项会议以委员长为主席，委员因事不能出席时，得派代表列席。

第七条　本会委员长执行前条会议之决议，委员长因事不能执行职务时，指定常务委员一人代理之。

第八条　常务委员应常川驻会，辅助委员长处理会务，并监督所属职员，常务委员因事不能到会执行职务时，得自行委托相当人驻会代理之，但须呈报主管长官核准备案。

第九条　本会分左列各处、会分掌各项事务——秘书处掌管机要文电、会议纪录、文书编译及考绩事项，参事处掌管撰拟、审核本会之自治计划及法案、章规、命令等事项，民治处掌管关于民治事项，实业处掌管关于实业及水利、交通等事项，教育处掌管关于教育事项，保安处掌管关于保安、游击等事项，卫生处掌管关于改良及公共卫生等事项，建设委员会掌管关于建设及建□事项，振济委员会掌管关于振灾及其他振济事项，财务委员会掌管关于公款事〔之〕出纳保管、公物之购置，及预算决算之编制，并办理岁计、会计、统计等事项。前项各处、各委员会除参事处外，内分科办事，秘书处之科长得以秘书兼充之，其他各处、各委员会应斟酌情形报请中央主管机关核定之。

第十条　本会各处、各委员会设职员如左：各处处长各一人（简派），各委员会主任委员各一人（简派），各处主任各一人（荐派），各委员会委员若干人（荐派），秘书四人（荐派），参事四人（荐派），各处科长十三人至十六人（荐派），科员四十人至六十人（委派）。

第十一条　前条各职员由委员长会同常务委员遴选具有相当资格及学识能力者，分别报请中央主管机关核转派充之。

第十二条　本会设参议十八人，就各盟旗佐治人员中派充之，常川驻会，代表各盟旗接洽并办理一切事务。

第十三条　本会因事实之需要，得酌用技术人员及雇员。

　　第十四条　本会经费由本会依照会计年度编制预算书，报请中央主管机关转呈核定，由中央就国库或地方税收中指拨之，但每月开支须受中央指导大员之监督与审核。

　　第十五条　本会会议及常务委员会办事大纲，并本会办事细则，由本会拟具草案报请中央主管机关转呈行政院核准行之。

　　第十六条　本大纲自公布日施行。

　　会中最高负责者，仍为沙王，三常务委员为荣祥、鄂王及图王，委员除伊盟各旗王公外，在乌盟中，仅加入东公旗贡噶色楞、西公旗奇俊峰等，至各处、会人选：秘书处处长为荣祥，参事处处长为康王，民治处处长为特王，教育处处长为图王，实业处处长为阿陵阿，保安处处长为乌勒济巴雅尔（即奇文英），卫生处处长为色登多尔济，建设委员会主任委员为奇俊峰，振济委员会主任委员为旺庆札布，财务委员会主任委员为鄂齐尔呼雅克图，该会在充实组织后，工作极为紧张。其经沙委员长呈准国府次第举办中者，计有：（一）创设国立伊盟中学；（二）筹办巡回民众教育馆；（三）发展各种教育；（四）统制皮毛、药材；（五）健全卫生行政；（六）办理急赈；（七）增加通讯设备；（八）整理保安团队。以上有已办竣者，有正在举办中者，大抵皆为当前蒙旗中之要图，各方所急盼于实施者。

　　二、绥远省境内蒙古各盟旗地方自治指导长官公署（简称蒙旗指导长官公署）。该署原设于归绥，事变以后，仍由参赞石华岩主持，迁榆林办公，二十八年秋，该署为加强工作计，由中央决定，加派副指导长官一人，常川督导。其组织条例，亦经国府修正公布，兹志如次：

　　第一条　绥远省境内蒙古各盟旗地方自治指导长官，承行政院之命，指导该省境内蒙古各盟旗地方自治事宜，并调解省县与盟旗之争执。

第二条　指导长官一人（特派），副指导长官一人（简派）。

第三条　指导长官公署设参赞一人（简派）。

第四条　指导长官公署其他职员另定之。

第五条　绥远省境内蒙古各盟旗地方自治政务委员会开会时，指导长官，或副长官，应出席指导，或派参赞出席指导。

第六条　绥远省境内蒙古各盟旗地方自治政务委员会，呈报行政院，或蒙藏委员会之公文，须同时呈报于指导长官公署。

第七条　绥远省境内蒙古各盟旗地方自治政务委员会处理事件，或发布命令，指导长官认为不当时，得纠正或撤销之。

第八条　绥远省境内蒙古各盟旗地方自治政务委员会经费，由指导长官公署转发之。

第九条　本条例自公布之日施行。

增设之副指导长官，旋经中央发表由朱绶光担任。朱氏于是年九月到榆就职。公署内部人员，亦略有更调。该署每月经费一万元。下设三处，秘书长曾庆锡。在抗战期间之工作，较显著者，为设置三蒙古游击军区司令部，及成立一蒙古游击军教导大队，经费另支。此外曾在伊盟各旗，派驻人员，负联络责任，对于"争取王公内向"一点，曾收获相当效果。

三、蒙旗宣慰使公署　该署于二十七年五月成立，当时留驻榆林之邓宝珊将军，因鉴于伊盟情形，稍形混乱，亟需设法安定，因于是年春，建议中央，设立蒙旗宣慰使公署，以沙王任宣慰使，荣祥任秘书长，中央准其请，该署旋在榆正式成立，由荣祥主持一切，下设秘书、政务两处，每月经费四千余元，负宣慰王公、招抚伪军、吸取情报等任务。二十八年秋，该署大部分人员，随荣主持蒙古游击军区司令部，移驻前线办公，在榆仅设办事处，与各方接洽一切。

四、察哈尔蒙旗特派员公署 察境沦陷后，该省蒙旗情况，随之一变。中央鉴于该方情形特殊，而绥蒙政会，其工作范围，又仅限于绥远省境内，故特设置特派员公署，由蒙藏委员会委员马鹤天主持，专负该方面宣慰王公，安抚民众，每月经费四千余元。该署于二十八年七月，在渝〔榆〕开始组织，因交通阻隔，于二十九年初，全部工作人员，始到达榆林，正式办公。闻尚计划出派一部人员，推进敌后，开展工作。

五、察绥蒙旗党务特派员办事处 该处经中央第一○五次常会决定，在扎萨克旗设立。并派白海风为主任特派员，胡凤山、经天禄、白音仓、王天籁等为特派员，王并兼书记长职务。于二十八年一月一日开始工作，负组训民众、辅导政教、肃清反动等权责。嗣并向中宣部请到专款，于同年七月在扎旗开办《民众日报》，由樊幼苹主持，蒙、汉文合刊，内容相当精彩。又白海风尚兼任蒙旗三民主义青年团特派员，惟工作尚待开展。

六、伊盟保安长官公署 保安长官为沙王，参谋长褚大光，为中央所派。该署在抗战期中，职责颇重，沙王对各旗保安部队，曾拟有整编办法。其计划为加强各旗保安机构，各旗之保安司令部，由旗扎萨克兼任保安司令，直属保安长官公署。各种武装，均按大队编制，拟定扎、那、乌三旗，各编二大队，达旗三大队，抗〔杭〕、鄂两旗各四大队，准旗五大队，综计编成二十二大队，将来则大队改为团，每团三连，由中队改编，每连三排，由分队改编，每排三班，每班士兵六名。至整训步骤，第一期二个月，由各旗保安司令部参谋长先召集大队长、中队长、分队长等，施以训练。第二期三个月，再由各旗已训练之干部召集士兵施以训练。将来所有参谋长人选，均呈请中央委派，全部经费每月约计九万余元，亦由中央补助三分之二。中央则准予先派员点验后，然后再确定其编制、经费及参谋长人选，截至本书脱稿时止（二十九年四月），其第一步点验工作，已告竣事，余正进行中。

以上为关于党政方面者，其关于军事方面者，兹略述如下：一、蒙古游击军区司令部，共分三区：一区司令奇文英，二区陈玉甲代理，三区荣祥。归长官公署节制。二、教导大队部，大队长慕幼声，亦归长官公署节制。三、蒙边第一区防司令部，司令原为阿王，阿王为敌胁迫东去后，现由副司令徐世明继任。参谋长黄楚三。四、伊南游击司令部，司令章文轩，原任宁鄂边界巡防司令。五、伊东游击司令部，司令由八十六师团长张杰兼，指挥包头附近各游击支队。六、西蒙抗日游击第一支队司令部，司令奇玉山，参谋长□有明。七、乌喇特前旗防守司令部，司令奇俊峰，即该旗扎萨克。八、乌喇特后旗防守司令部，司令贡噶色楞，副司令史钦房。九、达拉特旗保安司令部，司令原由该旗扎萨克兼，但实际由马子禧代理，负责主持。十、伊盟七旗联军总指挥部，总指挥康王，本为抗战以前名义，现暂沿用。

以上各部经费，皆由中央发给，其属于原有各盟旗地方武装组织，及经中央正式给与陆军番号之各部队，尚未列计在内。至各部之建立，大抵皆应抗战需要而产生，现名义既立，经费亦定，任务更有划分，所待者，如何统一指挥，协同动作，争取成绩而已。

九　抗战中的内蒙人物

在抗战期中，内蒙各旗王公，暨军事上负责者，或以其才力所贡献，或以其行动所影响，不乏勋高望重之人，本篇兹摘要纪之。

一、沙克都尔扎布　通称沙王，汉名魁占，现任国府委员，绥境蒙政会委员长，蒙旗宣慰使，伊盟盟长，暨伊盟保安长官，年高德劭，为当今内蒙盟旗政务之最高领导者。抗战以来拥护中央国策，矢志不移，其最初步，即将绥蒙政会在扎旗恢复办公，嗣就任宣慰使，安定伊盟，继经中央任命为国府委员，遂于二十八年春，南下就职，此行对于政治、经济、教育、军事诸端，皆有建议，并经中央一一采纳施行。而于迁移成陵事件之决定，尤证明其上足以仰副中央意旨，下足以慰群望。北返以后，对各项设施，更形积极，一时蒙旗上下，生气勃勃，气象为之一新。沙为人，性冲和，持躬接物，皆极谦泰，生平措施，无乖逆人情者。惟以年事较高，精力稍衰，不耐烦剧，故一切多由左右人员赞襄进行。其子鄂王，现任旗扎萨克，兼绥蒙政会常委，颇能仰体父志。二十九年春，沙王因病，息影休养，其绥蒙政会委员长职务，即由鄂王代行也。

　　二、荣祥　姓荣硕布氏，归化土默特特别旗人，原任该旗总管，抗战以后，只身南行，以"反日"、"反德王"为己任，志行高洁，为各旗所钦仰，尝谓"吾祖成吉思汗是抗日的，今蒙古子孙，如不抗日，即愧对祖先"。荣早岁毕业北京大学，对蒙、汉诗文，有极深造诣，民初参加革命，建树亦多，历在绥远从事教育工作，并主编绥远省志，六年如一日。在北平求学时代，风流儒雅，虽汉人子弟弗能及，一时故都文人，争相过从，骚人墨客间，未有不谂知者。返绥服务时期，为力争教育经费，抨击当局，震动中枢，迩后主持教务，造就人才不少。而诗文传诵一时，早被社会冠上了"塞北文豪"、"蒙古诗人"等徽号。绥、包弃守，荣从归绥退至包头，从包头退至黄河南岸，与坚持抗战之某将军部队相随，一路艰苦备尝，嗣将护持下之绥蒙政会印信，在扎旗交与沙王，己则只身赴榆林。旋经邓宝珊将军向中央建议，设置蒙旗宣慰使署，由沙王任宣慰使，荣任秘书长，实际则由荣主持一切。二十七年秋，被任为国民参政会参政员。翌年春，南下参加会议。不久，又兼任蒙古游击军区司令，并被任为绥蒙政会常委。二十九年元旦，就常委职。现有各王公总管中，名位之高，除沙王外，无出其右。又荣以识学优崇，工作态度认真，极得蒙旗一般青年之信仰，故不啻为当今蒙旗青年之领导者。

三、白海风　白海风将军，现任新×师师长，热河蒙古人，军校一期毕业，民二十五年以前，任职北平军分会，极为当局所器重。抗战发动后，在绥领导蒙旗保安部队。绥、包告紧，率部转战各处，颇著勋劳。部队番号，原为蒙旗独立旅，后扩编为师。其在保安队时代，曾以脱离百灵庙蒙政会一举，予德王以严重打击。白接长后，部队环境，亦极困难，幸以领导有方，深得部队爱戴，卒以同心合力，渡过难关，转成蒙旗中之惟一劲旅。其中下级干部，政治素养极高，士卒战斗力亦极强。白平居沉默寡言，而待人诚挚，处事有毅力，为各方所倾服。现除军队职务外，并兼任察绥蒙旗党务主任特派员，及蒙旗三民主义青年团特派员，为蒙旗一切实际工作之推动者。今日在蒙旗中人士，皆认白及其部队，前途为最有希望，为多数蒙旗人士所钦羡。

四、奇俊峰　故西公旗石王福音〔晋〕，现任该旗扎萨克，兼防守司令，年二十六岁（依本书脱稿时之二十九年计）。父为阿拉善旗一革命分子，清末被逐，因抚育于诺太夫人月鹏家。幼时聪颖过人，有异才。早岁曾随太夫人旅居北平，延师课读，故通蒙、汉文，工词令，而善酬应。二十一年与石王结合，经历该旗大喇嘛等之数次变乱。二十五年，石王积劳病故，又以继嗣问题，与该旗反对派士官，只身奔走周旋，卒获圆满解决。二十六年"七七"事变作，旗境为敌骑侵入，奇被阻于旗内，在敌伪环伺下，生命几于濒危，卒以不甘受迫，于二十七年三月初，由旗内携同老母幼子，脱逃至五原，同时旗内一部分武装，亦相偕而出。中枢嘉其壮志，纷纷致电慰勉，并奖赐多金。旋经发表为该旗防守司令，并正式任命为该旗扎萨克，及绥蒙政会委员。绥蒙政会四届大会时，又被推选为该会建设委员会主任委员。奇部共约××人，分驻于五原及旗境内一带，一部分散布于绥西各部队中服务，担任协防、警戒、向导等工作，年来极著勋劳。其左右辅佐人物，如参谋长黄楚三，参谋主任李隽卿，亦皆蒙旗工作中不可多得之人才。其子额拉胜鄂齐，年在冲龄，而活泼伶俐，异于常人。奇因历年来迭经大故，故凡事能沉机应变，贞固不移，在女界中不易得，在蒙旗中尤不易得，其对国家民族之贡献，前途正未可限量也。

五、巴云英　故东公旗额王福音〔晋〕，土默特特别旗人，年三十八岁。其幼年时代，即喜骑善射，矫健有如男子。与额之结合，经过一长时间之恋爱阶段，婚姻颇称圆满。故平昔巴协助旗政，即极著劳绩，二十五年九月，额因奔走国事，在由晋返旗途中，堕车致伤，不久逝世，印务由奇天命护理，但巴对于旗务协助改进之心，迄未稍衰。"七七"变作，旗境沦陷，奇天命附逆，巴由包返旗，号召旗众，在乌拉山大布厂沟地方，实行游击生活。巴在该处，前后曾留七个月，当时所部官兵，既无接济，又无给养，而四境左右，尽在敌伪盘踞之中。其难〔艰〕苦情形，可想像而知。嗣又转至乌当沟地方，继续与敌伪周旋，其时士卒皆饥不得饱，寒不得衣，即一袜，亦十九皆缺。幸巴幼年即性近军事，御人领众，有古大将风，且能随地随处，与人共甘苦，故士卒咸服，无战不利。其与伪六师一战，与数倍之敌人相遇，支持达两昼夜之久，反复冲杀，歼敌四十余人，获七九步枪四十余枝，子弹七万余粒，可谓最光荣之一役。二十七年七月，与国军门部取得联络，为补充给养弹药计，间道至五原，中央优遇有加，一如奇氏。旋经任命伊公子贡噶色楞为乌喇特后旗防守司令，及该旗扎萨克，并兼绥蒙政会委员。惟贡年不满十龄，故实际一切，皆由巴主持，其部队则一部分，交由其副司令统率，另编为绥西游击第×支队，随友军转战前线，该部因训练有素，作战经验丰富，故战斗力较强。贡噶色楞年虽在幼龄，亦聪颖绝人，且性喜骑射，有乃母风。巴在旗境度游击生活时，大小战役，贡固无役不从也。

六、康达多尔济　通称康王，汉名康济敏，达拉特旗扎萨克，为人聪明而有异才，现年三十许，对于各种摩登技术，如修理无线电、驾驶汽车等类，无不精通。绥、包沦陷后，该旗团长森盖，最先附逆，令人不谅。某将军部经过该旗境时，又引起一极大之误会，以是被带往西安行营受训，经时年余。二十七年夏，森部团长马子禧反正，念及旧谊，请求康王返旗主持，当局谅其情，康遂于二十八年初，由西安北返，中央亦派定其参谋辅佐人员，五月初回旗工作，对于整训部队、兴办教育诸端，颇为努力。其后一度赴五原，是年双十节，返扎萨克旗，参加绥蒙政会五届大会，对大会有"废除王公制度"、"解放台吉家奴"、"勒令三十五岁以下喇嘛还俗"等提案，其思想之新颖，为历来蒙旗王公中所未曾有者，故极引起各方之注目。会后南下，谒中枢当局，并参加中央训练团受训，求进之心，益形热切。康在各旗王公中，天才最富，又正当盛年，以往因生活未能检点，难于振作，今苟能一反所为，前途之发展，可计日而待也。

七、奇文英　准噶尔旗东协理，护理扎萨克印务，兼蒙古游击第×军区司令，绥蒙政会保安处长，为目前伊盟军事上一重要人物。奇为人有胆识，有毅力，长于练兵，善于御众。其兄那森达赉，原为准旗护理扎萨克，曾因隙格毙其族奇如海之全家，如海幸免，亡命于外，后活动返旗，于某夕筵会间，又乘间将那击毙。伊为报兄仇，乃借外力将如海剪除，得以平定事变。该旗两协理，其一为奇凤鸣，抗战以来，两人态度，迥然不同。惟伊则拥护中央，矢志不渝，尝谓："德王做了敌人的儿子，自己决不至再做敌人的孙子。"平昔两人生活，亦截然异趣，一极俭朴，一则常穷奢极欲。而奇凤鸣卒以未能逃避良心之谴责，于某次赴谒某将军途中，畏罪自杀。自是以后，奇对于旗务之推进，益形顺利。奇年已五十余，但精神健旺，如四十许人，遇人谈笑风生，满座为之解颐。其生活与战斗经验，亦极宏富，该旗武装部队，在伊盟各旗，人数为最多，且皆由奇一手编练而成，为今日保卫伊盟之一支劲旅。

八、章文轩　出身于喇嘛，为鄂托克旗前扎萨克奇瑞海亲信，奇死后，旺王又年幼，故一切大权，皆操于章之手。章才学颇高，性机警圆滑，喜作政治活动，其态度行动，一向为各方所注目。抗战前任宁鄂边界［防］巡防司令，战后又被任为伊南游击司令，经费由某战区司令部发，每月××元，人数约××名，其枪枝皆由外购来，故品质较各旗为良。章对旗务，常有其自创之作法，亦非各旗所及。该旗旗境，因接近宁夏，故政令推行，与宁夏颇接近。抗战初期，敌伪对该旗，常存异念。而××军，亦有一部借故进驻旗下，为各方所不谅。自章一度赴甘，晋谒当局，报告一切，谣言始不攻而破。以章本人之精明强干，善识环境，对于国家民族，必能有所贡献也。

九、马子禧　属达拉旗康王部下。绥、包陷后，随康王叛将森盖，在伪军渡过若干时日。二十七年春，在包头附近反正，各方均极器重。马为人爽直，忠厚谨慎，而有干才，康王之由西安北返，其出于马吁请之力，居于大半。反正后不久，经中央发表为达拉特旗代理保安司令，所部亦扩编为×团，驻旗境内黄河前线。因康王不能常川驻旗，故旗务一切，亦多由马主持，马则极为虚心，两年来在所属各部分，延聘汉人人才不少，对于部队训练之督促，政工之推行，以及旗内教育建设诸端之举办，从事不遗余力。其参谋长殷石麟君为北大毕业，土默特旗总管荣祥之犹子，学识甚高，对于马之协助，出力甚多。马平日御下，宽威并济，与各方相处，皆极相得。达旗处伊盟黄河前线，驻军复杂，而又间受敌军侵扰，环境应付，颇不易也。

十、奇玉山　乌审旗协理，兼西蒙抗日游击支队司令，乌旗军权，即操于奇之手，青年英俊，卓然有为。所部约××人，受蒙旗指导长官公署指挥，其参谋长陈有明，亦指署所派。识者常谓：国内部队番号之冠以"抗日"二字者，极罕，在蒙旗中尤绝无仅有。于此可见奇对于抗战之决心，及其态度之坚决。奇现年二十五六许，思想学识，皆极进步，在所属中，对军人精神教育的推行，常能与国内其他各部队，追踪比拟，不甘落后。在蒙旗青年中，为一最有希望之人物也。

以上所纪，仅就在今日蒙旗中，握有军政大权，而为国人所耳熟能详者，约略述之。他如郡王旗图扎萨克，扎萨克旗鄂扎萨克，沙王左右人物之阿陵阿、白音仓，白海风将军部下之纪松龄、朱宝夫，绥蒙政会之主要青年干部经革陈、胡凤山、贺耆寿，从德王处归来之华登托拉固尔、奇丕彰等，皆在蒙旗中，或著有功绩，或备有声望。本书因篇幅关系，未细及之。

十　结语

内蒙古在废清一代，受隔绝羁縻政策之毒害者，凡二百余年，以其条例之周密，手段之酷辣，故日进月累，几使蒙胞上下，坐其阱中，而罔〔惘〕然不自觉，其最终目的，在于整个消灭蒙族。在方策运用上，则除少数王公，由满族亲贵，予以羁縻笼络外，大多数蒙胞，则随地随处，严厉禁绝与汉人往来，以阻止其开化向上。今日蒙汉间几许无法避免之隔阂，大抵皆受此种遗毒之影响。总理革命，首创五族平等，辛亥以后，对各属同胞，在政治上之优遇，体例一新，因以事之积重难返，骤时推行，反有感于不便，今日蒙汉间几许无味之误会，又未尝非涉近此种原因。故吾人言精诚团结，最主要在能使全体蒙胞，翻读此一段历史，详细推究，证之于今日中枢当局之设施，与日寇之欺骗手段，使其能惩前毖后，了解其间之殊途异趣。否则如自甘受分化愚弄，将永堕万仞不拔之渊。

日寇之侵略满蒙，其处心积虑，事非一日，自明治维新起，乃至今日汪傀儡组织登台时止，七十余年来，未尝一时或忘，一日或懈。缘日寇欲扩张其领土，发展其野心，势非伸足东亚大陆不可，欲伸足于东亚大陆，势非与苏联争逐不可，欲与苏联相争逐，又势非于先亡满蒙不可，此殆为一必然之结果。故今日我蒙古同胞，欲救亡图存，惟有急起直追，团结一致，驱逐日寇，否则如为一时之甘言所饵，堕其彀中，必致万劫不复，永为奴役，朝鲜、东省，可为殷鉴。

"九一八"后，内蒙一部分王公青年，感于东省沉沦，有唇亡齿寒之痛，发为"自治运动"之说，在其初意，或未可厚非，但至于中途，则全为敌寇利用，其后果，不惟不能完成本身之自治作用，乃适足于为敌寇进行侵略之绝好工具，而德王则为此辈傀儡之尤。今日之德王，未尝不至于觉悟以往自作聪明之非计，投身敌寇之错误，但失足已早，悔之已迟，虽欲回头，殆不可得。今日我全体蒙胞，应懔然以此为戒，毋为邪说所惑，毋为迷途所陷，华登托拉固尔与奇丕彰，皆受德王一手扶植之知识青年，曾受高等教育，但其教育程度愈高，其识见乃愈深远，愈能感觉德王辈作茧自毙之危险，而有加速脱离敌寇羁绊之必要。大多数蒙胞，或以教育程度关系，知识不免差池，然苟能了解于华、奇二君之行动，将目光多作放远一步之观察，当亦知所警悟。

荣祥总管之言曰："吾祖成吉思汗是抗日的，今日蒙古子孙，如不抗日，即愧对祖先。"又奇文英司令之言："德王做了敌人的儿子，吾人决不再做敌人的孙子。"两语皆足发人深醒。二氏在抗战中，俱有其特殊之功绩，不愧为成吉思汗之贤肖裔胄，其言其行，当与国家民族，永垂不朽！

总理手创三民主义，其开宗明义第一章，即提示国内各民族，一律平等，凡我同胞，务须善体斯旨，恪遵遗训，求其实现。总理遗业，总裁继之，故今日我蒙、汉同胞，必须精诚团结，在总裁领导之下，加紧抗战，努力建国，全民族之自由平等，始可几达，否则如坐听敌寇之分化，傀儡之曲解，一旦身陷其阱，未有不贻噬脐之悔者。

内蒙六盟，东四盟于"七七"以前，或已沦陷，或已名存实亡，"七七"以后，西二盟之乌兰察布盟，亦相继陷于敌手。但各盟旗之我游击队，依然甚为活跃，使傀儡旦夕不安。现我人力物力，皆集中于伊盟，伊盟地当后套，濒河一带，土地肥沃，物产丰盈，又与内地相接近。两年来盟境内交通、建设、教育等之推进，亦渐具相当规模。尤以各旗王公青年，对于坚持抗战之决心与争取最后胜利信念的加强，尤足为在蒙旗中构成一强固之精神堡垒。伊盟，已决然能负起"内蒙堪察加"之重任，更以我全国同胞，在其后作广大有力之支援，其足为兴复整个内蒙之基石，益信有十二万分之把握。

时紧寇深，中兴事业，正加诸吾人之两肩，亟待完成。我蒙汉同胞，其急起图之！

二十九年四月十五日脱稿于榆林

《时代精神》（月刊）

重庆时代精神月刊社

1941 年 3 卷 6 期，4 卷 1、2 期

（朱宪　整理）

包头城杂写

竹　均　撰

这远在塞北的孤城，直至京包线通车以后才渐被世人注意。它在政治上不仅是蒙疆的重镇，而在经济上更握着了西北商业的中心，所以蒙人视之为"西北的上海"，当是来自有由了。

包头以前属萨拉齐县，谚语所谓"萨拉齐的官，管的宽"，萨县是绥西最大县份，在前清只知有萨县，而不知有包城，直至京包线通车以后，包头形成西北的水旱码头，于是乃将萨县的地位，取而代之，后并有改为包头市的拟议，可见包头突飞猛进的程度了。

城的面积，约十余平方里，形状极不规则，北半城依山起伏，颇饶诗意，每早炊烟四起而被后面的高山遮着了烟的去路，使它飘荡于城的上空，从远北瞩，恰似雾起城中，城在雾下，蔚为奇观，据说这还是包头城的风水呢。

南城正中有南门，距车站二里，成垂直线，门东百步有旧南门，现因不通马路，只有行人及骆驼队通行。东北、西北二门能达外蒙，东门可通绥西各县，西门外以前是宁、甘客商麇集之所，最是繁华，但自通车以后，只存几爿土式客店而已。

商业最繁华的区域，是西门与东门中间的一条大街，这里有炫奇的货品，有诱人的商业广告，举凡近代都市的各种商店，竟然粗具其形，每当夜晚，三五成群的当地妇女们，街头伫立，看着商店门前闪耀着的各色电灯，听着响彻云霄的无线电播音，这是"西北的上海"之又一解释了。

此外，尚有与这街成平形线的后街，虽也是商业干线，而却是完全旧式的本地买卖，售的货物既是土产，雇主当然大半是土人了。

包头商业的繁荣，大半倚仗着这般老客们的培植，所谓"西路老客"，是专指宁夏、甘、陕一带客商而言。他们每年春秋两季，大批的由甘、宁一带运送西北的特产——皮、毛、药材等物，顺黄河而下，这载货的船，就是闻名于世的"黄河筏子"。其法简章〔单〕而经济，是用整个的牛羊外皮吹鼓，连接成长方形，上面列木成舟，到了包头，除船上所载的货物外，船的木身拆卸下来也都是所运的货物，这样一批一批的到来，包头便成了不夜之城了。所以每年春秋两季的商店、货栈、饭馆，以及娱乐场所，无不利市三倍，甚而可以看出本年以内的赢亏，就是停船的小码头上，临时也都开市了"土窑子"专应酬船上低一级的客商，可见其势之胜了。

包头城内，除东部有菜园外，简直看不见绿色，因此东门外的转龙藏，便成了唯一的风景区了。转龙藏是以泉水得名，位在东门外北山的山麓，山上有庙，建筑状〔壮〕丽幽邃，庙前古树参天，遮荫蔽日。树的深处，有两丈见方的水池，池旁利用山石凿成龙头三个，泉水由龙头吐出，包头东、北城住户，多取饮于此，其味清冽香甜，不下于北京玉泉山的泉水，盛夏来此，意爽神怡，溽暑尽消。树的前面有约十丈见方的平原，事变前因拟辟为公园，曾将这平原四周的山坡，层叠的修成山道，如果将平原山道连成一个视线时，竟仿佛体育场的看台，非驴非马，使这小名胜减色不少。

每年旧腊初八，庙僧例有"雪山大会"之举，用树枝倒垂，浇水使其冻冰，再覆雪其上，至日供在庭院，寺僧巡回诵经，也能惊动不少善男信女，虔来焚香拜佛。

山后五六里地，有刘八窑子，野草铺地，绿水一湾，更有青翠的山峰，碧绿的麦田，山坳茅屋几椽，罂粟花红白相映，大自然的美丽，实不让于华南的农村景色。惜离城较远，不能使城里的住民常来享受罢了。

"加油"是包地旧年特有的风俗，每当灯节的夜晚，家家悬灯结彩，鼓乐喧天，自不必说，更在庭院当中，堆块煤成塔形，由内中点火燃烧，使火焰溢于塔的四外，取法如同北京宛平县公署的火判灯相似，非常有趣。在街衢铺户门前，同样的堆煤燃烧，旁边并有油桶，是备加油时应用的。这时浓妆艳抹的妇女们，成群的在街头上徘徊，当她们经过煤堆面前，猛将油向火一浇，于是"加油"、"加油"的喊声大作，你可以借着雪亮的火光，饱餐秀色，你越看得有劲，她们才越得意呢。

《新轮》（月刊）

北京华北交通株式会社

1941 年 3 卷 6 期

（李红权　整理）

准噶尔旗纪述

郭心秋　撰

一　前言

　　准噶尔旗，就从这一个古老地区的名词上看来，就可以代表它落后的一切！作者在这儿住了两年，在这两年长期体验中，每想把这区域内的一切，作一个有系统的纪述；因为职务所限，加以在这地区为时较长，一时也抓不住纪述的头绪，因而未曾着笔，其实并不是识不得这一区域真面目，而是住长了，概念化了，对于特殊，也不感到特殊，对于稀奇，也不感到稀奇，我之对于准旗也就是如此。

　　现在我觉得这纪述有写的必要了，因为离开这地区很久，如果就这样任其淡忘下去，未免可惜！所以一气把它写出来，也省得在失眠夜的脑子里打着回旋。

二　准旗的政治概况

　　准旗负责实际政治责任的为东西官府。王爷因为年岁小，寡母孤儿，在政治上谈不到有什么统制力。据传说，王爷维好猎鹰、走马，而统制力，早已旁落于东西官府之手。就其政治体制上看，与其说是王公制度，勿宁说是西东官府分制共管，各自为政，王爷不过是王爷而已。可是就东西官府去说，因为权利的斗争，早已形成不能协和的两个壁垒，甚至为着争权夺势，互相幸灾乐祸，各不相谋。

二十八年春，西官府之齐凤鸣阴谋投敌，被俘于哈拉寨而死。提起齐凤鸣之死，据传说内里有一段隐情；就时间论，虽然成了过去，为了充实这一篇内容，不妨提出来作这一篇中间的插曲。

齐凤鸣为保持自己地位，想出办法骑墙，他竟忘了投敌之罪不赦。当白逆风翔率领先遣军流窜准旗之时，司令部驻扎于西官府，齐凤鸣当然要与之周旋了。由常驻，结拜为盟友，这对盟兄弟是别有用心，齐凤鸣是畏惧白逆土匪式的压迫，而白逆也许企图齐凤鸣之大烟土？据说白逆由齐凤鸣手里讨出鸦片烟土过多了，对于白逆也许是收买，也许是贿诱；可是白逆发现齐凤鸣藏有敌之太阳旗时，出其不意，将西官府解除武装，俘之于哈拉寨。齐死于途，抑死于哈，而今还是个迷。以白之灭齐来说，因齐宿义投敌，对于国家不无微劳，以白逆以后投敌来说，因为当时接受其鸦片烟土过多，受贿灭口，对于国家民族又何尝顾及？而影响所及，齐子致祥率领残部渡河北去。

齐凤鸣死，准旗统制权无形中多并入东官府。

在官府之下设有达庆，达庆之下设有得古。得古实际统制蒙、汉平民。总之，王公制度既不健全，下层组织亦不周密。

汉人，蒙古称之为蛮子，而居住于盟旗之蛮子，完全处于蒙人统制之下，各概无土地所有权，终年不过为蒙人服役，借以生活而已。

三 准旗的经济概况

先就准旗之货币说。准旗中的蒙、汉人，日常交易时所用之货币，第一为银币，第二为法币，因为银币之行□□，法币的价格已不能与之相抵。在廿八年底，法币五元，可兑银币一元，廿九年初，因晋北所谓新军续范亭等部"叛变"，进攻晋北十区、十一区，黄河东岸河曲动摇，一般拥有窑藏银币者，为避难，携带不便，法币价格因之一度上涨，当时法币三元余可兑银币一元。

关于准旗之银币储藏量，虽无确实之调查，就其流通观之，为数实不在少，此项白银之搁置，国家银行实有兑收之必要，否则难以制止其外流。

次就一般之生产言之。农业方面，每年生产量，丰收时可以自给，而如果欠缺，不免沦于饥荒。以其所处地区多山梁，山沟两岸可以灌溉之田多种鸦片，糜谷、小麦之种植多为山地，雨如不多，苗均枯死，于每年四五月麦〔青〕黄不接时，人民为延长生命，啖山芋、吃苦菜者，所在皆是。此外应提及者，即为牧畜，然而所谓较大之牛、羊群，已不如前。其逐减之原因，牧养完全听其自然，病灾一起，短期内传染而死者，则以万千计。其次较大之生产，当然数到羊毛、皮张了。羊毛与皮张，过去多数为边客收买或换取，经过平绥路输出于国外；自抗战以来，平绥路被覆，向国外输出已不可能。

准旗缺木柴而多煤炭。山梁之煤层暴露于外，触目皆是，居民自由掘取为主要燃料，如能设法开采，实为无穷之宝藏。

四　准旗的文化概况

提起准旗文化,可以说准旗无文化!学校为数极少,私塾亦不大多,偶遇三家村一冬烘先生,亦当喻之为奇遇。所谓文化者,蒙人均能说汉话,但蒙人对蒙人对□□起□噜来,亦能使你瞠目,不能置一词。

抗战军兴以来,因为部队之移驻,对于文化方面之沟通,较前似乎进步了,然而又何尝有较重要文物之可言,准旗教育之亟待设备,实为刻不容缓之事,此对于国防关系太大了!为蒙、汉民族之凝结关系亦太大了!致于剌嘛□拜时所讽诵之经典,谓之为经典则可,实不足以言文化。其他如召庙内所奉供之佛像,谓之为古典艺术则可,又何能影响到人生的前进,反之适足以束缚蒙古人生活,一步也不能前进。

五　准旗人民生活概况

准旗内的人民生活,绝不是一般认为游牧生活,这与蒙、汉人民杂处不无关系。先就居处说,准旗多山而缺木材,然而地层为立土,检择悬崖断落处,能掘出很规则之窑洞,设施整齐,亦能窗明几净。虽天降大风雨,亦不致崩陷倾塌,冬暖夏凉,亦足以藏身。致于蒙古包则少见,甚至于无。

准旗的蒙、汉人民,为适应自然环境,居住是不成问题了,而在食的方面非常简单,因为准旗地区每年出产既不丰富,贫困饥荒已成为蒙、汉人民终年最难解决的问题。虽然,准旗人民是最富于黏韧性的,对于自然环境之限制,没有方法来克服,而适应之精神,亦足以称道。要指出这原因,一则是文化低下;再则是交通阻塞；世世穴居于窑洞中的蒙、汉人民，既不知向外发展，亦无力向外发展，因此也只好听命由天了！

准旗中的蒙、汉人民，对于劳作，先就蒙人来说，绝不是日出而作、日入而息的。他们大多数男子很懒，惰性最深，准旗土地是属于他们的，有汉人为他们耕种，这也是造成他们不肯劳作主要原因之一；由于染有鸦片癖的蒙古人，为数亦不在少。准旗汉人受蒙古人的影响，懒惰的样子亦成为习惯，他们觉得所种的田地可以够一年生活时，决不多种，而在种田方法上，亦非常苟且简单，播下种子后，一概他们就不睬了。至于刈草、分苗，则多为缠足妇女分内事，每年秋季，收割工作亦多出于妇女的劳动力。每年春秋两季，我们在山坡、水涯之处所看到的女人，是在替男子工作着，因为她们多是缠足，为求得在工作上时间的耐久，她们每一个人都是跪着匍匐前进。而她们的男人不是在家里抱抱娃子，也就是躺在窑洞里吸着鸦片烟，再则三五聚在窑洞里，点着一盏菜油灯，吸着羊腿骨制的水烟袋。

蒙古人对于男女往来，并不限制太严。但也不是一般所说的那样；遑论什么人到蒙古人家，白天坐在哪，夜间即睡在哪，不许变更位置，第二天早上，给你喝一碗凉水。蒙古人性情是醇厚的，但也非常的势力，他会看你这个人，然后变更他的招待，你如果能讲礼节，或者把你所携带什物分给他们些，也很能讨得和你接近。他们在婚丧时对自己人的见面礼，通常是互献哈纳——绸布所制，类似手巾——此外再互献鼻烟壶之类，互相招呼。至于围坐割吃全羊，跪下劝酒，这也是蒙古人的一般礼俗。

蒙人对于卫生，毫不知讲求，对于医药治疗，亦不知讲求。得病祛病的方法，就是请来喇嘛诵经念咒。因为男女性的交接过滥，以致梅毒病传布颇广，影响到人口的繁殖，莫此为甚。他若弟兄三人，到喇嘛召去为喇嘛二人，这也是事实。关于准旗蒙人的风俗其他过多了，为限于篇幅，暂且从略。

六　准旗需要的政治工作

准旗是迫切需要政治工作的，这一地区因为过去受到满清政治统制的余毒，已竟二百余年。只就喇嘛制度来说，到现在依然未能蜕出满清时代毒□的羁绊。至若王公制度，在蒙古同胞的脑子里，亦为牢不可破的一环。我们为抗建大业计，为未来民族的延续计，我们是不能放弃蒙古同胞。我们需要挽救蒙古同胞，我们需要把蒙古同胞由违反人类生存不合理的制度解救出来！这种事业太大了！

我们的中央早就注意到蒙古问题，可是在对蒙古的工作上，并未见出有什么成绩，我们知道蒙古这一区域并不是蒙人□□带去的工作计划到达蒙古就毁了。实际说，办理蒙政的人，深入蒙区工作去，实在少之又少。他们不是滞留在蒙边的榆林，就是踟蹰于神木。蒙区的苦，固然是使他们吃不来，而蒙区工作的繁难，提不起他们的兴趣，未始不是一个原因。再就去到蒙区的工作人员说，上层人员固然是需要，而下层作实际工作的人尤其更需要。现在我们不必谈到汉化问题，我们应当从实际的教育上着手。准旗如果普设国民小学二十处，不到十年，准旗的一切定会改观的！

在政治工作方面，没有什么活佛妙法，工作人员只要你能吃苦，你肯能为蒙古同胞处处设想，不妨害蒙古同胞的利益，能普及“忠恕之道”，时时能为蒙古同胞解除他们自己不能解决的问题，这样他们当心悦诚服，欢迎之不暇！蒙古人是具有人□智慧的，你对于他们有好处，他们决定会信服你，服从你；绝不是生来具有固执不化的劣根性！

我们为作政治工作，研究政治工作。对于蒙区政工，值得提出

易于实行的约有以下数端：在极积方面，（一）民众教育之普设，
医药、诊疗所之普设；联保制度之确立，蒙古壮丁之训练；种植
方法之改良，家畜时疫之防止；新生活运动之倡导实行；开辟交
通；提倡植树，防沙。在改革方面，废除王公制；废除喇嘛制；
统制自由贸易的"边客"；根绝鸦片；禁绝汉人缠足等。总之关于
准旗改革工作太多了！我们应当怎样来研究，怎样来实施，怎样
以取得工作上的效果，这都是研究蒙旗工作人员应当注意到的事。

七　结语

准旗在抗建的意义上太重要了，对于蒙古人的政治工作，我们
能根据现况的事实，针对着逐渐加以改善，准旗这一地区是有办
法的，不只准旗这样，就是整个的蒙区也是有办法的，只要我们
的政治力量能推进到蒙区去，蒙古人民也会效忠祖国。所最忌者，
工作人员对于蒙区不能深入下层，尽管在上层敷衍，不但不能顾
到蒙人利益，反之□时剥夺蒙人利益，以致越离越远。在抗战这
三年来，敌人在不断离间蒙、汉人的感情，蒙古同胞被敌人所利
用者，不知凡几！我们为保持蒙旗国土，为增加抗战力量，在蒙
区内政治工作能作到好处，而敌人的威胁利诱绝不能发生什么作
用，致于投伪降敌的事，也许□会发生吧！

为了加紧蒙区政治工作，对于蒙区的驻军也有提出研究的必
要。蒙区交通过于闭塞了，真是所谓"山高皇帝远"，法令不易到
达的区域。驻军的军风纪，实在不能说是好，而坏的程度有时令
人可惊。于军队移动时，看到居民逃避的现象，就可以说明了。
他们宁肯抛弃窑洞里的一切，跑到山里去躲藏，或者为了阻止军
队的停留，把自己仅有的家具自行破坏，叫你找不到锅，喝不到
水，其他则不言而喻了。其实这并不是说明蒙古人仇惧军队，乃

是说军队所到之处，就是蒙人赖以相依为命的山芋蛋也被搜罗一空。其他如粮米，如生畜，同时均遭遇了灾难，就是他们想到了方法把东西粮米埋在山沟土窑里，而无军纪的士兵们也会有经验的把它掘出来，军队走了，他们的东西也完了！因此驻在蒙区的军队军风纪必须严格要求，否则就是你的政工作得怎样好，也抵不住行军时来一次破坏，就是你对于□民抚慰得怎样好，也禁不住散兵游勇来一次枪杀！我们为保卫蒙区，所以要驻军，我们为保卫蒙古同胞，所以要驻军；所驻的军队不能作到守土爱民目的，这样的军队，既驻在蒙区里，又有什么用？过去两年来，因为准旗地区雨量缺少，人民生活频入于饥荒状态，最令人危惧的军民争食现象，实在使人怕得伤心！个人离开准旗区域快到一年了，而今同存着惴惴之感！

最后，写这篇文字的立意，可以说明一下，第一不愿虚构事实来说准旗这一地区都怎么好，更不能昧心来说准旗这一地区的驻军怎样守纪律，尤其不能说准旗这一区域的人民不贫困！如果你有疑问时，我的答覆很简单：信不信由你！

　　　　　　　　　　　　　　　　　　三十年一月十八日于陕坝

　　　　　　　　　　　　　　　　《政论半月刊》
　　　　　　　　　　　　　　　　兰州政论社
　　　　　　　　　　　　　　　　1941 年 4 卷 5、6 期合刊
　　　　　　　　　　　　　　　　（李红权　整理）

伊盟的政治与经济

谢再善　撰

甲　政治状况

一　满清治蒙政策的影响

在游牧的原野里，经济生活停滞在不进步状态中的蒙古社会，在政治上所表现出的制度，必然是属于封建范畴。当满清初年征复〔服〕了蒙古之后，把蒙古社会原有的部落政制，更进一步使之固定化、组织化，以便于统治。盟旗的划分，于是出现了。这种制度的建立，的确是便于统治。清廷所施于蒙古的政策，可分为四类：一曰羁縻政策，以笼络蒙古人心；二曰削弱政策，使蒙古渐趋衰败；三曰隔绝政策，以防蒙古与内地人民的联合；四曰愚禁政策，以阻碍蒙古的进化。我们试一检讨满清能以统治蒙古二百余年，不外是这四种政策的成功。因是蒙古社会不但未能进步，且日趋退化，始终停滞于原始、封建社会阶段，故出于政制的束缚，影响到经济不能发展，而社会上的一切也就不能向前发展了。

在羁縻政策下，使蒙古社会赖以维系，并加强了封建政制。贵族永远掌握政权，而各旗对于旗民有生杀予夺之权，旗民都是奴隶，视王爷为神圣不可侵犯。而朝廷又以贵重爵禄加于其身，使感染虚荣，忘掉进取。如在清时各旗札萨克共分为六等：亲王、郡王、贝勒、贝子、镇国公、辅国公。

以上是爵位的等级。还有"台吉"，分四等。公主格格的儿子，俟其成年，也都封爵，以封爵辨其勋戚忠勤之差，而处以世。袭爵有降者、不降者，惟世袭罔替者不降。凡有爵者的子弟，皆予以衔名，以上各爵，政府皆随时有升降、封削之权。凡封爵者，皆有俸禄，共分七等：

封爵	俸银	俸级	备考
亲王	二千两	二十五匹	
郡王	一千二百两	十五匹	
贝勒	八百两	十三匹	
贝子	五百两	十匹	均为年俸
镇国公	三百两	九匹	
辅国公	二百两	七匹	
扎萨克台吉	一百两	四匹	

在削弱政策下，系将蒙古原有的部落分划为盟、旗，甚或一部落划为数旗，严订各旗疆界，不准越界牧畜。广封王公，分其势力。又倡喇嘛教，借以遏其蒙古人口之繁衍，并限制军事权限。以此种种，以防止其反动，使蒙旗一举手一投足都在政府统治网中，不能超越分毫。

在隔绝政策下，使蒙古人与内地人不通声息，以免蒙人和内地人接触后，发生团结与同化。此不但在蒙人与内地人中间，即蒙人与蒙人中间，也有不准通婚的禁令。康熙十八年所颁布的内蒙蒙人与其他蒙人通婚的禁令上规定："凡内蒙台吉等，若擅〈与〉喀尔喀、额鲁特结婚姻往来者，即行革去秩爵，不准承袭，所属人民全给其近族兄弟，除妻、子外，家庭牲畜皆入官；所属人随往者，各鞭一百，并罚牲畜三九，将所属人之女遣令随嫁，女之父不向扎萨克处呈明者，鞭一百，失察之卡伦官革职，籍其家，兵丁鞭一百，罚畜三九。"二十二年又颁禁令云："凡王以下至闲散蒙人违禁与喀尔喀、额鲁特、唐古特、巴尔乎结亲者，照定律治罪。其四十九旗协理勤务人等，及归化城二旗都统至闲散蒙人，各量其品级以治罪。"这个禁令的颁布，同族的人也禁婚了。

在愚禁政策下，使蒙人失掉受教育的自由。清政府禁止蒙人习国文，就是蒙古文字，也使之没有机会学习。不但对于内地人入蒙悬有厉禁，就是蒙人到内地，也不许。依据清廷的规定，蒙古人就是贵为王公，非奉旨或值年班入京朝觐，不得擅入内地。凡因公往来内地者，随带人数也有限制，其居留期间，最多为一月，少则十日，即须返旗，并且于来内地之先，必须向将军、大臣处请领信票，详记人数，才能前往。入内地的道路仅限由山海关、喜峰口、古北口、张家口、独石口、杀虎口出入，抵口时，由该管官弁考核人数与信票相符，才能放行。出口时仍需严对原数，始能放出，就是到五台山朝山的蒙古人也有限制：出入先领信票，随带的人数，王不得过八十，贝勒、贝子等不得过六十。像这样的限制为什么呢，这是清廷怕蒙古人到内地多了，染了汉化，进步起来——破坏了他的愚而禁之的政策。

蒙古由于先天地理环境的造因，进化极迟，一向停滞在游牧经济生活中。然而近代三百年中，仍然没有进步，其主因不能不咎于清廷的毒辣治蒙政策。蒙古社会到了今天，仍然过着原始的游牧生活，政治形态仍然是原始的封建制度。王公高高在上，过着骄奢淫佚的放纵生活，这真是人间的悲剧。

综上以观，我们可以看出今日的蒙古社会，如果不经过满清二百余年的"愚民政策"的压迫，一定会有进步，封建制度会被时代的潮流冲毁，在目前决不能仍然度着落伍生活。

二　盟旗组织

前节中已述及清廷征服蒙古后，便推行盟旗制度，把蒙古原有的部落组织废除了。这是清廷治蒙毒辣政策的一环。但这种制度在蒙古地方仍未变更，直至今日，蒙古地方的行政组织，依然是"率由旧章"。其制度是合数旗为一盟，盟有盟长一人，副盟长一人，帮办盟务一人或二人，然亦有不设者，备兵扎萨克一人，多由盟长兼。盟长系由盟中各扎萨克会议选定，经将军或都统（民国后为省长或都统）呈请中央任命。大抵三年一任，但亦有因贤明能干（或向省当局行贿）连任十余岁者。正盟长去职，由副盟长任之，帮办盟务亦可进职副盟长，以次递升。盟长的职权在名义上是总理全盟政务，但事实上盟中各旗大都视盟长的势力大小，而定其服从的程度。昔时盟无一定机关，只三年会盟一次，届时中央政府派遣巡视蒙疆大员，到达检阅各旗壮丁、户籍，由盟长为盟主，率属来会。会盟地点均有一定场所。伊克昭盟的会盟地为"伊克昭"，国语"大庙"之意，即系伊金霍洛（成吉思汗陵墓所在地）。嗣因会盟渐废，盟的事务日趋固定，民国后便明令各盟成立盟长公署，其下设秘书、总务处、政务处。秘书人数不定，各处置处长一人，处之下设科长、科员、书记等。但事实上仅有法规，而各盟公署多未正式成立。

旗为蒙古地方行政单位，和盟的从属关系，等于内地的省和县。旗设旗政府，置扎萨克一人，系世袭。其爵位并各不等，但管理旗内的军政大权则一。扎萨克系蒙语，即执政之意。扎萨克下设东西协理各一人，辅助政务；管旗章京一人，管理军务与司法；东西梅林各一人，分别办理旗政。

各旗旗政府组成，由上述各员组成之。但平日多不到署办公，仅由各人按月轮流前来旗政府值班。旗政府又有笔帖式数人，办理文书事项。

旗的地方组织有参领（蒙语扎兰）、佐领（蒙语苏木）、催领（蒙语昆图）三级。参领为旗政府与佐领间的传承人，佐领为地方事务的实际负责者。

关于蒙旗组织列表如下：

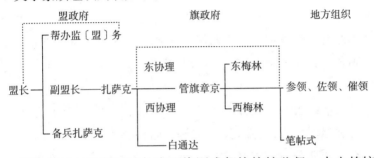

在清朝时，各盟旗受各该地将军或都统统辖监督。中央的统治机关则为理藩院，民国成立后，改理藩院，设蒙藏事务局，民国三年，改为蒙藏院；国民政府成立后，改为蒙藏委员会。而地方统辖机关，视各该旗所在地的中央直辖机关而异。清代伊克昭盟属归化城将军统辖，民元以后，改隶于绥远都统，十七年以后，属绥远省政府，二十三年百灵庙蒙政会成立，依中央规定，察、绥两省蒙旗各受所在地省政府节制，但各该省政府仍管理蒙旗。二十五年，绥境蒙政会成立，百灵庙蒙政会改为察境蒙政会，因而察、绥两省的盟旗分隶两会。蒙政会之外，设有指导长官公署，直隶于行政院，蒙政会受其指导监督。而地方的盟旗则改隶于蒙政会，由斯统辖监督机构大变。

现在伊克昭盟盟长为沙克都尔扎布，俗称沙王，原爵为一等台吉，晋多罗郡王，系现在扎萨克旗扎萨克鄂齐尔呼雅克图的父亲。副盟长原为杭锦旗扎萨克阿拉坦鄂齐尔，俗称阿王，原爵为贝子，晋多罗郡王。阿附逆后，副盟长一职，现尚空缺。帮办盟务，现由沙王子鄂王继任。

三　军制

盟旗制度原系一种军事组织，所以蒙古各旗属下的民众都有当兵的义务。蒙籍壮丁，都是民兵。一盟的军事长官为备兵扎萨克，旗的军事首领，就是各旗的扎萨克；至于协理、管旗章京、梅林等为辅办军务者，参领、佐领等则是实际的带兵官。在清代，三个壮丁即有一付铠甲，一遇战事，全旗壮丁半数留守，半数出征，平时则各自谋生，旗政府并不给与薪饷。就是被召入伍，也是自带给养。

军队组织法，以一百五十丁为一佐领，其中五十丁为常备兵额。合佐领而成旗，各旗兵额不等，因佐领多寡而异，而佐领多寡，系清初划分旗制时依实有丁数制定者。佐领为军事单位，故每旗的丁口，视佐领多寡而推算。每一佐领统骁骑校六人、催领三十六人、骁骑三百人，再加扎萨克一人、协理二人、管旗章京一人、副章京一人，共为三百五十四人。内蒙各旗兵额，共为七万五千八百零六人。外蒙各旗兵额，共为九千七百一十人。伊克昭盟七旗兵额，共为一万五千八百九十五人。

这个军制是满清政府所制定，其起始是清人深知蒙古人的骁勇，便特别重视其组织，使其组织严密，即便指挥，又便统治。在清代规定内蒙各旗三年比丁一次，由理藩院请旨行文四十九旗，每旗各给预印空白一本，令各旗王公、台吉以下，章京、十家长以上，均按佐领查核分户比丁，造具丁数，印册送院。凡六十岁以下、十八岁以上者，都得记入册中。如果有隐匿不报者，于审丁时发现，即科以隐丁罪。——隐丁至十人者，扎萨克罚俸三月，管旗章京、副章京罚牲畜三九，参领、佐领罚二九，骁骑校罚一九——均给首告人，催领、十家长各鞭八十。对于军器也有严格的限制，凡蒙古人到内地买军器，必须由各该旗扎萨克详开某佐领下某人买何种器械、数目若干，具文差官报院，不然，便不发给出口票，所买军器即不能带走。就是扎萨克有印文来买军器，也必须由院酌量该旗佐领的多寡，预先具奏给票，将所购之数核对，不能超过该旗佐领所需用者之外，若购买甲胄、弓、撒袋、刀枪过二十付，鸟枪过十杆，硝硫过三十斤，箭过千枝者，谓之一具，均须报院，会同兵部，请旨核夺，准则给予信票；若制买军器超出票内规定，而被获后，不论王公、庶人，均受重罚：王公罚俸六月，管旗〔广〕掌〔章〕京以下、骁骑校以上，罚牲畜一九，庶人鞭八十，超余军器入官。清廷不但对于军器限制若此，就是蒙旗的马匹赶往内地买卖或使用，也得呈报各该盟长，由盟长报知都统大臣发给路票，填明马匹数目、口齿、毛色，饬知沿途官员切实查核，以免蒙混。

如此严密限制蒙旗军队，从此以强大勇武著称的蒙古骑兵，被烦琐的兵制削弱了，他们已失去成吉思汗纵横欧亚时的雄风。迨至民国成立后，中央政府对于满清旧制于有形无形中弛废了，一方面又因近代武器发明日新月异，昔时的骑射早已落伍，蒙旗本身也不注重旧日的军制了。各旗的扎萨克们都竞购新式武器，扩充编练自己的队伍。

现在盟的备兵扎萨克，也改为盟保安长官，仍由盟长兼任，设保安长官公署，统辖全盟保安队。因为民国成立后，各旗的队伍都自编为王府卫队、保安队或游击队，维持旗内治安。中央为统一组织，曾通令各旗军队一律改为保安队，但这些队伍最多仅能防匪，他们的器械都破旧不堪，没有训练，服装不整，有的是头戴军帽，身穿长袍，背着一枝枪，有的则头戴呢帽，身穿军服，骑着马，唱恋歌，就是德王在百灵庙时的嫡系队伍也称作"袍子队"，因为他们穿着长大的袍子在受训。关于士兵的给养，各旗仍不发给，当兵的名曰"吃粮"，虽然不发给养，也有方法生活下去，他们有的以当兵维持家庭生活，在蒙旗，一个蒙人如果有了一枝枪，在旗下补上一名兵，便可以不愁衣食。

伊盟的保安长官是沙王，公署设在扎萨克旗。各旗都有保安队，兹将绥远省教育会二十二年十月统计的数目，开列于左：

旗名	兵数	枪数
扎萨克旗	约八十余名	杂枪一百二十枝
杭锦旗	骑兵九百六十余名，步兵百余名	杂枪三百枝左右
鄂托克旗	约六百名	新旧杂枪一百八十枝
乌审旗	四百八十余名	杂枪一百九十余枝
准格尔旗	三百余名	杂枪二百九十余枝
郡王旗	一百五十余名	杂枪一百枝左右
达拉特旗	六百余名	杂枪三百余枝
总计	三千三百七十余名	一千四百八十余枝

据本年八月蒙古游击军第二区代司令陈玉甲的报告：乌审旗骑兵是四百余名，扎萨克旗两团共五百余，郡王旗三百余，杭锦旗一千四百余，蒙边第一区防司令部二百余（原系杭锦旗部队）。据××调查：达拉特旗五百余，鄂托克旗八百余，准格尔旗千余名，这和上表略有出入。

保安队的枪械来源，有的是旗政府自购，有的是向省政府具领的，有的则是王公于晋谒当道时呈送一点土产换取的，像绥远省政府以及太原绥靖公署，都曾于蒙古王公去拜见长官时，发给械弹。

由于时代的变迁，蒙古军制已发生了大的变动。各王公视司令、指挥、队长为荣誉的职衔。抗战前有些王公任为司令、指挥等职，达拉特旗的康王是伊盟七旗剿匪联军总指挥，杭锦旗的阿王是绥西护路副司令兼蒙边第一区防司令。

抗战以来，蒙古军逐渐参加抗战，如伊克昭盟划为蒙古游击军第一区，区司令为准格尔旗护理扎萨克奇文英，鄂托克旗的实力派首领章文轩为伊南游击司令，乌审旗东协理奇玉山为西蒙抗日游击第一支队司令。伊盟军队已在训练中。同时绥远省主席傅作义，也于二十八年十月派员点验伊盟各旗保安队，拟加整顿，统一指挥、编制，作为抗战的部队。从此旗〔蒙〕古军也都能够担负起抗战的大任，向新的方向迈进了。

四　司法

我们踏入蒙旗，往往以为蒙旗并无司法可言。旗政府对于犯人滥用残酷的刑罚，真有意想不到的残忍，可是蒙旗并不是没有司法制度。清时制定：各扎萨克［克〕直接受理旗内的诉讼案件；不决，则呈报盟长，共同审讯；扎萨克如果判决不公，两造可呈报于盟长；又不决，全案便呈送理藩院；蒙人与内地人涉讼，则内地地方官（为都统、将军二府）会同扎萨克审判。

关于刑罚的制度，也有定制。分三级，有罚，有遣，有死。罚有十二等，遣有三等，死有四等。罚有牲有马。罚牲：以一牲为一等，罚之三岁牛或二岁牛一头；五牲为二等，罚一犍牛、一乳牛、二岁牛一头、三岁牛为二头；七牲为三等，罚二犍牛、二乳牛、二岁牛两头、三岁牛一头；九牲为四等，加七牲，加三马；二九牲为五等；三九为六等；四九为七等；五九为八等；六九为九等；七九为十等；八九为十一等；九九为十二等。罚马：以五马为一等，七马为二等，十马为三等，二十马为四等，等而上之至于百马为十二等。如果被罚者不能如数交出所罚的牲、马，就只得让皮肉吃苦了：自认挨打，以鞭代罚，但鞭不逾百。鞭打之后，又须令旗内官员宣誓，保证犯者真正无牲、马，若系隐匿，则于发觉后，保证人也得受罚。

遣就是发配。犯者以发遣至河南、山东为一等；湖广、福建、江西、浙江等地为二等；云南、贵州、广东、广西边极地方为三等；犯罪至发遣者，扎萨克和盟长不得自专，须呈报于理藩院，候院会审，再为决定。

死刑以绞为一等，斩为二等，枭为三等，凌迟为四等。死刑的执行，扎萨克和盟长须呈报理藩院，候院会审，不得擅专，若死罪减刑，则将犯人发交盟长，给台吉效力为奴。

以上是对于一般民众的刑罚，至于王公犯罪，也有详明规定的刑制。不过王公犯罪，刑罚较轻，以示优待。其犯罪罚俸以代牲，分为四等：罚三月为一等，罚六月为二等，罚九月为三等，罚一年为四等。其罪，王应罚牲九九，及罚马百匹；贝勒、贝子、公应罚牲七九，及罚马七十匹；扎萨克台吉应罚牲五九，及罚马五十匹者，均罚俸一年。王应罚牲五九，及罚马四十匹，贝勒、贝子、公应罚牲四九，及罚马三十马〔匹〕，扎萨克台吉罚牲三九，及罚马二十匹者，均罚俸九月。王应罚牲三九，及罚马三十匹，贝勒、贝子、公应罚牲二九，及罚马二十匹，扎萨克台吉应罚牲一九，及罚马十匹者，均罚俸六月。王应罚牲一九，及罚马十匹，贝勒、贝子、公应罚牲一七，及罚马七匹，扎萨克台吉应罚牲一五，及马五匹者，均罚俸三月。

在清代，蒙旗的刑制是如上规定的，但是事实上，各旗未能切实遵行，故每多任意处置犯人，有所谓"锁刑"和"缩刑"等名称。此种情形盛行于未放垦的蒙旗。民国以来，政府对于蒙旗司法本以颁布法令，期于改善，如在已设县治的蒙旗内，规定："凡蒙民一切刑、民与汉蒙互控刑、民案件，全归县知事审理。"可是蒙民积习难改，凡蒙民诉讼事件，一如往日，仍由各旗公署办理。而旗政府的蒙官既不依旧章，也不明新律，惟以己意为断。甚至蒙古兵也在外接受审理诉讼，以致紊乱不堪，人民受祸至深。至于汉、蒙互控的涉讼，虽可呈诉于县政府，但以言语不通，隔阂殊甚，往往横生枝节。

蒙旗司法之急需改善，已刻不容缓，惟改善途径究应如何，亟待切实研究。廿八年十月十日，绥境蒙政会召开第四次委员大会，曾通过一件《呈请行政院在蒙旗设置高等法院和地方法院》提案，该案系康达多尔济委员（康王——康济敏）所提出，其理由："查蒙旗对于民、刑诉讼，向无专理机关，而对民、刑事件之判决，亦多沿用大清律，因之积弊甚深，民众痛苦，莫此为甚。故拟改用民国法律，各旗设地方法院，各盟设高等法院，而张法治之精神。"其所提办法："一、征求蒙旗司法人才。二、高等法院呈由中央派设。三、承审及推事人员，必汉、蒙各设一员，以免言语不清，致生错误。"

于此有需指出者，即清制的蒙旗刑律对于王公备极优待，无死刑之规定，惟逢王公叛逆，清廷便毫不稍优容，立即处死，有清一代因叛乱而被处死的王公并不在少。由此可见清廷虽怀柔王公，但一发现有了叛迹，便施以极刑，不稍宽宥。

乙　经济状况

一　伊盟放垦经过

清代中叶，为了防止内地农业文化输入蒙古，曾三令五申，严禁内地人移垦蒙古。然而这种违反时代与社会的政策，终于遮断不了内地农业经济的自然向外发展力，是以内蒙的天然草原，由私人移垦，逐渐变为蒙旗的放〈垦〉，而终于达到大量开垦的局势，到现在游牧区域日渐缩小了。

内蒙牧地的放垦，以察哈尔部为最早。《口北三厅志》之俗物志上说："金、元以来，渐为郡县，风气日开。元则两都并称，銮舆岁达，俗阜〔卑〕土富，有牲滋殖。迄前明中叶，弃地内徙，遂使城堡丘墟，沃壤之区，仍为碛盐之地，识者至今惜之！"是则在明代中叶以前，已有过较大规模的移垦了。到清雍正二年，清廷依据察哈尔都统黄升等奏议，又公开准许察哈尔部积极开垦。察哈尔可以说是内蒙放垦最早的蒙旗。

伊克昭盟的放垦，较察哈尔为晚，然以地临黄河，有沃野千里的后套，宜于农耕，自不待言。明代中叶，内地人民便以商业资本的经济姿态逐渐传入，其时沿边一带设汉、蒙互市之区，虽然明定在交易上不准售卖军需米粮，但事实上，农产品的大量输入蒙旗，自不能免。我们知道那时蒙人的犯边，大半是为了取得粮食给养，而且常把掳掠去的内地人，给与耕地，使之耕种，以生产食粮。后来，内地的农民，便利用了商业关系，大批出塞垦殖。

清康熙帝亲征准部时，曾驻跸伊盟境上，看到伊盟黄河沿岸土地肥沃，立时手谕监国太子："朕至鄂尔多斯地方，见其人皆有礼貌，不失旧时蒙古规模，各旗和睦如一体，无盗贼，驼、马、牛不必防守，生计周全，牲畜蕃盛，较他蒙古殷富。围猎娴熟，鸡、兔复多。所献马皆极驯。放马不用马竿，随手执之。水土、食物皆甚宜。"由此可见伊盟是如何的富厚了。可是清廷并未允许蒙地放垦，虽然伊盟的内地农民已在逐渐增加。一直到光绪二十八年张之洞提倡开垦，又经岑春煊条议扩充蒙边，清廷乃派贻谷为垦务大臣，到绥远来督边蒙旗垦务。当时蒙人为了保持牧地利益，始终反对政府公然放垦。几经波折，垦务才慢慢进行起来。伊盟的牧地也开始放垦了。

伊盟放垦的历程可分二期。由光绪二十八年至宣统三年为第一期。这一期，七旗共丈放七千四百顷，王爱召（在达拉特旗，为郡王旗王爷庙）丈放一千四百顷，达拉特旗永租地丈放二千顷。由民国元年至二十一年为第二期。计鄂托克旗报垦月牙湖地九千二百七十顷，郡、扎、乌三旗草界牌地丈放四千三百四十顷，各旗报垦地共一万一千二百一十顷，另外有各旗膳召（即王爷庙）及台站等约有四千顷。关于伊盟各旗的面积及报垦地、已报未垦地可看下表：

旗别	面积	报垦地	未报可耕地	垦地不堪耕地	已放地	已报未放地
准格尔旗	四万三千二百余方里	一千五百八十余顷	约二千四百余顷	约三千六百顷	一千五百八十余顷	无
达拉特旗	五万八千余方里	一万三千四百八十余顷	约二千顷	约三千顷	一万一千六百一十顷	一千八百七十余顷
郡王旗	八千八百余方里	九千六百三十余顷	约八百顷	约一千二百顷	九千六百三十余顷	无
乌审旗	四万二千余方里	一千九百三十余顷	约八百顷	约一千二百顷	一千九百三十余顷	无
杭锦旗	八万三千七百余方里	七千三百六十余顷	约二千四百顷	约三千六百顷	七千三百六十余顷	无
鄂托克旗	十七万六千八百余方里	一万余顷	约四万顷	约六万顷	七百二十九顷	九千二百七十余顷
扎萨克旗	三千余方里	二千一百七十余顷	约八百顷	约一千二百顷	二千一百七十余顷	无
总计	四十一万五千五百余方里	四万六千一百五十余顷	七万一千六百顷	七万三千八百顷	四万一千五百七十顷	一万一千一百四十余顷

上表是根据绥远省政府的统计（见贺扬灵《察绥蒙民经济的解剖》），但这个统计大半都是约计的概数，当然与事实上有出入的。可是伊盟牧地的大批放垦，已在积极进行了。虽然从民国二十三年起蒙旗已暂停开垦，但伊盟的牧〔垦〕地却逐年增加，因为这里的蒙旗当局，已知顺应经济发展的自然趋势，而不加以阻止。

二　蒙民生活的转变

内蒙经济区域的划分，可分为三区。一、纯牧区——这种区域里的蒙古同胞是依然在过着游牧生活，在"无边光景"的草原中，有无数"吟啸成群"的马、牛、羊在牧放着，如锡林郭勒盟，便是这样一幅游牧的图景。二、纯农区——这种区域中的生产方式，是以农为主，以牧为副的，过去人烟稀疏、牛羊成群的地方，现在已是闾阎稠密，鸡鸣树颠了；过去是一片广邈无涯的平原，现在已是田园毗连、禾苗油油的阡陌。如察哈尔部及归化士〔土〕默特旗的蒙古同胞，他们已经转变了传统的游牧生活，而成为"有事田亩"的农民了。三、半农牧区——这种区域是没有完全放垦的，农业经济的进入，只有一半或不及一半，到处是牧场与田园杂列，一面看到"汗滴禾下土"的移住农民，同时又看到"鞭叱牛羊"的土著牧民。两样不同的生活与习惯，在"鞭影"和"汗滴"中交互参杂着。

蒙旗的土地向为扎萨克的私产，所谓"普天之下，莫非王土"，在这里竟可说"普旗之内，莫非王土"了。每一旗的扎萨克都视旗地为私产，而习于游牧生活的蒙古同胞，经年逐水草而居，只有土地使用权，却不曾利用，只寻觅着水草丰富的境地，自由牧放，从来没有想到土地所有权。清雍正年间，虽一度敕令各旗扎萨克将旗地分予旗民，但各旗多未通行，旗民在旗下仍无土地。因是到蒙旗垦殖的农民，土地的取得都是由扎萨克那里得来的。

伊盟接近陕北的地带，放垦特早，清乾隆以前，乌审旗的南境（接近长城）便逐渐转入移住农民之手。而准格尔旗、扎萨克旗、鄂托克旗以及后套达拉特旗和杭锦旗的土地，均踏上由内地徙来的农民足迹。内地农民之取得土地耕种权，起先是租耕，接着是永租，最后往往成为死契——土地所有权也归为己有。

这种垦殖过程是这样：行商于蒙旗的内地人小贩，背负着蒙人日用必需品——烟、茶、布，栉风沐雨，往来于各旗之间，在广漠的草原上，寻觅他们的顾客。起先，他们并未意味着在这里是能取得较大的利润，不过是在内地穷极无聊，或者是杀人放火，不能安居故乡，才来到边地做点小本营生，暂维生活而已。蒙人浑厚，商业观念极为薄弱，只知以物易物，取其所需，对于不合理的高利欺诈，漫不经意，因是往往因积欠累累，无法偿还，便把土地放租一块给予商人——他们的债主，作为抵还债务之用。除此之外，王公们也常把宽广九十里的土地，押给商人，换取他们的所需品。商人取得大片土地，自己不能独耕，便招募垦民前来耕种，商人便变成地主了，甚至富埒王公，势力大者能与王公分庭抗礼。因为在经济上，王公们常要依靠商人为供给者，旗下的大部土地都握在他们的手里，王公对于旗地仅到秋后派上几个人去，收取地租而已。

虽然牧人们因为牧地放垦而移牧他处，但在放垦的地方，蒙古同胞业农的也大有人在。准格尔旗、达拉特旗、郡王旗已有不少的牧人变为农人，过渡着农牧兼营的生活。

三 商业

伊克昭盟之有内地商人踪迹，远在明代中叶。游牧社会中的生活虽然简单，但日常必需品，尤其是蒙民生活上不可少的烟、茶等物，必须要向内地购取。明时边防极严，不准与蒙人交易，所以边患的原因是套中的部落要到内地抢掠生活必需品。隆庆五年，吉能乞贡，朝廷随开市红山，许蒙人前来互市，其时又以羁縻阿拉善的关系，在宣府、大同、延绥等十一处，开为蒙古与内地商人通市之区。但是这种互市仅是限于一地，蒙人既不能得深入内地来购物，内地人也不能擅出边外做买卖，就是在互市的地方，也划有专区，不能随便杂处。现在榆林城北十里，沿长城有一高台，名镇北台，台下有土城遗迹，据说那就是明代蒙古人民与内地商人交易的地方，名易马城。其时蒙人之来交易者，日出入城，将暮即当出城，不准居留，居也不准越长城界。

然而这种蒙汉互市的关系，随着蒙古与内地关系的进步，愈益扩大，从前那种严格的限制，终于不能阻碍商业资本主义进入游牧社会，蒙古草地的商业活动便日益扩大。

现在伊盟商业在经营形式上可分两种：一种是边客，一种是固定商号。分别述之如左：

一、边客　边客是一种行商，蒙古人又称之为"出拨子"或"货郎"，通常游动于各旗之间。他们对于蒙古人的嗜好及其日用所需要的物品，知之极详。出发时，将各种商品载于牛车，或用牲畜驮载，三五人一帮，自带食料、炊具、帐幕等物，一直向蒙古地方前进。他们多是小商贩出身，积多年的经验，巧于蒙古语言，又通晓蒙古的风俗人情，沿途都有他们结纳的知己，待至目的地时，即宿于知己之家，展开帐幕，陈列货品，招徕主顾。他们把蒙人所需要的物品带到蒙地，回来又把蒙地的出产皮毛及牲畜带回，反复买卖，往往转手即可获利数倍。

二、固定商号　伊盟各旗之内，均有几家商号，这些商号的存在，大部分是由于边客发展而来的。边客们在蒙地年深日久，渐有积蓄，或在王府附近，或在大召庙的门前，建筑几间土屋，作久居之计。他们多是一面经商，一面经营土地。他们居留蒙地较久，与旗政府的关系较为密切，又有余钱，每当旗政府放垦土地，他们便把垦地租［再］来，〈再〉转租与农民耕种，因是他们在蒙旗既系商人，又系地主，为蒙旗经济的实际掌握者。殷实商号多为王公们的债权人，如郡王旗的天成号（掌柜名呼掌财），曾因旗政府欠债数万，强迫着旗政府放地偿还，结果旗地放出，仍被他租去，债务也未还清，迄今该商号依然是王爷的债权人。像这样的商号，各旗都有，他们自己筑有寨堡，置有枪械，以防兵匪，他们的住地俨然成为蒙旗中的特殊地带。

伊盟的商人在达拉特旗、杭锦旗一带多为包头人；准格尔旗则多为河曲、偏关人；扎萨克旗、郡王旗，多为府谷、神木人；乌审旗、鄂托克旗，多为榆林、横山人，这是因为地域接近的缘故。至于在东胜县境内，又有河北邢台人不少，他们之得插足此地作小贩，是因为民国二十年左右东胜县长是邢台人，同乡相亲，他们便来此做点小生意了。但他们完全是"货郎"，没有商号，这是因为年浅的关系。

伊盟的商号及边客有多少呢？据调查可看下表：

旗别	商号数	边客数	备注
郡王旗	三五	三〇〇	
达拉特旗	四〇	六〇〇	
准格尔旗	四八	一，〇〇〇	
鄂托克旗	三七	九〇〇	
杭锦旗	二六	二〇〇	
乌审旗	三一	九〇〇	
扎萨克旗	一五	二〇〇	
合计	二三二	四，一〇〇	

这种商人行踪无定，时增时减，这不过是个概数而已。

他们运到的货都是什么，可看下表：

品名	色样及用途	附注
各种绸缎	赤、黄、紫、桃红等色	
天鹅绒布	以黑色居多	
各种棉布	赤、桃、紫、绿、浅黑、蓝、白等色	

品名	色样及用途	附注
各种线针	裁缝所用色线及用针	
手巾	蒙人多用之裹头及裹额	
哈达	绢布，送礼、献佛用	
棉花		
皮革及布制靴		
高粱酒		
粉条子		
挂面		
面粉		
豆油、麻油、香油	调味及点炉	
鼻烟及鼻烟壶		
烟袋	多刺有花绣	
钱袋	多刺有花绣	
各种纸	用糊窗户	
烟管	有用翡翠镶口者	
红白纸		
粗瓷器		
各种佛具	祭佛用	
各种砂糖	有冰砂、白砂、赤砂、黑砂等	
各种糖食	月饼、麻饼、芙蓉糕	
砖茶		
妇女装饰品	首饰多用瑙瑚、银片所缀成	
铁器	农具、炊器等	
铜器	多系炊器	
锡器	多系礼佛用具	
各种刀子		
火柴		
蜡烛及线香		
马靴及附件		
鞭〔粳〕米	多系王公及富人用	

至于日用品的价格，现估计如下（二十七年）：

货名	数量	价格	备注
粗布	一尺	四角	
砖茶	一块	一元五角	
黄烟	一包	四角	
黑砂糖	一斤	一元五角	
哈达	一片	三角	
烧酒	一斤	一元六角	
白面	一斤	四角	
其他			

这是根据目前伊盟商品价格所估计的，其中粗布一项，因伊盟临近游击区，仇货来源不绝，故其价格较低。

以物换物的价格比例，在平时，普通是牛皮一张可易大尺布一丈乃至八尺，酒三斤可换小羊皮一张，牛皮二三张可换天鹅绒一丈，此外蒙地妇女的"头带"多用璎珞、珊瑚、银片等所缀而成，如属上等品，可换牛、马三四头，其他马鞍之装饰华美者，有值洋二百元以上者。

蒙地的行商，栉风沐雨，成年累月跋涉于荒漠的草原上，受尽千辛万苦，以赚取利润，这在开辟蒙地商业上说来，不能不说是有功的，可是由于他们的愚鲁无识，间有重利观念，致与蒙民发嫌隙，现在蒙人渐渐觉悟了，除对于行商的交易加意慎重外，并有自行经商者。如果蒙地的行商不急速转变其经营方式，则衰微可以立至。因为今日的蒙旗政府渐已注意到旗内的商业，对于蒙民经商，已不再禁止，且有奖励之意。例如蒙商同内地商人涉讼到旗政府，无论如何，内地商人是要败诉的。鄂托克旗的巴彦淖咸〔碱〕池，系郭姓经营二十余年的商号，今秋突为该旗政府派兵强制收回。这例子是说明蒙旗的商业经营在逐渐转变中，同时也是说明蒙旗的商业经济正在步入新途径。

《西北论衡》（月刊）

西安西北论衡社

1941 年 9 卷 6 期

（朱宪　整理）

后套地理概况

张鹏举　撰

一　前言

后套远处边陲，一向无人重视，自冯玉祥将军于民国十五年誓师五原，晋军于二十年垦植于绥西，四十一军于二十二年过境后，后套始渐为国人与政府所注意。抗战军兴，绥东沦陷，绥远之军事、政治及教育，亦随之转移于后套。同时是地又为北战场之最前线，三四年来，大兵临境，军书旁午，通讯与电报，亦屡见诸报端，于是后套之名，乃渐闻于国内。

在建国建军突飞猛进、拓边固防势不容缓之今日，来谈塞外之后套平原，想亦不无意义。由"黄河百害，惟富一套"的俗谚里，可以概见后套之轮廓。不过后套能成塞外膏腴之地，不单纯是黄河之赐，优良之地理条件，尤为其重要因素。今就浅见所及，将后套之地理概况，略述梗概，以作关心西北同胞之研究。

二　地理范围及名称

1. 地理范围　后套位于绥远伊克昭盟之北，乌兰察布盟之南，西接宁夏，东隔乌拉山与包头相对。狼山屏障其西北，乌拉山蠹立于东北，黄河流注于东南，五加河及各干渠流贯域内，成一标准向阳地势。其范围包括绥西之五原、临河两县与安北设治局西部。北〔此〕区北半部原属达拉特旗，南半部昔归杭锦旗，今已开垦过半，由牧地进步到农业区域矣。

2. 名称　河套一语，范围甚广，黄河自兰州东北流，穿宁夏入绥远，东折又南下为秦、晋之介，成一大湾曲，是渭〔谓〕河套。光绪年间，绥西开放垦地，陕北与晋西之民，负耒前驱，开草莱，辟荆棘，挖河道，苦心经营，田畴乃成。因开拓后套之始祖，来自河套之南部，故名之后套。此为后套名称之由来一也。黄河自绥、宁边界之补隆淖附近分歧，一循狼山，经临河县之广义成、五原县之同义隆，抵安北设治局之乌兰恼包，被南下之狼山所阻，乃南流入乌拉素海子。此段名五加河，即黄河之故道，一向东流，即黄河之正干。在黄河以南，长城以北，谓之前套或河套；在黄河以北，狼山以南，谓之后套。此为后套名称之由来二也。总之，后套在黄河之北，河套在黄河之南；后套是黄河之冲积平原，河套是西北风成之沙丘地带；后套已成为农业区，河套则仍为牧畜地带；后套有灌溉之利，河套尚无；后套居民多为汉人，以务农为生，河套则汉蒙杂居，以牧畜为主。后套与河套在地文及人文方面，迥不相同，各成景观，界限亦颇明显，分而名之，不仅合乎自然，并且已成了习惯。

三　面积与人口

1. 面积　西自乌拉河边之新公中，东迄乌拉素海子，约二百二十公里；南起黄河，北抵狼山南麓，平均约有一百公里，面积在二万二千方公里以上。面积大于宁夏平原七千七百六十九方公里三倍弱，大于成都平原六千方公里三倍半强，等于浙江省总面积十万零一千零六十一方公里五分之一强，略小于荷兰或比利时王国。

2. 人口　五原五万七千，临河九万一千，安北设治局属地在后套壤内者约一万二千人，共计后套平原有人口十六万。每方公里平均七人强，较之成都平原每方公里平均六百人以上，诚藐乎其小，密度相差一百倍。若后套水利修明，灌溉自如，与成都平原一年两获，能养四百五十万人口相较，则后套一年一收，亦可容纳七百八十七万五千人农垦。除现有之十六万人口而外，尚可容热河三百四十九万五千余人，察哈尔二百六十五万三千余人，宁夏一百四十五万人，三省共计七百五十九万八千人。

四　地质

黄河将甘肃之黄土及鄂尔多斯与阿拉善两地之细沙，运搬至后套，成今日之平原。土壤为黄土兼细沙质之混合土，成层状，淡灰色。干固时，坚硬如石，浸水后，疏如鸡粪，泥泞深至二三尺，牲畜进入，泥足愈陷愈深，往往致死于泥泊中。在后套境内，绝无地下物及木材，石料尤其缺乏。后套位于内陆，拔海约在一千一百公尺左右，因黄河与五加河环流在其外，各干支渠纵横经其内，掘井不及二公尺，即至清水面，泉水喷涌，取水至为方便。在境内无论掘井或开渠，从未发见一块石砾，盖因黄河出宁夏省，即放荡于鄂尔多斯与阿拉善两沙漠间，地势平坦，水流缓慢，运搬力减小，无力携带上流之砂砾也，故后套之冲积土，极为细腻，最宜于农作物。后套是冲积平原，无一山丘可寻，狼山与乌拉山，均在边际，不过为后套之外围耳。前两山之麓，均有侏罗纪之炭层，北距五原百余里处，现有土法开采之炭窑数处。惟因蒙人以宗教上之迷信，时与阻止，兼之法旧本轻，交通不便，且无法律之保障，殊少发展。所产之石炭，质坚硬，色淡黑，即在日光下，亦无眩目之光泽，初不易燃，既燃后，有剧烈之爆裂声，无烟而有铁臭，能耐燃。

五　地形

阴山之尾闾——狼山横屏于西北，大青山之支脉——乌拉山崛起于东北，两山各约二千公尺高，环绕于后套之西、北、东三方面，成一卧弓形，黄河向〔由〕西向东流，恰像弓上之弦，弓背弓弦所成之半月形，即后套之地形也。黄河入后套，即自西向东流，各干渠均自南或西南向东北平行流贯，我们虽未实测后套之坡度如何，但就水性就下之定则来看，可知西高于东，南高于北也。据汪公亮先生所著之《西北地理》与《黄河志》第三篇均云："后套之地形，自西倾东，自北倾南。"西高于东，是无疑义。而北高于南之说，尚待科学法测量证明。《西北地理》与《黄河志》且举例云："后套各干渠之水向北流，是由于黄河水拥挤之故，其理有如钱塘江水潮之逆势然。"就笔者所知，后套之地形，以东北为最低，兹举事实以明之：1. 后套各县支渠决口处，汪洋一片，漫溢之浅水，若无其他障碍，水势皆向东北缓流；2. 黄河北岸开渠，水可进口，若在黄河南岸或五加河南岸行口，概不进水；3. 五加河水大时，有一部分南流注入乌拉素海子，为"倒洋水"——即指水由低处被挤而流向高处之谓也。总之，后套是一标准平原，南北东西之坡度甚微，全境举目平旷，田野弥望，与长江下游之三角洲相较，无异致也。惟渠沟分歧，渠道纵横，每逢浇水时期，田水茫茫，似成泽国，交通阻塞，商旅裹足，行动至感困难。一到严冬，河水结冰，沟渠为冰填平，将坎河之堰坝略加削补，汽车、驼马，即通行无阻。故后套之居民，最怕过冬，盖以往昔，每至封冻以后，天险之河道，已失效用，盗匪易起，乡民不得安宁。近几年来，包头之敌伪，亦常在冰冻时期，骚扰后套。

六　河流及水涨季节

1. 河流　黄河自宁夏省之石嘴子北流，穿过东西对峙之贺兰山与桌子山（伊克昭盟西边之惟一大山）间，直至磴口，北〔此〕段河床狭窄，流势湍急，形如峡谷，帆船往来绥、宁，莫不以此处为艰险。黄河出北〔此〕段后，即流入半沙漠地，坡度减小，落差甚微，水流缓慢，夹心滩（沙洲之意）生焉。殆及后套，为蒙古高原边缘所阻，黄河正流折而东行，五加河沿弓背形之狼山流，两流环抱者，犹如一大沙洲也。后套八十余道干支渠，纵横交贯其间。后套为无砂砾之冲积土，开挖河道，颇为容易，人工渠至为发达。兹将后套各干渠之灌域面积，列表于下：

渠名	沿革	长度（公里）	灌域（顷）	已灌（顷）	县境	通航	出梢
乌拉河渠		五九	一，〇〇〇	六四〇	临河	不通航	未通
杨家河渠	道光年间，杨姓开，嗣淹废。民国六年，经杨义林复浚，仍其旧名，但不仍其旧址，为后起之秀。	六四·一	一二，〇〇〇	一，八〇〇	同	通航	已通
民复渠	原为地商贺清开挖，股份众多，支渠纵横，曾由王同春经营。	三一	七〇〇	三五〇	同	可行载重四万斤之船	未通

渠名	沿革	长度（公里）	灌域（顷）	已灌（顷）	县境	通航	出梢
黄土拉亥渠	创始于河曲人杨氏，杨氏中落，渠淹不治，光绪庚子年间，教案发生，抵银十四万两，渠地权随归外人。	八六	一五，〇〇〇	一，六〇〇	同	可行载重三万斤之船	已通
兰锁渠	光绪三十二年，公款开挖。	四五	一，〇〇〇	七六〇	同	不通航	未通
永济渠	原名缠金渠，系地商永盛兴、锦和成等号于道光五年开。	八二	一，〇〇〇	一，二〇〇	同	可行载重四万斤之船	已通
丰济渠	清光绪年间，地商王同春、韩钺等合资开挖，计费银七万余两。	五一·八	九，〇〇〇	一，二〇〇	五〈原〉	同	已通
沙河渠	光绪十五年，王同春开挖。	四九·八	三，五〇〇	七九〇	同	同	已通
义和渠	光绪十八年，王同春独自开挖。	五〇·三	三，〇〇〇	五五〇	同	同	已通
民复渠	原名扒子补隆教堂渠，民国十九年，向教堂收归公有，始改今名。	三二	一，八〇〇	六〇	安北	水大时可通	已通
民兴渠	缺	二一	二，七〇〇	三〇	同		已通
通济渠	原名老郭渠，系同治初年四川老郭名大义者所开，至光绪二十年经其子敏承承父志成完。	五九·三	三，〇四〇	四〇〇	五安	通航	已通

渠名	沿革	长度（公里）	灌域（顷）	已灌（顷）	县境	通航	出梢
长济渠	地商侯应奎于咸丰七年开挖。	六二·二	八，〇〇〇	一，一〇〇	同	通航	已通
塔布渠	"塔布"，蒙语五数也。因渠系地商樊三喜、吉尔古爱、夏明堂、成顺长、高和娃合资开挖，故名。	五五·一	七，〇〇〇	四六〇	同	水大时可通	已通

说明：上表之长度、灌域及已灌面积，采自二十九年出版之《西北文化》一卷一期，沿革录自《黄河志》第三篇，通航与出梢，笔者所知。

由上表获知，后套平原在二十八年已灌面积是一百一十九万四千亩（有水利公社者，私人渠灌域面积不在内），与同年成都平原已灌面〈积〉二百六十四万六千三百四三亩（有五县未列入，见《西北论衡》八卷十七、十八期合刊）相较，就已灌面积论，成都平原大于后套平原一倍半弱，但后套灌域面积七百七十七万四千亩，则大于成都平原三倍。成都平原引水灌地，历史悠久，都江堰之水利已发展至极点。而后套平原开辟较晚，灌溉事业，尚待发达。据汪公亮先生所著之《西北地理》推算，每三百年间，后套之黄河，将向南迁移一百里，换言之，即三百年后，后套面积将增大现有面积二分之一。可见成都平原已发展至饱和状态，似至老年期矣，而后套平原，正待开拓，似在幼年时期。

2. **水涨季节** 黄河自宁夏之中卫县起，直至绥远之托克托县（河口镇）止，长约二千三百里，无一较大之支流注入黄河，反有伊克昭盟沙漠之渗露水分，与宁夏及后套二平原之灌溉，因而后套之黄河水势，既没有中卫以上之激湍，又不若潼关以下之洪水为患，故涨水季节与枯水季节之水位，远不如中卫以上或潼关以下之悬殊也。据民国二十三年兰州最大流量每秒五千四百立方米，包头流量仅每秒二千二百立方米。同年八月全月流量，兰州为一百万万立方米，而包头则仅五十万万立方米，包头总流量仅为兰州之半数而已，其他半数则在沿途消耗净尽矣。至潼关以下，有洛、泾、渭、汾诸大支流加入，其在洪水期，流量想必更大于兰州也。因此后套之黄河，水涨也不骤，水落也不速，故有灌溉之利，而无洪水之患。后套之水涨季节有一定时期，兹分述于下：

（一）春水　在清明前十天，正是北方春风解冻，黄河上流之巅□涧冰融化下注，汇入黄河，后套之水位增高，约有半月之久，名之春水。春水带有咸〔碱〕性，且有"洼地之虞"（指春水浇过之地，风吹易干，干后土质异常坚硬，播种不易捉苗，就是有苗，亦因土坚，生长不好），本地人不喜用春水。

（二）伏水　自夏至到立秋间，正为我国季风雨来临之时，黄河上游甘、宁、青间，多山多支流，雨水汇合流入黄河，后套之水位激增。此期水涨季节最长，约有三四十天，水质污浊，带有肥料，或灌空地，或浇青苗，无不适宜。灌空地，水若深至二尺，即有"杀草除根"之效，且今年伏汛浇过，至冬结冰，次年地气一开，土质疏如鸡粪，不用耪耙，即可播种，且易捉苗。伏汛浇过之地，可种后套之各种产物，且工力省而收获大。浇青尤为应时，因有"伏水赛如油"之谚。

（三）秋水　自立秋至霜降，为我国季雨强弩之末，水涨期约三十多天，浇青已晚矣，只可浇灌空地，以估〔供〕来年播种之用，秋水虽无"杀草除根"之效，但浇过之空地，被冬季之坚冰保护，来年土消，播种最易捉苗。

（四）冬水　在立冬前后，黄河流凌，携带冰块，水流被阻不畅，水位亦增，约有十天左右。彼时水清如镜，无肥料，反有杂质，农人不肯浇用，惟冬水上结厚冰，压束水性，有深刻渠底之功效，胜于挖渠。谣云："冬水长流，省下挖渠。"

（五）热水　在立夏前后，黄河上游如有大雨，后套水位亦增高，但为期不长，且非每年有也。热水非浇青之时，灌过之地，可种生长期较短之农作物，如黍类或荞麦。后套之灌域面积，约有十分之七，在水涨季节，始可浇水，剩下十分之三，虽在枯水时期，亦可灌溉自如。盖因后套之各干渠，多已淤积，非至水涨季节，不能随便浇地也。

七　气候

后套跨北纬四十一度，远处内陆，拔海亦高，且受蒙古沙漠之影响，气候属半沙漠性，故冬夏变迁剧烈。后套境内，无一测候所，从来亦无人肯谈后套之气候，因此一般人之想象，总以为后套之气候，有若西伯利亚之堕指裂肤，或蒙古之飞沙走石也。其实不然，缘因二千多公尺高之狼山为气候之峭壁，在冬季阻挡了一部分来袭之西北寒风，故后套远比狼山以北之大漠气候为暖。后套之气候寒暖究竟如何？因无科学之记录，不能臆说。不过后套与萨县附近之二十四顷地，在同一纬度，同一高度，且均在阴山之阳，伊克昭盟沙漠之北，再以历年来之河流开冻、霜雪降临及五谷之播收，两地气候似相伯仲。今将二十四顷地，十二年之气候记录，抄录于下，以见后套气候之大概：二十四顷地一月在摄氏零下十五·一度，二月零下十·三度，三月零度，四月八·一度，五月十五·八度，六月二十·四度，七月二十二·七度，八月二十·九度，九月十四·三度，十月六·七度，十一月零下四·三度，十二月零下十五·二度，年平均五·四度，年较差三十七·八度。以二十四顷地之气温比作后套气温，是不合科学，只不过用来说明后套气温之大概耳。后套之气候，近年似有转暖之趋向，盖因年来前往垦植者，日渐增加，家畜亦随人口增加而加多，尤其造林运动最为普遍。兹录电讯两则，以证明后套气温之转暖。（一）二十九年十二月二十八日《中央日报》载："入冬以来，绥西气候特暖，异于往年。俗云'小雪流凌，大雪封冻'，迄今逾大雪节二十多日，而黄河犹未封冻……"（二）三十年一月十八日《时事新报》载："绥西气候反常，时届三九之末，并不严寒，日来黄河解冻百五六十里，其未解冻之处，冰面淹水达二三尺，亦不能通行……"由上两段电讯，可见后套之冰期，较往年缩短矣。

风向与雨量　后套在大漠之南，在冬季，西北为高气压中心，东南沿海气压较低，高气压向低气压处流动，犹如水之就下也，故冬季多西北暴风。夏季太阳移至北回归线，蒙古之沙漠地方吸收热量最速，温度当高，反为低气压所在地，风向恰与冬季相反。夏季之风来自海洋，有雷雨，后套全年雨量三百三十六公厘，百分之五十以上，降自七八月间。春夏之交，西伯利亚高气压逐渐衰弱，即为温带风暴势力范围逐渐加强之时，西北陆风与东南海风遇相，和暖之海风偏右，寒冷之陆风偏左，风暴于是生焉。故四五月间，高插天空之旋风，自西而东，几乎无日无之，彼时黄沙飞扬，满天尘埃，咫尺不能辨物，出土之嫩苗，常为风沙所伤，故后套之旋风，反能伤害农作物。夏秋之际，渠水满溢，绿茵布野，清风徐袭，鹅鸥飞舞，大有江南风味，为后套最佳之时节也。

八　交通

1. 航运　后套西北环山，西南抱沙，东面有乌拉山为屏，设无黄河横贯其南侧，则对外交通，困难殊甚。黄河自宁夏经临河、五原而至包头，约有一千五百里。船筏自宁夏下行，十日可到包头，若自包头上行，须四十日方可低〔抵〕宁夏。此段航程，石嘴子至河拐子约有一百里，除此段而外，并无急流，河宽水缓，只有搁浅之虑，而无触礁之险，且随时随地可停舟，堪称全黄河航程之冠。后套得河之惠独厚，适当其中程。若以五原为后套航运之集散地，逆水至宁夏约一千里，须时三十日，输出为粮食、胡麻与豆粉等食物，返回时，只需六七日，运载木料、石器、磁器、煤炭与食盐等。顺水至包头五百里，四日可达，输出为粮食及皮毛，返回时，需半月，多载洋广杂货。以上为对外之航运，至于对内之水运，尤为便利。后套外有黄河与五加河环绕，内有各干支渠纵横交流，每逢七、八、九月雨季来临之时，正是各干支渠水深流畅、帆船与木划浮荡之际，惜因地方人不习惯舟楫之利，兼之造船木料甚为缺乏，虽有如网状之河流，但少航行之工具。此种易举而又经济之水上交通，今日尚待发展。

2. 陆路　后套地平如掌，前已述及。开发陆上交通，至为易举。包宁汽车路早已完成，自包头西行，经五原、临河、石嘴子、平罗而达宁夏，长一千六百零八里，在"七七"抗战以前，有定期汽车往返，自抗敌军兴，包头沦陷，即告停顿。后套有包宁汽车公路及黄河之航运，东西交通，尚称便利。但南北因有沙漠为阻，迄今尚无新式交通建设，惟骡驼大道，无处不通。由五原南行至榆林，约有九百里，骑骡子十日可到，骑骆驼则需半月。西至甘肃之民勤县，北至外蒙，东至察哈尔，均有骡驼大道，每年队商往来，络绎于途。后套有黄河之航运及包宁公路之完成，交通不为不便。不过有一特殊现象，即每年七、八、九月黄河水位增高之时，正值后套浇青灌田期间，河渠满溢，田野汪洋，陆上交通，随告断绝。彼时水涨流畅，船只活动，最为便利。一到严冬，河水结冰，航运乃停，陆上交通，复为畅通。后套各乡镇间，均有车马大道，且宽而平直，汽车亦可风驰其上。总之，后套水上交通，在冬季因封冻限制，在夏秋二季，陆上交通，因河水为阻，故虽有水陆交通，但各有限期，此为后套交通上之特殊情形也。

九　城镇

后套为新开辟之商业区域，地广人稀，城镇尚不发达，现在尚无一万人口之城镇。

（一）五原　清为五原厅，民国元年改为县。县城濒黄河北岸，偏于后套之东北。有新旧二城：新城跨义和渠两岸，为商业城；旧城在北，为政府机关所据。两城相距二里遥，为一"双子城"也。在"七七"以前，两城估计有九千余人，为后套最繁华之城市，去年失而复得后，城内损失最大，房屋多已变为瓦砾，居民多移往陕坝、临河。五原东南距包头四百八十里，西南距临河一百八十里，西经百川堡，距陕坝二百二十里，均有平直之汽车路，南至黄河，北至五加河，有义和渠之航运，不仅为水陆交通之要冲，且为后套最古最大之城市。

（二）临河　在十五年前，为强姓之村落（名强油房），有住户十数家，极为荒凉。民国十五年，西北军过境，为便于支应军差起见，始创设临河设治局，十八年升为县治。县城偏于后套之西部，而位于县境之南侧，南距黄河二十五里，西临永济渠，临河之命名，在可想见也。南北有后套惟一之大干渠联络黄河与五加河之航运，东西有包宁汽车路穿过，且为黄河航运之中程，管握后套之水陆交通，现有人口六千余。

（三）陕坝　即太安镇，为临〈河〉县之重镇，位于后套之西北，适当县境之中央。东濒黄土拉亥河，本为天主教之传教处。陕坝之发达，有赖黄土拉亥河也。光绪庚子年间，教案发生，以全部渠地赔偿，抵银十四万两，渠地全权，随操于外人之手。民国十六年，萧振瀛先生兼临河设治局局长，始无条件收归公有，土地亦归垦务局领放矣。陕坝向有"租界地"之称，盖以清末民初，内政不安，政府鞭长莫及，天主教便趁机宣传教义，除贷给教友金钱而外，尚供给耕牛、籽种为入教饵，一时当地民众被利诱，争相入教，且有从二十四顷地教堂移来者甚夥，于是陕坝日渐繁荣，行政、教育甚而军事权，皆操在神甫之手，教友只知有神甫，不知有官厅。此为"租界地"之成因也。陕坝有黄土拉亥河流域为后背地，产麦最多，为后套之经济重心。自省政府移来，国立绥远中学创设，镇内遂较前尤为繁华，今有"小归绥"之称，约有人口九千余，为后套境内唯一之大城镇。

（四）百川堡　原名祥太魁，民国二十年，山西军屯垦后套，随以此地为中心区域，筑堡垒，开商埠，并以阎锡山先生之字为城名。该镇属临河，为后套之几何中心，人口三千余。

十　结语

由地理概况，已知后套之所以肥沃，惟因远处边陲，政府及国人尚未十分重视。今日之后套，其重要性固不仅在产粮，而尤要者在乎巩固国防与开拓边疆。兹略言之，以作结论。

（一）后套为西北粮库　产粮虽无精确统计，但南至陕北，北至外蒙，东迄包头，西接甘肃之民勤县（镇番），南北东西广约千公里，面积在一百万平方公里。在此广大区域内之居民，多仰赖后套之食粮。在澄平时期，每逢冬初，新谷登场之时，毗邻各地，不远千里，前往购粮，车载驼负，不绝于途。春、夏、秋三季，包、宁间之船筏扬帆于河上，忙碌运进货物，载去食粮。民国十六、十七、十八三年，北方连年荒旱，后套丰收，除运出之粮食不计外，附近各地逃往就食者，尤不乏人。抗战至今，各处粮价均在高涨，而后套除供给当地及附近驻防国军之粮秣外，仍有谷贱伤农之虞。最近虽经当地政府屡次提高粮价，以解民困，但每石小麦尚卖不到三十元，每元法币可买七斤白面。由上可见后套产粮之丰富也。在战争时期，食粮之重要，往往有过于军事，如第一次世界大战，德国不败于军事，而败于食粮缺乏，由此可知粮食在战时之重要性。吾国抗战将满四年，将来在北战场上出击绥东，反攻晋、察，策应冀、鲁，因地制宜，以逸待劳，其军粮之供应，无不有赖于后套，亦唯有后套始克独当此责。

（二）后套为国防门户　后套西北有狼山为外围，西南有沙漠作屏藩，东隔乌拉山与包头对峙，其处境恰像山岭中之盆地，又似沙漠中之绿园。若以临河为中心，东至平包铁路之终点（包头）六百六十里，西南距宁夏九百四十八里，包、宁间有黄河之航运与包宁汽车路之联络，后套适在中程，为其津梁。现在包头已沦陷，五原、临河尚在我手，以目前之情势观察，后套无疑是西北之门户。去年五、临克复后，领袖昭示国人云："五原胜利，不仅可以保障西北，而且奠定了收复失地之基础。"可见后套之得失，关系西北安危也。吾人若由黑龙江省之瑷珲，画一条直线至云南省之腾冲，分中国为西北与东南两部，西北半壁之面积占全国总面积百分之六十四，在此广大之国土内，找不到更比后套产粮丰富且交通便利者。今日敌骑纵横，东南沿海各省，多被蹂躏，而西北之荒凉地带，尚为后方安全之处。为今之计，欲谋生聚教训，雪耻复土，唯有开发西北之富源，巩固西北之门户。但西北之面积广大，地形高亢，气候不良，且受雨量缺乏之限制，不能尽数开拓利用，只有在矿藏之地，开采地下物，灌溉之区，垦植农作物。既无矿藏，又无灌溉之半沙漠地，则可提倡牧畜。后套为水利发达之区，又为国防门户，巩固后套，便是保障西北也。

《西北论衡》（月刊）

西安西北论衡社

1941 年 9 卷 7 期

（朱宪　张婷　整理）

伊金霍洛与达尔扈特

谢再善　撰

一　神秘的皇帝陵寝

元代诸帝的陵寝，皆不知葬地，无处可寻。即威震欧亚的成吉思汗的陵寝，在史书上也未有明确的记载，虽经中外历史家多方考证，亦臆说纷纭，莫衷一是。但今之伊盟伊金霍洛地方，却有成吉思汗的园陵一处，有专人守护奉祀（达尔扈特人），蒙古同胞亦视为圣地。成陵之俨然存在，当系事实。

伊金霍洛是译音。"伊金"，蒙语是主上，"霍洛"，蒙语是园陵，"伊金霍洛"即主之园陵的意思。位于郡王旗境内察无噶沟与胡涂亥濠之间。东北距郡王旗王府四十里，东南距扎萨克旗王府三十里。地势平坦而多砂砾。其墓式与历代帝陵不同，极为有趣，是古今中外所少见的，既没有丘陵，也没有宫殿，只是一个复式的蒙古包，高约一丈五尺，内中可容百余人。包的上面有铜制的顶子，从远处就可以看到闪烁的光辉。包外护以毛毡，为风雨所侵蚀，现黑灰色，但于祭日，即披以黄色的软缎。

包门向南开，高三尺，宽二尺余。门是两扇，挂有帘子。打起帘子，启门可入，里面全是黄绸子做的壁，没有别的装饰。在第一包和第二包接连的地方，安有缎帘，缎帘之内就安置着成吉思汗的灵榇。第二个包中有着红黄色的绸壁，成吉思汗夫人的灵榇，安置其中。成灵是一个长方形的银棺，长三尺三寸，宽一尺五寸，高约一尺四寸，外面镂有蔷薇花纹，用铜锁锁着，谁如果打开银棺窥看，定遭神谴，牺牲牛马，蒙古人都这么相信着。

银棺安置在石台上，前面放着一张桌子，桌上排列着各种银制的祭器，并有大大小小的明灯，大的不分昼夜，终年的点着，小的每在参拜人行叩头礼时一起奉上。还有一座香炉，守陵者早晚在炉中烧香，以表敬礼。棺的右面有柄长二尺的古式战刀，左边放着一个神龛，里面供着佛像。

包的南面二十步地方，有一个高约五尺的土墩，上面放着一座铁制的香炉，其前有一砖筑的四角亭子。陵的周围约三里左右，被起伏的沙丘环绕着，好像是陵的围墙。其北有守陵者的住宅十余所。从前守陵者不许居屋，以柳条搭成圆形似蒙古包的小屋而居，但现在已有住土平房的了。该处榆树数株，高可参天，临风摇曳，为此寂寞的大汗陵寝略增点缀之色。

按成吉思汗陵墓之在伊金霍洛，为历史上一大疑案。过去文献仅《蒙古游牧记》、《理藩院则例》及《绥乘》上略有记载，但语焉不详。民国二十四年，达拉特旗团长森盖曾掘地得一铁质小柜（长一尺五寸，宽八寸），内藏剥蚀凋残黄色破书一本，经译成国文（已残缺不完），方知是元将突拔都的《随征记》。其中略云："大汗出征至××（此节残破，以下凡残破者，均以×代）突薨，阿尔××率众叛，臣民哀痛。因大汗×××，××议举天葬。翌晨，来神驼，挽战车，与大汗之乘马（按即白马），直驱灵前并立。马以头触地，脑裂自毙。丞相奉汗衣冠、宝剑，熏沐置七宝箱内（按当即今之银棺），使神驼载运，拟葬××××。行大漠四十七日，臣民护灵因枯渴而死者百余人。又行××日，至平漠洼地，驼立不行，臣民牵挽亦不动。群相默祷，宝剑突飞去，衣冠放异彩。臣民以主喜悦，为营葬于洼地高原（按当系今伊金霍洛），设成守护，并遣×××××××等四出觅宝剑，至百里外草地上寻获，就其地为置宝库（按即今之苏勒定霍勒），四时享祭。"这虽然是一些片断不完的史料，但出于蒙文记载，便不能不加以相当的注意。神秘的皇帝陵寝——成陵渐渐的出现真像了。

二　守陵的达尔扈特

　　成陵的守护者名"达尔扈特"，"达尔扈"为蒙语护卫之意，"特"表示多数（与鄂尔多斯为一音之转）。据说他们都是成吉思汗亲信军官的后裔，到元世祖时始命彼等永居大汗陵前，作陵寝的守卫者，世守勿替。原有五百户，一半守护"伊金霍洛"，一半守护"苏勒定霍洛"。今已不足五百户，约计尚有四百三十户，人口约三千人，多散居伊盟各旗。

　　"达尔扈特"在蒙旗中，系一特殊集团，不隶属于任何盟旗，自有组织，专负护陵之责。最高长官为"吉农"（译文有汗王之意）。原为郡王旗扎萨克世袭，迨至清朝，定为由伊盟七旗中选贤能扎萨克一员充任。民国四年，复由伊盟盟长兼任。现在又改由郡王旗扎萨克兼任了。"吉农"下有正"达尔哈"（首长）一人，副"达尔哈"一人，自行选举，由"吉农"任命，执行"达尔扈特"全部政务。下分"大达噶木拉"（大承旨官）六人，属"小达噶木拉"（小承旨官）十八人，更有"他达"（公役）若干名，分司各户，有如各旗地方行政组织。"大达噶木拉"类似参领，"小达噶木拉"类似佐领，"他达"类似苏木。据云，清廷划分蒙古盟旗时，即系取法于此，再参以满洲旗制，而成现行之盟旗地方组织。"达尔扈特"的组织，仍保有元代地方行政组织的形态。

　　另外有专司奉祀大汗的组织。在"达尔哈"下分设左右两部，左部掌礼乐，有"呼户克"（司仪）一人，"哈斯哈"（副司仪）一人，"昏真"（司乐）一人，"奇必尔"（副司乐）一人；右部掌事务，有"台锡"（司理，类于太史，管理大汗遗物）一人，"再桑"（副司理）一人，"太傅"（指挥，祭时指挥者）一人，"图达拉"（副指挥）一人。总其组织如下表：

```
                    ┌ 左部
       ┌ 正达尔哈 ┤
吉农 ┤            └ 右部——大达噶木拉——小达噶木拉——他达
       └ 副达尔哈
```

（蒙〔类〕似扎萨克）（类似协理）（类似参领）（类似佐领）（类似苏木）

"达尔扈特"人生活，原极优裕，因为他们除每年共集五百金以供祭祀之用外，别无负担。而每年各地来朝拜成陵的人，均有大量的布施。同时他们还可以拿着盖有"吉农"印的捐册，四出募捐，所以他们的生活尚不发生问题。但近年来他们的生活较为贫苦了，牧地已多放垦，生活走上改变的途程，而来朝圣地的人，因外蒙不通，东蒙沦陷，几乎绝迹，出门募捐，亦以大多数蒙民的生活渐贫，也不如从前的丰富，这情形实在使他们渐渐感到生活的恐慌了！成陵奉移后，中央特拨款五千元发给他们，并允将努力改善他们的生活，使之安居如昔。

三　祭日

成陵的祭日，每月初一日有月祭，四季有季祭，但最大的祭日为春祭。春祭的日期为废历三月二十一日，俗名"三月会"。届时蒙古同胞不远千里而来，顶礼敬拜，热烈真诚不啻基督教徒之参拜耶露撒冷，回教徒之朝拜麦加。"伊金霍洛"也是蒙胞的"圣地"。

祭时，成陵之东北半里处广场，树大蒙古包数座，以车挽成陵银棺置于其中，挽车者为白马白驼，仪式极隆。棺前陈设弓矢马鞍，设牲酪，燃明灯，供人参拜。喇嘛在旁念经不已。这些喇嘛为"达尔扈特"召庙的喇嘛（达尔扈特属有八处召庙），每祭必来诵经。所用乐器与普通召庙所用者不同，其式甚为奇怪。此外司乐的"昏真"也备有一副乐器，一个乐队。乐器颇古老，仅有二种：一名"号尔"，系一彪琴，已古旧不能用；一名"恰勒格尔"，式如木梳，数人各持一副，也不能奏成什么音调。祭祀时，这一批"昏真"乐队，仅能摆在那里，不过为历史的遗留而已。但他们所唱的颂歌却热烈雄壮，极为动人。歌时喇嘛作乐和之。其歌辞颇多，现在略译数则如下：

大哉我主：
北征至欧，
东西臣服，
南辖汗土。
大哉我主！

大哉我主：
雄视人寰，
苏定遗剑，
为天所颁。（注一）
大哉我主！

大哉我主：
仗剑疾走，
所向无敌，
酷爱斯土。（注二）
大哉我主！

（注一）达尔扈特人相传，"苏定"系天神所颁。

（注二）达尔扈特相传，成吉思汗生前即爱伊金霍洛，故死后营葬于此。

这个颂歌唱起来，确能发人猛醒，做耀〔跃〕马疆场的宏图。

"三月会"不但是成吉思汗的大祭日，同时也是沙漠中一个露天大会。因为各地来参拜的蒙人云集，商人们自然要利用时机来做些买卖了。会期为三日或延至七日，赶会的商人架设帐棚，列为数行，俨然成市，在做着种种交易，商人们多来自包头、萨县、河曲、府谷、神木、榆林等地。交易额常在三四十万元以上。

前来参拜的蒙古同胞，多于拜陵之后，作赛马兢〔竞〕技，驰驱广漠的草原之上，颇足表示尚武的雄风。

四　圣迹的遗留

成吉思汗是崩于西征西夏的军中。其时伊克昭盟地方为其进军路线必经之途，所以在伊盟留有种种之遗迹。据今所知，大汗用的马鞍是藏于郡王旗"达尔汗壕"地方，供在蒙古包内，并有专人守护；弓矢藏在距"伊金霍洛"不远的地方"胡格沲洛海"；战马遗蜕名"安退刚子工"，储于准格尔旗"克尔贝"地方；火箭存于准格尔旗王府；革与木制的箭囊名"保老安特里"，藏于"顺利成特"地方；蜡器一具，内盛大汗马厩的灰烬，名"阿尔塔快讨萨"，藏于鄂托克旗某地。此外有成吉思汗生前使用的长矛计有五支，名"苏勒定"，永藏于"苏定霍洛"，其地在郡王旗王府东南五十里。有大"苏勒定"一，小"苏勒定"四，均有"达尔扈特"守护。大"苏勒定"永藏不动，小"苏勒定"则每届辰年出巡一次。计小"苏勒定"四，出巡区境，一在郡王旗、抗〔杭〕锦旗，一在乌审旗、扎萨克旗，一在准格尔旗、达拉特旗，一在鄂托克旗。巡行只限于伊盟，不渡黄河，不越长城，定例如此。
这些圣迹的遗留，在蒙古同胞视之，却是神圣不可侵犯，因为这
是大汗所留给的尊贵纪念品。追念祖德，激励来兹，祖先遗物，
当有保存的价值。又郡王旗王府后面小山上，据说成吉思汗在此
与敌作战，手刃敌酋之首，至今蒙人视为神地。

五　奉移兴隆山

　　成吉思汗陵寝奉安"伊金霍洛"，已有七百余年，本是平安无
事，受着蒙胞的敬礼、国人的景仰。但不幸得很，抗战以来，日
寇于占领绥远后，竟挑动伪蒙组织企图前来劫陵。政府与国人为
爱护民族英雄，以免大汗的遗体受敌伪之破坏污辱，乃毅然奉移
安全地带——甘肃榆中兴隆山。奉移的经过是这样的：

　　二十七年七月间，伊盟郡王旗留日学生华登托拉固尔经过归
绥，返回祖国，带来一个可恨的消息，便是敌人对伪蒙军讲话，
鼓励他们"发挥十字军夺回耶露撒冷的精神，向伊盟进军，夺回
蒙古圣地伊金霍洛"云云。华君把这些消息报告出来之后，敌果
于二十八年一月十三日起进犯伊盟，扬言于废历三月二十一日前
攻占"伊金霍洛"云云。同时国内报纸续有刊出敌伪企图劫陵的
消息。国人对于敌伪计划劫陵，同深愤恨，蒙旗先觉，更悲痛
莫名。

　　伊盟盟长沙王，原系"吉农"，是时适到榆林，于获知上项消
息后（时叶〔华〕登君任沙王随从秘书），悲痛填膺，当即研究对
策，于二十八年一月十四日起身入都，决面谒最高当局，请求保
护成陵，勿使为敌伪所渎蔑。

　　在沙王抵渝之先，最高当局已接获报告，当令伊盟驻军蒙旗独
立旅旅长白海风派兵护守成陵，并令骑二军军长何柱国就近派兵

协助，同时伊盟保安长官公署亦派队前往，以防万一。白旅并派兵护守"苏勒定霍洛"，准备大批骆驼，拟于必要时即行奉移至安全地带。

沙王到渝后，向行政院提出书面呈报，力主奉移成陵，院准沙王呈请，提交国防会议讨论。当经议决，至必要时，再行奉移。所谓必要时者，指敌伪武力来犯而言。但沙王关怀祖陵，心不谓然，其干部亦主张提前奉移，以安泉壤。于是沙王又面谒总裁，请示速移。总裁不忍重拂蒙旗先觉之意，因即面允举办，一面面谕蒙藏委员会会同军事委员会拟具办法。

蒙藏委员会及军事委员会奉谕后，当即拟妥计划，派蒙藏委员会蒙事处长楚明善、军事委员会科长唐井然、郡王旗西协理贡补扎布为护送专员。伊盟盟长沙王、郡王旗扎萨克图王、绥远省政府主席傅作义、晋陕绥边区总司令邓宝珊、二十二军军长高双成、归化土默特旗总管荣祥、绥蒙指导长官公署参赞石华岩等为起陵〔灵〕致祭官。奉厝地点为甘肃兴隆山。

沙王、荣总管、楚、唐两专员于五月二十日到榆林，贡专员亦先期由旗来会。当即举行会议，商定奉移大典程序。五月二十五日，护送专员、起灵致祭官及执事人员三百余名，陆续向伊金霍洛进发，六月九日隆重致祭后，当即启灵，用驮车引挽，于十五日到达榆林，十六日改乘汽车南下。随行"达尔扈特"二十余名。当启灵时，蒙胞不期而会者约万人，讽经跪送，参拜者人山人海。彼等于大汗陵榇起行之后，莫不泣下，感激中央，痛恨日寇。

大汗灵车由榆起程后，于六月二十四日到达西安。西安各界列队郊迎，参加者三万余人。灵车入城，举行公祭。由省政府主席蒋鼎文主祭，委员长派天水行营主任程潜代表致祭，仪式备极隆重。翌日灵车继续西进，沿途各县均举行热烈盛大祭典。途行七日，于七月一日到达甘肃。甘肃省政府主席朱绍良率党政军当局，及各团体代表、民众等，郊迎十余里，举行迎祭。祭后，便直向兴隆山进发，沿途民众夹道相迎，鞭炮之声，不绝于耳。陵至山上，便奉移于山顶大寺中。庙宇建筑壮丽雄伟，满山松柏，仓〔苍〕翠欲滴，风景优美，堪称胜地。大汗的灵榇系奉厝于正殿中，左为福晋灵榇，右为大汗御剑。灵前设供案，上列各种祭品。殿之四壁均以黄色缎子悬蔽。举行安陵礼时，由朱绍良主祭，其仪式亦甚隆重。

成陵奉移的经过如上。此为七百年来一件大事，不但粉碎了敌伪的阴谋，保护了民族英雄的灵榇，即于中华民族之团结上，亦有了进一步的具体表现。

奉移之物，除成吉思汗的银棺及其福晋的银棺外，尚有大汗的"苏勒定"及其御剑。至"伊金霍洛"成陵的复式蒙古包仍在原地未动，以供蒙胞瞻谒。大汗的陵榇定于抗战胜利之后，仍奉安"伊金霍洛"，并将重新加以修建。

《西北论衡》（月刊）

西安西北论衡社

1941 年 9 卷 9 期

（朱宪　整理）

现阶段的伊克昭盟

泽　敷　撰

一　引言

自从七七事变，倭寇侵据察、绥后，内蒙盟旗几已全部沦陷。少数意志薄弱的王公，公然背叛党国，认贼作父，擅立伪蒙傀儡组织，不惜牺牲蒙胞自由，使蒙族永堕万劫不复之地狱！成吉思汗有知，对此引狼入宅、出卖民族利益之不肖子孙，当痛哭于九泉之下。

敌人为了实现它囊括内蒙的计划，假大元帝国的美名，来利用它们，欺骗它们，并用"分化内蒙政治形态，粉碎旧有政治组织，挑拨蒙、汉感情，施行以华制华的毒计，煽惑西蒙王公造成半独立局面，然后将东西蒙溶成一体，实现傀儡组织"，这都是大陆政策里边预定消灭它们的步骤。它们不了解这种先甜后辣、灭国灭种的诡谋，反认为是扶植它们的一种善意！

现在抗战的火炬，正在炽烈的燃烧着，保卫西北与巩固伊盟的责任，已放在每个蒙、汉同胞的肩头了！当然敌人为了切断中国与友邦陆路上的联络线，不得不积极进攻西北，去年的进攻五、临，袭取柴、磴，已是很明确的例证。绥西大捷，固然给予敌人不少的巨创深痛，但是绝不能阻止敌人再不来进窥西北！

雄踞河套的伊克昭盟，已是西北最前线的一角。在二十五年无计划的放弃绥远，伊盟曾经敌骑一度蹂躏，牵动陕北和晋西人民的不安，已是尽人而知的事实，所幸邓宝珊、高双成两将军的坚苦策应，才算保持了伊盟的完整，安定社会的浮动。

虽然阿王（杭锦旗）、旺王（鄂托克旗札萨克，曾一度被劫赴绥，现已释放回旗，旺之三胞弟，仍留质敌方）被劫，森盖林庆、那森得力格尔、奇宝林、达尔海、乌勒济巴雅、恩克巴雅尔、章巴拉多尔济（以上达拉特旗）、图布升吉尔格朗、尔济、乌巴（以上乌审旗）、色登诺尔布（郡王旗）、孟克鄂齐尔（鄂托克旗）、格什达赖、多尔济拉布丹、巴图阿其拉（以上杭锦旗）、僧格林沁（札萨克旗）、奇子祥、奇培国、奇玉林、奇麟庆、达庆阿、韩锦荣、黄五锁、奇六十一打庆、奇宏智（以上准噶尔旗）等四十余人附逆，毫不因它们被劫附逆而发生动摇，它们正如一伙病麇，只要我们医疗得法，自然能够消灭它们，假如医疗不得法，它们这伙病麇也可以像传染病一般的潜伏散布！

因为伊盟有这伙病麇的缘故，所以与保卫西北有很深切的关系，同时与收复失地亦有很大的影响！巩固伊盟正如治疗病麇一般，不在药料的多寡，而在医术的好坏。我们要想得对症下药，必须了解它本身的组织，而后再追寻它的病源。那们现阶段的伊盟，更有研究的必要。记者于役绥边，十有五载，对伊盟各旗军政、人事，略知一二，兹特分述于后，以备关心边事者之参考。

二　伊克昭盟

伊克昭盟，是因清季鄂尔多斯部各旗会盟于伊克昭庙（伊克昭，蒙悟〔语〕"大庙"之意），故以是为盟的命名。庙在达拉〈特〉旗的东北，俗称之为王爱召，建筑宏伟，庙周树木成林，风景幽雅，为河套名胜之一。全盟位于绥远西部，居河套之内，边墙以南，三面环河，一面临边城（俗称之为长城，其实是明代陕北延绥巡抚余子俊，于成化八年修筑的边墙，东起府谷县属之清水堡，西至盐池县属之花马池，延袤〔袤〕一千七百七十里，延边筑城堡十一，边墩十五，小墩七十八，崖岩八百九十），自成一区域。东北跨黄河，南接宁夏、陕西二省，以边墙为界，西界黄河，自河套东北隅起，延河蜿蜒而西，跨黄河之南北，为左翼后旗（即达拉特旗）。循河而西，跨黄河之南北，至河套西北隅，为右翼后旗（即杭锦旗）。北至杭锦旗界起，西循黄河而南，至边墙上，为右翼中旗（即鄂托克旗）。鄂托克旗之东，与鄂托克旗南北平行者，为右翼前旗（即乌审旗）。乌审旗东南，为左翼前末旗（即札萨克旗）。乌审旗正东为左翼中旗（即郡王旗）。郡王旗之东，当河套之东南隅，为左翼前旗（即准噶尔旗）。全盟共辖七旗，在内蒙独擅地利，所以历代边防，以河套之得失判安危！

盟境东西距二千里，南北约八九百里，或五六百里不等，历代建制，随地皆是，城堡边墙，棋布星罗，杭、鄂等旗之盐、碱、银矿，尤称富庶。平绥路之终点包头站，与盟界仅一河之隔，杭锦、达拉、郡王、鄂托、札萨、准噶尔等旗，均有汽道，在交通上，亦较他盟便利。成吉思汗之陵墓，在郡王旗境伊金霍洛，清季为推崇起见，特设济农一人，为守陵之奉祀官，每年大祭一次，内外蒙王公多至与祭，上年中枢因敌伪企图盗窃陵寝，特派大员奉移陵寝于甘肃。

现任盟长为沙克都尔札布（字魁占，年六十五岁），副盟长为杭锦旗札萨克多罗郡王阿勒坦瓦齐尔（字宝珍，年五十四岁），帮办盟务为札萨克旗札萨克贝子鄂齐尔呼雅克图（字振池，年四十岁）。沙为人老成持重，识大体。二十四年秋，绥蒙运用分治，沙氏毅然赞助，德王驻旗联络专员王钟岳，衔德命，虽多方破坏，沙终不为动。绥蒙分治成功，沙被任为委员长。廿五年，绥远紧张，傅宜生将军因指挥军事留晋，绥蒙骤失重心。其后绥、包沦陷，敌人屡派代表，威胁利诱，邀沙赴绥参加伪组织，沙坚决拒绝。沙任绥省委多年，并兼任伊盟保安长官、蒙旗宜〔宣〕慰使。廿八年，中枢以其临难不苟，临危不惧，特擢升其为国府委员。氏南下述职北返后，对整训伊盟保安队、加强蒙政会机构、增加蒙政效率等要务，现正积极着手计划中。阿为人雄才有大略，惟不甘居人下，虽任副盟长，遇事时，常独断专行，在盟内有相当信仰力，与沙背道而驰，貌合神离，治理杭旗，首创计口授田之政，一切取公开，事必躬亲处理，对绥蒙团结，亦多建树。绥远紧张，当局曾电请中央任阿为蒙边第一区防司令。绥、包沦陷，阿误中敌计，被劫赴绥。现伪方界以伪伊盟盟长，在包设有办公处，阿亦虚与委蛇，待机脱险，因敌方监视甚严，短期恐难实现。鄂为人忠厚聪明，惟患痨嗽，一切以乃父之马首是瞻，兼任蒙会常委，其友白音仓（字福源，年三十余岁，蒙会委员，蒙旗党务特派员），父执阿凌阿（字允廷，年六十二岁，为厢〔镶〕蓝旗总管，与沙为莫逆交），内政外交悉委二人策划，依之为左右手。本年十一月，沙辞绥省委后，傅荐鄂继任，将来保安长官颇有真除可能。

三　蒙政系统组织

蒙古自元太祖以来，即寓政治于军制之中，洎乎清代，采分治〔治〕政策，政治组织，由部落一变而为盟旗。民国成立，因盟旗制度相沿已久，未便骤予更改，以故迄今仍沿袭其封建制度。伊盟自不能例外，全盟设盟长一人，职司总理盟务，并监督所属各旗，由副盟长升任之；设副盟长一人，辅助盟长处理盟务，由各旗札萨克升任之；设帮办盟务一人，系特命之官，仅伊盟有之，俗称之为三盟长，帮同正副盟长办理盟务，由各旗札萨〈克〉升任之。清季每届三年，会盟一次，由清廷派钦差监督，其任务仅清理刑名，编审丁籍，检阅军实等事，与昔日部落时代酋长权力相去远甚，故盟长在各旗不过徒拥虚名之传达机关而已，所以在蒙旗亦无足轻重，而握有实权者则在各旗札萨克之手。七旗各设札萨克一员（札萨克，满语"首领"之意），综理旗务，督率所属官吏，系世袭职（清制，犯罪亦有罚俸、降级、革职之处分，札萨克革职后，由本族台吉或闲散王公中选任）。札萨克之下，设协理台吉二员（蒙语谓之图斯拉齐），俗称之为东西官府，辅佐札萨克处理旗务，由闲散王公或台吉中选任；设管旗章京一员（蒙语谓之和硕甲格齐），承札萨克、协理之命，办理旗务，由台吉或平民中选任；设梅楞副章京二员，俗称之为东西勉利，承札、协、管之命，办理一切旗务，由台吉或平民中选任。梅楞之下，设参领若干员（蒙语谓之札兰），各旗多寡不同。清制，每六佐设一参领（计札萨克旗参领三员，乌审旗参领十员，鄂托克旗参领十五员，杭锦旗参领八员，准噶尔旗参领八员，郡王旗参领四员，达拉特旗参领八员）。参领之下为佐（蒙语谓之苏木，村落之意也），每佐设佐领一员（蒙语谓之章盖）。清制，每一百五十丁编一佐领，其不足者，谓之半佐。各旗佐领之多寡，以旗之大小、人口之多寡为标准，其职务承参领之命，直接办理地方一切事物，由平民中选任者，系公中佐领，他如勋旧、世管、轮管等佐领，均系世袭职务（计札萨克旗佐领十三员，乌审旗佐领四十二员，鄂托克旗佐领八十三员，杭锦旗佐领三十七员，准噶尔旗佐领四十二员，郡王旗佐领十七员，达拉特旗佐领四十员）。每佐设骁骑校一员（蒙语谓之孔督），辅助佐领办理佐内一切事务，由平民中选任。每佐设领催六名，视佐内事务之多寡，酌量增减之。设马甲五十名，马甲之下，即兵丁（按清制，蒙古壮丁年六十岁以下、十八岁以上者，皆编入丁册，有病者开除，三丁披一副甲，遇有出征事，以二丁差遣，一丁留家），十家设一长，专司稽察约束，有不设立者，将札萨克罚俸三月。此外如闲散王公、台吉（清制，凡台吉，每族设族长一人，稽核本族内一切事务）、白通达、梅楞、大小丁目齐（亦有译作德木奇者），均不属正式组织，或属勋爵无秩之闲散官吏，或系管理王府一切杂务之额外人员。设笔帖式一员或四员，一等（蒙语谓之金肯毕贤齐）俗称之为"大先生"，类似汉人衙署之秘书长，职司全旗文牍事宜，地位与梅楞同，由台吉或平民中选任。空衔笔帖式，俗称之为"小先生"，辅助笔帖式办理文牍事宜，其名额多寡不等，视旗务之繁简增减之。印务梅楞，职司典守印信、监校印文等事宜。兹将盟旗系统组织表列左：

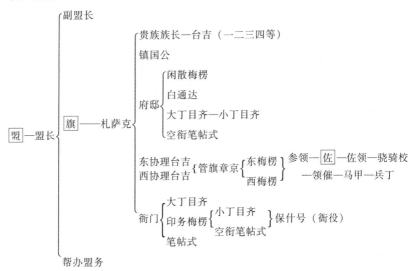

四 各旗王公事官

郡王旗 现任札萨克和硕亲王图布升吉尔噶勒，字福亭，年五十二岁，于民国四年袭职，为人忠厚诚实，不喜交际，为一安份守己之王公，兼任蒙政会常务委员。东协理台吉齐默特拉穆，年三十岁，为故东协理尔定格勒之子，乃父生前，颇有左右全旗之力。彼袭乃父余荫，惟能力相去太远，且染有嗜好，旗民对之无甚信仰。西协理台吉贡布札布，字寿山，年五十岁，民国十六年任职，头脑适合潮流，善于应付，为该旗事官中之杰出人材。管旗章京脑尔布札布，年四十余岁，于去年任职，一切尚无表现，供奔走而已。东梅楞恩克巴雅尔，字乐山，年五十九岁，于二十四年任职，人颇老练，遇事不肯负责。西梅楞巴音巴图，字福开，年四十五岁，做事踏实，不喜交际。

乌审旗 现任札萨克固山贝勒特固斯阿穆固郎，字德山，年四十三岁，为人聪明有余，果断不足。光绪末年，伊盟发独贵（蒙语革命之意），各旗均自行平息，独该旗无法制止，后又有锡尼喇嘛与门克耳居（字训年，年五十余岁）之变，军政大权，悉为党人把持，特则备位札萨克，形同囚禁。二十四年，记者供职绥省府，因绥、蒙分治事赴乌，侦热〔悉〕乌旗事变始末，建议省府为之敉平。二十五年，省府派参议赵锦彪率兵前往弹压，始将军政归还特王，自此旗政半由其妹夫鄂宝山策划。鄂年三十六岁，为乌旗之智囊，为人活动，性暴戾，小有聪明。东协理台吉，为特之三弟奇玉山，字子珍，年二十三岁，青年聪明，惜少历练。西协理札那巴札尔，字正懿，年三十四岁，上年因某案被白海风师枪决，不久有由记名协理台吉奇国贤继任说。奇，年三十二岁，人颇练训。管旗章京图们巴雅尔，字万喜，年六十三岁，在旗内颇信仰，人亦稳健。东梅楞观彦巴雅尔；西梅楞刀特多尔济，年六十岁，均为随班听鼓之事官，政治上亦无大作用。

　　准噶尔旗　记明札萨克头等台吉白银巴达尔胡，现年十七岁，身体魁梧，颇精明，延师读书，惟因未能袭职，抑郁无聊，就读之外，日嗜鸦片以遣闷，早欲晋谒中枢，因某种关系，未能如愿，现伏处旗内石拉塔。东协理护理札萨克印务奇文英（字育才，年五十六岁，蒙名乌勒济巴雅尔），那森达赖事变时，任营长，二十一年二次事变，击毙奇寿山，于是年一月一日任职，为人尚忠诚，明大义，国军之经过旗境者，人力、物力之协助，颇尽最大之努力。至前任西协理奇凤鸣，因勾结敌伪，于二十八年四月二十三日被捕，解哈途中，吞金自杀后，奇氏以政敌去除，为一事权计，乃保荐伊长孙奇涌泉（字瀛海，年二十岁，蒙名蒙肯不浪）继任西协理，而置旗内资望最著之台吉于不顾，因事惹起社会非议，旗内不满，使已投伪之奇子祥（奇凤鸣子），暗中拉拢，意志稍不坚者，相率渡河投伪，此为奇氏政治上之一大错着。奇孙青年，尚在学人期间，似不应积极企图高官厚爵，奇此时果能翻然悔悟，另保贤能，不仅永受旗民拥戴，且可弭隐祸于无形。因该旗民智开通，文化水准较高各旗，凡事公开，尚能安处，稍一不平，仇杀之风即启。以那森达赖之雄才大略，奇子俊之英明仁厚，徒以一门专政，致招杀身之祸，奇与那奇才略较，相去远甚。该旗距敌伪仅一河之隔，设有风吹草动，贻祸大局，实非浅鲜，愿奇氏与蒙政当局一加注意。管旗章京国立格札布（姓杨），于二十六年五月任职，西梅楞纳尔布银宝（姓王），于十五年一月任职，均系随班听鼓之流，不负责任。东梅楞奇世勋，字华甫，蒙名那素摆叶，年三十七岁，兼任蒙政会科长，为该旗被贻谷办垦时杀害之东协理台吉丹皮尔之孙，为人精明干练，蒙、汉文学甚佳，有胆有识，为青年台吉中之佼佼者。奇文英本年赴重庆时，旗政即由氏全权处理。他如记名协理台吉奇尚斌，字质文，年二十九岁；台吉白银独拉，字炎山，年五十八岁；台吉奇海风，年四十六岁；台吉奇丕彰，年二十余岁；台吉奇得魁，字梅臣，年二十九岁；台吉奇自高，年三十六岁；台吉兼参领厂几架，年四十岁；台吉奇致中，年二十余岁等，或精明有为，或资格老练，均为该旗有资格之台吉。

达拉特旗　现任札萨克贝勒康达多尔济，字济敏，年三十六岁，聪明趋时，好挥霍，喜修饰，表奇立异，好大喜功，民众、事官对之不满，曾数起独贵（革命之意），均经当局为之平息。乃弟章巴拉多尔济，字景文，年三十二岁，为推翻康氏主旗幕中主角。章为人残刻不仁，性暴嗜杀，受乃岳李春秀（字松岩，年六十余岁，绥陷后附逆，曾充伪巴音塔拉盟教育厅长，现任伪厚和市市长，为绥远新城满洲籍旗人）之唆使，暗结死党乌勒济巴雅（字良臣，年四十余岁，管旗章京）等，趁乃兄弊政，策动旗民起独贵，企图取而代之。惟康氏性仁慈，虽明知，亦不忍伤手足情感。该旗亲德派领袖那森得力格尔（字荣华，年四十余岁，曾充德逆军政府科长），乘包头紧张、国军西退之际，挑动康氏亲日，康犹疑未决，而所部团长森盖麟庆（字宝山，年四十五岁），即起兵发难，以示坚决亲日，挟持康氏。凡国军之经过旗境者，森则掠财缴械，趁火打劫，外间责难，聚集康氏一身，殊不知康氏为反对德王之最力者。西公旗事件，康首先通电援助石王反对庙蒙会，其后德逆叛迹日彰，发动绥、蒙分治，氏首先倡议，其效忠党国之经过，犹有不可泯没者。后以纵部阻劫国军，经马占山将军、井得全师长化装伪军，直捣王府，将康氏捕获，逮解西安，森则畏罪逃包头，与乃弟章巴拉多尔济等公开投伪。上年中枢以康氏悔过，仍释之回旗。康深悔受森盖之带累，决心戒除嗜好，整刷旗政，态度转趋积极。五届蒙政会，康之提案有惊人之主张，第一废除王〈公〉制度，第二平民可以充任协理，第三勒令喇嘛还俗，第四废除顶戴补褂。除一、三两案因囿于环境，只博得青年与蒙民之同情外，结果议而未决，置之高阁。其二、四两案已经通过实行，他日蒙旗进步，康氏功不可泯。现康氏赴重庆未回，旗政由东协理台吉孟克吉雅护理印务。孟为该旗笔帖式，因前任协理投伪，于本年九月间升任，在旗内无信仰。管旗章京图布升巴雅尔；东梅楞明盖，字耀庭，年五十余岁；西梅楞马锡，字子禧，年三十余岁，均为事官中之干员。西协理台吉庆格拉巴图，为人平庸，不乐多事；康之三弟旺庆多尔济，字鹏程，年十九岁，前在伪区北平育英中学就读，近因不甘做亡国奴，于两月前由伪区归来，不久拟赴重庆谒乃兄。

鄂托克旗　现任札萨克头等台吉旺庆札布，字积德，年二十余岁，为人平庸，喜渔色，旗民对之无信仰，大权均操之旗务帮办章文轩手。蒙民札木牙札布，又名阿利喇嘛，字魁辕，为该旗之改改活佛，深得旗民信仰，亦干练。东协理台吉旺楚克色令，西协理朝圪吉尔格拉，均贪财畏事之徒；管旗章京额尔克穆巴雅尔，字宝山，年六十四岁，人颇诚实，供躯〔驱〕策而已；梅楞达拉玛必力柯，为人平庸，不过随班听鼓而已，其一已投伪，故不述。

杭锦旗　阿王被劫后，护理札萨克印务，为阿弟西协理台吉色登多尔济，年五十二岁，为人平庸无奇，懦弱寡断；东协理台吉阿勒济巴雅色胡伦，年六十八岁，为阿之族叔，性喜静，不预旗事；管旗章京苏穆雅，字纬经，年五十七岁，为人活动投机，颇得阿之信任；东梅楞朝圪巴达尔胡，年六十五岁，能力薄弱；西梅楞额尔布桑，年五十八岁，为人活泼，善应付，其子格什达赖附逆。

札萨克旗　现任札萨克贝子鄂齐尔呼雅克图（业详前述），东协理台吉阿穆固朗，字万喜，年五十余岁，于民国十九年三月任职；管旗章京巴宝多尔济，年六十余岁，二十六年七月任职。以上两事官，老成练达，颇为沙、鄂父子信任，而巴管旗章京之射击术尤精奇，弹不虚发，某年曾以一弹惊退杨侯小匪众千人。西协理台吉鄂齐尔巴图，字振铎，年四十余岁，为人诚实，办事较差，于二十二年五月任职；东梅楞贡楚克林沁，西梅楞杜布新得力格尔，均为新进事官，能力尚无表现。前任西梅楞为台吉僧格林沁，字宝狮，年四十七岁，为亲德派分子，于包头沦陷时投伪。

五　伊盟军

伊盟军事最高领袖，清季由盟长兼任备兵札萨克，各旗由札萨克兼充"备兵"职。入民国后，北政府乃有保安长官之设，综理全盟军事，仍由盟长兼任，旗设保安总队长，由王公兼充，实则保安长官形同虚设。因王公各自为政，统治权亟脆弱，实权仍操诸札萨克手，惟系统紊乱，编制庞杂，既乏训练，又无饷源，分子良莠不齐，染嗜好者十之六七，前年鸦片未禁绝时，恃清丈烟亩，暨人民设〔涉〕讼传呼两造时索马工（亦名鞋脚钞）及吃烟为浥注。自去岁禁绝后，除少数积存者外，多数已形成恐慌状态，然尚能向积存者分润，惟存者有限，用者无穷，恐今年即成问题，而伪区与盟界仅一河之隔，如不积极从事陶〔淘〕汰整训，其不受敌伪煽动者几希。盖敌区现正普种罂粟，嗜好者又系多年老瘾，短期不易戒除，想戒除者又无医药设备，嗜好之逼，亦将挺而走险。闻中央上月发表何绍南氏为伊盟保安副司令，负整训伊盟保安队专责，何氏已首途北上，将来伊盟保安队经何氏整训之后，或可驰骋疆场，添一页蒙古健儿卫国抗战光荣史！兹将各旗保安队暨保安队以外之组织分述于后。

郡王旗现有保安队三百人，由图王长子头等台吉巴图济雅

（字正德，年三十四岁）任总队长。下设五连，□营，营长巴布林庆，年四十四岁，王府驻三连，东、西协理家各驻一连，枪马齐全。

乌审旗保安司令由特王自兼，有保安队约二百余人，枪马齐全。特弟奇玉山又兼西蒙抗日第一支队司令，下设两大队、六中队，有枪马士兵约三百余名，归绥蒙指导长官署指挥。

准噶尔旗保安总队长由奇文英兼任，有保安队约计千人，枪马齐全，下设二大队，由奇炎山、杨满福二人分任。六中队，十八分队，另有机炮队、纠察队各一队。此外奇兼任绥蒙游击军第一区司令，下设步、骑大队各一队，官兵约××百名，归绥蒙指导长〈官〉署指挥。

达拉特旗，现有保安队三百余人，枪马齐全，由马锡兼代保安司令，下设三团，为有给制，经费由中央补助。

鄂托克旗保安总队长由章文轩兼任，下设普通营三，卫队营一，共有保安队八百名，枪马齐全。此外章兼任伊南游击司令，下设一大队、二中队、四分队，官兵约二百余名，归八战区指挥。

杭锦旗保安司令由色登多尔济代，下设一团、四营，有保安队约计千余名，枪马齐全，阿王未被劫前，尚兼任蒙边第一区防司令，阿被劫后，已由副司令徐世明暂摄，归八战区节制指挥。

札萨克旗，保安司令由鄂王兼任，下设二团、八连，另有迫炮连一，计官兵约四百余名。

六　教育之设施

现在抗战已至最后阶段，成败关系甚大，团结一致，尤为目前迫切需要之问题。然吾国为五大族组成之国家，习俗异而语文殊，际兹危急存亡之秋，融合各民族，非普及教育不为功，以期提高国家观念，消弭疑贰于无形，以民族混合文化，现实化合关系，无论学校教育、社会教育、生产教育，要皆以国族主义为目标，俾一盘散沙之各个民族间，发生黏性，进一步成为伟大之团结力量，最后胜利，必属于我。今日伊盟之教育，即期待于上述之设施。伊盟僻处河套一隅，文化低落，无庸讳言。七旗设立学校之最早者，首推准噶尔旗同仁两级小学校，是校为该旗西协理兼中央监察院监委奇子俊氏，于民国十八年创办。氏目睹蒙政腐败，意拟改革，先从树人始，故募集经费，设校招收蒙人子弟，自任校长，聘教员四，分编四级，无殊内地小学。今日鄂托克旗小学校长韩裕如及其夫人郎蕉忧，即为奇氏初办同仁小学时之教员，未及一年，学生已达百名之众，教材新颖，虎虎有生气。不幸二十年二月，因其父那森达赖专政，压迫旗民，变生肘腋，奇氏同时遇害，该校一度停办。奇文英任职后，自兼校长，于二十二年恢复该校，然蓬勃之气，远不如初，学生人数亦减大半。二十三年，改由财务处长奇宏智（蒙名三板定，年四十余岁，于今年十一月十日渡河投伪）兼任校长，聘河曲范期浩氏为教务主任，该校又渐复旧观。惟该旗屡经事变，事官又人自怀私，未能团结一致，因此经费时感困难，除由中央每月补助边教经费二百元外，不足之数，暂由旗政府筹措，现有学生五六十名。

各旗旧有学校，类皆私塾，除教授蒙文、蒙语外，类多读《三字经》、《百家姓》、《杂字》等一类书籍。七七事变后，各旗经蒙政会之督促，均成立初级小学。计：

郡王旗初级小学校一所，有学生三十五名，分编一、二年级，蒙、汉文教员各一，汉文教员，榆中毕业，月由中央补助边教费二百元，教授颇得法。

乌审旗初级小学校一所，有学生七十余名，通常在校不旷课者三十名，分编一、二年级，由榆中学生艾怀玉氏任教务主任，并有蒙文教员一，月由教部补助经费二百元，不足之数，由旗政府筹措。

达拉特旗设初级小学校一所，因该旗位于最前线，敌伪不时扰袭，而旗内驻军复杂，学生多未能安心就学。旧有学生三四十名，现不足十分之四，蒙、汉文教员各一，月由教部补助经费二百元，形同虚设，前途无希望。

鄂托克旗设初级小学校一所，有学生三十六名，编分四级，由韩裕如氏任校长（蒙名乌尔贡达赖，年三十余岁，准噶尔旗人），汉文教员二（一为蒙藏学校毕业生，一为韩妻郎蕉忱女士），蒙文教员一，名厂汗巴拉，月由中央补助边教费二百元。

杭锦旗设初级小学三所，汉二，蒙一，班级未分，教材亦多陈腐。蒙生八名，汉生只十二名。经费，蒙校由旗政府发给，汉校由就学儿童摊纳，名虽学校，实则私塾耳。

札萨克旗，设初级小学校一所，有学生三十二名，分一、二年两级，蒙、汉教员各一，月由蒙会暂借经费二百元。

此外中央又于札萨克旗蒙政会附近，设国立蒙旗中学校一所，由经天禄氏任校长（字革陈，年三十余岁，土默特人），现学生已达百余名，因负责人热心之故，成立时间虽短，内部一切设施，已粗具规模，前途颇有希望。

总上所述，以偌大伊盟，除国立中学外，各旗仅有小学一所，以蒙人住居星散，何能普及受教，据最近调查，各旗文盲百分之九十强。际兹强邻侵略无已时，甚愿蒙政当局，将各旗原有学校组织改良，人事加强，再于适当地点，增设若干小学，并筹设民众巡回教育车几十辆，周游各旗，实施流动教育，以实现初步启发民智、改良思想之急务。其次社会教育、生产教育，千头万端，尚有待早日予以实施，使落后之伊盟，得有复兴之希望，汉奸敌伪亦可稍戢其煽动诡谋！

七　伊盟之物产

伊盟位居河套之中，土地肥沃，物产丰富，宜牧宜农，世所羡称。惜蒙人狃于积习，囿于环境，不知整理开发之道，以致旷土待辟，货弃于地，蕴藏待发，良可惜也。今日强邻压境，国土日减，内地难民漂流无归，而伊盟官民与西北前线将士，又感物质缺乏之苦，尤以米珠薪桂为目前隐忧为虑！

今日伊盟土旷人稀，奸宄易于混迹，为实现抗战建国、增加生产、防范奸宄计，应由中央与蒙政当局妥订垦荒办法，地权仍归蒙人，移殖难民，从事农垦，流亡既有所归，蒙、汉食粮亦可调剂，同时前方将士之后顾减少，俾〔裨〕益抗战，福国利民，舍此莫属。兹将各旗物产分述于后：

鄂托克旗　地势平坦，除一部沙漠外，为全盟荒地最多之旗。近年旗内高劳吉拉汗、城川、二三段地等处，由该旗招徕汉人，私自垦荒，不下数万顷，即高劳吉拉汗一处，垦户汉人约三千余人，其他多处，尚在荒芜。垦民多神、榆、安、定三边籍，农产麦、谷、糜、麻为大宗，荞麦、高粱、马苓薯次之，年产除供本旗食用外，余均销售神、榆、安、定三边等处，其可垦地亩，尚有二十余万顷，若兴修渠道，可垦之地十倍于上例数目。

药材　有甘草，亦名西草，叶为羽状复叶，初夏开淡红花，花冠如蝶形，簇聚成穗，其地下茎及根皆入药，其味甚甜，故名甘草。岁采两次，由清明至夏至一次，由立秋至大雪一次，年产三百万担，由山西保德县人，设厂采掘，运销包头，输出国外者占大多数。因制口香糖、纸烟、仁丹，均需甘草。枸杞，高三尺许，叶为长椭圆形互生，夏日叶腋开小花，花冠淡紫色，实卵形而尖，红色可入药，名枸杞子。其根之皮，谓之地皮骨，亦入药，红色味甜，为滋补上品。肉苁蓉，状类鱼形，亦为滋补药之一种，视土坟起处，掘之即得。此外如黄芪、岂〔山豆〕根，遍处皆是。

山珍　有发菜，状类人发，色黑，北方不喜食，广东每斤可售五元余，为宴会〔为〕菜类之珍品，桌子山、银山一带山阴，随处皆是。

矿产　有盐池六处，以苟池、大池出产最丰。咸〔碱〕淖七处，以察汗淖之碱最佳，均系天然结晶之块状，大者数百斤，俗有马牙咸〔碱〕之称，制造曹达，最为相宜。红白刺湾以上，银山中部，有周围七十余里之辉铅银矿一处，清季贻谷办垦时，曾聘俄人以土法开采，后以交通不便停工，矿床之深度约三千公尺以上。赤铁矿，在二子渡口，石咀子对岸，状类马鞍形之石山，矿石均露山面。相传洪、杨时，曾红〔哄〕土人开采，后因事变停工。沼铁矿，在银山哦包下，内含铬质最多，煤矿尤多。

畜牧　该旗畜牧，远不如昔，近年因匪祸雪灾，牲畜之死亡超过生产量数倍。全旗有羊三万五千余只，骆驼一千头，马二千五百匹，骡一百余头，驴二百余头。年产绒七万余斤，皮一万四千余张。

杭锦旗　自阿王实行计口授田制后，一部蒙人即从事农垦，其有怠于耕种者，则招徕汉人租种。该旗耕牧兼习，惟可垦地亩尚多，如能移民垦荒，其进步更有可观。农产以大麦、荞麦、糜、谷、莞豆、马苓薯为大宗，足供本旗食用。近年接近沿河村落，均已兴修渠道，倘能加以大规模之挖掘，该旗垦田必将更加增多，该旗圪炭黑、红石头井一带之荒地，尤称沃野。

药材　有甘草、柴胡，由山西保德人刘子祥等集资招工采掘，其最著名者，有德茂长、福泰长、广盛恒等三家，资金皆在三十万元以上，全旗年产甘草一百三十万斤。

矿产　旗内有哈拉芒奈盐池，周围约百里大，年产盐七百万斤，销路以绥、包、札萨、准噶尔等处为大宗，由旗政府经营，七旗蒙民取盐不纳税，而蒙人以贩盐为生者甚多。旗境土城东三十里，有碱淖一，年产碱土五百万斤，往年运往绥、包，炼成碱砖，转销内地。

畜牧 该旗畜牧，虽不繁殖，死亡率较鄂旗尚低，全〈旗〉有羊三万五千只，骆驼八百余头，牛二千头，马二千五百匹，骡六百头，驴一百五十头，年产绒毛七万五千斤，皮九千八百张。

乌审旗 因该旗地多沙丘，蓄水沙滩最多，苇草野粪积年浸润之水滩，均可耕种。近年旗内海流兔河、纳林河、无定河、乌兰桃老亥庙之河口河，沿河一带掘短渠，已垦地二千余亩。如再沿河修筑大渠，尚可垦地二百余顷，旗西部及西南部尚有大段荒地待垦。

药材 有柴胡、甘草，以柴胡为最多，年可收入千元代价。

山珍、森林 旗西部有麻姑滩一，年产一万数千斤，品质颇优，运销于榆林一带，每斤三元。森林，旗内红柳遍野，亦名山川柳，可入药，虽不成材，然可捆集多数如椽，作半圆形，以两端入地，可筑屋舍，旗内平民房舍，类多如此，余可作薪火需用。

矿产 旗政府东四十余里，有炭窑一，昔日曾经开采，停办已多年，近旗府商议开采，尚未着手，现正筹备中。

畜牧 该旗水滩遍地，野草茂盛，宜于牧畜，惟一经荒旱，水滩干涸，野草枯萎，或遇大雪，埋没草茎，牧畜即卧以待毙，无法挽救。民国十八年，岁大祲，牧畜之饿毙者，除羊、驼外，东部仅留十之二三，西部几无孑遗，此后岁有增加，虽不如前，已大有可观。二十五年，骆驼疫病死者，三千余头，全旗现有羊五万只，骆驼百余头，马三千余匹，牛六千头，骡百余头，驴八百头，年产绒毛四万余斤，皮一万二千张。

达拉特旗 旗地大部均已报垦，其余户口、膳召地亩，少数尚未垦辟，旗民十之七八，均已汉化，旗地田亩相连，农村较稠，旗民弃牧从耕者十之六七，农产以大麦、小麦、荞麦、糜、谷、黑豆、莞豆、胡麻、马苓薯等为大宗。

矿产　有无烟煤，遍地皆是，亦名煨炭，未事变前，运销于包、萨一带，质佳量丰。

畜牧　全旗荒地均已垦辟，故畜牧不甚繁殖，共有羊一万五千只，骆驼二百余只，牛二千头，马七百余匹，骡一百五十头，年产绒毛一万四千余斤，皮三千三百余张。

准噶尔旗　旗内大部土地均已私垦，屋舍相望，田连阡陌，无殊内地村庄，河北河套川一段尚未开垦，荒土肥沃，为伊盟各旗冠。农产以大麦、小麦、莜麦、荞麦、糜、谷、胡麻、莞豆、黑豆、马苓薯为大宗，高粱、麻、扁豆次之，年产足敷全旗需用。

药材　有大黄、甘草，惜无人采掘。

矿产　有无烟煤、有烟煤两种。旗东部窑沟、郝岱沟、点岱沟一带，产有大量有烟煤。旗西部虎石沟、神山沟、纳林川一带，产有大量无烟煤。萨、托、清沿河一带，及府谷古城、哈镇等处燃料，均取给于准旗。

畜牧　全旗不因农耕而误畜牧，共有羊四万二千只，骆驼三百余只，牛三千头，马二千匹，驴二千三百头，骡五百余头，绒毛年产六万余斤，皮年产一万二千张。

八　全盟人口之不景气

伊盟人口，据二十五年调查，总数为十一万一千二百七十六人。以面积计，平均每方里，仅有一人，除沿边墙、黄河一带，因开垦，人烟稠密外，其中部仍是十里无人，百里无家，又因各旗之间，无甚联系，并显散漫无力。兹将各旗人口数目列左：

旗别	户口数（户）	普通人口数（口）	喇嘛人数（口）	总人口数（口）
郡王旗	八二〇	四，一〇〇	一，七四七	五，八四七
准噶尔旗	五，四〇〇	二七，〇〇〇	八二〇	二七，八二〇

续表

旗别	户口数（户）	普通人口数（口）	喇嘛人数（口）	总人口数（口）
达拉特旗	六，六二四	三三，一二〇	六，一〇〇	三九，二二〇
鄂托克旗	一〇七	五，三五二	二，六五四	八，〇〇六
乌审旗	二，二二四	一一，一二〇	四，一〇〇	一，五二二〇
杭锦旗	一，七二二	八，六一〇	一，七三〇	一〇，三四〇
札萨克旗	七六六	三，八三一	九九二	四，八二三
总计	一七，六六三	九三，一三三	一八，一四三	一一一，二六七

　　由上所述，我们可以知到〔道〕伊盟地广人稀，异常空虚，追源祸始，未常不是宗教禁制欲的侵蚀，与享受不到近代化生活，以致灾病发生，为人口减少最大的主因，将来伊盟人口的繁殖，宗教与生活的改良，亦为主要条件之一！本篇所述，仅以蒙籍人口为纪录，其寓居伊盟汉人，尚未列入，只准旗汉人已达七万余人，札萨克旗二千余人，其他达拉、杭锦、鄂托、乌审等旗，私垦地汉人，均数倍于蒙人，此时如能加紧实施民运军训，俾〔裨〕益抗战，良匪浅鲜，甚愿当局一加注意。

《边事研究》（月刊）

南京边事研究会

1941 年 12 卷 1 期

（李红权　整理）

乌兰察布盟四子王旗地理概况

作者不详

（一）沿革

元太祖弟哈布图哈萨尔十五世孙诺延泰，与其兄昆都伦岱青，游牧于呼伦贝尔。有子四人，长曰曾格，号墨尔根和硕齐，仲曰索诺木，号达尔汗台吉，叔曰鄂木布，号布库台吉，季曰伊尔札布，号墨尔台吉，分牧而居，称所部为四子部落。清天聪时，四子相与来朝，从征有功。崇德元年，以鄂木尔〔布〕为札萨克，赐号达尔汗卓里克图，使统所部。顺治六年，封乌〔多〕罗郡王，世袭罔替，佐领二十，牧地有锡拉汗淖尔，札萨克驻地曰乌兰额尔齐，即今四子王旗是也。

（二）旗界面积

东至什吉冈图山百三十里，接锡林郭勒盟苏尼特右旗界；西至巴彦鄂博（即白彦脑包）一百五里，接土默特界；南至伊柯塞尔拜山百四十里，接察哈尔镶红旗牧厂界；北至沙巴克图一百里，接土谢图汗部右翼中旗界（即密勒更王旗地）；东北至额尔根图鄂博百六十里，〈接〉土谢图汗部左翼中旗界；西南至察汗合少二百里，接察哈尔镶蓝〔是〕旗界；东南至托托瓦氏陀罗海百八十里，接察哈尔正黄旗界；西北至查尔山百二十里，接土谢图汗部左翼中旗界；地形斜从〔纵〕，东西二百三十五里，南北二百四十里，东北西南三百六十里，东南西北三百里（据《绥乘》及《蒙古鉴》，下仿此）。今为武川辖境，边界南至西均至武川县新地，旗地面积，除曾经报垦隶属武川县外，约为二千一百余方里（据民国十九年乌、伊两盟十三旗调查表，下仿此）。

（三） 地形

山岭：境内诸山，有什吉冈图山，在旗之东境。渴山、鹊山、察济里敏坡、鄂尔克图鄂博、察汗天都尔山、旗〔活〕克活尔齐山、十一台山、哈集呼都山、阿善呼都克山、察奇勒达山、扎明呼都克山、杂谟音重列活贴山①、塔崩乌鲁托拉山、托托山、塔鲁特山、沙巴克图山，皆在旗之东北境，西北与达尔罕斯〔旗〕并土谢图汗部接界处，有查尔山。

河流：境内有乌兰伊尔哈河，在察汗天都尔山之西；野托尔乌略哈河，在活克活尔齐山之西；德期钦河，在十一台山之西；三山三水，栉比相间；此外无大河流。

淖泊：境内有察汗泊，当阿喜〔善〕呼都克之西北。有照哈湖，在北境塔鲁达〔特〕山之西。又在西境有一察汗泊锡拉木伦河，自达拉特旗境南来注于此泊。

注三：此〔以〕上山脉、河流、淖泊，参阅武川、固阳二县境内之各项。

---

① 下文作"杂谟音列斯帖山"。——整理者注

　　沙漠：在旗之东北境，当杂漠音列斯帖山之东南，有浑善达克沙漠。又当台站大道十二台、十四台之北，亦多沙漠地。

（四）气候

　　全盟各旗，地处阴山以北，空气干燥，雨量稀少，夏则酷暑，冬则严寒，春秋两季，变化尤甚。春季气温，当二月间，在华氏表二十一二度；三月间三十四五度；四月间四十八九度。秋季气温，当八月间在华氏表七十六七度，九月间六十二三度，十月间四十三四度，惟忽暖忽寒，春季当雷乃发声后，秋季当白露节，日间空气升高，日幕则有时冰点，夏季则仅两月有半，昼间气温，由华氏表六十三四，渐升至八十一二度，有时亦升至八十八九度；惟午暖夜寒，昼夜间温度相差华氏表六十，其气温之变化不测如此。惟在接近民地处，其气温渐为日趋温暖之现象。其在旗境内之土质，则北部多沙，南部各地均可耕种。

（五）交通

　　甲、台站大道：蒙旗交通，原设有台站道路，在旗境者，属于张家口台站，张家口处台站十八：自张家口起西北行，六十里至察汗托罗盖，五十里至布尔甲素（即布尔哈苏台），六十里至哈柳图（一作海流兔），四十里至鄂拉呼都克，七十里魁素图（一作魁斯图），六十里札噶苏（一作查哈苏），五十里至明爱（一作绵华），又五十里至察察尔图（一作齐集尔），六十里至沁岱（一作钦代），以上九站，皆在察哈尔境。又自沁岱起，八十里至乌兰哈达，七十里至奔巴图（一名十台），接此两站路经过漠乌拉山，又经陶林县属之土屹乱、土城子、麻泥沟，西北行，统〔经〕思格山西南，镶红旗大庙东北之间，又西北行，乃入于四子旗境，又七十里经阴山山麓，逾察汗天都尔山，乌兰伊尔哈河，活克活尔齐山，野托尔乌略哈河，至锡拉哈达（一名十一台）；自此逾十一台山暨德期〈钦〉河，行五十里，至布鲁图（一名十一台）；自此逾十一台山暨〈德〉期钦河，行五十里，至布鲁图（一名十二台）①，又五十里至乌兰呼都克（或作鄂伦呼图克，即十三台），又七十里至察汗呼都克，又四十里而锡拉木伦（或作锡喇穆楞，即十四台），自二十〔十二〕台至十四台三站，皆在沙漠南锡拉木伦河东；又八十里逾锡拉木伦河，至鄂兰呼都克（或作敖拉琥图克），入达尔罕旗境，又六十里逾一山至吉斯洪夥尔达，共计八十〔十八〕站，一千七十里，在四子旗及达尔罕旗者九站。又西北行，经达旗府，逾腮乌苏河、哈才居老河、如音乌素，达塔五莫倒庙，入外蒙古境，为阿尔泰军台，以至于库伦。

乙、普通大道：由张家口西北行，逾阴山，达沙漠，经察哈尔之察汗巴尔哈孙（一作查罕巴尔噶苏）、固尔本塔勒哈市（一作古尔班图尔噶）、梅音乌苏、库呼得列苏、沙巴尔台、哈沙图、内蒙四子旗之苏治、阿喜呼都克、发音、阿穆伊穆苏、哲格淖尔、札明呼都克、沙罗夫多、杂谟音列斯帖、合勒廷祠、明安、小舍、博罗里治市、梅音呼都克、乌兰哈达、格子格音、哈顺等地，又涉沙漠，经外蒙古车臣汗部之乌得、格合井、塔列赤、穆布伦、三音呼图勒、布色音车路，沙拉沙尔图汗部之哈克察呼都克、那赖哈二地，以达库伦捷径，茶商运货，多由此道，库伦电线，亦多经此路大道，名为达尔罕市木。又由四子旗府西北行，经王府坝子，至达旗境乌兰托罗海井，或由达尔罕旗境吉斯洪夥尔达北

行至乌兰托罗海井，又向西北行，经叶多梅克山道、萨尔根呼都克井、市达苏提山口（即西拉真胡尔鄂博），出内蒙境，经外蒙土谢图汗部之库尼鲁山口、阿根希尔山口、巴音鄂博、叶林克呼都克井、萨尔明呼都克井、达布尼乌兰库都克井、西明托留木、西明乌兰、鄂尔音托、鄂郭博特、察普池尔井、巴彦乌鲁、巴勒台、塔勒图、苏治等地，而达库伦买卖，城路长约一千五百余里，是为库伦小路，井泉野草颇多，商旅时或由此。其他旗内道径，则南达武川、绥远，西低达尔汗、茂明安、乌拉特旗各旗，皆可通行无阻。旗地内无邮电可通。东接陶林及苏尼特右翼界，有阴山山脉纵横错综，不无险要处。

（六）召庙

旗内地召庙，计二三十，以大银召为最大，驻有喇嘛一千二百人。灵闻寺、化灵寺、护塔寺，四〔三〕处共有喇嘛四百人。感化寺共有喇嘛二百人。扶劳寺、贝勒额庙、合布齐勒庙、塔音化都克庙、哥拉庙、爱鲁斯庙、图库木庙、拉什彦图庙、护塔高勒庙、锡拉庙、合达庙、木亥图庙、之音呼都克庙、萨尔固勒庙、之音库固格布尔庙、甲木拉彦图庙，此十六召庙，共有喇嘛一千二百四十余人。济尔拉图庙、巴彦布拉克庙、察汗鄂簿庙、木尔库成庙、海流素太庙、噶什贡庙、可色尔庙、北里衮庙，此八召寺极小，喇嘛各数人。惟各庙喇嘛，除念大经日期必须齐集到庙外，多散处家中，全数常川驻庙者极少。各庙香火，以牧畜及王府资助为大宗，间亦有施舍者。

（七）村落、井泉及脑包

甲、村落及蒙古包：蒙人游牧为生，逐水草而居，夏日就阴，冬日就阳，故居无定所。为便于牧畜计，多不一处集聚，纵有聚居，亦多不过三四户，故在各旗境内，村落甚少，有之，惟蒙古包而已。又凡旗民牧畜所在，河流而外，以井泉为要，或系天然，或为人凿，所以利交通维生活者，关系至重，故各处蒙古包恒就有井泉处居之，即使旷无居人，而要道所经，亦必站站有井，始足以便行旅；故言蒙古地，不可以不知井泉。今就四子旗地言，除南傍武川新地垦地内居民不计外，东西仅有数村，在旗府东有三道沟、四道沟，西有南坡子、土圪木、蒙古营子、乃尔胡同；南有法喜寺；东北有塔集胡都克、华得图布拉克（在察汗天都尔山及活克活尔齐山之间）、茂盛德，在十一站山内各村，人口皆无多，旗北即无所谓村落。蒙古包之见于图志者，沿站大道，有奔巴图、锡拉哈达，有鲁图、鄂伦呼图克、察汗呼图克、锡拉木楞；沿库伦捷径，有苏治（井）、阿善呼图克（井）、发音（井）、阿穆伊穆苏（井）、阿布尔（井）、哲明火淖尔（井）、哲明呼都克（井）、沙罗夫多（井）、杂谟音列斯帖、明安、小舍等处，并详交通项内。又在旗境西北，有赛音龙呼都克、哈拉各落、来高老、伊令察汗鹋鹑、克落阿马乌索、什拉哈达（井）、乌蓝呼图克（井）、衣利克落、大奏哥老，以上各蒙古包，或有井而有居人，或有居人而不言井；其他又有井而无居人者，在旗西北境，有什拉查巴乌素井，翁名组乌素井、哈拉比□井、火□速乌素井、东大乌井、阿火细乌苏井、克克明落井、阿马乌苏井、□但乌素井、图哥利哥井、乌兰托罗海井、亨□□司井，殆皆视若内地之村落。故旅行蒙古地，□当问有蒙古包或井与否，不当问村落。

乙、脑包：垒石为丘，鄂博，俗曰脑包，或作垴包，皆译音耳。蒙古之有脑包，所以识道里，志远近，别方位，标界限者；或在高山，或在平地，或近有井，或无井，要皆视为重要地点；其在旗境已垦地内之鄂博无论矣。当旗之西北境，则有俄落得鄂博，附近有土什庙，并有井；又北有俄落可鄂博、哈土特鄂博、白卯鄂博、察汗鄂博；与外蒙接界处，有阿尔七格鄂博、哈达特鄂博、阿一各时鄂博、打拉察汗鄂博、西止鄂博、西拉真胡尔鄂博，名目繁多，不能备举，略志之以为研究蒙旗地理之向导。

（八）物产

旗地内所产动物，马、牛、羊、驼而外，有狐、狼、獐、鹿、黄羊等。家畜以羊为多。在旗府东北二百余里，有盐淖名臬陶亥，旗府西北百八九十里，有盐淖名察苏齐，均系旱淖，面积皆三四方里，所产盐质，均不甚优；产额多寡，视雨水之大小为定，如雨水充时，产额亦敷本旗之用。又在武川县地速力免，煤质不佳，产额亦少。植物则有甘草、黄蓍、防风等药材。

《边疆研究通讯》（双月刊）

成都金陵大学文学院社会学系边疆社会研究室

1942 年 1 卷 1 期

（李红权　整理）

察哈尔概况——读书札记之二

泽 普 撰

一 察哈尔的地理形势

（1）地区 为蒙旗锡林郭勒盟及察哈尔部之地，省境系以旧有察哈尔特别区，及益以旧置隶省口北十县地而成。

（2）四界 东接热河省，东北界辽宁，北达外蒙古，西邻绥远，南抵河北及山西。

（3）面积 八十三万方里，小于绥远。

（4）人口 多于绥远，有一百九十九万余人。

（5）地势 北部多沙漠，南部多山峦。阴山山脉自绥远入境，向东分二支：一向东北走，为阿尔葛灵图山，为与热河的大自然界线；一向东南行，横于独石口之北，为玛民图岭。

（6）省会 在张家口（属万全县辖），地当北平至蒙古各部之要冲，为蒙古与河北间天然锁钥。

（7）重镇 有宣化、居庸关、张北、多伦等地。居庸关在延庆县南，形势险要，为兵家必争之地。张北县在张家口外九十里，为张家口之屏蔽。多伦即多伦诺尔，俗称喇嘛庙，为元代之上都，民国初年辟为南埠，为大漠以南的第一大都会。察北多伦、沽源、宝昌、康保、商都、张北六县，自二十五年一月四日沦陷于日本，

近代蒙古文献大系·概览卷

抗战后，全察相继沦陷。

（8）交通　铁路有平绥铁路，由北平，经居庸关，至怀来，历宣化、万全，向西经山西大同而入绥远。公路有张库路，由张家口大境门西北行，经张北、康保、滂江，穿沙漠而抵库伦，路线甚长，需时四日至六日，方可达到。有张多路，由张家口，经沽源，达多伦，需时仅一日。自察北六县被日伪占领以后，多伦、康保、商都间，都新筑有军事公路，为我绥东的一大威胁。

（9）河流　有滦河、白河、桑干河。

二　察哈尔的经济地位

（1）牧畜事业　不下于绥远，马的产量占全国第一位，年约出产四十余万头。皮毛也很多，由张家口运输内地或外销，世称为"北口货"，品质和绥远"西口货"相等。

（2）盐地　是察省最大利源，全省各地所在多有，每年运输东三省及平、津各地者，价值甚巨，称为"蒙盐"。单是乌珠穆沁一带，每年产量即达二千万石，若运〔连〕各其他地计之，其数当远超此额以上。

（3）食粮　有小麦，为察省之主要食品，其次有胡麻，还有山药（马铃薯）、莜面、小米等，产额亦巨。

（4）菌类　最多为口蘑（即蘑菇），颇有名。

（5）矿产　有龙关、宣化、怀来的铁矿，"龙烟铁矿"质量具佳，其次铅、硫磺等，亦颇丰富，惜未开采耳。

总之，察省人口较绥远多，但土地荒芜，待开的亦复不少，尤以察北锡盟之地，人烟稀少，情形颇与绥北相似。如果吾国有计划的移民，察、绥二省正是我们内地过剩人口的最好的排泄尾闾。

三　察哈尔的政治地位，分别述后

（1）外蒙独立　只承认中国宗主权。

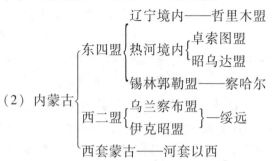

（3）战前察、绥为国前线，战后因察、绥沦陷，于是华北失去屏障，山西、陕西门户大开，宁、甘、青、新藩篱亦撤。

（4）敌人侵占察、绥之目的　日人山县有朋及田中义一之大陆政策四个步骤：A、征服台湾——早已完成；B、征服朝鲜——早已完成；C、征服满洲——民国十九年"九一八"事变已兆其端；D、征服全中国——现正进行其幻想。

（5）敌人侵略察、绥之经过：

满蒙谍报机关网　第一，东北四省早已有完整系统。第二，察北、绥远及东部外蒙古谍报机关——在战前最妙的是，每一个谍报区域都和其他谍报区域重复，比方甲谍报区的总机关，在察北西者〔乌〕珠穆沁旗，它的谍报区域是北至库伦，南至百灵庙。又比方乙谍报区的总机关在多伦，它所辖区域却是北起库伦，南达归绥。两谍报总机关在德化（嘉卜寺），它所注意的范围，又是百灵庙到张家口，战后察、绥的谍报机关，当然亦成了完整的系统。

热河沦陷后，敌人把辽、热各蒙旗打得粉碎，另设伪兴安省，置"兴安总督"。在伪兴安省，设置"蒙古青年军人学校"，训练大批蒙人做汉奸。民国二十二年，敌人唆使教〔我〕省北部锡林郭勒盟副盟长德穆楚克栋鲁普（即德王）倡言成立自治政府，脱离中国主权，加入伪满版图。当时中央政府委曲求全，和德王几度磋商成立蒙古政务委员会，以云王为委员长，德王为秘书长，何××为蒙古自治指导长官。可是德王意勾结敌人，敌人亦以德王为傀儡，竟于去年一月四日由德王率领蒙古保安队，占据察北六县。旋又成立伪"内蒙军政府"，由德王为首领，以伪军李守信、蒙保安队卓世海及包悦卿等汉奸为军长，招收土匪，编为蒙古军，并阴谋建立"大源共和国"，擅改年号，为成吉怕〔思〕汗建国若干年，易红、黄、蓝、白四色国旗。德王□尝亲至长春与溥仪成立"满蒙军事协议"。德王判〔叛〕国以后，我中央政府明令另设绥蒙政委会，将德王所领〔领〕的锡林郭勒盟除外，绥蒙政府计有乌、伊两盟、所属各旗及归化土默特部、绥东五县右翼四旗，这样把察蒙与绥蒙分开，自然是削弱德王势力的办法。但德王领导的蒙政会，则仍占领缩〔绥〕北的百灵庙办公。至二月下旬，蒙政府公安科长云继先率领官兵十余人，退出百灵庙，通电脱离德王，请求中央及绥省政府援助，德王政府部下又起分化了。但侵略绥远原是敌人预定的计划，当德王判〔叛〕国另组伪军政府时，伪蒙军李守信部即在敌人指挥之下，向绥东边移动，一月十七日占领张垣大境门，绥东问题遂继察北问题骤告紧张。当时德王表面还表示通电否认叛国，这便由侵察到侵绥，但迄今已烽烟遍中华了。

　　以上所节录之材料，虽嫌稍旧，但察、绥之被人侵略的原因及经过，已略得大概，故节录之，以备尽设。

《察省青年》（月刊）

重庆察省青年社

1942 年 2 卷 1 期

（朱宪　整理）

察哈尔省现状调查

察省建设厅资料室　撰

引　言

　　我察继平、津而沦陷，敌人铁蹄所至，我政治机构，即随之瓦解。省政当局，以无法施行政权，当率所属，随军入冀，建设厅辗转晋、陕，继续收抚流亡，从事工作，后以经费来源断绝，人员生活难资维系，工作因以停顿。迨二十八年十月，奉令恢复建制，本厅长鉴于省政府之重要，首以明了地方情况为急务，遂先后派员返省，多数取道陕北榆林、晋北应县，转至大同，沿平绥路返察，从事工作。自太平洋大战爆发，天津租界为敌寇占据后，敌伪对察省之控制，益形严密，工作无由进展，仍将主要人员调任回厅，以便另筹对策。至卅年底，王科长芝轩取道平汉路，至安阳下车，经林县，绕晋南陵川及豫北济源，在孟津渡河，到达洛阳。调查报告，项目繁多，不便全部发表，兹特摘要公布，以慰同乡之渴望。同乡如仍有询讯，本室愿尽所知以告。

子　敌伪军备

　　（一）敌军　敌寇关东驻屯军最先入察。其初统帅部队为常冈部队，队部驻省垣职业学校。二十八年后，由人见部队接替，除省垣外，分驻于宣化、怀来、康庄、柴沟堡、蔚县、张北、多伦、商都等地，因历年兵力递减，故常实行相互调防，用以欺骗国人。

（二）警备队　在平绥路沿站设警备队，每站人数在十人左右，专司铁路警备，兼负地方治安任务。二十八年后，完全撤消，只于路警局设指导官一人，以代其任务。

（三）伪警察队　在卅年内，警察改名警察队，普发枪枝，并充实内部人数，各县复先后成立伪自卫团，团长由警务科长兼任（只有专设团长者），团饷由地方负担。此等队团，或受地方敌军之支配，或服从敌警察指导官之命令，以便策应军事。

（四）伪军　编组伪蒙古军共九师，由伪军长李守信统帅，驻屯绥西。

（五）工事　敌人在张北、康庄及平绥路沿站筑有小型堡垒，仅可置机枪，此外无所设施。

（六）枪枝登记　敌人据察后，首先登记民间枪枝，一时民间枪枝或缴伪县公署，或缴车站敌警备队，无敢复有保存者。

（七）其他

（1）敌人征兵已属第十三次，年十五六岁青年，多有被征者，军事经验毫无，而厌战畏怯之心理，普遍且〈深刻〉。

（2）敌伪军出动时，必征发大批民夫、骡马［以深刻］。

（3）伪警备队自卫团，遇与我军接触时，大多〈以〉枪做掩护，口向天，相〔响〕应"中国人不打中国人"口号。

丑　政治现状

（一）政治机构　敌伪军政关系，为军部超于政府，政府对军部负责。政治机构，几经改易，二十九年九月始正式定名为伪蒙古联合自治政府，统辖我察、绥两省及晋北十三县。以察南、晋北及各蒙旗，各为政团单位。兹列表如下：

```
                                        ┌ 总务科庶务股会计股文书股
                        ┌ 察南政厅—县公署 ┤ 财政科赋税股出纳股
                        │               ┤ 民生科教育股民生股
                        │               └ 警务科警务股保安股司法股特务股
                        │
                        │ 晋北政厅
  蒙古联合自治政府 ┤ 察哈尔盟
                        │ 锡林郭勒盟
                        │ 巴彦塔拉盟
                        │ 乌兰察布盟
                        └ 伊克昭盟
```

　　伪蒙政府以德王为主席，李守信为副主席，而以最高顾问金井握其总枢纽，下设民政、经济、产业各部，各部、次长均为敌人。伪察南政厅，以布店商人于品卿为主席，下设民政、保安各厅，保安厅以敌人高木为厅长，其余各厅长官，皆属汉奸。另设弘报科，负宣传任务。司法独立，由法院执司，其政治纲领为："日察如一、铲除共党、民族协和、民生向上。"

　　县境依旧划分若干行政区，区置警察署或分署，区境内，就地理形势，合数屯（旧之乡村）为一大村（联村），村设村长，屯设甲长，镇设镇长，镇当于村。村镇公所，组织完密，事物之复杂，较之向日区公所，有过之无不及，村镇直隶于县署民生科。

　　我省万全、怀安二县合并，改名万安县，宣、怀、涿、龙、延五县，旧日之插花地，重整划分。河北省来〔涞〕源县划归察南政厅管辖。

　　（二）顾问制　　伪蒙政府及各部、厅，均设敌系顾问或参政官，各部次长正式由敌人担任，伪保安厅，几为敌人所包办。伪县署设日系参政官，各科、股、署，均设指导官，以警务科指导官为最多，且设首席，凡各机关、各部门之重要位置，均由敌人把持。其未来计划，即各村镇亦采指导官制。敌系人待遇，最低级亦超出华系人一百七十元，多则至四倍、五倍。

（三）民事　凡民家，据独立炊烟者为一户，十户为牌，十牌为甲，十甲为村或镇，户牌、门牌，均甚严格。户籍薄〔簿〕，记全户之姓名、年龄、生年、职业、亲属关系、出生地、迁移外出、死亡、教育程度、宗教、产业，以及戚友来往等等，均须一一详确登载，不得稍苟。除村镇公所汇存外，本户须存一份，以备查询。

居住证明书　凡十三岁至六十岁之男女，均须备居住证明书，此书之尺寸及记事，统有一定；由警署发给，发前，先拍照一英寸像片两张。发时，每人均须亲至警署，经七层手续。凡本人姓名、乳名、年龄、属相、出生地、住址、教育程度、职业、宗教、出生年月日，以及体高、面庞、眉目、口、鼻、耳、齿等特征，均须填表记入，并印四十个指纹，备两份存卷。证明书黏本人最近像片，盖铜印，且必须印于像片面部下颌，姓名、年龄、籍贯、职业，均载入，印本人两食指指纹，及当地警署、警长签名与指纹，以成吉斯汗纪年（民国三十年为成纪七三六年）。每人均必须有保人，户长保全家，牌长保户长，甲长保牌长，村镇长保甲长，相互连保，无一免得。此证明书必须随身佩带，遗失或忘置，均有罚例，遗失须即请补。凡购火车票、出入车站、入旅馆，均必须验证明书，甚至城门、电车、火车上，亦有时查验。此外复有身份证明书之规定。

财产调查　凡每户动产、不动产，商业及个人收入，以及家具、器物、衣服、被褥等项，均估价登记。闻有财产总值在卅万元以上者，财产须存入银行，本人须迁移远方，每月仅由银行支给定数生活费，惟此事在卅年年底以前，尚未见正式施行。

　　农村借贷　　每年春耕前，调查农民无力耕种者，登记放款，年利八厘，周年还本，但为数极微，无补实际，民不乐借。

　　囤集食粮　　各区村镇，统设仓库，囤集食粮，但不以之济荒。卅年十一月，勒令各村屯民户，将存粮余留备十日食用外，必须送城镇积储，以后家中食用，按旬具条请领。

　　苛扰　　凡修铁路、公路、行军、守城等事，均令民间出夫，此项负担最重。村镇公所应付特务等开销，常高出公费数倍。此外如阅报、自卫团等等，琐屑不可名状之负担，实屈指难计。

　　生活周间　　敌寇为使同胞，趋向统制之路，规定生活周间，如"节约储蓄生活周间"、"卫生运动周间"、"爱路运动周间"、"爱国献金周间"、"惜金献国周间"、"旅行简单周间"等等，使民众每周均有中心活动，即于潜移默化中，完成其宰割政策。

　　（四）财政　　敌寇为收支预算平衡，在经济部设为替（汇兑意）贸易局，以统制输出入贸易汇兑。设经济监视署（当作海关），为统制金融、物资、货品之手段。设税务局，征收产销税、统税、营业税、烟酒税、牲畜税、宰屠税等。此外如关税、田赋、鸦片税、房地捐、车捐等，税目繁多，税率案〔綦〕重，嗣以政费浩繁，收支不敷，复有开放各地俱乐部之举，以期调节。俱乐部公开狂赌，同胞之倾家败产者，实繁有徒；复售福利奖券，压榨民众膏血。

　　（五）保安　　保安为敌寇最重要之政治部门，保安厅居最高位，统辖伪县警务科，全省密布警网，统由敌系人操纵，口号为"警备高于一切"。警士均称警察官，必须受过张垣伪警察学校训练，负作战与治安双重任务。凡我在沦陷区工作人员，与游击区同胞，均得受其管理、监视、检查、威吓、逮捕、陷害、宰制、敲诈、勒索等极严酷之对待。

寅　金融

敌寇先在张垣成立伪察南银行，以我旧东三省银行纸币，图〔涂〕改察南银行字样，作为当地通行之伪币，以换取民间通行之中、中、交法币及我察省商业钱局纸币，并绝对禁止法币流通。嗣敌寇侵略之地域扩大，政局底定，复就伪察南银行扩大，改各〔名〕伪蒙疆银行，发行百元、十元、五元、一元纸币，五角、二角、一角、五分、一分等硬质辅币。初期流行市面之敌币换朝鲜币、满洲币，全行收回。伪蒙疆银行设于省垣□□旧交通银行内（近于新马路伪蒙政府南建新厦）。分行设宣化、怀来、沙城、涿鹿、柴沟堡、张北、多伦、大同、归绥、包头、丰镇、平地泉、北平等地。

伪察南实业银行，为张、宣两地银钱业组合，创立之初，意在吸收民间存款，总行设张垣，分行设各大县及商业繁盛之城镇。

银行放款，本有短期抵押各办法，所以地方商业曾活跃一时，嗣因防止民商囤集，收回放款，商业因之大为肃〔萧〕条。

伪蒙币不准外流，外币亦不得流行，在张家口、北平各车站，设兑换所，旅客携款出入境时，必须在该所兑换伪联合币或蒙币，初期限制携二百元，后减为五十元，至卅年十一月复降为百二十元。银行外汇，在最近办法，除在经济部请准者外，一律停止外汇。

卯　交通

（一）航空　北平、张垣、太原间，设定期航路，每日有商机来往，客票当头等火车票价一倍，乘客限敌系人，兼通邮航。

（二）铁路　平绥铁路改称京包铁路。关沟一段，另改新道，增辟山洞四。全路道房取销，由各站工务处乘小火车督工。客货车加多，约每小时一次。支路，一自宣化车站至烟筒山，一自宣化至龙关县赵川，二路皆属龙烟铁矿公司。又自沙城筑路，经齐堂，达门头沟，刻正修平路基，建筑沙城及九营（怀来县六区境）桥梁。另一段，由沙城，经涿鹿、蔚县、浑源，达大同，俾向敌国输出煤炭。此路计划十四年内完成，专为攫取我煤炭之用。

沿路各村，美其名曰爱路村，负维护铁路责任，高唱"一人爱路，万人享福"之口号。

（三）公路　公路以张垣、宣化、沙城为中心，干线有：张京路（张垣至北平）、张滂路（张垣至滂江）、张多路（至多伦）、张商路（至商都）、张安路（至怀安）、宣阳路（宣化至阳原）、宣蔚路（至蔚县）、宣赤路（至赤城）、沙独路（沙城至独石口）、沙涿路（至涿鹿）。支路有：怀涞路（怀来至涞源）、怀永路（怀来至永宁）、南涞路（南壕堑，经柴沟堡、怀安、蔚县，达涞源）。

汽车营业，由蒙疆公司独揽，在张垣设营业部，宣化、沙城等地设出张所。近因我方游击军破坏其公路，故各路营业多停止。

各地军部均备军用汽车多辆，各县公署亦备汽车一二辆，俾供军用。

公路勘定，多由军部主持，占用民地，则谓为对国应尽之义务，护路责任，交付沿路各村。

（四）电话　在都会、城市、乡村，均有电话联络，密布如网。如某村得情报，立即分向区警署、车站及邻村报告，警署复立即转报驻军及警务科，以便作军事准备。否则一旦发生事件，须由各级负责。近来因敌伪军时行扰害，各村皆不乐于报告矣。

（五）邮电　敌寇将邮政、电报以及长途电话，合并办理。设总局于张垣，任东北陈某为局长，各县镇邮局，就地选任局长。

惟规模缩小，邮务简单。敌寇则多用军用邮便与航空快信。来往邮件，初则先至张垣总局，经过检查手续，近则改由宣局检查，邮包之限制亦甚严。邮局汇款，二等局日限一百元，三等局五十元，惟向敌国汇款者，不加限制。

以上航空、铁路两事业，归华北交通株式会社（设北平）系统，邮电归伪蒙政府，电话、公路则归地方办理。

辰　产业

（一）铁矿　龙烟铁矿公司系独立局面，烟筒山铁矿，已开采四年有奇，工人三千五百余，每日矿砂外运辄三数列车，除一部运平西石景山炼铁厂锻冶外，余尽运往敌国，以达其"以战养战"之目的。

（二）煤矿　在龙烟铁矿公司之外，另设华北开发会社有限公司，除龙烟铁矿外，所有华北矿业之开发，均为其掌握。设支社于张垣，负蒙境开发责任。凡大同、下花园、宝兴各煤矿，均先后接收，采出之煤，除择优良者运往敌国外，所余劣品，则已给各地煤炭组合会出售。

敌人为煤炭统制起见，令各地煤炭同业，组织煤炭组合会，代支社推销煤炭。计各地先后成立者，为张家口、沙岭子、宣化、沙城、怀来、康庄、涿鹿、崇礼、张北、柴沟堡、孔家庄各会，均由地方煤业同业办理，便民甚多。

八宝山一带，土法开采之无烟煤，因数度煤价交涉，未得结果，尚未为敌人所接收。

（三）食粮　敌寇为统制食粮，在二十八年十月成立察南谷物业联合会，专办理食粮购买与输出。总会设张垣，分会设各县及大城镇。就粮商中指定若干家为会员，发给会员购粮证，惟会员商号，始有为谷联会买粮资格。

伪察南政厅欲收买食粮时，示以数量，令谷联会收集，定以官价，如流通价高粱每石十八元时，官价则定为九元八角，民间之损失可知！收集后，运至北平出售，每石能售价二十四元，伪政府之盈利可知！

二十九年复成立伪蒙疆谷联总会于张垣，容察南会于总会内，食粮之统制范围，因以愈大，但事实上民间存粮，仍不能尽量吸收，且官价愈少，流通价愈大，市场食粮愈感困难，遂于卅年十月十五日，明令将谷联会全行取消，关于输出，另变方式，令粮业公会法团与日系会社联合办理。谷联会在此结束时期，每人收益，殊堪惊人，赏慰金达十九个月（月薪单位）。

（四）畜产　设牧业总局，隶属于产业部，专指导畜产改进与统制输出。于张家口指定十三家，怀来、康庄各指定一家，向日营牲畜业者（如怀来公记马店），为输出指定人，有请领输出许可证资格。但实际上输出许〔多〕可证，非普通华商，徒依正式手续，所可领到之事。畜种改进，在张北、商都，有马牛羊试验场，张垣有养猪试验场。

皮毛均归军部统制，有敌寇田中部队，专事货品之营业及皮毛等产业之统制。在过去敌系各□洋行，在军部许可之下，能经营购买、输出各事。嗣后各大蒙、满蒙毛织、满蒙畜产、三井、三菱等洋行，仅可为军部代办。华商只有发给购买证，被指为收毛者，然货色分为七等，收货时殊难得公道价格，所幸付价时能发一半货物（布匹、糖性之类），货色上稍有利润，可得以补救。

猪鬃、羊肠，亦划入军用范围，此外只有猪毛、兽骨，有华、敌商人经营之余地。

（五）鸦片　敌寇认鸦片为收入大宗，是以强令各县普遍种植。设清查署以统制之，举凡清丈鸦片地亩、查视烟苗、征收烟税、收买烟土等事，均归其管理。我省除怀来一县外，无不种植。各县设征收机关，内中分子，不外敌系、东北系、蛮杆〔悍〕分子及地方无赖，故同胞所受之勒索、折扣、诬蔑、毒打，甚至发〈生〉打死惨剧，实不忍闻。而司其事者，则腰缠累累矣！敌伪政府以每两四至八元之官价（实际皆是四五元一两）收买后，以飞机运至上海，则每两售四十元，其利益可知矣。

其销〔消〕耗于地方者，为在省垣及各县城所设之鸦片配给所，由情〔清〕查署领到每个四角五分之烟泡，以六角发售，同胞得公开饱吸，敌寇毒化政策成功矣。

（六）麻　我省蔚县、涿鹿、怀来三县为产麻区，敌寇统制麻产，着手最早，同胞无敢交易者。

（七）盐　蒙盐品质最佳，为我察主要食品，数年来，敌寇均全部运去。其配给民间者，为本省人向未曾食用之硝盐（俗名土盐或小白盐），味苦涩不咸，各县设盐业组合会，经理配给，同胞须按户购领，不得通融。

以上各种产业，均为我省宝藏，敌寇尤为重视。除尽量运回敌国，供军用外，余则全行输出，以当现金，以抵外汇（因伪蒙币不能作外汇）。又实质上敌寇既强力统制，而表面上又规定"许可制"，以笼络人心，但华系商人绝无领得许可证之机会，人民已受尽欺骗矣！

巳　工商

乱〔敌〕寇对蒙地工商政策，以"自给自足"为原则。兹将其已实现者列后：

（一）纺织工业　有满蒙毛织会社张家口支社，与钟纺纺织公司，握毛、棉纺织工业威权。

（二）烟草工业　在消极方面，以政治方式，限制英美烟公司及上海永泰和出品香烟（现在来源皆绝）；积极方面，创立东洋烟草株式会社于张垣，出产联宝、八达岭、蓝包等牌香烟，各地招商销售。

（三）洋火工业　创立洋火公司于大同，出产猴牌洋火，以抵制我华商之丹凤洋火。

（四）造纸工业　造纸工业在计划中。

（五）输入组合　在二十九年以前，凡输入货品，虽均由经济监视署统制，然华、敌商民尚有输入机会。惟因手续过繁，限制过严，致输入大减，民用极感困难。至卅年华商方面成立输入组合，总会设张垣，各县镇设分支会，至八月即开始一律禁止民商货品输入。

（六）敌商　敌寇经济侵略第一步，即为把握商业威权。如三井、三菱、兼松、大兴、东亚各洋行，首先入察，尽量倾销仇货，在治安权〔确〕定后，复先成立以下各公司：

（1）大蒙公司：大蒙公司为国营商业，总店设张垣，大规模经营各种货物之输入与输出。

（2）蒙疆汽车公司：总公司设张垣，在宣化、沙城、涿鹿、张北等地设出张所，独营张垣市内及各公路营业。

（3）蒙疆运输公司：先成立国际公司，后改名蒙疆运输公司，总公司设于张垣，沿平绥路各站设出张路，独占全路运输营业。

（4）蒙疆石油股份有限公司：石油公司经营仇货驼牌煤油，向之美孚、亚细亚、德士古各牌石油绝迹矣。

（5）满蒙畜产公司：本公司专经营牲畜及皮毛、兽骨、羊肠、猪鬃各业之输出。

（6）蒙疆木材组合：合敌系木材商七家组织蒙疆木材组合，以垄断全境木材营业及木材输入。

（7）张家口批发市场：专经营干鲜果品、菜蔬、鱼虾之类，采用叫卖方式。

（8）蒙疆电业株式会社：会社设张坦〔垣〕，专营电灯、电磨等电气事业。在下花园建大规模磨电厂，供给下花园、涿鹿、新保安、沙城各地电灯用电。张家口电厂，拟在通济桥北之东河岸重新建筑。

（9）蒙疆电樣〔业〕株式会社：本会社设张垣，专营电话、电报、广播等电器交通事业。

（10）蒙疆面粉公司：以旧亚细亚面粉厂改建新式规模面粉厂，出产面粉，并电磨莜面（即燕麦面）。

（11）经商部队：田中部队驻张垣东山根，为专门营商部队，凡大宗仇货布、糠〔糖〕之类，无所不备，凡我皮毛、杂粮等时产，无所不营，五金原料均以"军用"二字，一律禁止任何方面经营。

午　农林

故〔敌〕寇提倡农林，不遗余力，兹将其最近设施，分述于左：

（一）农林试验　宣化县属沙岭子附近，为全省地质膏腴之区，敌产业部强购民地廿七顷，辟农林试验场，敌国、朝鲜及各县各种农作物与林木，均分别用科学方法研究试种。

（二）研究果品　拟在怀来北山设立果品试验场，并改良宣化葡萄。

（三）绿化　敌寇高唱"绿化"察南，除每年植树节，由县署提倡"绿化"，极积植树外，复于卅年五月在宣化西门外、柳河川以西一带，产业部令蒙疆电业株式会社，督植树木十万株。

（四）农产品评会　伪察南政厅与各县政府，均于秋收后，征集各地农产品，举行农产品评会，以示提倡。

未　文化

敌寇在文化方面，以"愚民"、"奴化"政策为中心，将我文化事业，均行摧毁。其文化方面设施如左：

（一）学校教育　设蒙疆学院，为最高学府。设察南学院，凡公务员、教职员，均经收容训练。设警官学校，以训练境内警察官。中等教育在张垣有察南师范学校，宣化有职业学校、农业学校及女子中学。教职员皆曾受训练，或经过考询后之老朽分子。每校均有敌系教员，担任日语（必修科），实际上惨〔操〕纵一切，监视一切，华系校长，仅属傀儡而已。校中设备，均极简陋，课本皆由伪满洲国学校课本脱胎，大开倒车，惟特别注重劳作。各县仅设小学，校数较前大减，功课只注重日语及建国操，迎送敌军，几成日课。察南四大政纲，敌伪视同总理遗嘱。

（二）尊孔　对孔子圣诞及春秋丁祀，特别隆重举行，此乃敌寇诞〔视〕为文化精神之所在。

（三）新闻业　新闻封销〔锁〕、新闻统制，为极严重之事体，在省垣建大规模蒙疆新闻社，发刊敌文《蒙疆新闻》，及华文《蒙疆新报》，强制民间定阅，以资宣传，其他新闻，则多被禁。

（四）表扬节孝　对孝子节妇，大事表扬，实际上，不过粉饰太平，寻几个榜样，遂其收买人心之欺骗伎俩耳。

（五）思想犯　通令各县公署，注意"思想犯"，只认为某人有剪除必要时，则加之以思想犯罪名，证据不问也。

申　教会

敌寇对同胞精神之控制，及民族之分化驱使，则利用教会方式。

（一）察南民生会　民生会即系清帮（亦名家□），向日在帮者，多属下层社会人士，敌寇为利用计，在张垣，成立察南民生总会，各县设分会，将清帮分子，全行收容。在帮者，则其机可投，趋之若鹜，此乃敌寇"以华制华"之另一手段。

（二）察南日华佛教会　察南日华佛教会，在二十八年成立，初以佛门弟子改造僧人缘智为主干，后缘智改任察南政务院委员，复以普化为会长，幕后则由日僧操踪〔纵〕。总会设张垣佛教会旧址，各县均设分会，由地方僧人及居士主持。我蒙人深信佛教，敌寇特用此为怀柔蒙人之手段。

（三）西北回教联合会　敌寇为分化我中华民族，特别组织西北回教联合会，总会设于张垣，分支会设绥各地及察南各县镇，笼络回教徒中之土豪劣绅，及好幕〔慕〕虚荣者，□供驱策。敌人在各教会中，对此会特别重视，并在各分支会创设回民小学，津贴公费，俾从根本入手。敌寇侵我察、绥后，即以蒙古、新疆为理想之政治区域，是以一切创设，均冠"蒙疆"字样。嗣则根据分化原则，变更方略，以察、绥辖境为独立之政治区域，此蒙古联合自治政府之所以树立蒙疆之理想，已成过去，是即并吞蒙古之后，续行侵略新疆，以图造成另一独立局面之意，此西北回教联合会之设，顾名思义，用意至深。观于敌寇在回教徒之逐步牢笼，且在敌东京建筑较辉煌之大清真寺（敌寇本不信回教），是其已把握我回教同胞之弱点，将以之作开拓我新疆之急先锋矣！

酉　敌寇特务

敌寇特务机关，分六大系统：

（一）兴亚院　敌寇张家口特务机关，为兴亚院前身，兴亚院为最高权力特务机关，负全察、绥境内特务责任。

（二）敌寇宪兵队　敌寇宪兵队分为张家口、宣化、怀来、张北等各地宪兵队，不相统属，负本队区域内特务责任。

（三）伪保安厅特务科　保安厅特务科以及各县警特务股，浸弥全省，即平绥路火车上，亦有保安厅所派之特务。

（四）伪平绥路爱路特务班　特务班住张家口车站，康庄亦设分班。

（五）敌张家口领事馆特务科　领馆特务科，负敌寇居留民所在地之特务责任。

（六）敌寇国际情报部　敌方特务以此情报部范围为最广。

以上各特务部分，均以敌人为主脑，以无心肝之汉奸为特务，特务之下，有大腿、小腿若干层，层层相依，密密结合，尽量施其恫吓、敲诈、诬害、毒陷手段，家家恐怖，人人胆寒，人间已成地狱矣。

戌　敌寇团体

（一）敌寇居留民会　敌寇在张垣设居留民会，隶属敌张家口领事馆，为敌寇基本团体。

（二）敌寇国防妇人会　此会由中年妇女组织之，为协助国防慰劳军人团体。

（三）敌寇张家口商事会。

（四）敌寇张家口商工会。

以上两会，为敌寇工商界团体。

敌寇对公私职务，均极勤奋，生活兴趣浓厚，身体之锻炼，学术之修养，均极注重，□□□育，尤称发达。

敌寇思乡、厌战，已成普遍情绪，军人喜退伍，而恶出发，实为我抗战前途中可喜之现象。

敌寇公务人员舞弊吞款，贿赂公行，均高度强化，一般分子之吸鸦片、打麻雀，亦浸入心脾，珍食华服，提高享受，腐化程度，与日俱增。

《察省青年》（月刊）

重庆察省青年社

1942 年 2 卷 2 期

（朱宪　整理）

伊克昭盟见闻记

辛逸征　撰

一　火线上的伊盟

伊克昭盟为漠南六盟——哲里木盟、昭乌达盟、卓索图盟、锡林郭勒盟、乌兰察布盟——仅存的一盟。其地南靠长城，与陕西为界，东、西、北三面流着幽静的黄河，中间平铺着起伏的垦地及沙漠，约千方里。东部为半耕半牧，西部多原始草原，蒙、汉杂处，共约二十万人。虽于二十六年间，敌人曾派其特务人员及伪军，由包头南岸大树湾，经东胜直至伊金霍洛，并扰劫桃力民区及杭锦旗政府，但终被我军驱逐，而仍退大树湾。这数年来，敌人在大树湾时动时静，都被我前线忠勇将士击退。故伊盟与火线接触已五六年了，伊盟蒙、汉同胞，站在水深火烈之中，也已五六年了。且伊盟雨雪，本来很少，又遭连年天旱，被称谓伊西中心的桃力民区之汉人，多吃"碱篷子"——一种草子，苟延生命。蒙胞系游牧生活，因近年马、牛价涨，故生活较优，但酥油、奶皮，早已断绝，每人每天只吃少许羊肉，和两三把炒米，其食量之减，令人难信其能生活。又因地干草少，牛羊一到冬春两季，因枯草不能饱腹，瘦小的非常可怜，所谓鄂尔多斯草原者，除了满山满谷的沙蒿、沙松外，牛、羊所食的只茸毛细草，为牲畜所最爱吃的紫云英苜蓿，简直很少看到，故隆冬草枯，乘马旅客，除携带食物外，还得带上马粮，否则路旁没草，连邮差都不敢赶驴，成为"人无粮、马无草"的怪现象。而蒙人全凭的牧畜过活，其严重与可怕就可想而知了。

伊盟位置，在抗战形势上，极为重要，我们固守伊盟，便可进击晋、察，若伊盟沦陷，宁、陕便受威胁，甘、青势必危如垒卵。换句话说，保卫伊盟，即是保卫宁、陕，也就是保卫西北。宋代西夏赵元昊进占朔漠，故能称雄西北，历扰宋边，直至宋亡，造成无定河边白骨成堆，就是实例。所以伊盟实为收复内蒙的根据地，也就是大西北的屏障！

现在敌人策动下的伪伊盟公署驻于包头，为时已五六年，时时刻刻，用尽方法，想进窥伊盟，并办有短期训练班，奴化包头蒙汉商人，至蒙地及宁夏，替敌做侦探工作，且伊盟人民，知识较差，尤易为敌分化与利用。再者沙梁重叠，民多散居，如战云一起，伊盟局势，不能不令吾人十分的注意与关切。

二　蒙族之由来

"蒙古"二字，乃系蒙语"蒙古勒"的简称。原为室韦的一小部落，世居外蒙敖嫩河上，《旧唐书》称"蒙兀室韦"，《新唐书》称"蒙瓦"，《辽史》称"盟古"，《契丹国志》称"蒙骨"、"蒙骨里"，《大金国志》作"蒙骨子"、"朦骨"、"萌骨"。此小部落，在成吉思汗祖先领导之下，渐渐的繁荣壮大起来，迨成吉思汗崛起，以其盖世的军事天才，指挥天兵似的百万铁骑，像急风骤雨般的倏忽之间，横扫大漠南北，及新疆各地，凡所占领的地方，除留军驻守外，都给以蒙古的称号，是以今日绵亘于我国北部之蒙族，大部均由敖嫩河上迁移而来的，或当地少数民族同化于蒙族的，像漠南六盟四十九旗，及青、宁各族的首长，均系成吉思汗的直系子孙，人民也均自称其祖先来自外蒙的。又像阿拉善旗北部、磴口县以西之"克勃"地方，住有维吾尔族蒙化之人民二三百家，故漠北为蒙族崛起之地，漠南为蒙族繁殖之地。

蒙族自窝阔台继父西征，横行欧亚，攻陷莫斯科，粉碎欧洲联军，建立窝阔台汗国（现西伯利亚）、察钦汗国（俄罗斯境内）、察哈台汗国（中亚细亚）、伊儿汗国（中、小亚细亚及阿拉伯）四大汗国，赢得欧人"黄祸"之称，圣功伟业，震撼一时，使后来西方人种学家，称亚洲黄色人种，即以蒙古利亚种为代表，考其原因，就是蒙古远征军留名欧西之故。延至今日，欧洲人士，犹有视蒙古民族为英雄民族的。盖自开天辟地以来，世界各民族的武功，莫有比上蒙古的，元军实为世界冠军，成吉思汗实世界头等英雄，拿破仑曾自惭曰："我自不如成吉思汗。"至伊盟鄂尔多斯部蒙族，乃为成吉思汗十五世孙达延汗之孙，兴弼里克图墨尔根，在明嘉靖时，由阴山迁入河套，历数百年之生息，繁荣壮大，直至于今。

考蒙人和汉人，在生理上、心理上、智力、体力上，完全相同，蒙、汉同为黄帝子孙，乃为客观事实所证明，并不勉强。蒙人穿上汉装，或汉人穿上蒙装，实无法辨别其为蒙也汉也。即所谓特有之"蒙古眼"，也分别不出。聪明伶俐之蒙古女郎，较之中原丽质，并不减色，美且过之，其不同之点，乃因山川阻隔，语言分歧，谋生方式不同，气候寒暑不同，使衣着也两样，但此皆外表的不同，非种族之不同。因蒙、汉原是同族同宗，其应共存共荣，共同抗战，乃亦天经地义之至理！

三　盟旗制度

蒙古先为部落组织，清初始依满洲八旗之制，改编为盟旗制度，数旗合为一盟，盟设正、副盟长，三年会盟一次，清理刑名、编审丁籍，惟正、副盟长，制权有限，对各旗内政不能直接干涉。伊盟会盟地点为伊克召（意为大寺），在伊盟北部。现任盟长为沙克都尔扎布。

旗为地方自治单位，如内地之县。旗长（即扎萨克）负全旗行政、保安、财政等责，为世袭制，下设东西协理二员（蒙语图萨拉齐），办理旗政，又管旗章京（蒙语虎少贾克齐）一员，扶〔辅〕助协理，办理旗务，东西梅令（梅令章京）二员，分办旗务，是为五章京，为旗政府五要人。其他，尚有带兵梅令、带兵参领、印务梅令等，惟各官员均为义务制，不发薪给，轮流在旗政府值班。清划旗民每十家设十家长（达尔古），每一百五十家，各出壮丁一名，计一百五十名，编为一佐（如军队之连），设佐领（如连长）一员，管理十家长及壮丁。佐领下设骁骑校一员，乘佐领之命办理佐务，再下设催领六员，分管壮丁。佐之多少，以民众多寡为准。佐领之上，设参领（如营长），每参领辖四至六佐领不等。表解如左：

蒙族组织系统表

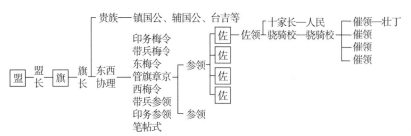

民国二十五年一月二十五日，绥省境内各盟旗地方自治政务委员会（简称绥境蒙政会）依法成立，为绥境蒙旗地方自治最高机关。该会辖乌、伊两盟、土默特旗、绥东四旗，共计十八旗。委员九人至二十四人，有委员长一人，副委员长三人。会内设秘书、参事、民治、实业、教育、保安、卫生七处，会址原设伊金霍洛（成吉思汗陵寝处），现移扎萨克旗旗政府附近，委员长为沙克都尔扎布。

在二十年，国府公布《蒙古盟部旗组织法》三十七条，二十一年，核准《蒙古盟部旗组织法施行条例》十条，此略述之。

一、旗　设旗长一员，总办旗务，原有东西协理、管旗章京、东西梅令，改为旗务委员，协办旗务。旗政府内设总务、政务二科，各设科长一人，佐理员若干人。每旗设旗民代表会议，由各佐推一人组织之，任期一年，会议后，选留常任代表五人至九人驻会。会议职权为关于旗内之立法、设计、审议、监察等事项。原有民兵队伍，按《蒙旗保安队编制大纲》，改编为保安总队，专任保卫地方治安。带兵梅令、带兵参领，改任正、副总队长，三十人至五十人为一分队，设分队长一人，三分队至九分队为一中队，置中队长一人。中队数目多寡，由地方情形酌定。

二、盟　设正、副盟长，办理盟务，盟长设秘书一人或二人。盟政府设总务、政务二处，各设处长一人，佐理员若干人。盟及特别旗直属于行政院，军事、外交及其他有关国家行政，统归于国民政府。盟设盟民代表会议，代表由旗民代表会议推选之，大旗三人，中旗二人，小旗一人，任期一年。会议后，选常任代表五人至九人驻会，会议制权为盟内立法、设计、监察等事项。

二十一年八月，国府又准《蒙古盟部旗组织法》实行步骤三项：

一、各盟、部、旗对于该组织法有愿实行者，奖励之。

二、各盟、部、旗有不愿实行者，由蒙藏委员会设法劝导，逐渐实行。

三、各盟、部、旗有因地方环境关系，不能立即实行该组织法者，暂缓实行。

四　社会阶级

蒙旗尚保贵族政治遗风，社会阶级较严，贵族为统治阶级，平民为被统治阶级。贵族多姓奇，盖元朝国姓为奇渥温氏，又称乞额特孛儿只斤氏，或简称博尔济锦氏（即孛儿只斤氏之另写）。贵族即旗长之亲属，俗称"台吉人"，未当政者为闲散贵族，有镇国公、辅国公、各等台吉等之分。如旗长、协理缺出，俱由闲散贵族内择补。管旗京〔章〕京、梅令、参领缺出，亦有优先任用权。但旗长与贵族的享受也没什么特别，和一般平民相差无几。旗长也自有其马群、羊群，自牧而食。平民每年纳税给政府，仅羊二头，或牛一头，此外再无苛捐杂税。且蒙地无土匪、盗贼，一二头羊之税捐，就可过太平日子了。

平民俗称"黑人"，占社会上最大多数，为蒙旗社会的柱台，充当仕官、工役、兵役，出纳税捐，对旗长须绝对服从，不准私自脱离旗籍，职业为游牧或耕田，有的经营商业，但很稀少，因伊盟商业，大半操于榆林、神木人之手。

其余，尚有：（一）俗人，为生活于寺观属地上的人，为喇嘛服役，听喇嘛指使，不服兵役，不归政府节制；（二）从者，为旗长、贵族的属下人，为主人服役，如箭丁、随丁等；（三）家奴，为王公、台吉及有钱人家中的奴隶，无户口，无兵役，不纳税，子孙相传，永为奴隶，替主人服着无边的劳役，其先世多为俘虏。但以上三种人，为数很少。

旗长及贵族的封爵，在清时分为亲王、郡王、贝勒、贝子、镇国公、辅国公、各等台吉、塔囊布等，清政府对他们待遇极高，平时管理旗民，战时听候调遣，从征杀敌。其俸禄数目列如左：

爵位	俸银（两）	禄米（石）	盔甲费	旅费
亲王	二，〇〇〇	四七，五〇〇	四〇〇	按爵位、远近发给
郡王	一，二〇〇	二八，五〇〇	三〇〇	
贝勒	八〇〇	一九，〇〇〇	二〇〇	
贝子	五〇〇	一一，八〇〇	一五〇	
镇国公	三〇〇	七，一二五	一〇〇	
辅国公	二〇〇	四，七五〇	一〇〇	
台吉	四〇—一〇〇	二，三一五	五〇—七〇	

五　伊盟近况

伊盟为秦始皇命蒙恬征匈奴，所取之河南地。汉武帝时设朔方郡，魏为夏州，隋唐属胜、丰二州，五代至宋属于西夏，元灭西夏后，为西夏中兴路。明嘉靖中，成吉思汗十五世孙达延汗之孙，兴弼里克图墨尔根，率部占领河套，号鄂尔多斯部，令其九子分牧各地，是七旗之祖。清初，实行盟旗制度，分鄂部为六旗。乾隆元年，乌审旗头等台吉定咱喇什，从征有功，划出乌审旗东北一部，另设一旗，是为扎萨克旗，现伊盟除东胜、陶乐二县，及桃力民区外，余均为七旗之地。兹将各旗近况，分述如左：

一、鄂尔多斯部左翼前旗　俗称准噶尔旗，在伊盟的北部，为隋朝榆林郡，唐时胜州之地。原有佐领四十二，是扎萨克固山贝子的游牧地。旗内未设参领、佐领，只设有达庆，达庆之下，设有得古，得古实际统辖蒙、汉人民，多营农业，蒙人三万七千，汉人六万四千，壮丁千二百名，现任旗长为白音巴雅尔，东西协理为奇文英、奇涌泉，管旗章京点垞什，东西梅令巴尔脑亥、吉尔合浪扎布。地方武力为蒙古游击军××区司令部，司令为东协理奇文英兼，驻旗内名胜神山之中。本旗西、南两方产煤较多，燃料尚不感缺乏。

二、鄂尔多斯部左翼后旗　俗称达拉特旗，在盟内北部，包头之南，隋唐时夏、胜二州之地，为扎萨克固山贝子游牧地。原有四十佐领。土地肥沃，甲于七旗，俗有"三公、六扎萨，抵不住一个烂达拉"之谚。沿河一带，杨柳成荫，草原之上，盛产甘草，地多垦辟，禾黍丰盛。蒙人一万三千，汉人六万，壮丁六百名。现任扎萨克康济多尔基，兼本旗保安司令，实际由马子禧代理，编制为×团，全为骑兵，枪械优良，装备完善，素质精良，为伊盟最强之地方武力。

三、鄂尔多斯部左翼中旗　俗称郡王旗，在伊东中部，原为隋唐的胜州之地，为扎萨克多罗郡王的游牧地。原有佐领十七，扎萨克驻东胜南六十里处。有蒙民九千，汉民一万一千，壮丁四百名。现旗长为图布升济尔格勒，东西协理奇默特拉木、贡补扎布，管旗章京恼尔布扎布，东西梅令银肯巴雅尔、补伦巴旦户。图旗长年老，实际一切旗务，由其子头等台吉巴图吉雅负责。旗长兼保安司令，参谋长蔡志伟。有保安队×中队，枪马齐全。本旗放垦最早，民多业农。东、南、北三面，均产耐烧之"煨煤"。旗政府南六十里之伊金霍洛，为成吉思汗陵园，有成吉思汗灵榇，现已移甘肃之兴隆山。

四、鄂尔多斯部右翼前末旗　俗称扎萨克旗，又称加萨旗，在乌审旗之东北，为扎萨克头等台吉游牧地。原有十三佐领，面积最小，人口最少，有蒙民四千，汉民二千，壮丁四百名。现扎萨克为鄂其尔呼雅克图，其父扎萨克沙克都扎布，年高德劭，忠党爱国，现任国府委员、蒙政会委员长、伊盟盟长。本旗地方武力，有保安司令部，由鄂旗长兼司令，有保安队二大队。现任东西协理为阿木固浪、鄂其尔巴图，管旗章京苏瓦弟，东西梅令巴宝多尔基、僧格林庆。

　　五、鄂尔多斯部右翼前旗　俗称乌审旗，隋唐时夏、胜二州地，为扎萨克固山贝勒游牧地。原有四十二佐领，蒙人约二万，汉人很少，壮丁四百名。现任旗长奇玉山，字子珍，少年英俊，思想新颖。西协理奇国贤（蒙名刀不韦多尔济），管旗章京图门巴雅尔，东西梅令补银巴雅尔、道特户多尔。本旗人民多事游牧，尚存古风。物产除马、牛、羊、驼及皮毛外，尚有狐狸、豺狼、黄羊、野兔、水鸭等。植物有甘草、柴胡、蘑菇等。矿产有盐池三处，惟盐质欠佳，产量不丰。气候，四季多温少寒，为本旗特点。地方武力有西蒙抗日游击×××队，司令为奇旗长兼，悉属骑兵，枪马齐全，又有保安司令部，司令亦为奇兼。

　　六、鄂尔多斯部右翼后旗　俗称杭锦旗，在盟内西北部，即隋唐丰州之地，为扎萨克固山贝子游牧地。有佐领三十六，蒙民万人，汉民二万人，壮丁千名。现任旗长阿拉坦鄂齐尔，字宝珍，于二十六年为敌掳去，旗务现由其弟西协理色令多尔基代理。地方武力，设有绥境蒙边××区防司令部，司令原为阿旗长，现由副司令徐世明代理。本旗有盐湖及碱湖，盐产很多，俗称可供"七旗三公"之用。碱湖在旗北，面积约十方里，年产量在二万担以上。植物有甘草、枸杞、发菜等，农产有糜子、小麦、荞麦及洋芋等。本旗现任东协理雅斯古浪，管旗章京苏木雅，东西梅令干圪巴旦户、诺尔布桑。

　　七、鄂尔多斯部右翼中旗　俗称鄂托克旗，在伊盟西南部，面积最大，占伊盟全面积五分之一，是扎萨克多罗贝勒游牧地。有八十四佐领，有蒙民万三千，汉民二千，壮丁千名。境内全为牧地，北部多山。沿河一带，产有烟煤，新召山附近，产发菜很多。野兽有黄羊、豺狼、狐狸、兔等，飞禽有沙鸡、白灵等。大碱湖三个（巴彦淖尔、那林淖尔、察汗淖尔），年产近四千二百三十万担，大部销行宁夏、兰州、平凉等地。西南边界又有闻名各地之大盐池一所，俗称花马池，每年产盐很丰。本旗现任旗长为旺庆扎布，东西协理旺楚克色令、格吉尔格拉，管旗章京额尔肯巴雅尔，东西梅令乌巴、巴雅默乃。地方武力有伊南游击司令部，司令为阿拉召大喇嘛章文轩兼，参谋长韩裕如，编制上有×大队，枪马齐全，拥有伊西最强武力。

其次，伊盟境内尚有东胜、陶乐二县、桃力民区及达尔扈特部，尚需说明。东胜为绥省县治，明为东胜卫，清为东胜厅，地处伊东中心，当包榆路要冲，为伊盟军政重心。有小城，有街市，有商店，城外多垦地，种有糜子、荞麦及菜蔬等，郊外产煤地很多，燃料便宜，为沙漠中的绿洲，沙原旅人到此，心神畅快异常。全县垦地约二万顷，人口约三万，在日寇进窥之时，东胜的保卫，关乎整个伊盟的命运。现最高当局已派威震三晋的×总司令坐镇东胜，所部拥有中央劲旅骑×师及新编××师，敌若来犯，必予以重大之打击。

桃力民街，蒙语为察汗桃力，在鄂托克旗东北端，居民约五十家，为宁、包驼道必经之地，有大马路、小学校、皮毛作坊，为伊西中心，但井水过深，风沙太大，无煤炭，烧沙蒿。所属地区为西北向东南之长狭地带，垦地约三万顷，人口亦三万余。可种糜子、谷子、荞麦等物，风调雨顺，为伊西粮库。往年此间居民，凿井而饮，耕田而食，赋税不加，外事不闻，实为"沙漠中之桃花源"。但自日寇东来，整个中国不安，这里由于二十六年被敌伪军蹂躏过一次，不久即被我军驱逐了。

达尔扈特部为看守成吉思汗陵橇的部落，居伊金霍洛附近，他们祖先为成吉思汗生前之五百卫队，成吉思汗死后，他们即看守陵橇，父死子继，世袭罔替，不应差，不纳税，专司看守和祭祀。原有五百家，现只四百六十二家，二千七十一人，他们无地盘，附牧各旗，自成一部。内分大小二爱马克（部落），各辖九小部，达尔扈特部长，叫吉囊，为成陵之主祭官，例由七旗旗长之一兼任，今为郡王旗旗长图布升济尔格勒兼。

陶乐县，东接鄂托克旗，在黄河东岸，沿河一带，长约二百里，南自横城，北至石嘴山、河东之登临关；县署设于陶湖乐滩；前曾修渠，现已堵塞，只赖水车灌溉；治权前属绥远，抗战后，归于宁夏。在河防上、治理上、水利上讲，属于宁夏，较为妥善。全县垦地不多，人口也少，宁省府奖励移民，每年农民去的颇多，如能筑渠兴坝，利用河水，可得良田数十万顷。附伊盟旗县一览图：

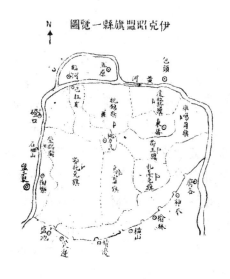

《现代西北》（月刊）

兰州中央训练委员会西北干部训练团现代西北月刊社

1942 年 3 卷 1 期

（朱宪　整理）

内蒙现状之探讨

王绥之　撰

一　前言

内蒙古是指卓索图盟、哲里木盟、昭乌达盟、锡林郭勒盟、乌兰察布盟、伊克昭盟，同土默特旗、东八旗、西两蒙、阿拉善旗、额济纳旗，共分为六盟、二十五部、四十九旗。东达辽、吉两省的东北境，北至外蒙的南界，西至青海、新疆的东部、北部，南至山、陕、甘的北部和西北部，东西六千余里，南北二千余里，一块高原，地理家称为"蒙古高原"。卓盟、哲盟、昭盟是在热、吉、辽三省境内，"九一八"事变随着东北而沦陷了。锡盟是在察哈尔境内，盟长索王在七七事变前已死，副盟长德王于二十五年升为正盟长，于绥东抗战即正式投敌，出卖给日寇这一块祖先遗产。乌盟是在绥境的北部，盟长是云王，副盟长是巴王。云王死后，巴王继升盟长，事变投敌，全境大部沦入敌手。东四旗为正黄、镶黄、正蓝、镶蓝，在绥东五县境内。土默特旗在绥萨、包、托、和、清五县境内，均于二十六年十月半，又相继沦入敌手，现在则仅存伊盟七旗及西套两旗。所谓内蒙，则以绥境蒙古为主体，二十二年，德逆倡内蒙自治，即在绥境，后来的蒙古地方自治政务委会，即设在乌盟的白灵庙。二十五年，察境蒙古地方自治政务委会成立，始迁回察哈尔，绥境各盟旗地方自治政务委员会即迁在归绥。包头失陷，于二十七年在伊盟扎萨克旗沙王府办公，六盟仅存一盟，故今日之伊盟，不但在政治上阻挠与粉碎了敌人的阴谋策略，就是在军事上也形成了收复失地前进的根据地，我们要光复祖先的荣耀史，要光复祖先的版图，伊盟是成了唯一的中心了。兹将笔者所知道的一点情形，愿告给关心蒙古问题者之参考。

二　蒙古种族的来源及外内蒙古的形成

"蒙古"即历史所称之匈奴。匈奴来源，据《史记·匈奴传》所载，其先本夏后氏之苗裔，谓之淳维。《路史·疏仡》又谓："粲小朋，淳维遁于北野，随畜转徙，号熏育，即是匈奴的转音。"而夏后为大禹子孙，大禹是黄帝的子孙，所以蒙、汉是同一血统、同一祖宗。据蒙古学者荣祥先生考证，亦如是说。其族大部由敖嫩河上迁来，在成吉斯汗祖先领导之下，横扫大漠南北，建立窝阔台汗国（现西北〔伯〕利亚）、钦察汗国（俄罗斯境内）、察哈台汗国（中亚细亚）、伊儿汗国（中小亚细亚及阿拉伯）四大汗国，赢得欧人黄祸之称。现在漠南六盟四十九旗及青、宁各旗，均系成吉斯汗直系子孙，所以漠北是蒙古的生殖之地，漠南是蒙古的繁荣之地。

由元顺帝相传六七世之后，蒙古改国号为鞑靼，后在西面又分裂出西瓦剌部。到了明代所设的三卫，就包括朵颜（即今热、辽之喀喇沁、敖汗等地）、泰宁（即今热、察之土默特及阿鲁科尔沁等地）、福徐（余）（即今科尔沁、郭〔鄂〕尔多斯、杜尔伯〈特〉、扎赉特等地）。明孝宗时，鞑靼内讧，达延可汗继立，统一了漠南和漠北。世宗时留其季子格埒森扎扎赉尔，号所部为喀尔喀，分土谢、车臣、扎萨克图三汗，是为外蒙古之祖。达延自与诵孙卜森，居漠南东为内蒙察哈尔之祖。又封三子巴尔色、继子乌鲁斯为吉囊（副王之意），领漠南西部。巴色尔死，长子衮弼里克嗣居河套，是为内蒙古鄂尔多斯部之祖；次子俺答居阴山附近，今归绥城西，是为内蒙古土默特之祖；其他各旗皆由此分居而成。

至于蒙古所用的文字，是在元世祖时命国师八思巴所制成之蒙古新字，共一千多字，字母共四十一个。其相关组而成之者，则有韵关之法，其以二合三合四合而成字者，则有语韵之法。大要则以谐声为宗，其字以畏吾儿文字为基础，和叙利亚是一系统的文字，又受梵文、吐番文的影响而混合成。

三　盟旗的政治组织

蒙（盟）是联合数旗的一种组织，旗是一个自治组织的单位。在过去是各个独立的部落，虽都系一个祖先的子孙，但只有往来，没有组织上的联络。到康熙征喀尔丹以后，同蒙古认作一家，依满盟八旗的组织，始改编为盟旗制度。盟设正盟长和副盟长，由各旗之扎萨克轮流担任。十年一轮，三年一会盟，负清理刑名，编审丁籍，主要在彼此军力和经济力的帮助，下再无其他组织，不过问各旗自治行政，而各旗有冲突与大事时，可由盟长决定或裁判。旗的组织最高是扎萨克（王爷），为世袭制，负责全旗的行政、军政、财政、司法的大权。下设东协理（俗称东官府）和西协理（俗称西官府），东协理负武事，西协理负文事。又有管旗京章（俗称哈少贾格气），协助协理办理旗务，类似秘书。又有东西梅令两人，副区分驻各地，类及区长。此名五京章，为旗内五要位。此外尚有长盖、带兵梅令、带兵参领、管印京章，有职无俸，轮流在王府服务。其兵制的组织，每十家设一十家长，一百五十家出壮丁一百五十名，编为一佐，设佐领一员，管理十家长及壮丁。佐领下设骁骑校一员，催领六员，分掌壮丁。佐领之上还有参领，现在多半改为团、营、连、排、班，与陆军编制相同。各兵按户抽丁，其比例是三丁抽一、五丁抽二的办法，各军官由王爷委派，分驻各地。

扎萨克是官名，旗长之意，俗称王爷，分为四等级，即亲王、郡王、贝勒、贝子，其官衔以亲王最大，贝子最小。王爷的太太，称为福晋，即夫人之意。

土默特旗与其他盟旗的组织不同，上设总管总负其责，下设秘书和科长，分掌民、财、建、教诸事。总管由主席呈国民政府委任，秘书、科长则由总管任命。兹将各种组织列表如下：

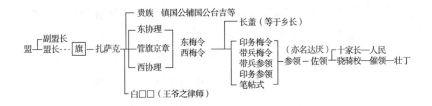

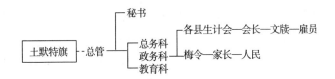

四　各盟旗的地方概况

（甲）伊克昭盟　伊克昭，蒙语为大庙之意，人简称为伊盟，在黄河之南（绥远称河西），为秦始皇征匈奴所取之河南地，汉时设为朔方郡，属并州，唐置胜、丰二州。明嘉靖中，成吉思汗的十六世孙兴弼里克图墨尔根率部占领河套，号鄂尔多斯部，令九子分牧各地，是为伊盟各族之祖，后又为七旗。

（一）达拉特旗（即鄂尔多斯部左翼后旗）　在包头之正南，北至黄河岸，南至东胜县境，西至杭锦旗，东至准格尔旗，南北距离有一百四十里，东西约有二百余里。在隋唐时为夏、胜两洲（州）之地，是固山贝子的牧区。这里有蒙民一万一千余，汉民之商人、农人约有三万五千余。气候较温，雨量尚足，出产很多，俗为〔称〕"三公（东、西、中）、六贾萨（伊大旗），不及一个滥达特"，即可知其富足。地内有大沙漠、大草原，王府在大树湾南。西与南多沙漠，东与北多耕地，有二丈多高的大沙梁，在包头城内即可望见。本旗扎萨克为康济民，年青有才，能开汽车，修理枪，穿衣吃饭，毫无一点蒙古风气。他的二弟附逆，他在二十七年往西安、重庆住了好多时，二十九年回到蒙政会服务。

（二）杭锦旗（即鄂尔多斯部左〔右〕翼后旗）　在伊盟西北，五原之正南，隋唐时置丰州，后套就是该旗的牧畜地。北至黄河，南至鄂、郡两旗，西至黄河附近，东至达旗，地势很大，东西有二百五十余里，南北有二百三十里，原来也是固山贝子的游牧地。地内大沙漠很多，虽开垦的耕地不多，而矿产和药材较多。在王府的附近，有一块大平原，从包头有汽车路可直达王府。此旗有蒙民八千余，汉民之经商、为农者有一万五千余。扎萨克是阿王，人极忠诚，深明大义，当二十二年德逆倡蒙古自治时，阿王即首先反对。不幸包头失陷，二十六年冬末，德逆召开各王公会议，阿王亦拒绝参加，阴〈历〉腊月竟被敌人派汽车将王爷架走，现多在包头居住，终未附逆，故不自由。

（三）鄂托克旗（即鄂尔多〈斯〉部右翼中旗）　在伊盟的西部，临河之西南，东至乌审旗，西至沃野县（即现在陶乐县，原归绥远辖），北至杭锦旗，南至盐池定边，为伊盟最大的一旗。东西南北距离，各有二百五十余里。地内大土山、大沙梁很多，耕地甚少，矿产较多。雨水缺乏，人的吃水，多靠积存的雨雪解决，所以居民有在百里之外去取水。这旗的人口最少，交通不便。蒙民有六千余，汉民之经商、为农者共有七千余。原先是罗贝勒的牧区，扎萨克是旺王，人老无才，大喇嘛章文轩最有势力，并握实权。

（四）郡王旗（即鄂尔多斯部左翼中旗）　在伊盟的中部，东胜县的正南，就是隋唐时的胜州地。西至杭锦旗，东至准格旗，南至扎萨克旗，北至东胜，有〔东〕西一百七十余里，南北约一百四十余里。境内多平沙，无高漠，耕地尚多。原先是罗郡王的游牧地。在旗之东南（离王爷府南六十里）有伊金霍洛，为成吉思汗陵园，有成吉思汗灵榇（现移甘肃之兴隆山），有五十余人看守，另成一部落，名为达尔扈特旗，于每年阴历三十、十六有伊金霍格〔洛〕大会，蒙古老王公皆来祭祀，并决疑大事（据传二十六年王公来祭奠，决定附逆不附逆问题）。该旗有蒙民四千余，汉民之商人、农人有一万一千余。扎萨克为图王，今已年老，由其子吉王负实际责任。

（五）乌审旗（即鄂尔多斯右翼前旗）　在靖边之北，杭盖之南，隋唐时附夏胜两州，原为固山贝子的游牧区。东至扎萨旗，西至鄂旗，南北距离约二百三十余里，东西有一百五十余里。沙梁、沙漠很多，能耕地的很少，这里气候较温，而雨量缺乏，吃水又少又苦，不惯的人能常患痢疾。此旗南低北高，出产很多。蒙民有二千五百余人，汉民亦共有七千余人。扎萨克为奇王，年少有为，自任保安司令。

（六）准格尔旗（鄂尔多斯部右〔左〕翼前旗）　在伊盟之东北部，萨县、托县之南。隋唐的时候，属榆林郡。清时为固山贝子的牧区。东面和北面是黄河，南面是河曲和府谷的边境，西至达旗和东胜县，东西南北的距离约有一百七十余里。地无大沙漠和大沙梁，气候温和，雨量尚足，又有河流的灌溉，所以这旗的耕地特别多，蒙民是半耕半牧的生活。此旗文化很高，语言亦较他旗准确流利，衣食住行与汉民无异，女子很俊秀。在杨家湾一带有西式建筑，不幸被王逆英在十六年窜入焚毁。该旗派系很多，常有叛乱事件发生。蒙民有二万余人，汉民有三万四千余人。扎萨克为白王，年岁尚幼，现由东协理奇文英代理，并兼任保安司令及蒙政会委员。

（七）扎萨克旗（即鄂尔多斯部右翼前末旗）　　乾隆元年，乌审旗头等台吉咱喇什从征有功，所以把乌审旗的东北部另设一旗，就是札萨克旗。在伊盟的西南，北靠郡王旗，南至榆林，东至准格尔旗，西至乌审旗。地内平原很多，没有大沙梁。东西南北的距离约一百五十余里，为伊盟人口最少、面积最小的一旗。蒙民很忠厚，约有三千余人，汉民有五千余人。抗战以后，该旗成为军事、政治的重心，不论商业、交通、文化、人口都特较前发达。扎萨克为盟长沙王，现因年老事繁，已由长子鄂王继承，并兼绥省府委员及保安司令。

（乙）乌兰察布盟　　在黄河的北岸，地势跨据阴山，简称乌盟。在秦时设九原郡。唐贞观十一年，置燕然都护府于今乌拉特部的西境，其盟地在乌蓝察山，因以为名。所属四部八旗（亦说三公旗和四子王旗是一家）。

（一）东公旗（即乌拉特后旗）　　与中、西二旗，合称乌拉特部。在汉为五原郡地，明时元太祖弟哈布图哈萨尔十五世孙布尔海游牧呼伦贝尔，号乌拉特部。后三子分居，东旗为长，在包头的西北，东至茂明安旗，西至外蒙古，北至外蒙古西，南至东公旗，东南至包头和小余〔余〕太，地很辽广，山脉纵横。东西有五百余里，南北有四百余里。地势很高，气候特寒，耕地不多，人民生活很苦。蒙民有四千余人，汉民之经商、务农者约有九千余。扎萨克是鄂王，二十五年赴太原途中，车翻撞伤而亡，由弟奇王代理，事变奇附逆，鄂福晋携子转往后套，另组旗政府。

（二）中公旗（即乌拉特中旗）　在临河县之正北，地大人多，为乌盟最强盛的一个旗。东与茂明安旗为界，西与鄂济纳旗为界，北至东公，南至西公及包头境，东西距离约五百里，南北约三百五十余里。境内山脉纵横，西北高而东南低，雨量、气候均较东公旗好，故开垦的土地很多，出产丰富，民性强悍。蒙民有一万八千余，汉民有三万余。该旗扎萨克是巴王，兼乌盟盟长，因年老，由其子林王继承，现已附逆。他们这一旗的王爷和协理，在包头置的产业很多，故在包住时多。

（三）西公旗（即乌拉特前旗）　在包头之正西，离城百里即入该旗境内，到王爷府亦仅二百多里。北面与中公旗为界，南面至黄河，东达包头三区，西至五原和安北，南北距离约有二百余里，东西约有四百余里。境内有河流，有平川，无高山峻岭，有很多大森林，雨量尚可，气候温和，开垦的地占全境四分之一。蒙民有一万二千余，汉民约有二万。扎萨克是石王，于二十五年病故，由弟代理，事变附逆，现在小王爷仅七岁，由其母代理。

（四）茂明安旗（即茂明安部）　汉时属五原郡，明设卫戍〔戌〕守，后入蒙古，为元太祖弟哈布图哈萨十六世孙车根占，号所部茂明安。子僧格在康熙七年授扎萨克。该旗在固阳县之西，包头之北，高台梁，为乌盟面积最小、人口最少的一个旗。东北与达尔汗旗为界，西与东、中两旗为邻，北至外蒙，南至安北和固阳，东西距离约有一百八十余里，南北约有四百里。北高南低，山岭很多，地瘠民贫，不甚开化，而能耕种的地也不多。蒙民有二千余人，汉民约有七千。扎萨克是旺王，常驻旗下，不与外人来往，旗内有五当召，为乾隆时所建，式仿西藏。

（五）达尔汗旗（即喀尔喀右翼旗）　汉时系定襄、云中两郡的北部，明中为元太祖二十世孙木塔尔占，世为喀尔喀中路台吉，顺治十年来归，在固阳县西北，东接四子王旗，西至茂明安和固阳县境，北接外蒙，南至固阳和武川，地大物博，平原很多，东西距离有三百里，南北有六百余里。土地肥沃，开垦了不少的耕地。蒙民有四千余人，汉民为商、务农者约有一万余。有历史意义的白灵庙，即在该旗之南，故人称旗长为白灵王。康熙征准格尔，曾驻跸于此庙内，并赐名为鸿鹭寺。扎萨克是云王，兼盟长和蒙政会委员长，二十六年病故。

（六）四子王旗（即四子王部落）　汉时为雁门郡及定襄北境，明入蒙古。元太祖弟哈布图哈萨尔的十五世孙诺监〔盐〕太，有四子分牧而居。顺治六年分王在武川县之东北，旗政府与县政府相距仅一百余里。地的面积很大，东与察境锡盟为界，西与达尔汗为界，北至外蒙，南至武川县境，东西的距离有三百余里，南北约有四百余里，地内多山，气候很寒，可是雨量尚足，山中的平原很大，土地肥沃，能耕种的很多。蒙民有九千余，汉民之经商、为农的约有三万六千余。大庙子在该旗境内。扎萨克是潘王，兼副盟长、蒙政会副委员长。前传附逆，据卅年武川来人谈，潘王终未投敌，是年被敌施毒害命，子幼，由东协理代理。

（丙）西蒙　即西套蒙古，在明时鞑靼部落内分出建立的西瓦剌部，自也先死后，分为准格尔、和硕特、土尔扈特、杜伯尔特四部，清初总称厄鲁特蒙古，亦曰四卫特。因居漠西，又称为漠西蒙古，今青海、新疆尚有其族，而西蒙两族即此四卫特之一部。

（一）鄂济纳旗（即鄂济纳旧土尔扈特旗）　额济纳，蒙语为"幽隐"或"沙漠"的意思，该旗为元臣翁罕之后，传至和鄂尔勒克，牧于鄂济勒河，三传至阿玉什，叛青海、新疆称新部；五世孙阿拉布珠尔又请牧于鄂济勒河，称为旧部。该旗在宁夏的西北部，占全省面积的三分之一。北至阿济山，南至甘肃安肃道界，西至大戈壁，东至阿拉善旗，南北约七百里，东西约五百余里，地高沙多，气候特寒，雨量稀少，开垦的地很少。东南有居住的人，西面和北面，是赤地千里，毫无人烟。蒙民有二千余人，汉民约有五千余。扎萨克是恩王，旗政府在威远营。

（二）阿拉善旗（即阿拉善和砚〔硕〕特旗）　在清初，额鲁特顾实汗的孙和罗理于康熙十六年为噶尔丹败，上书求给牧地。至廿五年，许其以阿拉善山为界放牧，编一旗。孙善战，因从征噶尔丹有功，封为和砚〔硕〕亲王。该旗在黄河的西岸，宁夏省的西北，王爷府离省城仅距二百里。西北至鄂济纳旗，东至绥境，南连甘肃，西与甘、青为界，面积很大，占宁夏的三分之一。西北高而东南低，沙漠、山岭很多。东南相靠黄河可以灌溉，所以开垦的耕地渐多，产粮不少，其他出产亦甚丰富。这里气候不十分寒冷，可是雨量很少。蒙民有一万七千余，汉民之经商、务农者约有三万余。定远营即该旗王府所在地，并为商业重地。扎萨克是达王，现由弟代理旗务。

（丁）东四盟　（一）哲里木盟（在辽宁省西北，黑龙江省南部），分四部十旗，即科尔沁部（六旗）、扎赉特部（一旗）、杜尔伯特部（一旗）、郭尔罗斯部（二旗）。（二）卓索图盟（在热河省的南部），分为二部五个旗，即喀尔沁部（三旗）和土默特部（二旗）。（三）昭乌达盟（在热河省北部），分为八部十一旗，即巴林部（二旗）、敖汉部（一旗）、奈曼部（一旗）、札鲁部（二旗）、阿鲁科尔沁部（一旗）、翁牛特部（二旗）、克什克腾部（一旗）、喀尔喀左翼部（一旗）。（四）锡林郭勒盟（在察哈尔省的北部），分五部十旗，即乌珠穆沁部（二旗）、浩齐特部（二旗）、苏尼特部（二旗）、阿巴噶部（二旗）、阿巴哈纳尔部（二旗）。

（戊）归化城土默特部　亦称为西土默特，分左翼、右翼二旗。在秦时属云中郡。明宣宗宣德初年，犹筑玉林、云川等城。嘉靖初，谙达占据，建城于丰州滩，隆庆五年投降，封谙达为顺义王，名其城曰归化。清康熙征察哈尔部曾驻跸该城，余众悉降。乾隆时编二旗，置左右翼，都统驻归化，今称为土默特旗，设总管署。

（己）察哈尔部　共分八旗，在绥远东，张家口之西，大同的北面。清初连联三藩抗清，图谋独立，被乾隆发兵讨平，号内属游牧地，与土默特旗编制相同。设总管主其事，其正蓝旗、镶蓝旗、正黄旗、镶黄旗归绥远，号东四旗，正红旗、镶红旗、正白旗、镶白旗归察哈尔省。

（庚）新、青各部　在新疆天山北路的蒙旗，为清初准格尔部，属西部蒙古人之一族，乃额鲁特种。元亡以后，西部蒙古分为四部，即绰罗斯牧伊犁，和硕特牧迪化，土尔扈特牧塔城，杜尔伯特牧阿尔泰山，所谓四卫特。清初准部□大，和砚〔硕〕特徙青海，土尔扈〈特〉投俄，杜尔伯〈特〉衰。今在伊犁所属之额鲁特蒙旗，分为乌诺恩素珠克图盟（四旗）、巴图色特启勒图盟（一族〔旗〕）、青色特奇勒图盟（三旗）。在青海的蒙旗，分和硕特部（廿旗）、土尔扈特部（四旗）、喀尔喀部（一旗）、绰罗斯部（二旗，即噶尔丹部）、独立旗（一旗）。

五　各蒙〔盟〕旗的武力

蒙古的同胞，仍然过着牧畜和打猎的生活，耐劳胆大，骑马善射，还不减祖先的遗风，所以蒙古的骑兵，可以说是世界上无与匹敌！在民国廿年以前，各盟旗的武力，以土默特旗为雄强，军事人才亦较多，虽是统属在政府而不归旗下指挥，可是内中的官兵，大都是土默特旗人。先名为警备补充团，团长是玉禄，在民国十四年剿匪阵亡河西。满泰继任，扩为一师。后满氏改任总管，由李根车率领，缩编一团，绥远人号此为老一团，或称为黑马队，为绥远剿匪最强最勇之铁军。于廿五年，被赵承绥军长编遣解散，兵员今多投德逆部下。现在新三师内仍多土默特旗籍的军官，如去年死去的朱实甫副师长也是。

伊盟武力强者，在过去以准格尔、杭锦、达拉三旗。准格尔旗过去有二大队，由东官府大汗台吉统率，枪马齐全，所向无敌。十六年王逆英率一万匪众窜入该旗，将一切建筑物烧毁，而武力亦受相当的损失。大汗台吉被刺后，武力分散，东协理奇文英率领三百人，西协理奇凤鸣率一部约二百余投敌。

达拉特旗过去有骑兵四百余人，由康王统率，并任伊盟七旗总指挥，委森格林亲（即森盖）为团长，威震河西。廿六年包头失陷，森逆率一部投敌，任伪师长，现住四区三村召（昭）君坟一带，余一部由马子喜率领，约二百人，蒙汉皆有，马并代理防守司令。

杭锦旗过去有骑兵二百多人，枪马齐全，很有威名，由胖营长率领。廿五年增设蒙古第一边区防〈守〉司令部，阿王任司令，徐致远为副司令，有步兵二百余人，前驻旗内，今移后套。现在该旗的实力，完全操在六官府董全寿的手中，人约二百余，前曾归新三师编为补充团。

现在扎萨克旗有骑兵二百余，枪精马壮，并成立保安司令部，由鄂王亲自统率。乌审旗有骑兵一营，人勇善战，有保安司令部，均由奇王玉山亲自兼率。鄂托克旗现有骑兵二百，装备齐全，由该旗阿拉召大喇嘛章文轩率领，成立伊南游击司令部。郡王旗有骑兵一百余，归保安司令部。

在乌盟之内，过去兵力最大最强者，为中公旗和四子王旗，均有一团之众，四子王并兼盟〔蒙〕古第二边区防守司令，不幸事变流散，现该旗仍有二百余骑兵。中公旗的兵又齐全又善战，今被敌利用，五原事变，伪盟军即有中公旗的兵参加，现在东官府补隆白彦率领一部常住包头。西公旗过去有骑兵二百余，石王死后由东官府色令暴率领，现在色逆投敌。廿七年由该旗女王率出一部，编为一团，成立防守司令部。东公旗有一大队，由史琴舫率领，事变后扩为三团，后又失散，现在女王率领着一部，成立有防守司令部。达尔汗旗过去有二中队骑兵，茂明安旗约有骑兵一队，还有一部分护召兵。东四旗过去有绥东四旗剿匪游击司令部，共有骑兵三百余，由达密凌苏龙率领并兼司令，在绥东抗战相当卖力出名，今达逆投伪。

六　各盟旗内的出产

在黄河南的各旗，沙漠很多，雨水很缺，除生〔牲〕畜皮毛为大宗外，还有很多的药材和矿物。在黄河北的各盟旗，除主要食粮不计外，有各种的生〔牲〕畜和皮毛，亦有大宗的丰富矿产，可惜因人力、财力的不足，地下的宝藏都没有以科学的方法开发出来，只是普通农人、商人以小的资本、土的方法去采掘，故零散无统计。

黄河南岸各旗的出产，家畜有牛、羊、马、骆驼、毛驴、骡，和驼毛、羊毛、牛皮、羊皮、马皮、狗皮。野畜有狼皮、狐皮、黄羊皮、野狸皮、灰鼠皮。其中狐、狸、鼠三种，称为细皮，价值很贵，尤以郡王、杭盖两旗出的酸枣狐子为最有名，相等于东北的狐皮。乌审、鄂托两旗产的马有名，一点钟能行五十里。达拉旗的黄羊是毛好肉香。药材方面，各旗出大黄、防风、柴胡、云零〔芩〕、当归、荁豆根、麻黄、细心、甘草、从蓉，遍地皆是，尤其甘草的出产量为最多，为西北出口货之一大宗。各旗有甘草厂，名叫根子厂，多数是山西保德人经营此业，间或有定襄与府谷人，入秋之后，各地均集中包头运往天津，其产地以达拉、阿拉善、杭盖、鄂托四旗最多最好。柴胡以杭盖出产最好，名为银柴胡。从蓉则以阿拉善旗的出产又多又好，名为肉从蓉，现由包头大商家广恒西独家经营包办。矿产方面有硝、盐、碱、煨炭、硫黄、黑矾、金、石粉子。硝是达拉旗出产的最多，事变前二元一车售与皮房。盐以阿拉善旗、杭盖旗、鄂托克旗产量最多，品质亦好，俗所谓大红盐。其中的盐海，以吉蓝太盐池、花马池最大，盐海的面积都在十里之外。在各旗还出产一种白盐，系由土中熬出，到处皆有，现在一元即能购四斤之多。碱的出产量最多者为乌、阿、杭、达、鄂五旗，凡称淖尔的地方，都是碱湖，如鄂旗的察汗淖尔、那林淖尔、巴彦淖尔，面积有十二里之大，一年可产二万五千余担。分块碱和锭碱两种，块碱销售西北绥远一带，锭碱销行于山西、河北一带。煨炭以准格、达拉、贾萨、杭盖、郡王五旗内的出产量最多，尤以达拉、准格出的煨炭，不但焰大耐煨，如同焦炭，而且含着许多硫黄质。黑矾，沿河一带均有，无人熬售。白粉土只有达旗三村有，为一种漂白粉。金矿据土人说有，但无人开冶。此外阿拉善旗出一种发菜，量最多，宁夏商人多收买贩运。

在黄河以北的乌、锡两盟，食粮有莜麦、小麦、荞麦、豆子、糜子为主，生〔牲〕畜、皮毛、畜产则较河南各旗为多。家畜有牛、羊、马、骆驼、骡、毛驴，和羊毛、驼毛、牛皮、羊皮、狗皮、马皮等。而牛、羊、骆驼，较别处强大毛多，尤其羊的量重而肉美，人所谓的口外羊，就是指这一带出产的羊。牛也是肥大有力，以东公旗和达尔汗旗出产的有名。马是以茂明安和锡盟出产的最好，人说察哈尔的马在全国最名贵，实际就是指锡盟的马。野畜有狐、虎、狼、野狸、獾子、灰鼠、黄羊、青山羊、扫雪、猞猁。最有名的是达尔汗、四子王、茂明安三旗出的青山羊，耐穿耐寒，是兽皮内无能比上的。东公、中公、鄂济纳三旗所出的野狸、扫雪、猞猁、灰鼠是最名贵最温暖。药材有黄莲、大黄、麻黄、防风、麝香。飞禽有石鸡、野鸡、半翅〔鹬〕、白灵、沙鸡（冬季绥西有卖者）。矿产有煤、炭、铁、银、石棉（包头有石棉公司）、水晶、云母（上三种以茂明安旗出产量最多）、金（东、中、西旗出产多）、银（锡盟鄂济纳旗）、石盐。而锡盟还出产一种麻菇，与外蒙的齐名，人称为口麻，张家口有很多的麻菇商店。

　　以上的出产物，就笔者所知而作一报导，还有我个人不知道的，还有没有开发的，尚不知有多少！就这样的，虽没有统计数目，也可知出产的丰富了！

七　各盟旗的教育情况

　　各盟旗的教育，实在可怜的很，若想知道点他们的文化情形，还须从召庙的喇嘛身上去着眼。有少数的王公贵族是有知识的，而大部分不但不懂汉文，而且不认识蒙文，其余的平民大约在十分至〔之〕九以上是无知识，只能说蒙古语，而对蒙文或汉文是一点也不知道。可是土默特旗的蒙胞已全不用蒙文，不说蒙古话了。近几年来，蒙民惟恐语言文字的失传，极力提倡认识蒙文、蒙语，会说汉话、能懂汉文的人，也避免写、说了。

　　教育最发达的是土默特旗和准格尔旗，土默特旗在绥远、包头、萨县都设立一处小学，可是大部分入学校的人少，而至私塾读四书五经者较多。在归绥县设立一处土默特中学，只有初级，无高级，学生一百五十余人，毕业后多升北平蒙藏学院，不幸此校事变后解散。还有住中央政治学校、北平大学、师范大学、北京大学者，男女共有十余人。现在蒙政会负重责者如巴文俊（留法）、殷石麟、任秉均（北大）、经革陈（师大）、胡凤山、贺耆寿（法大），都曾受过高等教育，由此可见这一特旗的文化教育程度之高了。现任蒙政会秘书长荣祥先生，对国学很有研究，人称为塞外文豪。其次是准格尔旗，有小学四处，并强迫人民受教育，所以这一旗大学、中学毕业者，也共有八九位。此外十八年乌盟三公旗在包头共同合办一处三公旗小学校，蒙旗同胞有不少系从此校培养出。其他各旗在廿二年以后，均由中央每月补助一百元至二百元教育费，最低限度均成立一处小学，故对蒙旗教育发展不少。廿三年中央政治学校在包头设立分校，各盟旗保送青年住此校者很多。廿四年中央又在绥远成立蒙旗师范学校一处，二百多学生，即有七十余人是蒙古青年。还另外在绥远民国日报社附出一种《蒙文周报》。当廿六年绥、包失陷，各盟旗的教育亦因此随之陷于停顿状态。中央政治学校包头分校，在是年八月西迁，"蒙师"、"土中"亦行自动解散。迨廿八年中央又在伊盟成立伊盟中学，委经革陈为校长，现有学生一百余人，专收蒙古青年。现在各旗的小学亦渐次恢复原状，如阿拉善旗有三处小学，其他亦至少有一处小学。今年中央又在××××两处添设训练班，不但可培养出大批的干部，还可推动盟旗文化的进展。

八　盟旗的经济状况

各旗地大物博，平均每方公里，尚不足一人，因此经济情形非常的简单，大部分仍停留在古代的状态中，人民还是过着游牧、打猎的生活，逐水草而居，有田地，不懂开垦耕种，有物资，不懂开发利用。他们所有的财产就是牛、羊、骆驼。他们的食物，是以肉食、酥酪（奶子、牛油、奶皮、酪丹）为主，再辅以炒米（将糜米用火炒熟），很少吃蔬菜和其他米面，若把现代的新食物给他们，不但不知道，还不敢拿来吃。虽然有许多王公穿的吃的很丰美，还有许多靠近城市的蒙民穿的吃的与汉人大致无异，可是这仅系极少数，而大多数就是过着原始简单生活，吃的那样简单，而穿的也是那样简单。

一旗之内的土地，都是属于旗政府王爷的，也可以说"普天（一旗）之下莫非王土"，所以土地还是封建的采邑性质，而没有建立起私有的制度。每年旗政府向蒙民、汉民起"水草捐"（也有不收此捐者）。而人民包租土地耕种，除少数蒙胞也自己耕种一点外，但大部分都包给汉民，以很少的租金，即可包耕好多年，这叫做"永租地"，而租金则由王爷起收。

交易是以物易物，不使用货币，只凭信用，没有帐目单据。凡来蒙古地的商人，以贩卖布匹、茶砖、烟、糖、烧酒（白干）、米、面、手〔首〕饰、头带、皮靴、马具为主，去交换蒙民的皮毛和牲畜。到漠南一带做蒙古买卖的人，称作"边客"，以陕西神木、府谷、榆林者居多。到漠北一带为商人的叫做"走后山"，以山西代州、定襄、忻州的人为最多。在蒙古地做买卖，过去须到蒙民的住处始能交易，现在则城市化的蒙民区域如沙王府、定远营、准旗的杨家湾一带，商业日渐繁荣，其交易的方法也与其他各地情形相同，纸币、硬币都通使，国货、洋货都齐备。有许多王公财主，男的西装革履，女的烫发旗袍，已改弃了过去的古风。

交通方面因各盟旗山多沙多的阻碍，也是有点无法发展建设，做〔故〕极不便利，而惟一的工具，就是骆驼、牛、马，用木板车的还很少。各王公自乘的汽车也难在旗下行驶。现在伊盟有几条大路，由包头至达拉旗可到杭盖旗、鄂托克旗；由东胜经郡王旗、贾萨旗、乌审旗，可到榆林、神木一带；乌盟各旗可由武川北行到四子王旗、达尔汗旗；由包头西行可到东、中、西三公旗，都能走大车，还不能直接行驶汽车。由张家口北去，可分到化德、滂江、白灵庙、金棚、喇嘛庙。现在敌人在乌、锡两盟已修好汽车路，各旗均可直接通达。

现在蒙民日渐开化，有些地方全靠牧畜为生，也兼种农田，有了私有的田产，还有些渐走到商业的路上，因此他们的饭食也改变了，是以农产为主，肉食为副。适用逐水草而居的"蒙古包"，也渐少用了。他们的居所已渐固定，除过王府、召庙的大建筑外，人民也有很简单的土房屋。有几个商业地区，且是西式的建筑，不过这些情形还是极少数，一切经济建设事业，还有待各方努力进行。

九　各盟旗的社会情形

各盟旗的社会风俗习惯、宗教信仰，大致都相同。可是因文化程度的高低，有些地方不但与汉人无异，还有些地方是效仿西洋。如土默特的知识青年，结婚是用新式结婚的仪式，而在文化较落后的地方，仍然保存着古代的遗风，兹分述于后。

（1）风俗习惯　蒙人相见时必先互相问好，语为"塞拜脑"。如往来拜会及重要典礼，必互换鼻烟壶，相赠哈达，以递鼻烟壶（有宝石、玉、琉璃、玛瑙等质的，有圆扁形和长圆形，有二寸大）为相敬之礼，赠哈达（丝织品，一尺大，有蓝白两种）为晋谒酬谢之仪。一年之内首次相拜见，都称为拜年，此时必以酒相待。与人磕头时是面对着人而不向神，人送礼品亦必还送礼物，来往相见，先以奶茶、炒米款待，不喝空茶。他们吃饭是用的木钵，饭后不洗刷，用舌舔干尽，手上的油腻即抹在袍上，如袍上的油腻愈多愈能显出自己的有钱。

男女孩在三五岁时即订婚，由男家给女家若干牛羊为定礼（现在也要衣料）。结婚时先由喇嘛择定日期，娶时男家将女家迎来另住一处，迎时仍有抢婚之遗风。新郎先一日晚上向新妇背跪问乳名，女告知，男始起立，此为"讨小名"。迎娶时，新妇到达门首，其家长戚友，均鹄立门首，作拒纳状，而后启门出迎，即乘马驰骋三匝，始将新妇引至洞房。先拜佛诵经，戚友赠送礼物，见翁姑，入内拜灶，然后出拜亲友。而贫穷无力者，男女即对门外马桩及父母叩头后即成夫妻，此谓"招亲"，亦名叫"招女婿"。

蒙古丧葬的礼节可分三种。贵族死了以后，身上穿带很好的衣服手〔首〕饰，将尸体装在棺材之内，请喇嘛诵经，择日埋葬在田地之内，是为埋葬（与汉人大致相同）。一种是死后请喇嘛诵经毕，用火焚化，将骨灰制成人形，藏在灵塔内收存之，此以喇嘛为最多。第三种是野葬，人死之后，用毡卷住，扔到野外，任鸟兽啄食，如三天不食，即请喇嘛诵经超度。其实在早蒙古人死后，都是火葬、野葬，没有埋葬，现在王公是效仿汉人的葬礼，人死后其子孙皆挂黑布，而不穿白孝衣。

蒙人穿的衣服、佩戴的手〔首〕饰也与汉人不同。他们不论男女老少都是穿的袍子和靴子（有皮、布二种），以红、绿、蓝、黑的颜色为最多。富者亦着马褂、砍〔坎〕肩，男女不常穿裤，冬时或着一条单裤。抱〔袍〕子非常宽大，腰扎布带，上撇小刀（名为撇衣刀）、褡裢（有一尺长，三寸宽，用以装钱及零物）、烟壶、烟袋，此为蒙人四宝。男子头顶留一小辫（喇嘛不留）。女子如系未出嫁的闺女，梳一长辫，辫下坠以金银饰物。媳妇则梳两辫藏入黑布袋内，垂于耳边的左右，是谓"炼垂"。脑前扎一三寸宽、一尺长之厚布带，上面缀着许多银器、宝石、珊瑚，好者值千金，是谓"头戴"。手指上和手腕上戴许多珊瑚珠和银镯、戒指。衣服是昼穿夜盖，不洗不洒〔晒〕，以烂为止。冬则羊皮，富者挂布或丝面，贫者则只皮料。

他们住的房屋，过去是"蒙古包"，现在也有了土盖的简单房舍，一条大坑，一家人全住在一块。"蒙古包"大多是毡制成的，普遍高约五尺，直径七八尺，内架木柱，外围毛毡，其构成皆为圆形尖顶，门向南，高约四尺，宽二尺，门挂门帘，地上铺着厚毡厚毯，中放火炉或火盆，正上面供佛龛，家长住龛前，男女分住两边。有人借宿，同住一处，中间仅放一布带相隔。入门时须将马鞭放在门外，禁忌向马圈大小便，蒙人解手皆蹲下，不向太阳，不向圈牛羊的地方。每家门前有一土堆，名为脑包（即鄂博），上有一木杆为神招。

（2）贵族与平民　在过去蒙人的阶级特别严格，可分为台吉、喇嘛、平民三种。台吉就是贵族的意思，上至王爷官府，下至梅令、长盖，都是属于贵族的阶级，为世袭制。平民老是平民，亦称为黑人，是永远升不成贵族。旗内的军事、政治、财政、司法各种大权，都把握在贵族阶级的手内。可是这十年来，阶级已不十分限制严格，平民也可掌握到军政的大权。如达拉特族〔旗〕的森盖，过去是个平民出身，以后竟当了带兵官，就是现在的马子禧也是平民出身，而代理了该旗的防守司令职务。

喇嘛如同汉人的出家和尚，在蒙人内是最舒服的一个级阶，除信佛念经以外，不但没有当兵、劳役、纳税的义务，还有大批的召地来养活，有许多俗人来伺候。平民是最苦的一级，旗内的一切劳动、服务、生产的事情，完全由他们来担任。无论男女都称为奴才，见了台吉都要行跪拜礼，他们对王爷、喇嘛非常崇信服从。兵役由他们充任，捐税由他们负担。在过去蒙人阶级上的区别，是在衣服方面，王公是红蓝顶子，平民是白顶子，王爷是九龙袍，公爷是缠龙袍，官府以下是鹤补，平民则是蓝袍，马褂、砍〔坎〕肩的〔纽〕扣，贵族是九道，平民是五道，可是现在已没有这些区别了。

蒙民的财产，就是牲畜，假若有偷盗的行为，即处以死刑，这不论是蒙人、汉人都是同罪。

（3）活佛与喇嘛　蒙人所崇信的宗教是"喇嘛教"。按喇嘛教在元时始自吐蕃传入中国，当忽必烈西征时，即利用这种宗教的信仰来帮助政治的统制。以后忽必烈继承帝位，流传中国，奉为国教，蒙人信仰日多。到了康熙的时候，特别奖励蒙民信教，出家当喇嘛，大建召庙，除小的不计外，每一旗内至少有五六个大召庙，大的召庙，如固阳县五当召，察哈尔的金栅喇嘛庙，都有一千多喇嘛，并拨给大批的田地去养活他们，是谓召地，还拨一部人民专来伺候喇嘛，听喇嘛的指使，并鼓励人民施舍信教。一家二子有一人当喇嘛，三子即须二个人去当喇嘛。这样的毒计，造成了蒙民的人口不发达，文化的不进步，生活上没有改进，不良风俗的种因，永远使他们停留在一个不能有进步的路上。所以凡是研究蒙古各种情形者，先必须对"召庙"、"喇嘛"有个正确的了解，才能知其一切的因素，这是我个人的一点题外意见。

喇嘛教分黄教、红教。红教是穿着红袍、带着红帽，为旧派，许食肉娶妻。衣黄袍、带着黄帽者为黄教，是宗喀巴所创，称为新派，信仰的很多。可是现在内蒙的喇嘛，所穿衣服的颜色很随便，黄帽、红袍，或是黄褂、红袍者很多，不知两教是混合了，还是根本无此分别，此尚待考究。

喇嘛是绝对不准娶妻（与女人发生了关系，就认为不能升天成佛），不十分严禁食肉。蒙胞对于宗教信仰，特别笃诚，他们有了钱，就要到五台山朝佛，带上许多的银钱、牲畜，除自己的路费外，都要一律上了"布施"。过于信仰忠诚的人，一日要向五台山叩首一次，赶到地点时，就一步一头，这叫做"磕头去"。俗说"蒙古穷在头上，蛮子（指汉人）穷在×上"，由此亦可见蒙人迷信之深。

活佛是喇嘛之内的特种阶级，也是蒙古内享受上最优的一个阶级，平日除念经、生活享受以外，再不问其他。召内的一切大事设施，大喇嘛秉承活佛进行办理，盛大的召会，始由活佛主持领导诵经。而一旗内的政治，活佛也有左右的大权，至一般人民都对活佛极端崇信，朝见时都要先行跪拜的礼。

蒙人所谓活佛，就是佛爷的投胎，转生来救世人，比凡人聪明，认识正确，所以人都应奉崇他、听命他。活佛是世世一个人转胎，名为"转世"。他死后用火焚化，将骨灰制成人形，同他生前用过的经本放在木匣内，建一白塔，过几年后由大喇嘛卜卦，或是有其他的灵感，大喇嘛则将活佛生前重要的用品带上，出去各处查访，有小孩能将此物认识并说对活佛生前谶语者，即认为转世活佛，由该召喇嘛备轿列队迎接登殿，人民朝贺磕头。如果活佛破色，就认为坏了道，不能转世成佛（据另文详述，此不多赘）。

（4）蒙古人的娱乐　蒙古同胞，在平时我们看不出他们有什么游戏娱乐的事情举行，若到了召庙过会的时候，除喇嘛诵经、奏乐以外，还另外举行几项热闹的节目，这里亦略述一下。

（甲）跳鬼　这是蒙古人最感兴趣的娱乐，跳鬼时在大殿举行，由蒙古的喇嘛或人民披上各种彩衣，面带各种假面具，有饰人者、鬼者、兽者，或互相舞蹈，或互相作战斗争，有的以胜败为段落，有的自形成一个节目段落。由后屋出前场时，用锣、鼓、铙三种乐器伴奏击打。

（乙）赛马　蒙古各地出名马，同时蒙古人也爱养马、爱骑马，七八岁的小孩即能光着马脊梁骑上飞跑，所以他们到了庙会时，即将自己的好马牵来，由小孩骑上比赛（也有由大人骑赛者），一面比赛马的快慢好坏，一面比赛骑的技术，得胜者即认为无上的光荣。

（丙）摔角　这是显似〔示〕尚武的精神。由二个蒙民互相抱在一块，用力相摔，谁能摔倒谁，即认为是胜利者，即誉为勇敢的大力士，绝非与北平天桥摔角卖艺者相同。

十　今日的伊盟

我们的外蒙，在民国十五年被"赤色帝国主义者"，用"民族独立"、"民族自决"的"邪曲"口号诱惑之下，指使的离开了祖国的怀抱而独立了！所留下的内蒙古又在廿年"九一八"事变以后，被白色的日帝国主义者，也在"民族独立"、"民族自决"的"邪曲"口号之下，利诱的东四蒙投敌附逆去了！"七七"事变，乌兰察布盟也随着陷落而投降了敌人！整个蒙古地域，就留下伊克昭盟和宁夏境的阿拉善旗、鄂济纳旗，所以今日的伊盟，不但是团结蒙古民族、推动蒙古各种建设的心脏地，同时还是粉碎敌人匪类在政治上的各种阴谋、收复失土、前进平津的根据地，其在军事上、政治上确站〔占〕着很重要的地位。现在伊盟的扎萨克旗，有蒙古最高的行政机关——绥境盟旗地方自治政务委员会（简称蒙政会），内中收罗了许多有地位的蒙古首领和有知识青年。上有德高望重、忠于党国的沙王和荣祥先生领导着，还有蒙古宣慰使者，在宣慰各旗的蒙胞，沙王是宣慰使，荣祥是秘书长。有蒙古自治绥〔指〕导长官公署，长官是阎先生，副长官朱绥光（近改换傅主席兼），此外还有蒙藏委员会的办事处。在教育方面，有国立伊盟中学、门干图的伊盟训练班及蒙文日报，做着教育蒙胞的工作。在军事上的配备，有伊盟长官公署、保安司令部、防守司令部、游击司令部，此外陈长捷总司令坐镇东胜（在伊盟正中），统率着骑七师、廿六师、廿二军、晋察绥边区挺进军，共有

×万，分驻在各处，准备着打击粉碎日寇侵略与野心家的梦想。

无论在军事方面、政治方面、教育方面，都已配备齐全，应有尽有。我们希望今日的伊盟要借抗战的机会，在这伟大的时代里，一切的设施与建树，不但要变成一个新的伊盟，而且永远作为领导他旗的一个核心的模范区。收复蒙旗失地要靠它，建设其他盟旗，也要借助他的人力、财力、物力！不论现在、将来，伊盟是负担着如何的重责，站着如何高的地位！今日的伊盟一切固在突飞猛进的进步着，我们还希望各负责者，应该了解它的重要性，应该多加努力，完成今日伊盟所负的重大使命。

十一　沙王和荣祥

今日伊盟领土的完整，能形成今日复兴民族、收复失地的根据地，这功劳不能不归于深明大义、效忠党国的沙王。当民国廿二年，德逆受日寇的指使倡言自治、提出许多谬论时，沙王即是不赞成德王主张的一个。廿五年德逆出卖国家民族的阴谋已全暴露，沙王又赞成与德逆脱离，另成立绥境蒙政会，因此与德逆非常不睦。廿六年十月绥、包失陷时，沙王正在旗下王府住着，冬天日寇指使德逆召开蒙古各王公会议，先即派人请沙王到绥远，后传说德逆曾派飞机迎接，均被他老先生严厉拒绝。敌人伪逆虽想尽方法，或是胁迫，或是利诱，他都一概置之〈不〉理，这样才稳定全伊盟的局面，保存住这一块蒙古地。廿七年春奉中央命宣慰各盟旗，安定了人心，才粉碎了敌人的阴谋。

沙王名为沙克都尔札布，今年大约已是七十二岁了，是一位长须白发的慈祥老者，身子不高而瘦，平时蒙古人民对他特别信仰。有二位公子，长子名鄂其尔图克图，现任扎萨克旗的旗长兼保安司令及绥远省政府委员。二公子是达旗坫檀召的活佛。沙王且兼成吉思汗灵柩的主祭官，他真不愧是成吉思汗祖先的子孙。

有好多人只知道沙王的大名，却不知道荣祥这位先生。荣先生是土默特旗人，生在归绥县察素齐村，对于国学很有研究。过去曾任中学教员及都统署秘书，后任土默特旗总管署的秘书，满泰总管死后，他就继任总管职，蒙政会成立，他是委员兼任秘书长。当绥境告急的时候，各王公均在旗下居住，蒙政会的事务由他一人负全责，他事先不但不受敌人伪逆的威迫利诱，并且很坚决的带着全体人员退到了包头，又到了榆林，又到扎萨克旗见了沙王，不但带去了许多蒙古青年，并且起了转变人心的大作用。假若他在绥、包失守时不这样做，也不一定现在又变成个什么局面。他现在已是五十岁的人了，身子不高，面部有麻，常带着一副近视眼镜，很健谈，喜说各代的掌故。他现在除任蒙政会和宣慰使署的两个秘书长外，还兼蒙古第一军事区游击司令的武职，将来也能对党国有大的功勋表现。

十二　两个女王

乌盟各旗的王公，有的已经是背叛祖国，投降了敌人，与德逆共同去组织蒙古联邦自治政府，作了供敌人驱使的傀儡。有些王公是做着两头白面鬼的工作，又想与德逆同流合污，又不愿脱离祖国的怀抱，因此自己是住在旗下，派上代表去参加伪组织；有的是懦怯无能，藏在旗下的深山僻远之处，等待局势平定之后再来出头露面。可是乌盟的两个女王，在他们正确思想领导之下，并没有投降了敌人，在千难万苦中，抱上自己的孩子——王爹〔爷〕继承人，在廿七年先后投向祖国怀抱里来。这不但给了敌人一个莫大的打击，同时发扬了蒙胞的正气与祖先的英武。这两个女王，一个是乌拉特后旗（东公旗）女王巴云英，一个是乌拉特前旗（西公旗）女王奇俊峰。

巴云英是鄂王的福晋，现在有四十二岁，常穿着一身黄色军装，走起路来身子有点曲，面黑脸圆，中等身个，是中公旗的人，出嫁到东公旗，贵族出身，蒙语、汉话特别流利，一切装饰与汉人无异，若不知者见了面，无论从哪一方面也看不出他就是东公旗的女王。他对人和蔼诚实，粗识文字，深明大义，思想正确，意志坚定，有主谋，对事情的分析特别明详，会骑马，善打枪。在廿六年冬包头失陷，他惟恐敌人伪逆强迫他有不利的行动，他就率领旗下的保安队，抱着七岁的孩子跑到了深山里面，与伪军数次作战，后因和外面连络不上，弹药无法补充，乃与门炳岳军长通了消息，便来到后套，前年曾到重庆向中央述职报告。他的儿子名叫贡额色楞，已十二岁，特别聪明，也会骑马打枪，中央委他为扎萨克兼防守司令，实际由鄂福晋负责。他并兼任蒙旗党务委员，现在住在陕坝的附近。

奇俊峰是杭锦旗的人，出嫁到西公旗，是石王的福晋。他对蒙语、汉语都特别流利，并且会说北平话，也是一位能文能武的巾帼英雄，现在大约是三十四岁，身子不大，面白长脸，意志很坚，思想正确。廿六年冬他的旗政府东协理色令暴投降了敌人，他也是抱着三岁的孩子躲在深山内，伪军搜寻了好几天，他拿定主意要来祖国的自由地上。廿七年初得到武俊峰（当时任第八战区游击第一支队司令）的帮助，他就率领了一百多名旗下的保安队，与门军长接了头，回到后套。后套也有西公旗的属地，中央委他为西公旗的扎萨克兼防守司令职。廿九年由伊盟顺便到了重庆，晋谒中枢当局，报告并请示一切。卅年夏经兰州转回后套，积极开展旗务工作。他穿着戎装，指导着专员努力工作。他的孩子今年已经八岁，他六十多岁的老母，相随着他住在陕坝的村里。

他们两〔俩〕在政治作用的意义上是太大了！现在都很能吃

苦耐劳，没有一点虚荣享受的心理，对抗战胜利的信心很坚强。现在都是加紧训练他们的部队，做着一切的准备工作，愿意成为收复蒙旗失地的前锋队。

十三　几个降敌的罪人

现在我顺便报告一下投降敌人、出卖祖宗的几个罪人的情形。第一个是德逆，名叫德穆楚鲁栋①，他是察哈尔锡林郭勒盟牛羊群的人，他的住所在化德，现有母亲，曾受过新〈式〉的教育，去过日本，对日本很崇信，是一个政治野心家。他为了达成他这种欲望，所以也就只求目的，不择手段了！廿三年他在滂江（化德西北）成立过军官学校，收罗了不少蒙古青年，完全请日本人来负责教育，毕业后送到日本。他首先提倡内蒙古自治，绥东发动事变，都是受倭寇的指使。现在他虽在敌人保护之下，由倭寇所制造的伪蒙古联邦自治政府当了主席，可是一切都不能自主，有好几个日本顾问，常时不离他的左右。只有他一个人当傀儡，唱独角成〔戏〕，各王公都躲在旗下，不与他见面，派几个不重要的人物当代表。他已感到无聊、苦闷、失望，明白上了倭寇的大当。据最近敌区来人负责的说："德逆现在非常的悲观，不能同外人随便见面、随便谈话，大事小事均不能自己做主，甚至同他的部下也不能见面，也不能说话，已闷积成病，终日徘徊屋内，不发一言，面无一点笑容，已成了一个精神病者了。"

第二个是李逆守信，任伪蒙军总司令（以前是副总司令，德逆是总司令），是热河的一个鞑子。廿四年察北事件发生，受敌人

指使秘密回到察北六县，帮助德逆推行日寇的阴谋，绥东抗战真面目出现。"七七"后进攻绥、包，替敌人出了很大的力，现在也被敌人不信任，把他的基本带兵官逐渐撤掉更换，死伤损失都不给一点补充。他的私人实力，原有三师，现仅够一师，整个伪蒙军号称九师，现在实际的人数只七八千人。敌人现在又把他调到察哈尔，撤去兵权，委为伪察南主席，名〔明〕升暗降，也成了悲观失望分子。

其次的角色是包悦卿和吴鹤龄，是德逆两个帮凶者。吴负政治，包负军事，两人都是察哈尔的鞑子，现在已活跃不成了！吴逆名义上是伪政务处长，实际上大事小事都须请示日本顾问，执行敌人的阴谋计划。包逆曾任伪蒙军第六师师长，现已被开革调成参议之职，闷居家中，不再东奔西跑发表谈话了。还有二个，一个是亢仁，北大毕业，过去即附从德逆，曾任德逆的代表和参谋长，现在任伪土默特旗的总管，已失去自由，日本顾问常跟随着不离。还有一个是贺云章，曾留日本学机械，敌占绥、包后，曾委为伪民政厅长，于卅年被敌借小故杀害，这是当汉奸者的下场！

十四　敌人和"奸党"的阴谋

我们都知道日寇田中的奏折中所谓大陆计划，第一步是占领满蒙，然后才占领华北、灭亡中国。我们再看"日汪的协定"，也是首先把内蒙划作特别区，是日寇永远驻军的区域。这可以看出敌人对内蒙的重视与他的阴谋所在。"九一八"事变后，即派出许多间谍密入各盟旗作调查、测量的种种工作，所制成的地图、调查表格，都特别详细正确。有敌人小岛在王爱召（包头河西）当喇嘛十余年，任何人竟不知道，并能说各旗的土语。敌人占领绥、包后，设立许多蒙古学校和训练班，专门奴化蒙古同胞，制造敌探汉奸，派往各盟旗内工作，学校之内以日文为主，并有日本顾问。

敌人吞灭中国的方法，现在第一步只有将整割零，各个吞灭，用"民族自决"拐骗人，企图"民族分化"，"……语其作用，诱惑而已，煽动而已，语其结果，领土之零星分割而已，民众之零星拐骗而已。日本知此广大的领土与繁庶之民众，非可一口吞灭，故必取其脔切之，脔切愈细，吞灭愈易"，这是敌人灭我的方法。因此对于伊盟的阴谋并不放松，现在包头成立伪伊盟公署，常时嗾使汉奸入伊盟各旗工作，并在达拉特旗的大树湾、昭君坟一带，驻有伪军、日寇，所以我们一时也不能忽略敌人的阴谋。

"奸党"对于各盟旗的阴谋与敌人相较，也一样是有过之无不及，他们的卑鄙野心是梦想着把西北各省与外蒙、新疆连成一片，好同他们的"祖国苏联"接近起来，先把内蒙变作外蒙的第二，所以"奸党"也倡言民族独立自决，为保卫苏联的巩固，企图"使殖民地民族革命，变成共产国际的后备军"。先把各民族分裂开独立了，再"在国际主义旗帜领导之下联合起来"。在这样的命令之下，中国第三国际支部的负责人毛泽东就发表这样的谈话："……有些民族在组织他们自己的自治政府，苏维埃不仅不去干涉他们这样合法的民族向上心，并且恰恰相反，深深鼓励他们。"这可知"奸党"所倡的民族自决，就是使中华五大民族，都各个独立起来，然后再在无产阶级领导下汇合起来，"听命服从祖国苏联"。他们是这样的卑鄙野心，与汪精卫的认贼作父，来出卖国家民族，在本质上毫无差异，也是不放松的用其"挑拨离间，造谣中伤"一贯技俩，欲使内蒙变成今日的外蒙。所以大青山有"奸党"的军队占据，伊盟桃力民一带也曾驻兵占领，并成立有"蒙古协进会"，都是在进行他们的阴谋策略。我们知道这些，应如何警惕，严秘〔密〕组织，加紧工作去粉碎敌人"奸党"的阴谋策略，以使抗日早胜利，建国早成功，三民主义实行于全国，宏扬于世界。

十五 结语

上面的记述，仅就所知，向读者作一忠实的报导，使国人对于内蒙的情形予以注意和研究，而改正已往一切的错误观念，与不足的认识，故凭着个人的记忆作一轮廓的介绍，因无参考资料，其错误在所难免，可是有些地方，又因某种关系，不能详加叔〔叙〕述，亦系作者深觉遗憾之处。

《现代西北》（月刊）

兰州中央训练委员会西北干部训练团现代西北月刊社

1942 年 3 卷 4 期

（朱宪 整理）